[MIRROR]

理想国译丛

017

想象另一种可能

理
想
国
imaginist

理想国译丛序

"如果没有翻译，"批评家乔治·斯坦纳（George Steiner）曾写道，"我们无异于住在彼此沉默、言语不通的省份。"而作家安东尼·伯吉斯（Anthony Burgess）回应说："翻译不仅仅是言词之事，它让整个文化变得可以理解。"

这两句话或许比任何复杂的阐述都更清晰地定义了理想国译丛的初衷。

自从严复与林琴南缔造中国近代翻译传统以来，译介就被两种趋势支配。

它是开放的，中国必须向外部学习，它又有某种封闭性，被一种强烈的功利主义所影响。严复期望赫伯特·斯宾塞、孟德斯鸠的思想能帮助中国获得富强之道，林琴南则希望茶花女的故事能改变国人的情感世界。他人的思想与故事，必须以我们期待的视角来呈现。

在很大程度上，这套译丛仍延续着这个传统。此刻的中国与一个世纪前不同，但她仍面临诸多崭新的挑战，我们迫切需要他人的经验来帮助我们应对难题，保持思想的开放性是面对复杂与高速变化的时代的唯一方案。但更重要的是，我们希望保持一种非功利的兴趣：对世界的丰富性、复杂性本身充满兴趣，真诚地渴望理解他人的经验。

理想国译丛主编

梁文道　刘瑜　熊培云　许知远

[英] 劳伦斯·里斯 著　　刘爽 译

奥斯维辛：
一部历史

LAURENCE REES

AUSCHWITZ:
A NEW HISTORY

民主与建设出版社
·北京·

© 民主与建设出版社，2023

图书在版编目（CIP）数据

奥斯维辛：一部历史 /（英）劳伦斯·里斯著；刘
爽译 . -- 北京：民主与建设出版社，2023.7（2025.2 重印）
　书名原文：Auschwitz：A New History
　ISBN 978-7-5139-4239-3

Ⅰ . ①奥… Ⅱ . ①劳… ②刘… Ⅲ . ①第二次世界大
战—犹太人—集中营—史料 Ⅳ . ① K152

中国国家版本馆 CIP 数据核字（2023）第 102638 号

AUSCHWITZ: A NEW HISTORY
by LAURENCE REES
Copyright © Laurence Rees 2005
This edition arranged with Ebury Publishing
through Big Apple Agency, Inc., Labuan, Malaysia
ALL RIGHTS RESERVED

著作权合同登记图字：01-2023-2550

奥斯维辛：一部历史
AOSIWEIXIN YIBU LISHI

著　　者	［英］劳伦斯·里斯
译　　者	刘　爽
责任编辑	王　颂
特约编辑	简心怡　吴晓斌　徐晓雨
装帧设计	陆智昌
内文制作	陈基胜
出版发行	民主与建设出版社有限责任公司
电　　话	（010）59417749　59419778
社　　址	北京市朝阳区宏泰东街远洋万和南区伍号公馆 4 层
邮　　编	100102
印　　刷	山东临沂新华印刷物流集团有限责任公司
版　　次	2023 年 7 月第 1 版
印　　次	2025 年 2 月第 3 次印刷
开　　本	635 毫米 ×965 毫米　　1/16
印　　张	23.25
字　　数	281 千字
书　　号	ISBN 978-7-5139-4239-3
定　　价	79.00 元

注：如有印、装质量问题，请与出版社联系。

集中营：一个牲人和兽人的世界

徐 贲

英国历史学家和纪录片导演劳伦斯·里斯（Laurence Rees）的《奥斯维辛：纳粹与"最终解决"》（*Auschwitz: The Nazis and the "Final Solution"*）是为英国广播公司 BBC 录制的一部六集纪录片，以对奥斯维辛集中营前囚犯和看管的访谈来呈现和还原相关的历史真相。这部为纪念战胜纳粹德国 60 周年而制作的系列纪录片，于 2005 年 1 月由 BBC 一台首次在英国播出，同年年初又在美国播出，题目改为《奥斯维辛：纳粹国家内幕》（*Auschwitz: Inside the Nazi State*）。《奥斯维辛：一部历史》（以下简称《奥斯维辛》）这本书就是基于此纪录片。对史实求证，里斯采取的是"孤证不引"的方法，他说，这部纪录片"没有剧本作家（screenwriter），每一个说出来的字都出自两个——有的地方是三个——历史记录"。*纪录片里的奥斯维辛建筑图属电脑生成，所用的建筑图样来自 20 世纪 90 年代苏联档案解密的材料。这些建筑图纸在 BBC Horizon 1994 年的纪

---

* "Hearts of Darkness". http://www.smh.com.au/news/tv--radio/hearts-of-darkne
ss/2005/09/24/1126982268912.html.

录片《奥斯维辛：大屠杀的蓝图》中做了介绍。

历史的回顾必须以揭示和再现真相为宗旨，但不能仅仅停留在历史事实上，我们回顾历史，是要从历史中得到对我们今天有用的经验和教训。里斯在与美国公共广播公司（PBS）的访谈中说，纳粹对犹太人的大屠杀是一桩"罪恶"，"历史学应该致力于引导人们懂得为什么会发生这样的罪恶，还有什么比这个目的更为重要呢？倘若不能懂得为什么发生这样的罪恶，你就不能环视这个世界，思考为什么它还会再次发生"。里斯还特别强调，这部纪录片不只是关于奥斯维辛的，"我们用奥斯维辛来讲一个更大的故事，用奥斯维辛为棱镜来认识灭绝屠杀的全过程，并对犯下这一罪行的人们的心态有一些了解"。*

里斯要揭示的犯罪者心态不是少数虐待狂或变态者的心智失常，而是无数心智正常者的心灵黑暗之地。他们是社会中普通的"好人"，他们当中不乏受过良好教育，拥有博士学位的社会精英。20 世纪 60 年代之后的许多社会心理学研究，如斯坦利·米尔格伦（Stanley Milgram）的"对权威的服从"实验和菲利普·津巴多（Philip G. Zimbardo）的"斯坦福监狱"实验，揭示的正是"好人"如何能在特定的环境下变成恶魔。津巴多称之为人性中的"恶"，对此他写道："我们曾目睹透露人性残酷面的各色症状，惊讶于善人如何轻易被环境改变，成为十分残酷的人，而且改变程度可以多么剧烈……虽然邪恶存在于任何环境中，但我们更近距离地检视了邪恶的繁殖地——监牢及战场。它们总是成为人性的严峻考验，在这两个地方，权威、权力及支配彼此混杂，受到秘密的掩饰时，这股力量会让我们搁置自己的人性，并从身上夺走人类最珍视的品质：关爱、仁慈、合作与爱。"† 奥斯维辛是一个被纳粹既当作监狱又当作

---

* Interview with Laurence Rees. http://www.pbs.org/auschwitz/about/.

† 菲利普·津巴多，《路西法效应：好人是如何变成恶魔的》，孙佩妏、陈雅馨译，三联书店，2010 年，第 499 页。

战场的地方（当然还是一个供应奴工的地方），但事实上那既不是监狱也不是战场，而是纳粹统治下经由"累积式激进"形成，并作为永久"例外状态"而存在的"集中营"。

一、集中营的"累积式激进"

《奥斯维辛》史学贡献最著的部分是它所还原的关于奥斯维辛集中营的真相——让人们了解奥斯维辛是什么和不是什么，在那里到底发生了什么，又是怎么一步一步演变、发展而成。这个规模庞大的集中营从 1940 年开始正式运作，1945 年被苏联红军解放，其间被杀害的遇难者达 100 万以上，百分之九十是犹太人。然而，建立这个集中营的最初目的却并不是要在那里屠杀犹太人。奥斯维辛的第一批囚犯并非犹太人，"而是德国人——准确地说，是 30 名从萨克森豪森集中营转来的刑事犯"。奥斯维辛后来成为关押纳粹认为有危险的波兰人和苏联战俘的地方。纳粹用它来"威吓当地人"，囤积奴工，"按照最初的设想，奥斯维辛只是在犯人被送往帝国其他集中营之前暂时关押他们的场所，用纳粹的术语来说，一座'隔离'营。但随着时间的推移，奥斯维辛的功能明显发生了变化，这里将成为有进无出的人间炼狱"。*

通过揭示奥斯维辛的演变过程，里斯要告诉读者的是，纳粹并不是从一开始就精心设计，并按部就班地要把奥斯维辛建成一个杀人魔窟。这个现在恶名昭著的集中营乃是纳粹在不断出现新问题的过程中，一次次临时调适和改变所累积的结果。它的演变成为纳粹极权统治"累积式激进"（cumulative radicalization）的一个缩影。"累积式激进"指的是，灭绝屠杀犹太人并不是希特勒一个人下达的命令，而是"许多纳粹分子都为此尽心尽力。下层的主动性和推

---

* 引自本书第 33 页。

波助澜，是灭绝朝着越来越激进的方向发展的重要原因"。战争结束之后，那些以各种方式参与灭犹的纳粹"试图让这个世界相信做出决定的只有一个人，那就是阿道夫·希特勒"，不少历史学家做出的也是这样的解释。*

《奥斯维辛》的目的和重要意义就在于，它用揭示累积式激进的过程来纠正一个历史解释的常见错误。里斯指出，"战争让一切都朝着激进化的方向发展，集中营也不例外"。犹太人隔离区也是一样，它后来成为纳粹迫害波兰犹太人的一个显著特点，也成为把犹太人送进集中营的先导，但是，里斯同样也指出，"它建立之初的用意并非如此。与奥斯维辛和纳粹'最终解决'发展历史上的很多事情一样，它们都朝着最初没有预料到的方向演变"。†

里斯详细叙述奥斯维辛集中营和波兰犹太人隔离区，都是为了说明，纳粹一开始并没有屠杀犹太人的计划，更不用说消灭所有犹太人的"最终解决"了，大屠杀本身也是一个"累积式激进"的结果。里斯指出，即使是纳粹的首脑人物——如希姆莱和海德里希——开始也没有大屠杀的计划。他们甚至不同意"从肉体上消灭整个民族的做法——因为那从根本上很不德国（un-German），也不可能实现"。但是，纳粹面临的许多具体问题——从解决因德意志人迁移而造成的住房短缺，到战时的粮食短缺——使得他们在制定应对政策时越来越极端，越来越残酷，也越来越邪恶。这种"累积式激进"是纳粹极权制度的暴力统治逻辑所无法避免的，也只有在这个制度中才会如此迅速地加剧和恶化，奥斯维辛就是纳粹制度的一个产物。‡

奥斯维辛是纳粹集中营的缩影，那么什么是"集中营"呢？意大利政治哲学家阿甘本（Giorgio Agamben）在《无目的的手段：

---

* 引自本书第 68 页。

† 引自本书第 33, 29 页。

‡ 引自本书第 31 页。

政治学笔记》一书里对集中营（camp，中译作"收容所"）的存在做了本质的分析。他指出，收容所中所发生的事件超出了关于犯罪的司法概念，收容所是一个例外的空间，它被置于监狱法以及刑法的权限范围之外，是被置于正常法律秩序之外的一片领地。收容所与这些法律无关，"达豪以及后来很快增设的其他收容所（萨克森豪森、布痕瓦尔德、利希滕贝格）实际上一直在运作……这类收容所已经在德国成为了永久现实"。*在这样的地方，合法的居民"已经被剥夺了所有政治身份，并被完全还原为赤裸生命"，他们也因此成为"牲人"，"人类被完全剥夺他们的权利和特征，以至于达到对他们做任何行为都不算是犯罪的程度"。†

集中营并不是纳粹的发明，但是集中营在"累积式激进"过程中变成死亡营和灭绝营，却是纳粹史无前例的邪恶罪行。阿甘本指出，历史学家一直在争论，到底是 1896 年古巴的西班牙人为镇压殖民地人民反抗而创设的 campos de concentraciones，还是 20 世纪英国人用于集中管理南非布尔人的 concentration camps，才应该被确认为最初出现的集中营。但是，关键问题是，这两个事实都是"与殖民战争相联系的例外状态向平民人口的扩展"。换言之，"收容所既非诞生于普通法律，也非……监狱法的某种改造和发展产物；毋宁说，它们诞生于例外状态和军事管制。这在纳粹集中营（Lager）的例子中表现得甚至更为明显……法律制度能出于使国家安全免于威胁的目的，对个人进行'拘留'，所以纳粹法学家常常视此法律制度为预防性的管制制度"。‡

纳粹统治时期，最早的达豪集中营建于 1933 年 3 月（即阿道夫·希特勒成为德国元首后不到两个月），从概念上便与特雷布林

---

* 吉奥乔·阿甘本，《无目的的手段：政治学笔记》，赵文译，河南大学出版社，2015 年，第 50—51 页。
† 同上，第 52，53 页。
‡ 同上，第 48—49 页。

卡这种在战争期间才建成的灭绝营不同。被关进达豪集中营的第一批囚犯大部分是纳粹的政敌，他们被视为对纳粹国家安全的威胁，而犹太人还不是。当时的德国民众也为此而支持建立集中营。里斯指出，"在所有接受我们拍摄的德国人当中，没有一个（包括当年狂热的纳粹分子）公开表示他们对灭绝营的存在'满怀热情'，但很多人在 20 世纪 30 年代对于集中营的存在感到相当满意"。他们将集中营视为一种防卫性的、正当的例外措施。正如里斯指出的那样，他们所不清楚的是这样的集中营可能多么暴力和残酷，"达豪集中营的管理制度不仅残酷无情，更能摧毁囚犯的意志"。尽管肉体虐待已经十分残酷和恐怖，"但更可怕的是精神折磨"，这是为了彻底摧毁反纳粹人士的抵抗意志。*

当犹太人被关入集中营的时候，纳粹也以犹太人威胁德国国家安全为借口，这使得例外状态成为纳粹迫害的常态。对此阿甘本说："阿伦特曾经指出，收容所暴露出来的是支撑着极权主义统治，而常识又顽固地拒绝承认的一条原则，也就是说，是那条使一切都成可能的原则……仅此一条原因，就使得在收容所里一切都能真的成为可能。如果不理解收容所（的本质）……那么收容所中发生的那些难以置信的事情就永远是难以理解的了。"† 《奥斯维辛》中党卫队看守和"卡波"对犹太人的酷刑残害会让读者毛骨悚然，难以置信——人怎么能这样残害他人。如果不是里斯为我们提供了详细的证据，读者一定难以想象，怎么短短的几个月间奥斯维辛就能从一个集中营累积式激进为一个死亡营，而在那里执行杀戮任务的看守们又是如何在心理上迅速适应这一剧烈转变的。《奥斯维辛》一书中讲述得最多的鲁道夫·霍斯（Rudolf Höss）——那位党卫队中的模范和奥斯维辛的指挥官——本来是一个农民的儿子，他在家里

---

* 引自本书第 20，21 页。
† 《无目的的手段：政治学笔记》，第 52 页。

是一个慈爱的父亲，在集中营里却如魔鬼般冷酷和残忍。这样的人格分裂也会让人觉得难以置信。里斯指出："最重要的或许是，奥斯维辛和纳粹的'最终解决'证实了一个事实：人的处境（situation）对个人行为的影响远远超出我们的想象。"*集中营正是这样一个可以发生难以置信的变化的非人化境地。

　　在集中营这个特殊的非人化境地里，囚犯变成了阿甘本所说的"牲人"，而看守则变成了"兽人"。极权统治把人要么变成牲口，要么变成野兽，或者既是牲口又是野兽。这就是制度性的去人性，它逼着人变成动物，而集中营更是一个浓缩的牲人和兽人世界。这个地方浓缩了阿伦特所说的"恶"——那种人不再是人，人不被当人的"恶"。阿伦特在致哲学家雅斯贝尔斯的一封信里，把恶简洁地定义为"把人变为多余"。†1945 年，随着纳粹集中营被解放，大量发生在那里的恐怖事件开始被披露，阿伦特的强烈反应是，"恶的问题将是战后欧洲知识分子生活的基本问题"。‡当有人问她对灭绝营的看法时（她第一次听说是在 1942 年），她说，就像打开了一道深渊，"对过去发生的某些事件，我们不可能与之达成和解。任何人都不能"。§

　　对此，美国政治学家理查德·伯恩斯坦（Richard J. Bernstein）写道："阿伦特感到，集中营所发生的事件是最极端的，最根本的恶的形式。'奥斯维辛'变成了集中体现这场浩劫的名词，并变成了 20 世纪爆发的其他恶的象征。我们还可以谈到柬埔寨、乌干达、波斯尼亚——这些名称和地点是如此不同，但所呈现的都是可

---

*　引自本书第 12 页。

†　Hannah Arendt and Karl Jaspers, *Hannah Arendt/Karl Jaspers: Correspondence 1926-1969*, eds. Lotte Kohler and Hans Saner, trans. Robert and Rita Kimber. New York: Harcourt Brace Jovanovich. 1992, p. 166.

‡　Hannah Arendt, "Nightmare and Flight." In *Hannah Arendt: Essays in Understanding, 1930-1954*. Ed. Jerome Kohn. New York: Harcourt, Brace & Co, 1994, p. 134.

§　Hannah Arendt, "'What Remains? The Language Remains': A Conversation with Günter Gaus." In *Essays in Understanding*, p. 14.

怕的事件，我们将尽全力去理解这些事件，但我们不可能与之达成和解。"* 也就是说，无论这样的事件如何被某些人说成具有"正当""合理"的原因，我们都永远不能原谅和宽恕这样的事件。对这样的事件，我们必须在道义上永远关闭所谓的"历史合理性"和"历史正当性"的大门。

20世纪之后，恶已经不再只是一个神学的概念，也不只是撒旦的别名，而是现实生活中一种至今尚未被充分认识的残害性暴力。我们所遭遇到的恶和我们对恶的认识之间存在着很大的距离。美国哥伦比亚大学教授安德鲁·戴尔班科（Andrew Delbanco）在《撒旦之死》一书里就此写道："我们的文化在恶的可见性与可以获得的对付它的知识资源之间已经裂开了一道鸿沟。恐怖的景象从来不曾如此广泛地散播，也从来不曾如此骇人听闻——从组织化的死亡集中营，到儿童在饥荒中饿死，而这些本来是可以避免的。"† 20世纪，这个世界上发生了许多本来可以避免的大规模人道灾难，千百万无辜者死于非命，恶造成的罪孽从未如此之多，但我们对恶的反应和认知却长期停滞不前。

恶普遍存在于20世纪的专制和极权制度中，大屠杀只不过是极权之恶的一个显例而已。极权之恶不只是少数虐待狂和疯子的事，而且更与众多以各种方式参与其中的普通人都有关联，对此里斯警告道，不要忽视了纳粹统治环境对千千万万普通德国人的人性改变效应，正是这种环境效应生产了无数心甘情愿跟随希特勒作恶的普通纳粹，他们有的甚至一辈子都无悔意。

---

* 理查德·伯恩斯坦，《根本恶》，王钦、朱康译，译林出版社，2015年，第1页。
† Andrew Delbanco, *The Death of Satan*. New York: Farrar, Straus, and Giroux, 1995, p. 3.

二、对大屠杀的历史学解释

里斯是一位历史学家，他的《奥斯维辛》是一部历史研究著作，从学术的角度来说，历史研究有两个着重点，一个是发掘"史实"材料，一个是提出"论述"观点，前一个着重于历史局部和细节，后一个着重于对整体特征和格局的把握。《奥斯维辛》提供许多档案资料和第一手访谈材料，其"史实"价值自不待言。它用这些历史细节对大屠杀所做的历史整体阐述也许更值得我们重视。尤其是当今我国学界尚缺乏对纳粹德国史研究新发展和新成果的翻译，以及整体介绍，《奥斯维辛》正好可以成为一个切入点，以期引发学界和读者对纳粹德国更大的兴趣和更周全的认识，并思考这些新方法和新观点对研究我们自己的历史可能有怎样的借鉴意义。

史学界有不少关于犹太人大屠杀肇端的辩论，并由此涉及纳粹德国（第三帝国）的统治制度、政策、权力运作等相关问题，历史学家们不同的整体论述观点形成了"功能主义"（functionalism，又称"结构主义"）和"蓄意主义"（intentionalism）的分歧。分歧集中于两个基本问题上：第一，究竟希特勒有没有大举屠杀犹太人的整体蓝图？蓄意主义认为他有计划，功能主义则认为没有。第二，犹太人大屠杀是基于希特勒的命令，还是德国纳粹官僚的创造发明？蓄意主义认为是基于希特勒的命令，功能主义认为，这主要是因为许多具体负责的纳粹先是领会上意，然后为了效忠输诚、邀功争宠而不择手段、走火入魔。里斯的观点是功能主义的，但同时又有所修正。这清楚地反映在他对"累积式激进"观点的运用上，在本书"序言"结尾处他只是提到了这个观点，而没有加以强调和引申（在与PBS的访谈中也是这样），是有原因的。

"累积式激进"由德国历史学家汉斯·蒙森（Hans Mommsen）首先提出，标志着纳粹德国研究的一个新视野。在这之前，对纳粹德国和希特勒的研究基本上都是从思想和文化因素来分析纳粹的极权统治和对犹太人的大屠杀，如德国特定的历史文化、传统的激进民族主义、反犹渊源，并将纳粹的政策归因于希特勒的世界观和对德国人有吸引力的纳粹意识形态（我国学界的这方面研究至今仍然是这个路数）。新的历史研究视野更关注的是纳粹制度中社会的力量、因素和条件的作用，以及普通民众的参与给予纳粹统治的多种多样的支持——沉默、顺从、妥协，合作、积极配合、出谋划策。从新的历史研究角度来看，纳粹体制并非一部一丝不苟地贯彻元首意志的精密有效的机器，而是一个政出多门、相互掣肘、自我内耗的政权。纳粹政权依靠国家的一些支柱部门（武装部队、党、公务员、党卫队、工业界）的随机应变和自我运作能力。因此，社会中普通民众的自治和自我调节也就成为纳粹政权存在的重要条件。纳粹统治所依靠的远远不只是负面的恐惧、暴力、威胁，更是正面的普通人配合和协助机制。蒙森的"累积式激进"观点另一部分是主张希特勒是一个"弱独裁者"（Weak Dictator）。蒙森认为大屠杀和"最终解决"是"累积式激进"的结果，而不是希特勒一人的长期规划。希特勒确实狂热反犹，但大屠杀并不能用希特勒本人的决定和命令来解释。事实上，从 1939 年开战之后，希特勒就是一个高高在上的独裁者，他不愿意也没有能力详细过问具体的要务，他是统帅，但统率的却是一个组织分散、内斗激烈的统治集团。这也是导致纳粹自我毁灭和失败的一个主要原因。[*]

在大屠杀问题上，新的历史研究发现，最终解决方案的产生原因难以证明是来自希特勒的最高命令，因为即使在私密小圈子里，

---

[*] Hans Mommsen, "Cumulative Radicalization and Self-Destruction of the Nazi Regime." In Neil Gregor, ed., *Nazism*. Oxford: Oxford University Press, 2000. Hans Mommsen, "Cumulative Radicalization and Progressive Self-destruction as Structural Determinants of the Nazi Dictatorship." In Ian Kershaw and Moshe Lewin, eds., *Stalinism and Nazism: Dictatorships in Comparison*. Cambridge: Cambridge University Press, 1977. See also, "Functionalism and the 'Weak Dictator' Thesis" http://www.liquisearch.com/hans_mommsen/biography/functionalism_and_the_weak_dictator_thesis.

希特勒本人也从未提过"最终解决"这个说法，至今也没有发现这方面的文字或口头命令记录。希特勒确实于 1941 年发布过"政委法令"（Kommissarbefehl），命令枪毙俘虏中所有"彻底布尔什维克化或积极代表布尔什维克意识形态的人员"。这个命令可以说是最后导致了大屠杀，但它毕竟不是大屠杀的一部分。希特勒只是大屠杀的"意识形态和政治起源"，为实现他的"乌托邦"而竞相效力的是纳粹党徒。正是这些普通的纳粹分子计划和实行了一系列的屠杀行动，他们揣摩上意、邀功争宠，自作主张，对犹太人宁可错杀，不可放过，越来越激进和极端，这才有了全面屠杀犹太人的"最终解决"方案。这时候的德国实际上已经是一个"元首缺席的元首国"。[*]

里斯在《奥斯维辛》中清楚地展现了大屠杀的"累积式激进"过程，他强调的是普通纳粹在大屠杀中积极发挥的"创造力"和"自主主张"。但是，里斯并没有接受蒙森关于希特勒是"弱独裁者"的观点。在这一点上，《奥斯维辛》与英国历史学家伊恩·克肖（Ian Kershaw）享誉史学界的《希特勒传》是颇为一致的。

1941 年，希特勒下达"政委法令"，这在普通德国人看来是合理的事情，因为他们把共产党和犹太人看成同一回事，正如一位被采访的前纳粹分子所说，"马克思不就是犹太人吗？""政委"也就是苏联"党内或政府内的犹太人"。也许当时谁也无法预料，"政委法令"后来成为大屠杀"累积式激进"的开端。一开始，处死的对象是犹太成年男子。但是，在纳粹国家里，命令都是最低限度必须执行的任务。所以有的执行单位就这样看待这道命令，"好吧，……不管看到什么犹太男子，全都杀掉，这样就不必操心他是不是共产党了"。这种宁可错杀，不可放过的心态是"人之常情"，许多别的国家里发生的屠杀事件（肃反、镇压、清算和消灭阶级敌人）也

---

[*]　Ian Kershaw, *Hitler, 1889-1936: Hubris*. New York, W.W. Norton & Company, 1998, p. 420.

都曾经如此。里斯指出，纳粹累积式激进的大屠杀就是从开始有章程、有命令，发展到后来没章程、没命令，但却照样能自我激化和自我发明。由于处死成年犹太男子，纳粹碰到一个新问题，杀了一家生活的来源，那女人和孩子怎么办？1941 年夏，他们做出了一个重大的改变决定：把女人和儿童也都杀掉。里斯认为，"希姆莱做了这个决定，我想是得到希特勒首肯的，通过特别行动队向下扩散"。*

　　然而，事情并没有到此为止，而是继续变得更加邪恶，因为纳粹有了一个更大的问题。近距离用枪射杀妇女和儿童，这种残酷行径对大约百分之二十的纳粹杀手造成了严重的心理创伤。《奥斯维辛》中对此有生动的描述："目睹屠杀过程的党卫队全国副总指挥，巴赫－泽勒维斯基对希姆莱说：'这还只是区区一百人……看看这个分队士兵的眼睛，有多惊恐！这些人下半辈子都完了。我们在这里培养的是什么样的追随者？要么就是疯子，要么就是野蛮人！'后来，巴赫－泽勒维斯基自己也深受精神疾病的困扰，眼前一再出现他所参与的行刑场景'幻象'。"因为"受到这些抗议以及自己亲身经历的影响，希姆莱下令开辟一种新的屠杀方法，以减少部下的心理负担"。†于是，几个星期后，一些下层的纳粹分子，他们是学科学的知识分子，便出来献计献策，提出了富有创意的杀人主意——用毒气进行工业化的大规模屠杀，这就把种族灭绝的杀戮之恶推到了一个史无前例的程度。

　　里斯对知识分子参与纳粹邪恶表示了极度的愤怒和鄙视，因为他们本是"绝顶聪明的人"，坐在（1942 年 1 月 20 日于柏林郊外举行的）"万湖会议"（Wannsee Conference，讨论解决犹太人的"最终方案"）会议桌前的许多人都拥有博士学位，不少还是法

---

*　Interview with Laurence Rees.

†　引自本书第 63 页。

学博士，"许多负责特别行动队的都不是没有头脑的恶棍，有一位拥有两个博士头衔，非要别人称呼他'博士-博士'（Reinhard Heydrich）……这些很有文化的人士，他们以异乎寻常的平静和冷静来做杀人的决定……简直太容易把他们当作神智失常者或疯子，但是，令人恐惧的是，他们并不是疯子。当时，他们认为自己是在做一件正确的事情。倘若我们不知道为什么这样的人在当时会把（滥杀无辜）视为正确的事情，我们就没有办法防止未来还会发生这样的事情"。*

　　在大屠杀研究中，里斯把目光更多地放在普通纳粹的创造性和尽心尽力的作恶行为上。在这个问题上他同意蒙森的"累积式激进"论，但是，在希特勒是否为"弱独裁者"的问题上，他持与蒙森不同的看法。里斯对希特勒和纳粹领导层该承担怎样的罪责提出更明确的政治定罪和道德谴责，为此他提供了多种新发现的档案证据，包括希姆莱完整的工作日志。他的结论是，"希特勒一连串环环相扣的决定最终导致对犹太人的灭绝屠杀"，"尽管目前尚未发现任何希特勒写下的文字，可以证明'最终解决'是他直接下令执行的，但上述证据让人们不仅有理由怀疑，甚至确定，那年（1941 年）12月，希特勒正积极煽动和引导更激进的反犹行动。他亲自下令将帝国犹太人遣送东部，就算没有美国参战所产生的催化作用，这次驱逐最终仍可能通向死亡。12 月 5 日，苏联红军在莫斯科城下向德军发起反攻，希特勒的愤怒和沮丧可能已经预示了拿犹太人发泄的倾向。珍珠港事件的爆发则将他明确引向谋杀。纳粹领导层不再假装他们仅仅是要把犹太人遣送到东部关进集中营。无论采用哪种方式，他们现在要做的是'灭绝'"。†对希特勒的归罪具有重要的先例意义，因为无论在世界上哪个地方，只要发生了人道灾难，以"不知情""不

---

* Interview with Laurence Rees.
† 引自本书第 82，84 页。

直接过问""下面的人办坏了事"这类借口来为最高领导人开脱责任，都是不能接受的。

三、制度、人性、罪责

许多现有的大屠杀研究都广泛引述幸存者和受害人的证词，相比之下，加害者的证词要少得多，主要的原因就是很难取得这类证词。《奥斯维辛》的一个重要特点和成功之处即在于收集了相当数量的第一手加害者证词。是什么原因使得加害者愿意提供证词的呢？这首先需要研究者付出极大努力去说服他们，"我们通常要花上几个月甚至长达数年的时间，说服他们接受采访并同意录像"。[*]而且，还需要被说服者正好有想说的意愿，这往往是可遇不可求的，书中的那位前党卫队成员奥斯卡·格伦宁就是因为与一位否认大屠杀的集邮爱好者争论才打破沉默的。

里斯承认，"促使他们最终说出一切的决定性因素究竟为何，我们永远无法确切知道。但在许多案例中，受访者明显感觉到自己的生命已走到尽头，因此想把自己在那些重大历史时刻的经历毫无保留地记录下来。此外，他们相信BBC不会歪曲他们的观点"。[†]但是，里斯在访谈中说，还有一个"可怕"的原因，那就是这些加害者"希望人们了解他们当初为何做这样（残害别人）的事情，他们并不是疯子。他们当中有的要别人知道，他们并不一定认为自己所做的是坏事"。[‡]这就让对加害者的采访人处于一种道德困境之中，"我们提问的方式和我们所用的材料都清楚表明，我们在善与恶之间并不持中立的立场。另一方面，如果你采访某个人，他承认枪决过犹太人，而且表示并不为此感到后悔，你问他，'你为什么不后悔？'他说，

---

[*]　引自本书第3页。

[†]　同上注。

[‡]　Interview with Laurence Rees.

'因为我确实憎恨犹太人'，那么，你就会让观众看到一种完全是不同寻常的有深度的东西。他们可以从中吸取深刻的教训。五十年、一百年以后，有人看这个纪录片，这个有深度的东西还是在那里"。*这个有深度的东西就是人性的黑暗和复杂，以及生存情境能够如何对人性发生长期难以发觉的塑造和改变作用。

　　加害者的证词和有些加害者对自己所作所为的"无怨无悔"或"有限认错"（如奥斯卡·格伦宁）之所以非常重要，是因为关乎大屠杀的两个关键问题——它们同样是《奥斯维辛》要回答的关键问题。第一个问题是，人怎么可能做出这样邪恶的事情——心安理得地残害或屠戮与自己无冤无仇的无辜者？第二个问题是，杀害的决定是由谁做出的？第一个是人性的问题，涉及人自身的善和恶。第二个则是政治责任和法律罪责的问题，涉及应该如何为受害者伸张正义。

　　如果说，屠杀的决定是由极少数人——希特勒和他的核心人物——所做出，而大多数人只不过是"执行命令"的话，那么，我们可以把这些极少数人视为"没有人性"的恶魔和虐待狂。但是，如果杀人是许许多多普通人自己所决定的行为（虽然是因为处于某种外力的情景之中），而且事后并不后悔，那么，我们便不能轻易将这些数量众多的人全都排除在人类群体之外。他们的问题不是"非人性"，恰恰相反，这正是"人性"。里斯关注的显然是后一种情形，"所有认为只有纳粹分子甚至只有希特勒才持有极其恶毒的反犹主义观念的人，也应当认真反思。最危险的想法之一，就是认为欧洲人是在少数疯子的强迫下心不甘情不愿地犯下了灭绝犹太人的罪行"。†

　　参与作恶的普通人，对他们的道德审视需要我们超越对人性恶

---

*　Interview with Laurence Rees.

†　引自本书第 4 页。

或人性善的简单信念或认知习惯，需要我们思考人性中的那些普遍的局限和阴暗面。二百多年前，人性的局限和阴暗已经使不少启蒙时代的思想者忧心忡忡，也让他们把政府与人性结合在了一起。"政府本身又是什么，"麦迪逊问，"不正是人性的集大成者？"[*]在美国之父们的远见中，民主，就是要设计成对人性弱点的制约，特别是对领导滥用权力的制约。对人性的认知，可能是美国革命与法国革命之间最大的不同，后者有着浪漫的情怀，坚信自己即将摆脱人性的局限，把人变成"新人"。1794年，马克西米连·罗伯斯庇尔（Maximilien Robespierre），"恐怖统治"的总设计师，这样写道："法国人民似乎已经超越世界上其他人类2000年；身居其中，你很想将他们看作另外一个物种。"[†]

对人性的理解存在着两种极端看法："悲剧观"（导致对人性的缺陷逆来顺受和无条件接受）和"乌托邦观"（拒绝承认人性自身中存在恒久的弱点，否认对待人性弱点只能靠遏制而不能靠改造）。社会心理学家斯蒂芬·平克认为，"根据现代科学，对人性更深刻的理解表明，处理政治问题中的人性远比上述两种极端的观点更复杂和深奥。人的头脑不是白板，没有一种人道的政治制度应该允许蔑视领导人或者重塑公民。即使有这样或那样的局限性，人性中还有一个具有递归、开放性和组合能力的系统进行推理，因此人能认识到自身的局限性。启蒙人道主义的引擎——理性主义，永远也不会被特定时代下人们推理中出现的缺陷和错误所击败。理性总是能够退后一步，记录缺陷，修正规则，避免下一次再犯同样的错误"。[‡]

这恰恰是身处极权统治下的人们所无法做到的。极权统治诱发、

---

[*] James Madison, "Government and Human Nature: Federalist Papers No. 51." In C. Rossiter, ed. *The Federalist Papers*. New York: New American Library, 1961, p. 322.

[†] "French People as a Different Species." Quoted in D. A. Bell, *The First Total War: Napoleon's Europe and the Birth of Warfare as We Know It*. Boston: Houghton Mifflin, 2007, p. 77.

[‡] 斯蒂芬·平克，《人性中的善良天使》，安雯译，中信出版集团，2014年，第223页。

利用和加强人性中的阴暗和残酷，而人性中的阴暗和残酷又在这样一种统治秩序中极度放大了极权的制度之恶，不只是集中营里那些特别残暴的看守和"卡波"，身处这个制度中的每一个人，没有一个人可以带着完整的、未被残害的人性离开这个体制环境。极权体制是人类批判理性的光芒照不进去，也不被允许照进去的一片黑暗之地。

纳粹统治在政治、社会、文化的各个领域中形成了一种对每个人的行为都发生毒化影响的环境，统治者全方位、彻底地控制这个环境——这就是极权主义。里斯指出"人的处境对个人行为的影响远远超出我们的想象"，这在书中人物托伊·布拉特身上有所体现。作为死亡集中营里最坚强、最勇敢的幸存者之一（曾参加索比堡起义），他被纳粹强迫在索比堡灭绝营工作，随后冒着生命危险逃了出来。"人们问我，"他说，"'你学到了什么？'我想我只能确定一件事：没人真正了解自己。你在大街上遇见一个和善的人，你问他："北街怎么走？'他陪你走了半个街区，给你指路，态度亲切。可是在另一种环境下，同一个人可能变成最可怕的虐待狂。没人了解自己。每个人都可能在这些（不同的）处境之下变成好人或坏人。有的时候，碰上对我特别和善的人，我忍不住会想：要是把他放在索比堡，他会变成什么样呢？"[*]

极权制度把人放置在要么害人要么被人害的两难选择中，不管有没有内疚，几乎没有人会选择让自己受害。尤其是在物质匮乏的情况下，同情、怜悯、恻隐之心——亚当·斯密视之为人之为人的情感——都是奢侈而多余的，人性问题成为非常现实的生存可能和需要问题。1939年12月，伊尔玛·艾吉这个来自爱沙尼亚的17岁德意志女孩，与她的家人一起被安置在波兹南的临时住所。圣诞节前夕，一位负责住房的纳粹官员给了她父亲几把公寓钥匙，"这

---

[*]　引自本书第12页。

套公寓就在几小时前还属于一个波兰家庭"。艾吉一家意识到自己强占了别人的房子："在那之前，我们完全没想到会发生这样的事情……你没法带着这种负罪感过日子。但另一方面，每个人都有自我保护的本能。我们还能做什么呢？我们能去哪里呢？"*

德意志人是这样，波兰人也是这样，为了赚钱，约瑟芬和朋友们到比克瑙的焚尸场附近"淘金"。"他们翻动土地，挖出埋在地下的人骨碎片，把这些碎片放在一个碗里，装上水以后从中找金子。'大家都觉得很不舒服'，约瑟芬说，'无论自己有没有亲人死在集中营里，大家都觉得不自在，因为这些毕竟是人的骨头。没人乐意干这种事，可是贫穷逼着我们不得不这么做。'"† 波兰人扬·皮夫奇克承认他也曾在焚尸场附近搜寻贵重物品。"我记得我找到一颗金牙，一枚犹太硬币，还有一个金手镯。我现在肯定不会这么干了，对不对？我不会再从人骨堆里刨东西，因为我知道干这种事的都该遭天谴。但那个时候我们没别的办法，只能这么做。"‡ 里斯关注的是人性，而不仅仅是德意志人的人性，这使得他叙述的故事也可以成为每个读者自己的故事。

里斯从幸存者和纳粹罪犯那些学到的是，"人类的行为是如此易变和不可预知，常会被他们身处的环境所左右。当然，人们可以自行决定采取什么样的行为，但对很多人来说，个人处境是影响这些决定的关键因素"。§ 这样的结论可以被用来解释人在什么特殊环境会作怎样的恶——人在仇恨和暴力环境促成和加强的许多心理因素作用下（服从威权和命令、从众和害怕、将残害对象妖魔化和非人化、对自己恶行辩护与合理化），会诱发出"好人作恶"的行为结果，极少会有例外。

---

* 引自本书第 29 页。
† 引自本书第 290，291 页。
‡ 引自本书第 291 页。
§ 引自本书第 12 页。

　　但是，同样的结论也可以被作恶者用作对自己主观意愿的推诿和脱罪之词。格伦宁有一次与父亲及岳父母共进晚餐，"他们对奥斯维辛发表了一句特别愚蠢的评论"，暗示他是"潜在的甚或是真正的凶手"，气得格伦宁大声咆哮。* 他对采访者辩解道，他在奥斯维辛当看守，只不过是在执行命令而已，是环境让他扮演了一个服从威权的角色。甚至连身为奥斯维辛最高指挥官的霍斯，也是用军人服从命令来为自己辩护。对此里斯问道："一个值得深思的问题是：霍斯真的能'明白'他都干了什么吗？在他被处决前刚刚写就的自传中，所有的线索都指向同一个结论，那就是……他都不会发自内心地认为他所做的一切从根本上是错误的。当然，他确实在自传里写道，他'此时此刻'认为灭绝犹太人是一个错误，但这只是一个策略上的失误，因为它让德国成为全世界仇视的对象。"† 不只是霍斯，还有许多别的纳粹（如格伦宁），他们一辈子都坚持认为，灭犹的大政方针并没有什么错，只不过"实施的具体方式"出了问题。

　　"服从命令"让许多对自己罪行没有悔意的纳粹不仅逃脱了1945年的"纽伦堡审判"，而且也逃脱了1947年和1963年第一和第二次"奥斯维辛审判"的法律追究。奥斯维辛审判（也称"法兰克福审判"）更是被一些法学家视为受难者正义的失败。法兰克福审判的总检察官弗里兹·鲍尔（Fritz Bauer）虽然接受审判的结果，但多次对审判原则提出批评，他坚决要求揭露参与奥斯维辛庞大系统的所有纳粹，包括直接屠杀和为之提供各种辅助和支持的人。他说："参与的人有几十万……他们执行最终解决计划，不仅仅是因为有人命令他们这么做，而且是出于他们自觉自愿接受的世界观。"‡ 对纽伦堡审判，里斯写道："在纽伦堡审判中，党卫队作为

---

*　引自本书第 281 页。

†　引自本书第 288 页。

‡　Robert Fulford, "How the Auschwitz Trial Failed ." *The National Post*, 4 June 2005. 参见徐贲《奥斯维辛审判中的罪与罚》，收入《人以什么理由来记忆》，中央编译出版社，2016 年，第 120—132 页。

一个整体已经被定义为一个'犯罪组织'，但没有人进一步强调，每个在奥斯维辛工作过的党卫队成员都犯有战争罪……如果能够给他们每个人都定罪，那么无论判罚有多轻，它都是向后人表达的一个明确态度。"[*]不仅如此，对纳粹罪行的定罪（不管最后是否予以法律惩罚）对评判发生在世界其他地方的人道灾难的参与者责任，也会是一个有用的先例参照。可惜纽伦堡审判和奥斯维辛审判错过了人类历史上这样一个重要的机会。这也正是为什么里斯说——

> 人类从内心深处需要这个世界有公道存在，需要无辜的人最终得到补偿，有罪的人最终受到惩罚。但奥斯维辛的历史没有给我们这样的慰藉。[†]

---

[*] 引自本书第 293 页。
[†] 引自本书第 294 页。

献给 110 万个男人、女人和孩子，

他们死于奥斯维辛。

目　录

序 言

　　这本书包含很多令人心情沉重的内容，但我仍然认为我们需要
这样一部作品：一方面是因为调查表明，大多数人对奥斯维辛的真
实历史仍一知半解[1]；另一方面，我希望这本书能提供一些独特的
见解。

　　我围绕纳粹题材进行文字和电视节目创作已有十五年时间，这
本书力图在这些年的积累之上，以一个具体场所为切入点，对人类
历史上最深重的罪行进行最透彻的诠释，这个场所就是奥斯维辛。
不同于反犹主义，奥斯维辛有确定的开始日期（第一批波兰囚犯到
达，是 1940 年 6 月 14 日）；也不同于种族屠杀，奥斯维辛有确定
的结束日期（1945 年 1 月 27 日，集中营获得解放）。在这两个日期
之间，奥斯维辛那段复杂的历史从许多方面反映出纳粹种族和民族
政策的复杂性。奥斯维辛并不是专门用于杀害犹太人的灭绝营，也
不仅仅与"最终解决"有关——尽管它后来成为奥斯维辛的主题。
奥斯维辛营地的结构和设施一直在变，而这些变化常常与德国人在
各个战场上的战况密切相关。奥斯维辛，通过其毁灭性的动态发展，
成为纳粹国家核心价值观的有形体现。

　　对奥斯维辛的研究，不仅是让我们更深刻地洞悉纳粹，还可以
9 让我们了解在历史最极端的情况下，人类会做出什么。这里所涉及
的故事，有不少可以让我们更好地认识我们自己。

　　这本书的写作离不开一些特别的调研，也就是对近百名集中营
幸存者和纳粹行凶者的访谈。此外，我也参考了此前为另外几个关
于第三帝国的节目所进行的数百场访谈，其中不少受访对象曾是纳
粹党员。[2] 与幸存者和行凶者的会面和对谈让我们收获颇多，他们
提供了单凭文字材料很难获得的更深入的观点。尽管自学生时代起
我就一直对这一时期的历史感兴趣，但真正的深入研究源于 1990
年与一位前纳粹党员的谈话。当时为了编写和制作一部关于约瑟
夫·戈培尔博士的影片，我访问了威尔弗雷德·冯·奥芬（Wilfred
von Oven），他是戈培尔的专属秘书，是这位臭名昭著的纳粹宣传
部部长的得力助手。在正式访谈结束后，我们喝着茶，我问这个头
脑聪明而又极富魅力的人："如果用一个词来概括你在第三帝国的
经历，你会选哪个词？"冯·奥芬先生思考着问题的答案，我以为
他会提及这个政权犯下的恐怖罪行——对这些罪行他供认不讳——
以及纳粹主义对世界造成的伤害。"这个嘛，"他最后说道，"如果
要用一个词来总结我在第三帝国的经历，我会说——天堂。"

　　"天堂"？在我读过的历史书里，没有任何一本是这么形容纳
粹时期的。这个词也不像是出自这位坐在我面前、优雅且通情达理
的男人之口。说起来，他的言谈举止根本就不像个纳粹党员。这样
的人怎么会选择这样一个词？任何一个有头脑的人怎么可能这样评
10 价第三帝国？而 20 世纪的德国人又为何犯下这样的罪行？他们毕
竟是欧洲文化的核心、一个有着良好教养的民族。多年前的那个午
后，这些问题萦绕在我的脑海中，直到今天仍挥之不去。

　　在我寻找答案的过程中，历史的两次偶然帮了大忙。第一，那
些曾是纳粹一分子的受访者，在我向他们提问的时候，恰好处在即
使公开表达也不会有什么损失的人生阶段。早上十五年，作为社会

中流砥柱的他们什么也不会透漏。而今天，包括迷人的冯·奥芬先生在内，他们中的绝大多数都已过世。

我们通常要花上几个月甚至长达数年的时间，说服他们接受采访并同意录像。促使他们最终说出一切的决定性因素究竟为何，我们永远无法确切知道。但在许多案例中，受访者明显感觉到自己的生命已走到尽头，因此想把自己在那些重大历史时刻的经历毫无保留地记录下来。此外，他们相信 BBC 不会歪曲他们的观点。对此我会说，只有 BBC 才能提供必要的支持，帮我们完成这项事业。这些调研旷日持久，只有一个公共广播电台才能做出这样的承诺。

第二个机缘在于，这项研究恰巧赶上了柏林墙倒塌和东欧剧变。突然之间，我们能接触到的不仅有调研所需的档案，还有人。我曾在 1989 年共产主义时期的苏联进行拍摄，那时谈及国家历史，人们基本只能喊喊政治口号。而到了 20 世纪 90 年代，压抑已久的回忆和观点，一时之间如决堤的洪水般倾泻而出。在波罗的海诸国，我听到人们回忆他们如何将纳粹视为解放者而夹道欢迎；在卡尔梅克人 * 的大草原上，我获得了斯大林对整个民族进行报复性驱逐的一手资料；在西伯利亚，我遇见了两度陷于囹圄的老兵们——一次拜希特勒所赐，另一次则是拜苏联所赐；在明斯克附近的一个小村庄，我偶遇一位女士，她曾参与了现代历史上最残酷的游击战，回首过去，她认为，红军更为可怕，如果不是共产主义的倾塌，所有这些深埋的过去将随着当事人的离世，最终从这个世界被抹去。

更可怕的，是反犹主义。当我辗转行走于这些才获得独立的国家——从立陶宛到乌克兰，从塞尔维亚到白俄罗斯，我以为人们会告诉我，他们有多痛恨苏联共产主义——这才是他们该有的情绪。而恨犹太人？简直荒唐可笑，特别是没有几个犹太人还住在那儿。

---

* Kalmyks，蒙古卫拉特人的后裔，主要居住在伏尔加河下游里海西北沿岸、卡尔梅克自治共和国境内（除特别标明，本文页下注均为译注）。——译注

看来，希特勒和纳粹的工作相当"成功"。然而，波罗的海的一位老人在 1941 年曾帮助纳粹射杀犹太人，而六十年后他仍认为当年的所作所为是正确的。甚至一些曾反对纳粹的人也持有狂热的反犹主义观点。我仍记得一位乌克兰老兵在一次午餐时向我提出的问题。他曾作为乌克兰民族主义者与纳粹和苏军浴血奋战，并因此遭到迫害。他问我："我听说纽约有个由各国犹太金融家组成的秘密团体，他们打算干掉所有非犹太人政府。你怎么看？"我愣住了。每逢意料之外且毫不掩饰的反犹主义，不是犹太人的我总会陷入震惊。"我怎么看？"我最终答道，"我觉得那纯粹是胡扯。"这个老兵抿了一口伏特加。"是吗，"他说，"你是这么想的啊。有意思……"

12　　最令我震惊的是，持有这种反犹主义观点的不仅限于老一辈人。我还记得立陶宛航空柜台的那位女士，她得知我们正在拍摄的影片主题后说："你们对犹太人感兴趣是不是？记住一点就行了：马克思是个犹太人。"同样在立陶宛，一位二十五六岁的年轻军官带我参观了位于考纳斯（Kaunas）的一个军事要塞，1941 年，一大批犹太人在这里惨遭屠杀。他对我说："知道吗，你漏了更重要的内容，该讲的不是我们对犹太人做了什么，而是犹太人对我们做了什么。"我并不是说在我去过的东欧国家中，所有人都持这种态度，认同这些观点的人甚至都不占多数，然而，这种公然的歧视实在令人不安。

　　所有认为本书所涉及的历史与当下无关的人，都应该记住前面写到的一切。所有认为只有纳粹分子甚至只有希特勒才持有极其恶毒的反犹主义观念的人，也应当认真反思。最危险的想法之一，就是认为欧洲人是在少数疯子的强迫下心不甘情不愿地犯下了灭绝犹太人的罪行。纳粹上台前，德国社会并不存在所谓的"独一无二的灭绝倾向"（"uniquely exterminatory"，引自时下最流行的专业术语），否则在 20 世纪 20 年代，怎么会有大批犹太人从反犹的东欧逃亡到德国寻求庇护呢？

　　然而，纳粹分子与其他许多极权主义国家的行凶者确实有不同之处，这正是我完成关于第二次世界大战的三个独立项目后得出的结论。这三个项目各包括一本书及一部电视剧：第一个是《纳粹警示录》（*The Nazis: A Warning from History*）；之后是《世纪之战》（*War of the Century*），讲述的是斯大林和希特勒之间的战争；最后一个是《东方恐怖》（*Horror in the East*），力图揭示20世纪30年代以及第二次世界大战期间日本人的精神世界。参与这些项目的经历带来了一个意想不到的结果：就我所知，我算是唯一一个与来自德国、日本和苏联的大量战犯都会过面并进行过访谈的人。基于此，我确信我遇见的纳粹战犯与其他战犯有所不同。

斯大林统治下的苏联，恐惧感弥漫着整个社会，而希特勒的德国直到战争最后阶段才发展到这种程度。一位前苏联空军军官曾向我描述过20世纪30年代的公开会议，那时任何人都可能被指控为"人民的敌人"。他的话我至今难忘。人人都可能在夜半时分被敲门声惊醒。无论表现得多么顺从，无论口号喊得多么响亮，在斯大林时期的苏联，一旦你被扔在聚光灯下，你做什么、说什么或想什么全都是徒劳。但在纳粹德国，除非身为某个遭受威胁群体中的一员，也就是犹太人、共产主义者、吉卜赛人、同性恋、"不愿工作者"（work-shy），或任何反对现有政权的人，德国人基本可以过着无须忧惧的生活。近期所有学术研究都强调，盖世太保主要是依靠民众的告发来执行任务的。[3] 这个结论无可厚非，但更重要的事实是，大部分德国人直到德国快要输掉战争之前，都感到安全和幸福；如果有一场自由和公开的选举，他们一定会投票给希特勒让他继续执政。相比之下，在苏联，即使是斯大林最亲近、最忠诚的同僚都无法睡上一个安稳觉。

因此，那些遵从斯大林的指示犯下罪行的人，常常干着迫害他人的事，却不知为何要这样做。例如，我遇到的一个前苏联秘密警察曾把卡尔梅克人五花大绑扔上火车，把他们驱逐到西伯利亚，但他至今不知道政策背后的原因是什么。被问及为什么参与这项行动时，他给出的答案我们并不陌生：这只是"执行命令"。讽刺的是，大家普遍认为这是纳粹分子最爱用的借口。这名秘密警察之所以手染鲜血，只因他被要求这样做，只因他知道如果做不到便会被枪毙，而且他相信领袖做出这样的决定自有他的理由。当然，这也就意味着，苏联解体后，他能够轻松地忘记过去，让生活继续。当然，历史上不乏斯大林这样的人物。

我还见过一些日本战犯，他们曾犯下现代历史上最骇人听闻的暴行。在中国，日本士兵剖开孕妇的肚皮，将刺刀刺向她们腹中的胎儿；他们将农民捆起来当练习刺杀的活靶子。日本人对成千上万无辜百姓的凌虐，毫不逊于盖世太保最残忍的行为，而日本人的致命医学实验远远早于门格勒*在奥斯维辛所做的研究。人们可能会以为这些人具有某些"常人无法理解"的特质，但经过调查便会发现，事实并非如此。他们在一个高度军事化的社会中长大，接受过最严酷的军事训练，自孩童时代起就一直被灌输崇拜天皇的思想（天皇也是军队最高统帅）。准宗教性本是人之常情，而日本文化在历史上又不断强化着这种倾向。我见过的一名日本老兵就很典型，他提到，当自己被命令参与对中国妇女的轮奸时，重点不在于性行为本身，而是他终于被同伴们认可接纳，要知道，他们此前可是尽情地欺侮他。与我遇到的那位苏联秘密警察一样，这些日本老兵几乎毫无例外地会用外部原因为自己的行为辩护，也就是政权本身。

然而，很多纳粹战犯却不同。书中一位名叫汉斯·弗里德里希的受访者，他的话可以很好地概括这些纳粹分子的想法。弗里德里希曾是帝国东部党卫队的成员，他承认自己亲手射杀过犹太人。直到纳粹政权倒台多年后的今天，他仍不后悔当初的所作所为。他完全可以用"执行命令"或"被政治宣传洗脑"来为自己辩护，但他

---

* Josef Mengele（1911—1979），奥斯维辛集中营臭名昭著的医生，负责对新来囚犯进行生死筛选，并利用犯人进行人体实验。

内心的信念是如此坚定，以至于拒绝使用这些借口。当年他发自内心地认为枪毙犹太人是正确的，现在也毫不掩饰地表示这一信念从未改变。这无疑是一种可憎的立场，但同时也发人深省。当代研究成果表明，这样的人并非个例。在奥斯维辛，没有任何记录显示有哪个党卫队士兵因拒绝参与屠杀而遭到处罚，却有大量资料表明，在党卫队领导眼中，营地里真正的违规问题是偷盗行为。也就是说，这显得在屠杀犹太人一事上，普通士兵与领导者是意见一致的，只不过对希姆莱不允许个人从中获利的做法颇不以为然。一旦被发现手脚不干净，他们面临的处罚可能颇为严厉——几乎可以肯定，那要比他们拒绝积极参与屠杀所受的处罚还要重。

与效忠斯大林和裕仁天皇的战犯相比，纳粹行凶者对他们的个人行为负有更大的责任。这份结论不仅基于访谈，也是经过一系列档案研究，以及与相关学者探讨之后所得出的。[4]当然，这只是一个概论，这三个极权政体各自都有非典型的个体，而且彼此也有很多相似之处，比如在进行政治宣传时，都自上而下地将某种意识形态强加于民众。但作为概括它是站得住脚的；考虑到党卫队接受的严格训练，以及"德国士兵只会机械服从"这一刻板印象，它也能激发人们更进一步的了解。正如我们将要看到的，纳粹行凶者对他们的个人行为拥有更大的决定权，他们不仅促成了奥斯维辛的发展，也促成了"最终解决"方案的制订和实施。

在我过去十五年所遇到的纳粹行凶者当中，有如此多的人将他们的罪行归结于内因（"我觉得应该这样做"）而不是外因（"我被命令这样做"），这是一个值得研究的现象。一个不难想到的解释是，纳粹分子精心利用了一些既存观念，早在阿道夫·希特勒这个人出现以前，反犹主义思想就已经见诸德国社会，许多人有失公允地将德国在第一次世界大战中的失败归罪于犹太人。实际上，纳粹在20世纪20年代初的早期政治运动，与其他民族主义右翼党派不计其数的政治活动并没有本质区别。希特勒的首创不是政治思想，而是

16

领导权。20 世纪 30 年代初，大萧条席卷德国，数百万德国人自愿投靠纳粹党，以求解救国家之道。1932 年大选，投票支持纳粹的人没有一个是被迫的，纳粹在完全符合当时法律程序的情况下取得政权。

另一方面，纳粹主义的整体信念被如此多的纳粹分子内化于心，这与约瑟夫·戈培尔博士的工作密不可分。[5] 戈培尔大概是 20 世纪最有影响力的政治宣传家，人们常以为他不过是个粗浅的好辩者，以《永远的犹太人》(Der ewige Jude) 而臭名昭著——这部纳粹宣传电影将犹太人与老鼠的镜头交叉剪辑。但实际上，他的大部分工作要精致得多，也隐蔽得多。只有希特勒才热衷于像《永远的犹太人》这种憎恶分明的电影，而戈培尔本人并不喜欢这种小儿科的方式，他更欣赏《犹太人苏斯》(Jud Süß)，这部影片不动声色地表现了犹太人如何糟蹋一个美丽的"雅利安"女孩。戈培尔所主持的受众分析（他对这一研究极其痴迷）证明他是对的：更受观众喜爱的宣传电影，用他的话来说，是那些"煽动于无形之间"的影片。

戈培尔坚信，强化观众已有的偏见永远胜过试图扭转他们的思想。当迫于形势需要，不得不尝试改变德国人的看法时，戈培尔的策略是"像护航队一样前行——永远与最慢的船舰保持一致"。[6]他采取不同的隐蔽手段，反复重申他希望受众接受的观点。在此过程中，他很少直白地表达思想，而是通过图像的展示和故事的讲述，引导德国民众得出他想要的结论，并让他们以为这些结论完全是他们自己的想法。

20 世纪 30 年代，希特勒并不经常违背人民大众的意愿，强制推行他的政治政策，这一点深得戈培尔赞许。纳粹无疑是个激进的政权，但它更看重民众的共识，而它最需要的行动力，很大程度上来自人们自下而上的主动合作。所有这些都意味着，在屠杀犹太问题上，纳粹党每一步都走得十分谨慎。虽然仇视犹太人是希特勒的一个核心思想，但他在 20 世纪 30 年代初的选举中并没有公开推行这一政策。他从未掩饰过自己的反犹主义倾向，但他和其他纳粹高层有意强调了其他政策，例如他们希望"纠正"《凡尔赛条约》，让失业者重返工作岗位，重建德国人的民族自豪感。希特勒当选总理不久，针对德国犹太人的暴力源源不断地出现，纳粹冲锋队队员精心利用这些事件，推波助澜，使其发展到更大规模。这期间还出现了对犹太人商店的联合抵制（它得到戈培尔这位热情的反犹主义者的支持），但抵制运动只持续了一天时间。纳粹领导人对国内外的社会舆论都格外关注，尤其不希望他们的反犹主义态度使德国成为一个被排斥的国家。此后的两次反犹高潮，标志着战前纳粹迫害犹太人的两个重要历史时刻：一个是 1936 年《纽伦堡法案》的实施，它剥夺了德国犹太人的公民权；另一个是 1938 年的"水晶之夜"，这一晚犹太会堂遭到焚毁，成千上万的犹太人被逮捕。但总体看来，纳粹推行反犹政策的步伐是平缓而渐进的，20 世纪 30 年代，许多犹太人仍试图留在希特勒统治下的德国生活。纳粹的反犹宣传按照戈培尔所谓的"护航队最慢船舰的速度"进行（尤利乌斯·施特莱歇尔 [Julius Streicher] 这样的极端狂热分子和他的激进反犹刊物《先锋报》[Der Stürmer] 是个例外），那两部公开反犹的电影《永远的犹太人》和《犹太人苏斯》，都是战争爆发以后才上映的。

逐步升级的反犹行动，这种观点与一般人的看法相悖。通常认为，纳粹在某个特殊时刻，做出了"最终解决"和建造奥斯维辛毒气室这样的重大历史决定。这种想法可以理解，但分析这段历史远非这么简单。在距焚尸炉仅数米远的地方修建轨道，通过火车把一个个犹太家庭载向死亡，这种复杂的屠杀手段经过数年的精心设计才成熟。纳粹政权实践了一位历史学家提出的著名概念："累积式激进主义"（cumulative radicalisation）[7]，也就是说，每一个决定通常会导致之后更激进的决定。1941 年夏发生在罗兹（Łódź）犹太人隔离区的食物危机便是一个典型例子，可以说明历史事件如何相互影响，最终促成灾难。这一危机使得一位纳粹官员提出："用

19　一些简便快捷的办法解决那些不再适合工作的犹太人，或许还算人道。"[8] 因此，灭绝犹太人的方案出于"人道主义"被提上日程。不要忘了，恰恰是此前纳粹领导层制定的政策，才造成了罗兹犹太人隔离区的食物危机。

　　这并不意味着希特勒可以不为他犯下的罪行负责——无疑他逃脱不了责任，而且，比起简单地在某天召集下属，强迫他们执行命令，希特勒的做法更加阴险。所有纳粹将领都知道，他们的元首在制定政策时最看重的一点便是：激进。希特勒曾经说过，他希望他的军官都能像"被皮带紧紧拴住的狗"一样（可惜他的军官常常辜负这种期望）。他对激进的狂热，加上他喜欢任命两个人完成大致相同的任务、从而在纳粹领导层中间激起激烈竞争的做法，导致这一政治和行政体系中充满斗争，同时具有高度的内在不稳定性。所有人都知道希特勒有多痛恨犹太人，所有人都听过他 1939 年在德国国会大厦进行的演讲，在此次演讲中，他预言如果欧洲的犹太人"引发"一场世界大战，那么他们将面临被"灭绝"的命运。因此，纳粹领导层的每个人都很清楚，对待犹太人他们该提出什么样的政策，那就是越激进的越好。

　　"二战"期间，希特勒绝大部分精力和心思都放在了一件事上：努力赢得战争。他花在犹太人问题上的时间远远少于制定复杂的军事策略。希特勒对犹太人的态度，或许可以体现在他向但泽（Danzig）、西普鲁士（West Prussia）和瓦尔特（Warthegau）三个地区的大区长官（Gauleiter）下达的指示中。他告诉他们希望这些地区日耳曼化，并说只要他们完成这个任务，他保证"不过问"他们是如何做到的。不难想象，1941 年 12 月希特勒以同样的口吻对希姆莱

20　说，他希望犹太人"灭绝"，且"不过问"希姆莱如何实现这一目标。当然，我们无法确知他们之间的对话是否真的如此，因为战争时期希特勒一直谨慎地通过希姆莱这个中间人来执行"最终解决"。希特勒十分清楚纳粹将要犯下的罪行的严重性，因此不希望留下任何记

录，证明自己与这些罪行有关。然而，证据无处不在，比如希特勒公开发表的仇视言论，还比如每当希姆莱与希特勒在其位于东普鲁士的总指挥部会面后，对犹太人的迫害和谋杀便会越发激进。

我很难准确地描述，纳粹领导层对效忠于一个敢于追求宏大梦想的人有多么兴奋：希特勒的梦想是在几周之内击败法国，而"一战"期间德国曾与法国周旋了数年时间。这个梦想希特勒实现了。他还梦想着战胜苏联，在1941年夏秋之际，看形势他几乎一定会赢。他也梦想着消灭犹太人，而在某种程度上，这是最容易完成的一件任务。

希特勒的目标都十分宏远，同时从本质上来说，它们也都是破坏性的，而"最终解决"是最具毁灭性的构想。值得注意的是，1940年，有两位纳粹人士分别承认大规模屠杀不符合他们所认同的"文明"价值观，但后来他们却成为制定和执行"最终解决"策略的关键人物。海因里希·希姆莱写道："'从肉体上消灭一个民族''本质上来说非常不德国'。"而莱因哈德·海德里希也表示过："生物灭绝对德国这样一个文明国家来说，是很不体面的行为。"[9]但在之后的十八个月内，"从肉体上消灭一个民族"却一步步地变成他们拥护的政策。

追溯希特勒、希姆莱、海德里希和其他纳粹领导人如何逐步决 ₂₁定建造奥斯维辛并执行"最终解决"，有助于我们了解一个不断变化、激进且极其复杂的决策过程是如何展开的。在这过程中并没有一个自上而下强制执行的计划，也不存在一个自下而上提出、最终得到批准的方案。没有哪个纳粹分子是遭到威胁被迫进行屠杀的。不，这是一项由成千上万的人共同经营的事业，决定是他们自己做出的，不仅参与而且积极主动地寻找办法，以解决如何杀戮人类同胞、如何处理他们尸体的问题——因为杀害人数之多、规模之大，是史无前例的。

审视纳粹和纳粹的迫害对象如何走上各自命运的历程，我们更深刻地了解到人的境况。而我们所看到的大多并非善事。在这段历史中，苦难从未得到补偿。尽管在极少数情况下，个别高尚之士做出了正义的选择，但大多数人的做法为人所不齿。我们无法不同意埃尔泽·巴克（她八岁时就被送往奥斯维辛）的结论："人类的堕落没有底线。"如果说还有一线希望，它来自家庭赋予人们的坚持下去的力量。一些被送往集中营的人之所以敢于做出英勇的举动，为的是他们的父母、兄弟、姐妹和子女。

　　然而，最重要的或许是，奥斯维辛和纳粹的"最终解决"证实了一个事实：人的处境（situation）对个人行为的影响远远超出我们的想象。这在托伊·布拉特身上有所体现。作为死亡集中营里最坚强、最勇敢的幸存者之一，他被纳粹强迫在索比堡灭绝营工作，随后冒着生命危险逃了出来。"人们问我，"他说，"'你学到了什么？'我想我只能确定一件事：没人真正了解自己。你在大街上遇见一个和善的人，你问他：'北街怎么走？'他陪你走了半个街区，给你指路，态度亲切。可是在另一种环境下，同一个人可能变成最可怕的虐待狂。没人了解自己。每个人都可能在这些（不同的）处境之下变成好人或坏人。有的时候，碰上对我特别和善的人，我忍不住会想：要是把他放在索比堡，他会变成什么样呢？"[10]

　　我从幸存者（老实说，还有纳粹战犯）那里学到的是，人类的行为是如此易变和不可预知，常会被他们身处的环境所左右。当然，人们可以自行决定采取什么样的行为，但对很多人来说，个人处境是影响这些决定的关键因素。甚至一些不同寻常的人——比如阿道夫·希特勒，看似能掌控自己的命运，实际很大程度上也是在对之前的处境做出回应。希特勒在"一战"前只是个无足轻重的流浪汉，经过"一战"这场完全不受他掌控的世界性冲突，他才转变成我们所熟悉、历史上的那个希特勒。所有相关领域我认识的专家学者，无一不认为若没有"一战"的经历，以及德国战败带给希特勒的强烈痛苦，他根本不可能成为后来的风云人物。因此，我们的结论不是"没有'一战'，希特勒就当不上德国元首"，而是"没有'一战'，

就没有人会变成历史上的那个希特勒"。当然，希特勒自己决定了
他会采取哪些行动（正因他的这些个人选择，后人对他的批评谴责
毫不过分），但若没有那个特定的历史情境，也就没有后来的他。

　　这段历史还告诉我们，如果说个人的行为会受到环境影响，那
么一群人的共同努力可以创造出更好的文化，反过来提升个体的道
德。丹麦人救助犹太人，并在战争结束、犹太人返回时给予他们最
热烈的欢迎，便是一个极好的例证。丹麦文化尊重人权，这一广为
接受的文化观念帮助绝大多数丹麦人做出了高尚的选择。但我们也
不能对丹麦人抱有过于浪漫的想象，不受他们控制的情境因素同样
起了很大作用。这些因素包括纳粹抓捕丹麦犹太人的时间（当时德
国人明显已经快要输掉战争），以及这个国家的地理位置（逃跑相
对容易，可以穿过比较狭窄的水域，逃到中立的瑞典）。此外，纳
粹并没有尽全力驱逐这里的犹太人。尽管如此，我们仍有理由相信，
为防止再有与奥斯维辛类似的惨剧出现，一个方法是汇聚个体的力
量，促使社会的文化观念抵制此类暴行。纳粹公开宣扬的达尔文主
义思想，教导每个"雅利安"德国人说他们的人种更加优越，却显
然造成了完全相反的结果。

　　最后，不得不说，谈起这个话题，我们永远都无法回避那股强
烈的悲伤。在整个项目进行过程中，最响亮的呼声来自那些我们无
法访问的人，也就是110万名死在奥斯维辛的受害者。特别是20
多万名儿童，他们幼小的生命在那里枯萎，被剥夺了长大成人、体
验人生的机会。有一个场景在我脑海中挥之不去，那是关于"婴儿
车队列"的描述：空空的婴儿车每五个排成一排，被推出奥斯维辛，
朝火车站方向而去——它们都是从死去的犹太人那里掠夺来的财
产。目睹这一幕的囚犯说，他们用了足足一小时才走过这一队列。[11]

　　这些坐在婴儿车里被推进奥斯维辛，与他们的父亲、母亲、兄
弟、姐妹、叔叔、婶婶一同死去的孩子，是我们应该永远记住的人。
谨以此书纪念他们。

第一章

意想不到的开端

25   1940 年 4 月 30 日，党卫队高级小队领袖鲁道夫·霍斯（Rudolf
Höss）实现了一个宏大的抱负。时年 39 岁的他，为党卫队工作了
六年之后，被任命为新帝国首批集中营的指挥官之一。在这个春光
明媚的日子里，他来到一个小镇就职。八个月前，这里还属于波兰
西南部，现在它已归属德国上西里西亚地区。在波兰语中，这个小
镇的名字是"Oświęcim"，而在德语里，它叫"Auschwitz"，即奥
斯维辛。

尽管霍斯被提拔为指挥官，但他辖下的这个集中营其实尚不存
在。它将由数个破败不堪、蛀蚀严重的前波兰军队营房改建而成，
而霍斯需要亲自监督施工过程。这些营房位于小镇边缘地带，散布
在一个驯马场四周，周围环境极其压抑。平坦的褐色土地位于索拉
河和维斯瓦河之间，这里气候潮湿，不利于人体健康。

没有人在那一天能预见到，鲁道夫·霍斯当然也不例外，短短
五年之内，这个集中营将成为史上最大规模集体屠杀的发生地。奥
斯维辛的转变是由一系列决定促成的，讲述这一人类历史上最令人
震惊的决策过程，可以帮助我们更深入地洞悉纳粹国家的运作。

26   诚然，阿道夫·希特勒、海因里希·希姆莱、莱因哈德·海德
里希和赫尔曼·戈林等纳粹领导人做出的决定，最终导致 100 多万
人在奥斯维辛惨遭灭绝，但这一罪行得以实施有一个重要前提，那
就是更多像霍斯这样的次级官员他们所持有的态度。没有霍斯对这
块至今未在地图上标出之地的领导，没有他对规模如此巨大的屠杀
行动的组织，奥斯维辛就永远不会发挥它后来所发挥的作用。

从外表看，鲁道夫·霍斯几乎没有任何特别之处。他中等身材，
相貌平平，有着深色的头发。他不丑，也算不上特别英俊，美国
律师惠特尼·哈里斯（Whitney Harris）曾在纽伦堡审判中盘问过

霍斯，用他的话来说，霍斯是"一个普通人，就像一家杂货店的店员"。[1] 一些曾关押在奥斯维辛的波兰囚犯也同意这个描述，据他们回忆，霍斯话不多，很少情绪失控，是那种你每天走在街上都会碰到、根本不会多看一眼的家伙。也就是说，霍斯与人们心目中面红耳赤、口沫横飞的党卫队恶魔形象相去甚远。然而这恰恰意味着，他是一个更可怕的人。

奥斯维辛火车站对面有家宾馆，在党卫队官员被安排搬进集中营内合适的住处之前，这里就是他们的落脚之处。霍斯在这里放下他的行李，同时也做好了将自己的一生奉献给民族事业的思想准备。与大多数忠诚的纳粹分子一样，德国过去 25 年来的历史形塑了霍斯的性格和信念，那也是这个国家最动荡不安的一段时期。霍斯 1900 年生于黑森林一个天主教家庭，父亲严厉专制、强调服从，童年的经历对他产生了深远影响。他在"一战"期间参军，成为德国军队中最年轻的士官之一，后来的战败让他有种强烈的被出卖的感觉。20 世纪 20 年代初，他加入了半军事组织自由兵团（Freikorps），在德国边境抵抗"共产主义威胁"。1923 年，他因参与了右翼暴力政治运动被捕入狱。

许多纳粹分子都有着类似的人生轨迹，其中就包括阿道夫·希特勒。他也有一位专制的父亲 [2]，也参加了"一战"（而且与霍斯一样，也被授予铁十字勋章），对那些在他看来导致德国战败的人，他同样怀有强烈的恨意。就在霍斯参与一起政治谋杀的同一年，希特勒试图通过啤酒馆暴动夺取政权。

对希特勒、霍斯和其他右翼民族主义者来说，当务之急是弄清楚德国为什么战败，又为什么签署如此丧权辱国的和解协议。在战争刚结束的那几年，他们自认为找到了答案：犹太人显然应该对此

27

负责。他们指出，瓦尔特·拉特瑙这个犹太人出任了战后新成立的魏玛共和国的外交部部长。此外，1919 年春，一个短命的苏维埃共和国在慕尼黑成立，其领导层大多是犹太人，在他们看来，这证实了犹太人和人们所惧怕的共产主义之间存在着确凿的联系。

虽然大批忠诚的德国犹太人在战争中浴血奋战（且许多人牺牲），但这不重要；虽然成千上万德国犹太人既不是左翼分子也不是共产党员，但这也不重要。希特勒和他的追随者毫不费力地就把德国的犹太人打成替罪羊，让他们为德国的困境负责。在此过程中，刚刚组建的纳粹党利用了德国人多年来的反犹情绪。从一开始其追随者就声称，他们对犹太人的仇视并不是出于无知的偏见，而是基于科学的事实，"我们之所以要打击他们（指犹太人），是因为他们为各个族裔的人群带去了'种族结核'（a racial tuberculosis of nations）"，这段话出现在 1920 年印制的最早那批纳粹宣传海报上，"我们确信，只有这些病菌被彻底消除，民族的复兴才能够实现"。[3] 对犹太人的这种伪科学攻击对霍斯等人产生了巨大影响，他们声称自己对粗浅、暴力、近乎色情的反犹主义观点颇不以为然，后者正是另一位纳粹分子尤利乌斯·施特莱歇尔在其刊物《先锋报》中所宣扬的观念。"《先锋报》的狂热给反犹主义的发展造成了不利影响"，纳粹倒台后，霍斯在狱中这样写道。[4] 在他看来，他自己的方法总是更冷静，也更"理性"。霍斯说他几乎从没与哪个犹太人发生过争执，对他来说问题在于"犹太人的国际阴谋集团"——他认为各国犹太人秘密地执掌大权，他们不顾国家立场为彼此提供帮助。在霍斯看来，这就是德国在"一战"中失败的原因，也是他必须摧毁的："作为一名充满热情的民族社会主义者，我坚信我们的理念会逐步被接受，并传播到世界各地……犹太人霸权也将因此被摧毁。"[5]

霍斯在 1928 年获释后，又接受了另一个右翼民族主义者普遍持有的观念，即对土地的热爱，这点与反犹主义一样都是纳粹运动的特点。犹太人之所以遭到憎恨，一个原因是他们大多居住在城市（用戈培尔的话来说，犹太人因他们的"柏油文化"[asphalt culture]而遭到鄙视），而"真正的"德国人永远不会丧失对自然的热爱。希姆莱本人学的是农业，奥斯维辛曾一度被用作农业研究基地，这些都并非偶然。

霍斯曾加入"阿塔曼那"（Artamans），这是当时在德国十分活跃的农业公社组织。在那里，他遇见了他后来的妻子并安顿下来，打算当一名农民。随后，改变他一生的时刻到了：1934 年 6 月，希特勒的警察头子希姆莱邀请他放弃务农，做一名全职的党卫队队员。由精英分子组成的党卫队（SS，全称 Shutzstaffel）在成立之初本是元首的私人卫戍部队，现在，他们的众多职责又多了一项，即管理集中营。[6] 希姆莱与霍斯相识已有一段时间，对他颇为赏识。霍斯是一名老党员，他在 1922 年 11 月就加入了纳粹党，党员编号是3240。

霍斯可以做出选择，没人强迫他，实际上没有任何人是被强迫加入纳粹党卫队的。而他选择加入。他在自传中为这一决定给出了以下原因："因为我有可能迅速升职并得到相应加薪，所以我觉得自己必须迈出这一步。"[7] 其实这不是全部真相。不难想象，在这部写于纳粹倒台后的自传中，霍斯省略了对他来说最重要的决定因素，也就是他当时的心情。1934 年的霍斯，应感到自己正在见证一个美好新世界的诞生。希特勒当权已有一年时间，纳粹党正在积极打压内部敌人，包括左翼政治家、不愿工作者、反社会人士和犹太人。在整个国家，不属于这几个危险群体的德国人对身边发生的变化持欢迎态度。曼弗雷德·冯·施罗德的感受非常有代表性，他是汉堡一位银行家的儿子，1933 年加入纳粹党，他说："周围一切都重新恢复了秩序，变得干净整洁。我有一种民族解放的感觉，这是一个新的开始……人们都说，'这是场革命，虽然它是一场人们没有想到的、和平的革命，但毕竟是一场革命'。"[8] 霍斯此时有机会参与这场革命，这是一场他在"一战"结束后就一直祈祷能够发生的革命。选择加入纳粹党卫队，意味着获得地位、特权、兴奋感以及一次影响新德国发展进程的机会。而选择当个农民，就意味着一生都是农民。霍斯做出这样的决定难道令人惊讶吗？因此，他接受了

³⁰希姆莱的邀请，于1934年11月抵达位于巴伐利亚的达豪，以集中营守卫的身份开始了他的党卫队生涯。

今天，人们对纳粹国家不同集中营的用途经常混淆，至少在美国和英国是这样。达豪这样的集中营（达豪集中营建于1933年3月，即阿道夫·希特勒成为德国元首后不到两个月）从概念上便与特雷布林卡这种在战争期间才建成的灭绝营不同。而声名狼藉的奥斯维辛有着极其复杂的历史，既是集中营又是灭绝营，这让许多人更加迷惑。只有弄清两者之间的重要区别，才能理解20世纪30年代的德国人为何认为达豪等集中营的存在是合理的。在所有接受我们拍摄的德国人当中，没有一个（包括当年狂热的纳粹分子）公开表示他们对灭绝营的存在"满怀热情"，但很多人在20世纪30年代对于集中营的存在感到相当满意。他们刚刚熬过了大萧条这场噩梦，并且自认为见证了民主没能拯救德国、反而让德国陷入低谷的历史。共产主义的幽灵仍然存在。在20世纪30年代初的大选中，德国似乎分裂成两个极端，一方面，有相当数量的人投票支持共产党，另一方面，对曼弗雷德·冯·施罗德这些支持纳粹1933年"和平革命"的人来说，历史上类似的情况可以证明集中营存在的必要性："做个巴士底狱里关着的法国贵族可不是件让人高兴的事，不是吗？是有很多集中营，但那个时候每个人都说，'哦，这是英国佬在南非为对付布尔人发明的'。"

³¹1933年3月被关进达豪集中营的第一批囚犯大部分是纳粹的政敌。虽然早在那时犹太人就已经开始遭到嘲讽、侮辱和痛打，但曾服务于前一个政权的左翼政治家对纳粹来说是更直接的威胁。[9]霍斯抵达达豪后，坚定地认为"国家真正的敌人必须严加看管"[10]，

接下来在达豪度过的三年半时间对他的性格塑造起到了决定性作用。在集中营首任指挥官西奥多·艾克（Theodor Eicke）的精心设计下，达豪集中营的管理制度不仅残酷无情，更能摧毁囚犯的意志。艾克将纳粹对其敌人的暴力和恨意融进了体系和秩序之中。达豪因身体虐待而出名，鞭笞和其他形式的殴打是家常便饭。囚犯有可能被活活打死，而他们的死会被说成"试图越狱时被击毙"而不予追究。送往达豪的不少犯人（虽然不到半数）没能活着出来，然而，达豪真正的杀伤力还不在肉体虐待，尽管这已经非常恐怖，但更可怕的是精神折磨。

　　与普通监狱不同，达豪集中营首创的一个做法是，犯人完全不知道自己要被关押多长时间。20世纪30年代达豪的大部分囚犯约在一年后获释，但每个犯人刑期具体有多长完全由管理者拍脑袋决定。对囚犯来说，他们没有一个结束日期可以用来盼望，只有无尽的不确定感，不知自由会在明天到来，还是下个月或下一年。作为一个忍受过数年牢狱之苦的人，霍斯马上就明白了这一政策的可怕之处："不知道刑期的长短让他们难以忍受眼下的生活。"他写道："它可以让最坚定的意志也一点点被消磨和摧毁……仅这一点就足以让他们在营中的日子生不如死。"[11]

　　守卫玩弄囚犯的做法加剧了这种不确定感。约瑟夫·弗尔德（Josef Felder）是魏玛时期国民议会的社会民主党党员，曾是达豪首批囚犯之一。他回忆道，在自己情绪最低落的时候，他的看守拿来一条绳子，向他演示如何把绳子结成最结实的套索来吊死自己。[12]靠着极强的自制力以及不断告诉自己"我还有家人"，他才战胜了采纳这一建议的冲动。囚犯被要求保持房间和衣物高度整洁，而党卫队看守的定期检查提供了一个不断挑毛病的机会。他们还可以随心所欲地编造违规行为，借此处罚整个营房的囚犯。每个囚犯都可能被"关禁闭"，并被要求平躺在床铺上，在数天时间里不能发出声音也不能动。

32

达豪还实行"卡波"制度，这一制度后来被各个集中营采用，并在奥斯维辛的运作中扮演了重要角色。（"Kapo"这个词似乎源于意大利语中的"capo"，意思是"头儿"。）集中营的管理者从每个片区或每个"工作小分队"中选出一名囚犯担任"卡波"，卡波对他的狱友们有极大的控制权。毫无疑问，权力常被滥用。由于卡波与其他囚犯朝夕共处，因此，他们几乎比党卫队守卫有更多的机会肆意妄为，把营中的生活变得让人无法忍受。然而，如果这些卡波不能让他们的党卫队主子满意，他们自己也面临着危险。如希姆莱所说："他（卡波）的工作是确保该完成的都完成了……所以他需要给他手下的人施加压力。一旦我们对他不再满意，他就当不了卡波，要回到其他囚犯中去。他知道回去的头一个晚上，其他人就会把他揍死。"[13]

33　　在纳粹分子看来，营中的生活是外面世界的一个缩影。"斗争是跟生命一样古老的话题，"希特勒早在1928年的一次演讲中就说过，"在斗争中，强者和有能力者生存，弱者和无能之辈被淘汰。斗争是万物之父……人类能活下来、能保护自己免遭其他动物的侵害，靠的不是人道主义原则，而是最严酷的斗争。"[14]这种"类达尔文主义"态度是纳粹主义的核心思想，在集中营的管理中体现得十分明显。例如，卡波对受他管控的囚犯"虐待有理"，只因为他在人生的"斗争"中证明了自己强于其他狱友。

霍斯在达豪学到的最重要一课，就是纳粹党卫队的基本哲学。西奥多·艾克从一开始就一直在宣扬一个原则——冷酷："如果有人对他们（指囚犯）表现出哪怕只有一丁点儿的同情，那请你马上从我们的队伍中消失。我需要的是强硬的、全身心投入工作的党卫队成员，我们不需要心软的人。"[15]因此，任何一种形式的同情和悲悯都是弱者的表现。如果有哪个党卫队队员感到自己正被这种情绪影响，那就意味着他的敌人成功地蒙骗了他。纳粹的政治宣传给人们灌输的思想是，敌人常会潜伏在最意想不到的地方。当时有很多人都读过一本名为《毒蘑菇》(*Der Giftpilz*)的反犹主义儿童读物，这本书用那些表面美丽、实际有剧毒的蘑菇来进行比喻，警告读者提防犹太人内在的危险性。因此，在很多时候，比如看到一名囚犯遭到毒打，即使产生了恻隐之心，他们也会鄙视自己的这种感情。他们接受的教育是，任何怜悯都是中了犯人诡计的表现。作为"国家的敌人"，这些狡诈的家伙会用尽各种方法实现自己邪恶的目标，其中就包括诱使关押他们的人对他们投以同情。人们对"背后一刀"的故事（传说犹太人和共产党在后方密谋合作，从而让德国输掉了"一战"）记忆犹新，而且它与敌人危险而隐蔽的形象完全相符。

　　对纳粹党卫队来说，唯一毋庸置疑的就是上级下达给他们的指令。如果上级要求囚禁某人或处决某人，那么即便执行者无法理解这一命令，它也一定是正确的。面对无法马上理解的指令，唯一可以避免自我怀疑的方法便是保持冷酷，因此这个特质被党卫队奉为圭臬。"我们必须像花岗岩一样冷酷，否则我们元首的心血就白费了。"[16]莱因哈德·海德里希，这个除希姆莱之外在纳粹党卫队中最有权力的人这样说道。

　　在学着消除同情和怜悯这类情感的同时，霍斯还逐渐被党卫队队伍中强烈的兄弟情谊感染。一名党卫队队员知道，自己被派去完成的某项任务是"弱者"无法胜任的，他必须依赖其他伙伴的支持，由此，一种强有力的团队精神（esprit de corps）得以形成。无条件的忠诚、冷酷无情、保卫帝国免遭内部敌人攻击——纳粹党卫队这些基本的价值观几乎成了宗教信仰的替代品，变成一种独特而易于接受的世界观。"我对党卫队给我的指导充满了感激，"约翰尼斯·哈瑟布克说道，他是另一个纳粹集中营的指挥官，"我们都很感激。在我们加入组织之前，很多人都特别困惑。我们不明白周围发生了什么，一切都显得那么混乱。党卫队给我们提供了一系列简明易懂的观点，我们也笃信不疑。"[17]

　　霍斯在达豪学到的另外一点后来也用在了奥斯维辛：他发现，

34

35

由于党卫队给囚犯们安排了工作，这些犯人更容易忍受他们的牢狱生活。他回想起自己在莱比锡坐牢的日子，记得正是因为有工作可做（他的工作是用胶水粘纸袋子），他才能够用一种相对比较积极的心态面对每一天。在达豪，他看到工作发挥了同样的作用，它让犯人"更加自律，从而能够更好地抵抗牢狱生活带给他们的沮丧感"。[18] 霍斯对工作在集中营里起到的缓解作用是如此深信不疑，以至于他把原本在达豪使用的标语 "Arbeit macht frei"（劳动使人自由）刻在了奥斯维辛入口处的大铁门上方。

霍斯是纳粹党卫队中的模范，他在达豪平步青云，1936 年 4 月被选为指挥官助理；接着，1936 年 9 月，他被升为中尉，并调至萨克森豪森集中营任职；1940 年春前往波兰西南部，成为新集中营奥斯维辛的指挥官。造就霍斯的，当然有父母给他的基因，但那个时代和六年集中营守卫的经历也在很大程度上塑造了他。他感到自己准备好了，可以迎接更大的挑战，也就是为新成立的纳粹帝国建造一个模范集中营。他自认为很清楚自己该做什么，也清楚建造这个集中营的目的为何。达豪和萨克森豪森为他提供了很好的榜样进行参照。然而，他的上级另有打算。在接下来的几个月乃至几年时间里，霍斯在奥斯维辛建造的这个集中营将沿着非常不同的道路发展。

36 　　就在霍斯着手开始他在奥斯维辛的工作时，西北方向 250 英里（1 英里合 1.6093 公里）以外，他的上级正在进行一项极不寻常的任务：为元首撰写一部备忘录。海因里希·希姆莱坐在柏林，谨慎地写下这样一个标题："关于如何处理东部外来人口的一点思考"。希姆莱作为纳粹国家最狡诈的权力掮客，深知将想法付诸纸笔往往是不明智的做法。纳粹高层经常口头传达各种政策。希姆莱知道，一旦他的观点变成书面文字，就有可能被他的对手拿去仔细剖析。与所有纳粹领导人一样，希姆莱有许多敌人，他们总伺机从他手中夺取部分权力为己所用。然而 1939 年秋天以来，一直被德国占领的波兰出现了一些新的状况，希姆莱感到，这次需要破例为希特勒准备一份书面文件。在所有关于纳粹种族政策的文件中，他所写就的这份文档是最为关键的一份，其中一个重要原因是，希姆莱白纸黑字地解释了奥斯维辛这个新建成的集中营是在什么样的历史语境下发挥其作用。

彼时，作为"德意志民族强化委员会"帝国专员（Reichs-kommisar für die Festigung des deutschen Volkstums），希姆莱参与了种族重组行动，其规模之大、速度之快超出了任何一个国家的想象。问题也接踵而至。希姆莱和他的同僚并没能给波兰——这个在纳粹眼中一无是处，令他们不屑一顾的国家——带去秩序，反而只增添了暴力和混乱。

纳粹内部对波兰人的基本态度并无分歧：嫌恶。存在争议的是如何处置他们，其中最重要的"问题"是，要如何处置波兰的犹太人。德国的犹太人还不到总人口的 1%（1940 年大约是 30 万人），而且大部分已经被德国社会同化；而波兰有 300 万犹太人，大部分居住在犹太人社区，大胡子，穿着打扮、一举一动都带有犹太教的味道，这使得他们非常容易辨认。战争爆发后，波兰旋即被德国和苏联占领（基于纳粹和苏联于 1939 年 8 月秘密签订的《苏德互不侵犯条约》），其中的一个后果便是，超过 200 万波兰犹太人现在生活在纳粹占领的区域。该如何处置这些人？

纳粹所面临的另一个自找的麻烦，就是为成千上万正在前往波兰的德意志人寻找住所。根据德国和苏联签订的协议，波罗的海国家、比萨拉比亚（罗马尼亚北部）和其他现为斯大林所占有地区的德意志人获准移居德国，按照当时的说法，也就是"回到帝国的怀抱"。对于希姆莱等痴迷于纯正"德意志血统"的人来说，为所有想要回到祖国的德意志人找到住所是他们的信念。困难在于，该让这些德意志人住到哪儿去？第三个、也是最后一个纳粹需要解决的问题：该如何处理现在受德国管辖的 1800 万非犹太裔波兰人？要如何管理波兰这个国家，才能保证它永远不会构成威胁？

希特勒在 1939 年 10 月发表了一次演说，为因上述问题而苦恼的人们提供了政策指导。他明确表示："首要任务是建立种族新秩序，也就是重新安置不同种族的人，最终形成更清晰的界线。"[19] 付诸实践，这意味着德国占领下的波兰将被划分为不同区域，其中一个供大部分波兰人居住，剩下的将并入德国。于是，即将到来的德意志人的落脚之处不是"旧帝国"，而是这个"新帝国"。他们确实是要"回到帝国的怀抱"，只不过不是他们所想的那个帝国。

悬而未决的只剩波兰犹太人。在战争开始前，纳粹对居住在他们管辖区域内的犹太人所实施的政策可以概括为：越来越多的官方迫害（通过种种限制和禁令实现），加上偶尔发生的非官方（但却得到纵容的）暴力行为。20 世纪 20 年代中期，希特勒曾在《我的奋斗》一书中表示，假使"一战"期间就用"毒气"除掉那"1 万到 1.2 万个危害国家的犹太人"，对德国来说是件好事。自那时起，希特勒对犹太人的态度就没有发生过太大变化。尽管希特勒明显非常痛恨犹太人，且在"一战"结束后从没掩饰过他的仇恨，尽管他私下确实表示过希望他们死光，但此时纳粹还没有制订出灭绝犹太人的详细计划。

露西尔·艾森格林[20] 生长于 20 世纪 30 年代汉堡的一个犹太人家庭。对于德国犹太人的生存环境，她再清楚不过了。"1933 年之前，生活都还很美好很舒适，"她说，"但希特勒上台后，住在同一栋公寓楼里的小孩就不再跟我们说话了。他们朝我们扔石子，辱骂我们。我们不明白自己做了什么被这样对待，所以老是在问：'为什么？'大人的回答总是'这只是暂时性的，会过去的'。"20 世纪 30 年代中期，艾森格林一家被告知，犹太人必须搬离现住的公寓，到分配给他们的"犹太人住房"去，那些房子的房东部分也是犹太人。他们搬进的第一个公寓跟他们原来的家差不多大，但在之后的几年里，他们被迫一次次搬进越来越小的住处，直到全家挤进一间带家具的小房间。"我想我们或多或少接受了一切，"露西尔说，"这些是法律，是规定，你也无能为力。"

　　1938 年 11 月 9 日晚的"水晶之夜"，让那些以为纳粹的反犹政策有一天会"过去"的人幻想破灭。一个名叫赫舍·格林斯潘的犹太学生杀死了驻巴黎的德国外交人员恩斯特·冯·拉特，出于报复，纳粹冲锋队队员破坏了犹太人的店铺和住宅，围捕了数千名德国犹太人。"去学校的路上，我们看见犹太教堂在熊熊燃烧，"露西尔·艾森格林说，"凡是犹太人开的店，玻璃都被砸碎了，满街都是散落的货品，德国人在大笑……我们害怕极了，觉得他们把我们抓走，天知道会怎么折磨我们。"

　　到了 1939 年战争爆发前夕，犹太人已经不再享有德国公民权，他们不能与非犹太人通婚，不能做生意，也不能从事特定行业的工作，甚至不能持有驾驶证。由于这些歧视性规定的出台，也由于"水晶之夜"暴行造成的后果——1000 多座犹太教堂被毁、400 多名犹太人被杀害、3 万多名男性犹太人被关在集中营里长达数月，大批德国犹太人开始逃亡。到 1939 年为止，大约 45 万人离开了新成立的"大德意志帝国"（包括德国、奥地利和捷克的德意志人居住区），占该区域犹太人总数的一半以上。纳粹对此非常满意，更让他们得意的是，通过纳粹犹太问题"专家"阿道夫·艾希曼在 1938 年德奥合并后别出心裁的规定，犹太人在被允许离开德国之前不得不交出大部分钱财。

　　然而，如何把他们为解决自己制造出来的德国犹太人"问题"而采取的这一做法套用在波兰身上，纳粹对此大伤脑筋。他们此时需要管理的犹太人不再是几十万，而是数百万，而且大多数人都贫困潦倒，在战争时期，能把他们赶到哪里去呢？到了 1939 年秋，阿道夫·艾希曼有了主意：犹太人要去的不是其他国家，而是帝国内部那些最不适宜人类生活的地方。他自认为已为他们找到了最理想的去处，那就是波兰尼斯科（Nisko）镇附近的卢布林地区。这片蛮荒之地位于纳粹领土的最东端，对艾希曼来说，它是

40

用作"犹太人保留地"的绝佳地点。就这样，德国占领下的波兰被分成了三个部分：德国人聚居区、波兰人聚居区和犹太人隔离区，三个区域自西向东一字排开。艾希曼的宏伟计划得到批准，数千名奥地利犹太人开始被运往卢布林地区。当地几乎没做任何准备工作迎接犹太人的到来，条件差得惊人，许多人死去。但纳粹对此并不在意，实际上他们还鼓励这种做法。汉斯·弗兰克当时是波兰级别最高的纳粹官员之一，他在 1939 年 11 月对他的手下说："不要在犹太人身上浪费时间。终于能着手解决犹太人，这是件让人高兴的事。他们死得越多越好。"[21]

然而，希姆莱于 1940 年 5 月撰写他的备忘录时清楚地知道，把犹太人转移到波兰最东边是个失败的决定，这在很大程度上是因为纳粹试图同时转移三批不同的人群：源源而来的德意志人被送往波兰，并需要在当地找到住所，这意味着波兰人要被逐出自己的家园，并被送往别处。同时，犹太人被运往东部，那里的波兰人也要被赶走。这一切造成了空前的大混乱。

41   至 1940 年春，艾希曼的尼斯科计划被弃用。波兰最终被分成数个独立的区域，这些区域分为两类：一类正式划归德国，成为"新帝国"的组成部分，其中，但泽一带划归西普鲁士地区，原波兰西部的波兹南和罗兹划归瓦尔特大区，卡托维兹（也就是奥斯维辛所在地）划归西里西亚地区；另一类包含面积最大的一个独立分区，被称为"总督辖区"，包括华沙、克拉科夫和卢布林等市，该区域被指定为大部分波兰人的居住地。

希姆莱面临的最急迫的问题，是为几十万迁移过来的德意志人提供合适的住房，这个问题反过来也影响到他对波兰人和犹太人的处置。伊尔玛·艾吉 [22] 及其家人的经历可以反映出纳粹在试图摆脱他们亲手给自己造成的窘境时是多么残酷无情，还反映出人口问题如何逐渐恶化，最终演变成一场危机。1939 年 12 月，伊尔玛·艾吉这个来自爱沙尼亚的 17 岁德意志女孩，与她的家人一起被安置在波兹南的临时住所。这里曾是波兰的领土，现在属于德国的瓦尔特大区。当他们同意被安全"送往帝国"时，还以为自己要去的是德国："当我们被告知要去的地方是瓦尔特大区，唉，我可以告诉你，这真的很令人失望。"圣诞节前夕，一位负责住房的纳粹官员给了她父亲几把公寓钥匙，这套公寓就在几小时前还属于一个波兰家庭。几天后，一家原本由波兰人开的餐厅被没收，以便让新来的人有生意可做。艾吉一家吃惊不已："在那之前，我们完全没想到会发生这样的事情……你没法带着这种负罪感过日子。但另一方面，每个人都有自我保护的本能。我们还能做什么呢？我们能去哪里呢？"

只有知道类似的财产侵占事件超过 10 万件，才能想象那个时期的波兰所发生的一切。搬迁和安置工作的规模极大，在一年半的时间里，大约有 50 万德意志人到达几个新并入帝国的地区等待安置，数十万波兰人遭到驱逐，以便为前者腾出空间。很多人被塞进运牲畜的卡车，送往南边的总督辖区，在那里他们被扔下，没的吃也没的住。难怪 1940 年 1 月，戈培尔会在他的日记里写道："希姆莱正在转移人口，并非处处都顺利。"[23]

这一切还是没有解决波兰犹太人的问题。希姆莱已经意识到，同时转移犹太人、波兰人和德意志人是不现实的，于是他想出了另一个办法：如果德意志人需要更多空间——事实上他们确实非常需要——那么犹太人的生存空间必须大大压缩。因此就有了犹太人隔离区（ghetto）。

犹太人隔离区后来成为纳粹迫害波兰犹太人的一个显著特点，但它建立之初的用意并非如此。与奥斯维辛和纳粹"最终解决"发展历史上的很多事情一样，它们都朝着最初没有预料到的方向演变。早在 1938 年 11 月，在讨论将德国犹太人逐出家园后该如何安置他们时，党卫队军官莱因哈德·海德里希便说过："对于犹太人隔离区问题，我想立刻澄清我的态度。从警察的立场来说，我不认为应该建立一个与外界完全隔绝的、只有犹太人居住的隔都。我们没办

42

43 法控制一个犹太人大量聚集的单一犹太区域，它会变成罪犯的藏身之地，变成滋生瘟疫的温床。"[24]

尽管如此，由于其他方法看起来都行不通（虽然可能只是暂时行不通），纳粹最终还是建立了波兰犹太人隔离区。这一举措绝不仅仅是为了腾出更多住房那么简单（虽然希特勒在 1940 年 3 月曾说过："犹太问题是一个空间问题。"[25]），它实际上反映出纳粹对犹太人根深蒂固的仇恨和恐惧，而这些仇恨和恐惧从一开始就是纳粹主义的核心思想。纳粹认为，理想状态是让所有犹太人都"离开"，如果不能马上实现，那么至少应该把这些携带着病菌的犹太人（特别是东欧犹太人）与其他人隔离开来。埃斯特拉·弗伦凯尔 [26] 当时是个十几岁的犹太女孩，住在罗兹地区，她从小就感觉到纳粹对波兰犹太人强烈的厌恶之情。"我们已经习惯反犹主义了……波兰人的反犹可能更多跟金钱有关，而纳粹的反犹主义却是：'你们为什么活在这世界上？不应该这样！你们都该消失！'"

1940 年 2 月，就在波兰人被运往总督辖区的同时，纳粹宣布，罗兹的犹太人要被"重新安置"到市内的一个聚居区。按照最初的设想，犹太人隔离区的设立只是暂时性的，为的是在把犹太人驱逐到其他地方之前临时收容他们。1940 年 4 月，罗兹犹太人隔离区被封锁，没有德国当局的许可，犹太人不能离开该区域。同月，帝国中央安全局宣布，将减少向总督辖区输送犹太人。在此之前，希特勒曾经的律师、也是总督辖区的负责人汉斯·弗兰克已经呼吁了数个月，要求停止所有"未经批准的"强制迁移，因为总督辖区已无法再接纳更多的人。正如人口事务部负责人弗里茨·阿尔特博士 [27]
44 后来所描述的："人们被扔出列车——市区也好、火车站台或其他随便一个地方都行，没人在意……我们接到地区官员打来的电话，他说，'我不知道还能怎么办。数以百计的人一批批涌来，没住的地方，也没吃的东西，什么都没有'。"跟希姆莱毫无交情的弗兰克向赫尔曼·戈林（时任四年计划总负责人的他对波兰非常感兴趣）抱怨驱逐政策以及把总督辖区当成"种族垃圾桶"的做法，终于，迁移暂时中止，希姆莱和弗兰克可以借此机会"就未来的转移方案达成共识"。

在他 1940 年 5 月的备忘录中，希姆莱所要说明的正是这一混乱局面。为解决这个问题，希姆莱打算把波兰分隔成德意志人区和非德意志人区两部分，并明确了该如何对待波兰人及犹太人。希姆莱的种族主义立场在此暴露无遗，他想把波兰人变成一个教育程度不高的、可供奴役的民族，而总督辖区应该作为"没有自主意志的奴工"的家园。"东部的非德意志人绝不能接受小学以上的教育，"希姆莱写道，"小学只需教给他们最多五百以内的算术，怎么写自己的名字，以及明白服从德国人，做个诚实、勤劳和听话的人是上帝的旨意。我认为没必要教他们阅读。"[28]

除了要把波兰人变成一个文盲的民族，希姆莱还极力主张"区分血统的优劣"。他提出对 6 岁到 10 岁的波兰儿童进行检查，那些被认定血统纯正的孩子必须离开自己的家庭，由德国人抚养，并且不可以再与亲生父母见面。纳粹掠夺波兰儿童的政策远没有他们灭绝犹太人的政策那么广为人知，但二者遵循的其实是相同的逻辑，都说明像希姆莱这样的人是如何坚定地相信，通过种族身份可以判定一个人的价值。今天看来，这种绑架孩子的做法无疑非常罪恶且怪异，但希姆莱这么做不是为了他自己，它是他扭曲世界观的重要组成部分。他认为，如果让他们留在原来的家庭，波兰人将会"依靠这些有着优良血统的人发展自身的力量"。

值得注意的是，谈起这些孩子时，希姆莱写道："无论这样做对一个人来说有多么残酷和不幸，但如果我们不想采用布尔什维克从肉体上消灭整个民族的做法——因为那从根本上很不德国（un-German），也不可能实现——那么这个方法就是最温和的，也是最好的。"尽管希姆莱谈论的是波兰儿童，但鉴于他指出"从肉体上消灭整个民族""从根本上很不德国"，他这番劝告显然也适用于包括犹太人在内的其他"人群"。(海德里希1940年夏发表的声明进一步证实了这个推论,该声明的直接对象就是犹太人:"生物灭绝对德国人这个文明的民族而言是不体面的行为。")[29]

在其议题颇为广泛的备忘录中,希姆莱还为犹太人的命运做出了安排:"我希望'犹太人'这个称谓从此彻底消失,我们可以通过大规模驱逐把所有犹太人赶到非洲或其他殖民地去。"这又回到纳粹一开始确立的转移政策,因为战争的爆发,这个政策重新被考虑。希姆莱指望法国会很快输掉战争,同时也希望英国人因此迅速投降并提出单方面和解。战争一旦结束,波兰的犹太人就可以被塞进轮船里运走,到原属于法国、现归德国的某个非洲殖民地去。

46   尽管在今天看来,把几百万人装进轮船运到非洲的设想未免太不现实,但在当时,纳粹无疑认真地考虑过这个方案。一些激进的反犹主义者早在几年前就开始建议把犹太人运到非洲去,眼下的战争形势似乎让纳粹这个解决犹太人"问题"的方案有望落实。希姆莱写就备忘录的六周之后,德国外事办公室的弗朗茨·拉德马赫撰写了一份文件,宣布非洲岛国马达加斯加被指定为犹太人接收地。[30]不过值得注意的是,对犹太人来说,这个方案很可能与战争时期所有针对"犹太问题"的解决方案一样,意味着大量的死亡和无限的痛苦。马达加斯加的纳粹官员会按部就班,在一两代人的时间里消灭犹太人。我们所知道的那个纳粹"最终解决"可能不会发生,但其他形式的种族灭绝几乎一定会出现。

希姆莱将他的备忘录交给了希特勒,希特勒看完后告诉他,这份报告写得"不错、准确"(gut und richtig)。不要忘了,希特勒从来没有把他对备忘录的态度付诸文字。希姆莱只需要元首的口头肯定就足以推进工作。在纳粹治下,重大决策就是通过这样的方式做出的。

因此,在纳粹的宏伟大计里,鲁道夫·霍斯和奥斯维辛那座刚建立起来的集中营不过是其中的一小部分。奥斯维辛属于波兰境内

将被"德国化"的区域，在很大程度上，地理位置决定了这个营地 　47
接下来的发展。此前，上西里西亚地区在波兰人和德国人之间几经
易手，在"一战"爆发前它属于德国，随后德国人又在《凡尔赛条
约》中失去了它。现在，纳粹想要为帝国重新收回这个地方。然而，
与其他将被"德国化"的地区不同，上西里西亚工业化程度很高，
且大多数地区不适合用来安置德意志人。这意味着它需要保留一定
数量的波兰人充作奴工，因此一个用来威吓当地人的集中营就很有
必要。按照最初的设想，奥斯维辛只是在犯人被送往帝国其他集中
营之前暂时关押他们的场所，用纳粹的术语来说，一座"隔离"营。
但随着时间的推移，奥斯维辛的功能明显发生了变化，这里将成为
有进无出的人间炼狱。

　　霍斯很清楚，战争让一切都朝着激进化的方向发展，集中营也
不例外。尽管达豪为奥斯维辛提供了一个范例，但比起"旧帝国"
的同类机构，后者所要处理的问题却棘手得多。当时，纳粹在实行
种族清洗，波兰整个民族的知识阶层和政治精英都被摧毁。奥斯维
辛正是在这样的背景下成为囚禁和恐吓波兰人的工具。因此，尽管
一开始只是作为一般的集中营，奥斯维辛犯人的死亡率还是高于帝
国任何一个"常规"集中营。早期送往奥斯维辛的 2 万名波兰人，
一半以上在 1942 年初便已丧命。

　　然而，奥斯维辛的第一批犯人并不是波兰人，而是德国人——
准确地说，是 30 名从萨克森豪森集中营转来的刑事犯。1940 年 6 月，
他们抵达奥斯维辛，后来成为第一批卡波，为党卫队充当打手管教
波兰犯人。对首批来到奥斯维辛的波兰人来说，许多人难以磨灭的
第一印象正是这些卡波。"我们还以为他们是水手呢，"罗曼·特罗
扬诺维斯基[31] 说，1940 年夏天他被送到奥斯维辛，当时 19 岁，"他 　48
们都戴着水手的贝雷帽。后来我们才知道，原来他们都是罪犯，全
都是刑事犯。""我们到了以后，德国卡波冲我们大喊大叫，还用棍
子打我们，"威廉·布拉塞[32] 说道，他也在差不多的时间来到奥斯

维辛，"如果有谁从牲畜卡车上下来的动作慢了，他就会挨打，还有人甚至当场被打死了。我吓坏了，所有人都吓坏了。"

最早来到奥斯维辛的波兰人被抓捕的原因各不相同，或被怀疑是波兰地下反对组织成员，或隶属纳粹所憎恨的群体，比如神父和知识分子，有的仅仅是冒犯过某个德国人。实际上，1940 年 6 月 14 日到达奥斯维辛的第一批波兰囚犯是从塔诺夫（Tarnow）监狱转过来的，他们中的很多人都是大学生。

这些初来乍到的新人，当务之急就是建起关押自己的集中营。威廉·布拉塞回忆道："我们用的是非常原始的工具，而且犯人必须自己背石头。这可是非常繁重的体力活，我们还老是挨打。"然而建筑原材料是如此匮乏，因此纳粹分子惯用的伎俩——偷，在此大行其道。"我负责拆除原先波兰人住的那些房子，"布拉塞继续说，"我们接到命令，要把包括砖、厚木板和各种各样的木料都拿走。这些德国佬又要快，又不提供原材料，这种做法让人莫名其妙。"

偷盗之风在集中营里猖獗一时，偷窃的对象不仅包括当地居民，还包括营里的"自己人"。布拉塞说："德国卡波会把我们叫去，说，'去其他分队那里弄点水泥回来，他们的工作可不是我们要操心的事'。我们照办。木板、水泥都是从别的工作分队偷回来的。在营地里我们管这个叫'顺手牵羊'（organizing）。但是得特别当心不要被逮到。""顺手牵羊"的文化并不限于囚犯。早期青黄不接的时候，霍斯也会顺手偷来他需要的东西："既然不可能指望从上级那里得到什么帮助，我只能尽量将就，自力更生。我不得不到处找小汽车、卡车和必需的汽油；我要开到 100 公里以外的扎科帕内和拉布卡，只为了给犯人的厨房找几个开水壶；床架和秸秆床垫还得一路开到苏台德去弄……每当我发现有哪个仓库囤着我们急需的物品，我马上把它们全都运走。根本顾不上什么礼节……我甚至不知道上哪儿去找一百米长带刺的铁丝网，所以只能去偷，因为我们特别需要它们。"[33]

就在霍斯忙着对必需品"顺手牵羊"，以期把奥斯维辛变成一个"能派上用场"的集中营时，身陷那些偷来的带刺铁丝网之内的波兰人已经明白，他们活命的关键在于一点——自己为哪个卡波工作。"我很快就发现，在'好的'工作分队，犯人的脸通常看起来比较饱满和圆润，"威廉·布拉塞说，"他们的状态跟那些干着重活儿、枯瘦憔悴的人很不同，后者就跟穿着制服的骷髅一样。我马上就注意到，跟着这个卡波是上策，因为他手下的犯人状态更好。"

罗曼·特罗扬诺维斯基的卡波是集中营里最残忍的卡波之一，因此他的生活苦不堪言。他的卡波曾因他一次小小的违规扇他的脸，然后命令他扶着板凳蹲了两个小时。在这个工作分队的残酷生活几乎击垮了他。"我没有力气每天推着手推车跑来跑去，"他说，"只要干一个小时手推车就不听你的使唤了，你会栽倒在手推车上，弄伤自己的腿。我得从这里逃出去。"跟许多在他之前和之后来到奥斯维辛的犯人一样，特罗扬诺维斯基知道自己必须想办法逃离这个工作分队，否则他就只有死路一条。

一天早上点名时，犯人被告知党卫队要招募熟练的木工。尽管特罗扬诺维斯基这辈子从来没当过木匠，但他谎称自己"有七年经验"，自愿应征。但是纸包不住火，他到了木工房，刚开始干活就露了馅。"卡波叫住我，把我带到他的房间。他手里拿着一根大棍子站在那里，一看到棍子我就瘫了。他说因为我弄坏了木料，要挨二十五下。他让我弯下腰，开始打我。他故意打得特别慢，好让我领受每一下的滋味。他人高马大，手劲也很大，而且棍子特别沉。我很想大喊，可还是咬住嘴唇不让自己叫出声来，一声都没有。这帮了我，因为打到第十五下时他停了。'你表现不错，'他说，'所以最后十下我给你免了。'我只挨了十五棍，但这十五棍也够我受的了。两个星期里我的屁股上都是青一块紫一块，有很长时间都没法坐着。"

虽然特罗扬诺维斯基被人从木工房里赶了出来，但他还是想找一份室内的工作。"这个特别关键，要想活下来，必须待在屋子里。"

他找到一位朋友，这个朋友认识一位相对比较和善的卡波，名叫奥托·屈泽尔。他跟朋友一起去见了屈泽尔，吹嘘自己的德语水平，最后找到一份在厨房为德国人准备食物的工作。"我就这样保住了我的命。"他说。

在人人想尽办法力求保命的集中营里，有两类人，从他们刚到集中营的那一刻起就会被挑出来百般凌辱，那就是神父和犹太人。这个阶段的奥斯维辛还没有开始大规模接收犹太人，因为当时设立犹太人隔离区的政策正如火如荼地进行着，但被送往集中营的知识分子、抵抗组织成员和政治犯当中也有犹太人。他们同波兰的天主教神父一样，比其他犯人更可能被分配到惩戒分队（penal commando），该分队的管理者是所有卡波中最恶名昭著的一个——恩斯特·克兰克曼。

1940 年 8 月 29 日，第二批德国犯人从萨克森豪森集中营被转移到奥斯维辛，其中就包括克兰克曼。很多党卫队队员不喜欢他，但他有足够强大的靠山——卡尔·弗里奇（集中营领导，霍斯的副手）和格哈德·帕利奇（指挥官助理）。克兰克曼极胖，经常坐在一个巨大石碾的挽具上，石碾用来平整营地点名的中央广场。奥斯维辛的首批囚徒之一，耶日·别莱茨基说："我第一次见到他时，犯人们正在碾轧两栋楼之间的空地。那个碾子非常非常重，整个分队二十个人或二十五个人都拉不动。克兰克曼就用手里的鞭子抽他们，冲他们喊：'动作快点儿！你们这群狗！'"[34]

别莱茨基看到，这些囚犯被迫从早到晚平整地面，中间没有任何休息。夜幕降临时，他们中的一个人跪倒在地，站不起来。这时，克兰克曼命令分队的其他人拉着石碾，从他们这位倒下的狱友身上碾过。"我已经看惯了死亡和毒打，"别莱茨基说，"但目睹这一幕，我还是从头凉到脚，彻底呆住。"

对于这类暴行，党卫队的态度甚至都不是冷眼旁观，而是积极鼓励。如威廉·布拉塞以及所有奥斯维辛幸存者所证实的，正是党卫队创造了集中营里这种残忍的文化（而且他们经常自己动手）。布拉塞说："那些特别残暴的卡波会得到党卫队的奖赏，比如多得到一碗汤、一个面包或一根烟。我亲眼看见的。党卫队鼓励他们这样做。我常听见党卫队看守吩咐他们，'往死里打'。" 52

尽管集中营里到处都在发生令人瞠目结舌的暴行，但在纳粹眼中，比起重组波兰的血雨腥风，奥斯维辛只能算得上一潭静水。彻底扭转这一切的第一个信号发生于 1940 年的秋天。9 月，党卫队行政和经济总办公室负责人奥斯瓦尔德·波尔（Oswald Pohl）到奥斯维辛视察。波尔看到集中营附近有沙土和砾石坑，便要求霍斯扩建营地，他认为它可以为党卫队经营的德国土石制造有限公司（German Earth and Stone Works, DEST）所用。1937 年，当时德国集中营关押的犯人已从 1933 年的 2 万多人减少到一半，经济因素的考量对希姆莱和党卫队越发重要，于是，希姆莱想出了一个新的办法为集中营的未来提供保障，那就是让党卫队开办自己的公司。

从一开始，纳粹经营的就不是普通业务。希姆莱不想成立一个资本主义性质的企业，而是想建立多个公司，让它们全都按照纳粹的哲学思想运作，为国家服务。集中营将为新德国提供原材料，比如为希特勒在柏林规模庞大的帝国总理府提供巨量花岗岩。为实现这个目标，1938 年德奥合并后，党卫队在毛特豪森新开设了集中营，就在一个花岗岩采石场附近。他们认为，让国家的敌人来为国家的发展做出贡献，这再合适不过了。如希特勒最钟爱的建筑师——阿尔伯特·施佩尔所说："毕竟，犹太人在法老时代就开始造砖了。"[35]

希姆莱对工业生产的热情并没有止步于为帝国提供建筑材料，他对其他许多项目也极力支持。比如，纳粹成立了一个实验室，专门研究天然药物和农业生产新形式（这两个都是希姆莱非常关心的课题）。很快纳粹就开始生产衣物、维生素饮品甚至瓷器（牧羊人和其他"种族正确"的人物雕塑）。近来研究表明[36]，这些党卫队的企业管理者很多并不能胜任他们的工作，但讽刺的是，这桩生意 53

的前景却是一片大好。

　　波尔才刚刚下令让奥斯维辛为国家生产沙土和砾石，这个集中营马上又被安排了新的任务。1940 年 11 月，鲁道夫·霍斯与希姆莱会面，会上他为奥斯维辛制订的计划让他的上司浮想联翩。对农业的共同兴趣迅速拉近了两人的距离。霍斯回忆起希姆莱对集中营的新设想："我们要在这里进行所有必要的农业实验，要成立大量的实验室和植物栽培部门。对各类牲畜的饲养都很重要……沼泽地需要排干和开垦……他滔滔不绝地谈着农业规划，巨细靡遗，直到他的助手提醒他，一位非常重要的人正等着与他会面，已经等了很久，他才停了下来。"[37]

　　霍斯与希姆莱的这次会面长久以来没有得到足够的重视，因为人们更关注奥斯维辛后来发生的那些更恐怖的事。然而，这次会议可以帮我们更好地了解集中营演变过程中，两位关键人物的思想状态。如果把他们看成受非理性情感驱动、我们永远无法理解的"疯子"，不仅太过轻率，而且根本是错误的。在这次会议中，我们可以看到，这两个人虽然狂热到近乎古怪的程度，但在战争大背景下，那些在和平时期只可能是白日梦的设想是有可能实现的。与霍斯就着桌子探讨奥斯维辛建设方案的希姆莱，凭借纳粹的侵略行动，已经有过将自己的梦想变为现实的经验。他用手在地图上随便一画，就改变了成千上万德意志人和波兰人的命运。他一直在用最煽动人心的辞藻宣传自己的看法，使它成为人们可以想象的事实。

　　关键是，我们要明白，希姆莱从来是以一套合理的思维逻辑，来谈论他把奥斯维辛打造为农业研究中心的愿望。这一愿景无疑令人作呕，但它确实清晰明确。1940 年 11 月的这次会议上，他对西里西亚地区的前景十分看好，认为它将成为德国的农业乌托邦，一个天堂般的地方。南边波兰人的粗鄙农庄将永远消失，取而代之的将是团结一致、管理有序的德国农场。霍斯和希姆莱自己都当过农民，对土地都怀有深厚的、近乎神秘的感情。因此，利用奥斯维辛进一步深化农业知识的设想，对他们两人一定都极具吸引力。

正在兴头上的希姆莱丝毫不顾及一个事实：奥斯维辛集中营所在的地方恰恰不适合完成这项事业。它位于索拉河和维斯瓦河交汇处，该地区因常发洪水而闻名。尽管如此，直到奥斯维辛被解放的那一天，集中营里的犯人日日夜夜在为实现希姆莱的梦想劳动。他们挖沟、给池塘排水、加固河堤，只因对于这位党卫队全国领袖（Reichsführer SS）来说，对梦想的梦想要比讨论它的具体可行性更让人兴奋。希姆莱根本没有意识到，在他激情澎湃地向忠诚的下属鲁道夫·霍斯大谈特谈自己的梦想时，数千人将为此付出生命的代价。

到 1940 年底，霍斯已为集中营建立起基本的制度和准则，它们在接下来的四年里指导着集中营的运作，包括能时时刻刻有效监管囚犯的卡波，极其残忍、允许随心所欲处罚犯人的管理，以及集中营里无所不在的潜规则：如果一名囚徒不能迅速掌握避开危险的工作分队的伎俩，那他很可能活不了多长时间。不过，在早期的种种建制中最能代表集中营文化的，是"11 号楼"。

从外表看，11 号楼（原为 13 号楼，1941 年重新编号）与营里的其他地方没有区别，都是红色屋顶的砖房，但每个人都知道，11 号楼的作用独一无二。"我很怕经过 11 号楼，"约瑟夫·帕钦斯基[38]说，"真的特别害怕。"犯人之所以有这种感受，是因为 11 号楼乃狱中之狱，是一个充满酷刑和杀戮的地方。

耶日·别莱茨基是为数不多能活着离开 11 号楼，并讲述他在里面经历的人。他之所以被送去那里，是因为一天早晨醒来后，他病得很厉害，疲惫不堪，实在无法上工。在奥斯维辛，犯人是不可能请病假休息的，因此他想藏在营里，希望没人发现他旷工。一开始他躲在厕所，但后来他意识到假如一整天都待在里面，很有可能被抓到，于是他走出来，假装打扫营地卫生。不幸的是，他被一个守卫逮个正着，送到 11 号楼接受处罚。

55

他被带上楼梯，来到阁楼。"我走进去，（屋顶的）瓦片很烫，那是8月的一天，是个好天气。但这里一股恶臭，还听见有人呻吟的声音——'耶稣，哦耶稣！'里面很黑，只有从瓦片缝隙透进来的一点光。"他抬起头，看见一个人双手反绑在背后，被吊挂在屋顶的大梁上。"士兵拿来一个凳子，对我说：'踩上去。'我把双手背在身后，他拿出一条链子捆住了我的手。"守卫把链子系在大梁上，突然踢开凳子。"我就觉得，老天爷啊，简直太疼了！我哀号着，他就冲我喊：'你给我闭嘴！你这条狗！你活该遭罪！'"随后，士兵就离开了。

他的双手和胳膊向后拉扯着，承受全身的重量，这种疼痛令他难以忍受。"不用说，汗水顺着我的鼻子淌下来。那天非常热，我一直喊着'妈妈呀！'，一个小时后，我两个肩膀都脱臼了，而另一个人早已没了声音。接着来了另一个党卫队士兵，他走到那个人跟前，把他放了下来。我的眼睛是闭着的。我被吊得没了精神，也没了魂。然后，士兵说的一句话传进我的耳朵。他说：'就剩十五分钟了。'"

到他再回来之间发生了什么，别莱茨基不太记得了。"'抬腿。'他说。但我动不了。他抓住我的腿，把一条腿放在板凳上，然后又把另一条也放上去。他一松开链条我就从板凳上摔下去，跪倒在地。他扶了我一把，举起我的右手，说：'举着别动。'但我的胳膊毫无知觉。他说：'过一小时就好了。'我艰难地跟着这个党卫队士兵下了楼。他是个非常有同情心的守卫。"

别莱茨基的故事从很多方面来看都很特别，比如他在折磨之下表现出的勇气。而更令我们惊讶的，或许是两个党卫队守卫的强烈反差，一个在他毫无防备时残忍地踢开他脚下的凳子，另一个"有同情心的"守卫在受刑结束后帮助他。这也提醒我们，就像不同卡波可能有着千差万别的性格，党卫队看守也同样如此。很多集中营幸存者在回忆过去时都会提到，他们的管理者并不都属于同一种类型。要想在集中营里活下来，至关重要的一个能力是识别不同人的不同性格，这不仅包括卡波，也包括党卫队士兵。一个人能否保住性命就仰赖这种能力。

耶日·别莱茨基从 11 号楼出来时已然一瘸一拐，但命运好歹仍眷顾他，当一个人走上那些水泥台阶、迈进那道大门以后，他很有可能再也无法活着出来。在审讯时，纳粹用尽各种恐怖的方法折磨 11 号楼的犯人，不仅包括别莱茨基所遭受的双手反绑吊挂，还包括鞭刑、水刑、针扎指甲、烙铁烫皮肤、用汽油浇透全身后点火，等等。奥斯维辛的党卫队挖空心思发明新的虐待花招，囚徒之一，博莱斯瓦夫·兹博齐恩有一次看到一个从 11 号楼被送进医院的犯人："他们特别爱用的一招，尤其在冬天，就是抓住犯人的头靠近焦炭炉，好让他们招供。犯人的脸会被彻底烧伤……那个男人脸部完全灼伤，眼睛都烧坏了，可他还不能死……政治部的人还需要他……那个犯人几天以后才死去，自始至终都意识清醒。"[39]

那段时间，11 号楼的主管为党卫队小队领袖（少尉军衔）马克斯·格拉布纳，他是集中营最恶名昭彰的工作人员之一。在加入纳粹党卫队之前，格拉布纳不过是个牛倌，而现在他却对他手下的犯人有着生杀予夺的大权。每周他都要"清理存货"，也就是由他和他的同僚决定 11 号楼中每个犯人的命运。一些人继续留在牢里，另一些人则会接到"1 号惩罚"或"2 号惩罚"。"1 号惩罚"意味着鞭刑或其他酷刑，而"2 号惩罚"则意味着立即处死。那些被判了死刑的首先会被带到 11 号楼一层的盥洗室，在这里脱去衣服，然后被领着从侧门走进一个隐蔽的天井。这个天井位于 10 号楼和 11 号楼之间，营里只有这两栋楼之间立起了围墙，与集中营其他地方隔开。犯人就在这里被杀害：他们的两只手臂被一名卡波死死按着，走向离入口最远的那面墙（用集中营里的黑话来说，那叫"帷幕"）。等来到砖墙前，一名党卫队行刑官会用一把小口径手枪（以便最大程度减小声响）近距离对准脑袋，一枪毙命。

然而，在 11 号楼里遭罪的不只是奥斯维辛的犯人。这里也是

58

德国卡托维兹（原波兰卡托维兹）地区的简易治安法庭，因此，被盖世太保抓捕的波兰人有可能不经过集中营其他区域，直接被带进11号楼。负责审判他们的法官当中，有位米尔德纳博士，他是党卫队上级突击队大队领袖（中校军衔），也是国会议员。佩里·布罗德曾是奥斯维辛的一名党卫队士兵，他讲述了米尔德纳在工作中的施虐倾向："一个16岁的年轻人被带进房间。由于实在饿得受不了，他从商店里偷了一些吃的，就成了'罪犯'。米尔德纳判他死刑。他慢条斯理地把判决书放在桌上，刻薄地看着那个站在门口，衣不蔽体、脸色苍白的男孩。'你有妈妈吗？'男孩低着眼睛，小声说："有。''你怕死吗？'脖子粗短的刽子手丝毫不带感情地问，就像能从受害者的痛苦中得到快感似的。那个年轻人没有声音，身体却微微发抖。'你今天就会被枪毙，'米尔德纳有意让他的话带着上帝判决的味道，'或者他们会吊死你。一个小时以后，你就是死人一个。'" [40]

根据记录，对于女犯，米尔德纳特别享受在判她们死刑后的对话："他会用最夸张的方式向她们描述她们马上面临的枪决。"

尽管有恐怖至极的11号楼，但这个阶段的奥斯维辛依然保留着传统集中营（如达豪）的一些特点。在这一点上最好的证明就是，与人们通常所认为的不同，事实上在早期，奥斯维辛的犯人是有可能在服刑一段时间后被释放的。

1941年复活节前夕，两个党卫队士兵找到了波兰政治犯瓦迪斯瓦夫·巴托谢夫斯基 [41]，他当时正在20号楼的医院。"他们对我说：'出来！'没人给我任何解释，我不知道发生了什么。这不是好事，因为我的处境突然发生变化，而身边的狱友都不知道接下来会如何。我吓坏了。"他很快得知，他将要去面见一组德国医生。在路上，一个波兰医生——同时也是一名犯人——悄声对他说："如果他们问你，你就说你很健康，感觉很好。要是你说你病了，他们不会放你走的。"巴托谢夫斯基大吃一惊。"他们会放了我吗？"他又惊又喜地问那些波兰医生，但他们只答道："闭嘴！"

　　问题是，瓦迪斯瓦夫·巴托谢夫斯基的健康状况并不乐观。"我的背上、屁股上、后脑勺和后脖颈长满了大疖子。那些波兰医生给我涂了很多药膏，还往疖子上拍了很多粉，让我看起来好一些。他们对我说：'别怕，他们不会特别仔细地检查你的，但你什么也不要说，那样就违反规定了，因为这里没有谁是病人，知道吗？'然后他们把我带到了德国医生面前，我甚至看都没看他一眼。波兰医生们急切地说：'都挺好的。'那个德国医生就只点了点头。" 60

　　通过这个敷衍了事的体检后，巴托谢夫斯基被带到管理办公室，那里的人把他刚进集中营时穿在身上的衣服还给了他。"他们没把我的镀金十字架还给我，"他说，"他们留作纪念了。"接着，不无滑稽的是，如同常规的囚犯释放流程，党卫队问他对囚禁生活有没有什么要投诉的。他说，"我很狡猾，我回答：'没有。'他们又问：'你对集中营里的生活还满意吗？'我回答：'满意。'然后我在一张表格上签字，表明我没有要投诉的，也不会触犯法律——我不知道他们是怎么想的，可我是个波兰人，对德国人的法律不感兴趣。我们的法律是由流亡在伦敦的政府规定的。不过当然了，我是不会跟那些家伙讲这个的"。

　　巴托谢夫斯基和另外三个同天被释放的波兰人一起，在德国卫兵的陪同下来到奥斯维辛火车站。当列车驶离车站的时候，他真切地感受到"最初那几分钟的自由"。他将要踏上漫长的回家之路，回到波兰的母亲身边。在火车上，"人们摇着头，一些女人流下同情的眼泪。你看得出来，他们很受震动。他们问：'你们从哪儿来？'我们说：'奥斯维辛。'没人说话，他们只是看看我们，眼里透着恐惧"。那天深夜他到了波兰，到了母亲的公寓。"她看见我大吃一惊，扑过来抱住我。我第一个注意到的变化，是她头上有了一缕白发。她脸色不太好，那时候大家看起来都不大健康。"

　　总共有几百名犯人以类似的方式离开了奥斯维辛。没人确切知 61

道为什么他们会被选中，但就巴托谢夫斯基来说，舆论压力似乎起到一定作用，因为红十字会和其他机构一直在积极开展各种活动要求释放巴托谢夫斯基。当时国际上的压力确实影响了纳粹对犯人的处置，这也可由一批 1939 年 11 月被捕的波兰学者的经历得到证实。在纳粹对波兰知识分子进行整肃的过程中，克拉科夫雅盖隆大学（Jagiellonian University）的教授们从讲台上被带走，关押于包括达豪在内的不同集中营。14 个月后，还活着的教授得到释放，几乎可以肯定是外界压力起到的作用，其中包括教宗提出的请求。

与此同时，奥斯维辛进入一个至关重要的新阶段，另一个德国人提出了一个将大大影响它未来发展方向的"愿景"：工业巨头 IG 法本公司的奥托·安布罗斯博士（Dr. Otto Ambros）打算在东部寻找一个合适的地点来生产合成橡胶，因为战争没有按照纳粹预期的那样发展。希姆莱在 1940 年 5 月还幻想着战争会很快结束，犹太人可以被送往非洲。与他一样，IG 法本公司那时也认为，没必要费钱费力地生产合成橡胶和燃料，等到战争一结束——最迟也就在 1940 年秋天——大量原材料就可以从帝国以外的地方获得，比如德国从敌人手上抢过来的那些新殖民地。

但到了 11 月，战争显然还没有要结束的意思。丘吉尔拒绝讲和，62 英国皇家空军在不列颠之战中击退了德军的空军。再一次地，德国这些纸上谈兵的诸公需要处理意料之外的情况。说实话，在纳粹统治期间类似的情形屡屡出现，领导层疲于应付与他们的构想出现落差的局面。这些人经常被巨大的野心和乐观主义情绪冲昏了头脑，以为仅靠"意志"的力量就可以战胜一切，结果碰一鼻子灰——不是自己缺乏规划和远见，就是对手比自信心膨胀的他们所想象的要强大得多。

在 IG 法本公司，曾因预计战争会很快结束而被搁置的扩建方案，此时又匆匆地重新提上日程并付诸实施。尽管 IG 法本公司并不是一个国有企业，但它却极其重视纳粹领导层的需求和愿望。按照纳粹的四年计划,东部需要设立一个生产丁纳橡胶(一种合成橡胶)的工厂。现在,经过多次讨论,IG 法本公司同意将工厂建在西里西亚。[42] 生产合成橡胶需要用到煤,并对煤进行加氢处理,也就是在高温下让氢气通过煤。没有石灰、水以及最重要的原料煤,丁纳橡胶就无法生产。因此,任何一个丁纳橡胶工厂都应具备的前提条件之一,便是拥有获取这些原材料的便捷渠道。此外,IG 法本公司坚持,工厂周边应该有发达的交通网络和完善的基础设施。

在仔细研究过地图和计划书后,奥托·安布罗斯认为他为 IG 法本公司的新丁纳橡胶工厂找到了一个理想地点,那就是奥斯维辛集中营东边三英里处的那片地区。不过,离集中营近并不是 IG 法本公司最初决定将工厂设在奥斯维辛的主要原因,他们更愿意让即将到来的德意志人为他们工作,而不是完全依靠苦役犯。

得知 IG 法本公司有意去奥斯维辛后,希姆莱的态度准确来说是非常矛盾的。站在党卫队全国领袖的立场,希姆莱对这一举措疑虑重重。到目前为止,他一直确保集中营的囚犯只为党卫队的自营企业工作。一旦为私有企业开绿灯,从而使这些奴工的利润最终成为国家的收入,而不是完全进入党卫队自己的腰包,这可不是希姆莱会热心提倡的事。尽管党卫队也能通过倒卖砾石给 IG 法本公司赚得盆满钵满,但希姆莱对党卫队自己的企业显然有更宏伟的规划,不容阻挠。

然而,作为"德意志民族强化委员会"的帝国专员,希姆莱的态度却要积极得多。他知道 IG 法本公司需要德意志人,并且乐于满足他们的这一需求。为这些即将到来的劳动力找到住处不是什么大问题,奥斯维辛的管理者很愿意"撵走"住在城里的犹太人和波兰人,以便为他们腾出空间。[43] 最终,作为四年经济计划总负责人的戈林做出了决定:IG 法本公司将在奥斯维辛集中营附近建造工厂,希姆莱和纳粹党卫队应与他们开展合作。[44]

由于 IG 法本公司的关注,奥斯维辛,这个在党卫队系统中原本不太重要的集中营，此时却有可能一跃成为最重要的一个。1941
年3月1日，希姆莱决定对奥斯维辛进行首次视察，这也反映出这
个集中营地位的转变。在回忆录以及战后的审讯中，霍斯都对这次
视察进行了详细描述。在访问过程中，希姆莱狂妄自大的一面展
露无遗。如果说11月时他要把奥斯维辛打造成农业研究站的愿望
已属野心勃勃，那么他3月时的构思算得上是异想天开了。此前对
64   IG法本的顾虑已经彻底抛在脑后，现在希姆莱轻松地宣布，集中
营关押的犯人将由1万增加到3万。当时陪同希姆莱的上西里西亚
大区长官弗里茨·布拉赫特对这一冒进方案提出了异议，另一位当
地官员也插话说，集中营的排水问题还没有解决，这是公认的事实。
但希姆莱对他们说，他们应该咨询专家，应该自己解决这个问题。
他用下面的话作为总结："先生们，集中营必须扩建。我的理由比
你们反对的理由重要得多。"[45]

尽管霍斯对希姆莱向来俯首帖耳，但他也强烈感到领导的这一
新计划执行起来困难重重。等到自己和希姆莱、埃里希·冯·登·巴赫–
泽勒维斯基（Erich von dem Bach-Zelewski，纳粹德国东南大区的
党卫队和警察最高首脑）一起坐进轿车后，霍斯便喋喋不休地抱怨
起来。他缺建筑材料、缺人手、缺时间——基本上什么都缺。希姆
莱的回答不出所料："我不想再听你提'困难'二字！"他说："对
一个党卫队军官来说，困难根本不存在！如果碰到麻烦，你的任务
就是解决它。至于怎么解决，那是你的事，我不管。"

令人印象深刻的，还不是希姆莱如何回应霍斯的抱怨，而是霍
斯居然能对党卫队最高负责人这样讲话。在苏联，要是有人敢这样
对斯大林或贝利亚（苏联秘密警察［NKDV，即苏联内务人民委员
会］头子，莫斯科与希姆莱角色最接近的人）说话，那他简直是在
拿生命开玩笑。虽然乍听起来有些不可思议，但对于来自内部支持
者的批评，纳粹领导层确实要比斯大林体制宽容得多，这也是第三
65   帝国比斯大林政权更有活力的原因之一，因为下级官员可以发挥主

观能动性，自由表达他们的观点。与斯大林体制中大多数犯下罪行的人不同，霍斯的所作所为，从来不是因为害怕质疑上级的命令会遭到可怕的报复。他之所以加入纳粹党卫队，是因为他全心全意地认同纳粹的整体构想，这让他能够就执行的细节放开提意见。他服从上级，但他拥有百分之百的权力。一个人履行自己的职责，并非因为自己被要求这样做，而是因为他相信自己做的是正确的。

当然了，就小事与上级抗辩的自由与它能达到什么效果，完全是两码事。霍斯向希姆莱的抱怨无济于事，党卫队全国领袖要扩大奥斯维辛集中营的计划无论如何都要付诸实施。正如霍斯沮丧地总结道："党卫队全国领袖永远只想听好消息。"

IG 法本公司决定在奥斯维辛建造橡胶工厂，这刺激了希姆莱，他的宏图不再局限于集中营，而是把整个小镇和周边地区都囊括进来。在 4 月 7 日于卡托维兹召开的一次策划会上，希姆莱的代表宣布："党卫队全国领袖的目标，是在这里建立东部移民的示范定居点，尤其是对那些品质优秀的德意志人的安置。"[46] 按照计划，奥斯维辛将变成一个容纳 4 万人的全新德国小镇，这一计划的实施将与奥斯维辛集中营的扩建同步进行。

在此期间，霍斯逐渐意识到，与 IG 法本公司建立关系可能对集中营大有好处。1941 年 3 月 27 日，奥斯维辛的管理者和公司代表会面，会议纪要记录了霍斯如何为集中营争取利益。[47] IG 法本公司的一位工程师问，在接下来的几年里能够提供多少名囚犯，"霍斯少校指出，主要问题在于集中营营房的建设无法以最快速度进行，因此很难提供足够多的床位"。霍斯又提到，这里的障碍是原材料的匮乏，这也是他不久前费尽唇舌向希姆莱抱怨的问题。而此时霍斯提出，如果 IG 法本公司能协助"加速集中营的扩建"，那么"最终受益的是他们自己，因为只有这样才能为他们提供足够多的囚犯"。看来，霍斯终于找到了同情他困境的听众，最后，IG 法本公司的几位先生同意"负责确认能否为集中营提供帮助"。

在同一次会议上，IG 法本公司同意，为每个非技术工人支付每天 3 马克的"统包工资"，技术工人则是 4 马克，并且"（每个集中营囚犯的）工作成果将按照一个普通德国工人的 75% 计算"。双方还协定了集中营为 IG 法本公司在附近的索拉河开采砾石的单位价码。总的来说，"整个谈判过程都是在亲切友好的氛围中进行的，双方都强调会尽一切努力为对方提供协助"。

不过，尽管希姆莱和 IG 法本公司为奥斯维辛做出了宏伟的规划，还是无法与纳粹高层此时在柏林所制定的策略相提并论，后者造成了极其深远的影响。几个月来，国防军陆军总司令部的官员们一直忙着为入侵苏联制订计划，此次行动的代号为"巴巴罗萨行动"。1940 年 7 月，希特勒在他巴伐利亚的伯格霍夫别墅（Berghof）寓所召开了一次会议，会上他向他的军事指挥官们宣布，迅速结束战争的最好方法便是摧毁苏联。希特勒认为英国人之所以能坚持，是因为还寄希望于斯大林最终能打破 1939 年 8 月与纳粹签署的《苏德互不侵犯条约》。如果德国人能摧毁苏联，英国人就会同意讲和，那么纳粹将成为欧洲无可争议的统治者。这个决定发挥了独一无二的影响，它不只改变了战争的进程，事实上，也决定了欧洲接下来大半个世纪的历史。2700 万苏联公民为此丧生，是历史上一个国家在单次战役中损失最惨重的一次。同时，这场战役为纳粹执行"最终解决"——灭绝犹太人——提供了历史背景，因此，不考虑到"巴巴罗萨行动"以及 1941 年夏秋的战争形势，我们就无法理解奥斯维辛集中营随后的一系列变化。实际上，从此时开始，直到 1945 年 4 月 30 日希特勒自杀，东线战争的进展（毋宁说是倒退）对纳粹的思维产生了决定性影响。

在纳粹分子看来，这不是一场对抗西方"文明"国家的战争，而是与犹太-布尔什维克"劣等人"的殊死战斗。因此，时任陆军总参谋长的弗朗茨·哈尔德（Franz Halder）在他 1941 年 3 月 17 日的日记里写道，在苏联"必须毫不留情地采取最暴力的行动"，

"斯大林手下的知识分子必须全部处决"。正是在这种态度的指引下，经济部门才会提出一项令人震惊的方案来解决德国军队向苏联推进过程中的食物补给问题。国防军中央经济部门 1941 年 5 月 2 日的一份文档表明，"全体德国军队"的食物将"由俄国人来承担"。其 68 结果可想而知："如果我们从这个国家拿走一切我们需要的，那么无疑将有几千万人饿死。"[48] 三周后的 5 月 23 日，这个机构撰写了一篇更激进的文章，标题为"给东部经济组织的政治经济指导方针"。文章声明，当前的目标不仅是用苏联的食物喂饱德国军队，还要用这些食物供应纳粹统治下的欧洲。这意味着苏联北部可能会有 3000万人死于饥饿。[49]

近期有研究指出，这些文档里令人震惊的构想并不是草率提出的应急方案，纳粹分子的举措背后有着非常理性的考量，他们认为削减人口具有经济上的正当性。根据"适度人口"理论，纳粹的经济规划专家单凭居住于某个区域的人口数量，就可以计算出这个地区是会带来利润还是会造成亏损。举例来说，赫尔穆特·迈因霍尔德是一位任职于德意志东部发展事务研究所的德国经济学家，按照他的计算，1941 年有 583 万"多余的"波兰人（包括老人和儿童），他们的存在意味着"对资源的损耗"。这些多余的人口被称为"累赘的存在"（Ballastexistenzen），是对"空间的浪费"。[50] 在这个阶段，这些经济学家尚未把这套逻辑推演到最后一步——他们没有要求赶尽杀绝波兰的 Ballastexistenzen，但他们写到了斯大林是如何处理苏联类似的人口过剩问题：20 世纪 30 年代，乌克兰下令驱逐"富农"（kulak），对其余的人实行农业集体化，这一政策造成约 900 万人死亡。

这种想法也为德国入侵苏联可预见的大量平民死亡提供了理论 69 支持——对纳粹专家来说，"3000 万人"有可能死于饥饿，这不仅对当前德军的突破有好处，也有利于德国人民的长远福祉。需要喂饱的苏联人越少，就有越多的食物可以向西运送到慕尼黑或汉堡居民的手中。不仅如此，它还可以促使被占领的区域迅速德国化。希姆莱已经注意到，大部分波兰农场的规模太小，不足以供养一个德国家庭，而现在他坚信，大饥荒将推进在苏联建立大规模德意志农庄的进程。在入侵开始前的一次周末聚会上，希姆莱坦率地对他的同事说："苏联战役的目的是把斯拉夫人口减少3000万。"[51]

即将打响的苏联之战显然让许多纳粹领导人产生了最为激进的念头。希特勒写信告知墨索里尼入侵苏联的决定时，他坦承自己感到一种"精神上的解脱"，这赋予他在这场斗争中放开手脚大干一场的自由。正如宣传部部长戈培尔在1941年6月16日的日记中写到的："元首说，无论我们做的是对是错，我们都必须取得胜利。不管怎么说，我们已经有太多需要解决的问题了……"

毫无疑问，从战争的策划阶段就可以预见到，苏联的犹太人将遭受深重的苦难。1939年1月30日，希特勒向国会发表演讲时，明确地将下一次世界大战与犹太人的灭绝联系起来："今天我想再当一次预言家，如果国际金融形势和欧洲内外的犹太人让各国再次陷入一场世界大战，那它的结果不会是全世界的布尔什维克化——也就是犹太人的胜利——而是欧洲犹太民族的灭绝。"[52] 希特勒特别用到"布尔什维克化"一词，强调在纳粹种族理论中共产主义与犹太人之间的联系。在他看来，苏联是布尔什维克和犹太人秘密进行共谋的大本营。虽然斯大林本人表现出明显的反犹主义倾向，但这并不妨碍纳粹想象犹太人在幕后对斯大林帝国的操纵。

为了对付苏联犹太人，纳粹组建了四个特别行动队（Einsatzgruppen）。此前，在德奥合并和纳粹入侵波兰之后，保安部（党卫队下属部门）和保安警察都成立过类似的行动小分队。他们在大后方工作，任务是根除"国家的敌人"。在波兰，特别行动队发动的恐怖行动造成约1.5万名波兰人（大部分是犹太人或知识分子）被害，而他们在苏联杀害的人数则远远超过这个数字。

一开始，特别行动队的杀伤力就远远超过自身规模。A分队隶属于北方集团军，是特别行动队最大的分队，配有 1000 名士兵。剩下的三个分队（B、C 和 D）隶属于其他集团军，每个部队约有 600 人至 700 人。入侵前，海德里希向这些特别行动队的负责人简要概述了他们的任务。他的命令后来被记录在 1941 年 7 月 2 日的官方指示中：特别行动队的任务是杀死共产主义政治人物、政治委员和"为党和国家服务的犹太人"。这里可以看到，纳粹是多么执意要把犹太民族和共产主义联系在一起。

入侵开始，特别行动队跟在国防军身后进入苏联。他们的推进速度非常快。6 月 23 日，也就是发动袭击的第二天，在党卫队旅队长兼警察少将瓦尔特·斯塔赫莱克博士（Dr. Walter Stahlecker）的指挥下，A 分队已经到达立陶宛的考纳斯。他们随即开始煽动当地人对城中犹太人进行迫害。值得注意的是，海德里希的指示中有这样的文字："在新占领的土地上，不要干预任何有反共或反犹太主义倾向的大清洗行动，相反，应秘密地对它们加以鼓励。"这段文字表明，直接杀害"为党和国家服务的犹太人"只占特别行动队所有工作中很小的一部分。斯塔赫莱克后来在报告中写道："保安警察的任务是推动这些清洗行动，并按照正确的方向对它们进行引导，以确保在最短时间内实现原定的屠杀目标。"[53] 在考纳斯，刚从监狱释放出来的立陶宛人在德国人鼓励的目光下，用棍棒将犹太人当街打死。在屠杀过程中，围观的人群里有人大喊"打死犹太佬！"以此来鼓励行凶者。屠杀结束后，其中一名凶手踩在尸体上，拿出手风琴弹奏立陶宛国歌。毫无疑问，这些都是海德里希让他的手下"秘密地鼓励"的行为。

在远离主要城镇的地方，特别行动队挑出那些"为党和国家服务的犹太人"并将他们杀害。这常常意味着整个村庄的犹太人男性被集体射杀。毕竟，按照纳粹的理论，苏联有哪个犹太男人不是暗中"为党和国家服务"呢？

就在特别行动队和党卫队相关部门屠戮苏联犹太人的同时，国

防军也在战争中犯下种种罪行。在臭名昭著的《巴巴罗萨法令》和
《政委法令》*的授意下，德军可以不受任何约束地射杀游击队队员，
并以一个村庄为单位进行集体报复；即使成为战俘，苏联政委也难
逃一死。正是纳粹对苏联政委的态度使得奥斯维辛卷入这场战争。
根据国防军与党卫队达成的协定，海德里希的手下可以进入战俘营，
带走那些逃过前线首轮囚犯筛查的政委。接下来的问题便是：这些
政委要被带到哪里去？在纳粹看来，当着苏联士兵的面杀死他们显
然不是一个理想方案，于是，1941 年 7 月，从普通战俘营抓出来的
几百名苏联政委被送往奥斯维辛。

　　从到达集中营的那一刻起，这些囚犯便被区别对待。集中营里
的生活苦不堪言，但这群人却遭受更残酷的虐待。"我听到可怕的
叫喊声、呻吟声和咆哮声。"在通往集中营一隅砾石坑的路上，耶
日·别莱茨基和一个狱友看见了这些苏联犯人。"他们推着装满沙
土和砾石的独轮车一路小跑，那是很痛苦的，手推车的木板总是左
摇右晃。这不是常规的出工，是党卫队特意布置给那些苏联人的炼
狱。"他们一边干活，一边被卡波用木棍毒打，在旁边围观的党卫
队看守还大声鼓励卡波："好好修理他们，伙计！"而接下来的一
幕真正让耶日·别莱茨基目瞪口呆："有四五个党卫队士兵拿着枪，
他们不时给枪上膛，低头看看，选一个目标，然后就朝砾石坑里开枪。
我朋友说：'看看那些杂种干了什么！'我们看见一个卡波用棍子
打一个快要咽气的人。我的朋友受过军训，他说：'那些人是战俘，
他们是有自己的权利的！'但他们却在干活的时候被打死了。"就
这样，1941 年夏，东线这场没有约束的战争把奥斯维辛也卷了进来。

　　当然，杀害苏联政委只是这个时期奥斯维辛的一小部分工作，
它最重要的用途仍是镇压和威慑波兰人。为全力保证集中营满足国
家在这方面的要求，霍斯一直在努力减少越狱事件的发生。1940

---

* 《政委法令》于 1941 年颁布，该法令规定，被俘的苏军政委可以直接处死。

年，只有两人试图逃跑，但到了 1941 年，这个数字上升到 17 人
（之后数字继续增加，1942 年迅速增至 173 人，1943 年增至 295
人，1944 年增至 312 人）。[54] 由于早期绝大部分犯人都是波兰人，
且当地居民对他们充满同情，因此只要这些囚犯能够突破集中营的
防护设施，就有可能混进因种族重组而大批迁徙的人潮中，从此销
声匿迹。白天很多囚犯在远离营地的地方劳作，他们甚至都不需要
翻越环绕集中营的带电铁丝网，只要翻越外围的警戒篱墙（Grosse
Postenkette）即可。

　　霍斯防止越狱的方法很简单，那就是采用残酷的惩罚措施：如
果纳粹抓不到越狱者，就把他的亲戚关起来，还会从他所属的分队
里挑出 10 名犯人，故意用特别残忍的方式将他们处死。1941 年，
罗曼·特罗扬诺维斯基曾三次因自己身边有人逃跑而被叫去参加筛
选。"集中营长官和其他人会盯着犯人的眼睛看，"他说，"当然，
那些看起来不太好的、特别虚弱的人往往最可能被选中。我也不知
道在筛选的时候我都在想些什么，我就是不想看他的眼睛，但其实
这样很危险。你要努力站得很直，这样就没人注意到你。当弗里奇
在某个人面前停下来，伸出他的手指的时候，你并不知道他在指哪
里，但你的心跳都要停止了。"特罗扬诺维斯基记得，有一次筛选
特别能反映出集中营长官卡尔·弗里奇的个性："在这次筛选中，
弗里奇注意到离我不远的一个人站在那里瑟瑟发抖。他问：'你为
什么发抖？'翻译转述了他的回答：'我发抖是因为我害怕。我家
里还有好几个小孩，我想把他们养大。我不想死。'然后弗里奇说：
'当心点，别再有第二次。如果再让我看见，我就把你送去那里。'
他指了指焚化炉的烟囱。那个人没听懂，看到弗里奇的手势，他往
前迈了一步。翻译说：'长官没选你，回去。'但弗里奇说：'别管他，
既然他站出来了，这就是他的命。'"

　　被选中的犯人会被带到 11 号楼，锁在房间里活活饿死。这是
一个漫长而痛苦的过程。罗曼·特罗扬诺维斯基得知，他认识的一

74

个人在饿了一个多星期后，竟然吃自己的鞋子。不过，在1941年的那个夏天，11号楼的禁食牢房中也发生过在这段黑暗的历史中实属罕见的事，让那些愿意相信犯人有获救可能的人感到慰藉。马克西米利安·科尔贝是华沙的一位罗马天主教神父。由于他所在的营房有一位犯人逃跑，他被迫参加筛选。站在他身边的弗朗齐歇克·加文泽科被弗里奇选中，但是他哭喊着说自己妻儿还在等他回去。科尔贝主动要求替他。弗里奇同意了。两星期后，还活着的四个人（包括科尔贝在内）被注射毒剂处死。1982年，科尔贝被波兰籍教宗约翰·保罗二世封圣。他的事迹引起不小的争议，原因之一是他在被捕前出版的一份杂志中，有反犹主义内容。然而，对他牺牲自己生命去拯救别人的勇气，没人对此有过质疑。

同样是在1941年7月，纳粹头子在数千英里外做出的一系列决定，让奥斯维辛日后的罪孽无以复加。这是第一次，奥斯维辛的犯人将面临毒气处决，不过不是以最终让奥斯维辛声名狼藉的那种方式。这些即将被杀害的犯人是纳粹"成年人安乐死"项目的牺牲品。其源头可追溯到1939年10月，当时元首下达了一项指示，允许医生挑出患有慢性精神疾病或身体有残疾的病人将他们杀死。一开始医生们给残疾人注射化学药剂，但后来他们更爱使用瓶装的一氧化碳。一些精神病院被改造成特殊的屠杀中心，在里面修建外观如淋浴室的毒气室。此前的几个月，希特勒已经批准了对残疾儿童的杀害。这是在贯彻他那套极端达尔文主义的冷酷世界观。这些孩子被剥夺了生命，因为他们身体的劣势将对德国社会造成负担。同时，作为种族理论的坚定拥护者，希特勒担心这些孩子一旦长大成人，极有可能会繁衍自己的后代。

9月1日，随着战争的打响，安乐死项目的受害者扩大到成年人，战争又一次成为激化纳粹思想的催化剂。在狂热的民族社会主义者看来，残疾人也是"Ballastexistenzen"，对处在交战状态中的国家更是一个累赘。普凡缪勒博士（Dr. Pfannmüller）是成年人安乐死项目中最恶名昭彰的人物之一，他如此表达自己的感受："我们最优秀、最精英的年轻人跑去前线送死，好让那些低能的白痴和不负责任的反社会分子安全地躲在精神病院里，想到这些真让我难以忍受。"[55] 行凶者如此思维，我们也就不难理解，为何筛选的标准不仅包括病人生理或心理疾病的严重程度，也涉及他们的宗教信仰和种族背景。结果，精神病院里的犹太人不经筛选便被全数送去毒死；而东部波兰精神病院里的病人也以同样的方式被残忍杀害。1939 年 10 月至 1940 年 5 月，约 1 万名精神病患者在西普鲁士和瓦尔特大区遇害，其中很多是通过一种新的装置——四轮毒气室。受害者被塞进一辆经过改装的货车后部的密封车厢内，装在瓶子里的一氧化碳使他们窒息而死。由此，"生存空间"得以释出给即将到来的德意志人。

1941 年初，成年人安乐死项目推广到各个集中营，这一行动被称为"14f13"。奥斯维辛从 7 月 28 日开始执行。"晚点名时他们宣布，所有病人都可以离开这里接受治疗。"卡齐米日·什莫伦[56] 说，他当时是营中的一名政治犯，"有些犯人信以为真。大家都燃起了希望。但我不太相信党卫队会这么好心。"威廉·布拉塞也不信，他的卡波是一个德国共产党人，从后者那里他揣测这些病人后来的下场："他跟我们说，在萨克森豪森集中营有传言，那些从医院被带走的人后来都消失了。"

大约有 500 名或自愿或被挑中的犯人离开了集中营，等待列车的到来。"他们都病恹恹的，"卡齐米日·什莫伦说，"没有一个健康的人，他们就像一群幽灵一样。护士们走在队尾，用担架抬着病人。那个场景让人毛骨悚然。没人冲他们嚷嚷，也没有人笑。那些病号倒是兴高采烈：'告诉我的老婆孩子关于我的消息。'"让犯人高兴的是，两个最恶劣的卡波也在队伍之中，其中一个是很多人憎恨的克兰克曼。营里有传言说他跟他的保护人，即营地长官弗里奇闹翻了。正如希姆莱所说——当卡波回到普通犯人中会发生什么——几乎可以肯定在火车到达目的地之前这两个卡波就已经被打死了。那天离开集中营的所有犯人都被送到但泽附近的宗嫩斯坦（Sonnenstein），死于一所经过改造的精神病院里的毒气室。也就是说，第一批被毒气杀害的奥斯维辛囚犯并没有死在集中营，而是被转运到德国；他们也不是出于犹太人身份而遭到杀害，而是因为他们无法劳动。

　　1941年的夏天不仅是奥斯维辛发展史上的一个重要时间节点，也是对苏战争中的决定性时刻，纳粹对苏联犹太人的政策即将发生转变。从表面上看，整个7月的战争形势对德国非常有利，德国国防军对苏联红军的战斗取得了巨大胜利。7月3日，陆军总司令部的弗朗茨·哈尔德在他的日记中写道："现在看来大概可以毫不夸张地说，对苏战争在两个星期的时间里就取得了胜利。"戈培尔7月8日的日记也表达了类似的观点："我们将击溃苏联——没人对此再有疑问。"7月中旬，德军装甲部队已经深入苏联达350英里，到了月底，一名苏联情报官员奉贝利亚之命，找到驻莫斯科的保加利亚大使，询问他是否愿意作为德苏之间的调解人向德国请求讲和。[57]

　　然而，实际情况要更为复杂。饥饿政策一直是入侵策略的重要组成部分。举例来说，立陶宛的首都维尔纽斯在7月初的粮食储备只够维持两周。戈林在申明纳粹的政策时曾说过，作为占领者的德军只会给那些"为德国执行重要任务的人"提供食物。[58]另外，死在特别行动队枪下的犹太男人所留下的家眷也有待解决。这些女人和孩子大多数失去了家里的顶梁柱，很快就陷入饥馑；毕竟他们绝不会是"为德国执行重要任务的人"。

　　与此同时，食物短缺的危机已经有所预见——不仅是东部战场，还包括波兰罗兹的犹太人隔离区。当时掌管罗兹的是帝国保安总部负责处理犹太人事务的阿道夫·艾希曼，7月，党卫队的罗尔夫-海因茨·赫普纳给艾希曼的信中提到："我们无法再养活所有的犹太人，这会是今年冬天的麻烦事之一。应该认真权衡一下，用一些简便快捷的办法解决那些不再适合工作的犹太人，或许还算人道。不管怎么说，总比让他们活活饿死要好。"（值得注意的是，赫普纳信中提到的可能需要杀死的是那些"不再适合工作"的犹太人，而不是所有犹太人。从1941年春天开始，纳粹越来越多地将"有用的"和"无用的"犹太人区别开来，这种区分后来在奥斯维辛著名的"筛选"中体现得更为明显。）

　　7月底，希姆莱下令解决被纳粹判定为"没有利用价值、纯粹浪费口粮"的犹太人，尤其是针对东部战线。他将党卫队骑兵营和警察营的部分兵力调到特别行动队，最终大约有4万人参与屠杀行动，是特别行动队成立之初人数的十倍。大量增加人手的原因在于，在东部，屠杀的对象扩展至犹太妇女和儿童。在接下来的几周，这一命令先后传到各个特别行动队指挥官那里，大多是由希姆莱本人在巡视行刑的过程中亲自下达的。到了8月中旬，这些特别行动队的指挥官已全部获悉他们的新任务。

　　这是整个屠杀进程的一个转折。枪杀妇女和儿童，意味着纳粹对犹太人的迫害进入到一个概念完全不同的阶段。尽管到目前为止，纳粹在战争中的所有反犹政策几乎都有潜在的种族灭绝性质，且已有不少犹太妇女和儿童死在犹太人隔离区或失败的尼斯科计划中，但这次不一样。现在，纳粹决定把犹太妇女儿童集中在一起，让他们脱光衣服，在一个大坑前站成一排，然后开枪把他们打死。一个犹太婴儿绝无可能对德国的战争形势构成威胁，然而一个德国士兵却以此为借口朝幼小的孩童扣动扳机。

　　许多因素在这个关键时期共同促成了这一政策变化，其中很重要的一个前提条件是，苏联的犹太妇女和儿童现在成了纳粹德国的"烫手山芋"，当然这也是后者一手造成的，他们射杀犹太男人并在东部实行饥饿政策。但这不是导致杀戮目标扩大的唯一原因。7月，希特勒宣布将在东部建立一个德意志人的"伊甸园"，言外之意是，

79

80

在纳粹的这片新乐园上不会再有犹太人的生存空间。（这一年7月希姆莱曾多次与希特勒进行一对一的密谈，此后他便下令将屠杀的对象扩大到妇女和儿童，这绝非出于偶然；若不是元首本人有意如此，这一举措很可能不会发生。）由于相关负责队伍已经忙于枪决犹太男人，按照纳粹的逻辑，扩大特别行动队队伍自是顺理成章，以便彻底"净化"这个新的"伊甸园"。

1941年夏，党卫队派出数支步兵团前往东部增援特别行动队，汉斯·弗里德里希[59]是其中一员，他所在的分队主要负责乌克兰地区。据他所言，遭到迫害的犹太人没有丝毫反抗。"他们（犹太人）极度震惊，完全吓傻了，你可以为所欲为。反正他们已经听天由命。"党卫队和他们的乌克兰合作者强行把犹太人赶出村子，让他们站在一个"又大又深的坑旁边，以特定的姿势，好保证被击毙后会掉进坑里。这样的场景一次又一次地出现。有人负责跳进坑里仔细查看是否还有活口，因为不可能第一轮开枪就解决所有人。那些躺在那里只是受了伤的，会被用手枪补上一枪"。

弗里德里希承认，他自己也参与了深坑旁的屠杀。[60]他说，当受害者站在离他仅几米远的地方时，他"什么也没想"。"我只想着'仔细瞄准，一定打中'。我想的就是这个。当你已经站在那儿，拿着枪准备射击……要做的就是，拿稳手里的枪，打得准一些。没别的了。"他从没有因自己杀死这么多人而遭到良心谴责，从没有做过与此相关的噩梦，也不曾在半夜醒来质问自己到底做了什么。

档案证实，弗里德里希是党卫队第一步兵旅的士兵，这支部队7月23日进入乌克兰。或许是因为年代久远，或许是不愿更多地谈及自己的罪行，弗里德里希没有具体说明他行凶的确切地点，然而，有记录显示，他所在的分队在不同地点都参与了屠戮犹太人的行动，包括1941年8月4日在乌克兰西部。在那次行动中，周边村庄里的1万多名犹太人被迫离开自己的家，聚集到奥斯特罗格镇（Ostrog）。"（8月4日）一大早，小汽车和大卡车都开来了，"瓦西里·瓦尔德曼[61]那时是个12岁的犹太小男孩，"他们都带着枪，还牵着狗。"党卫队包围了整个镇子，把数千名犹太人都赶出来，让他们朝附近的一个小村子走去，那里有一大片沙地。"大家都知道自己要挨枪子儿，"瓦尔德曼说，"但党卫队不可能一下开枪打死这么多人。我们是（早上）10点钟到的，他们命令我们所有人都坐下。那天非常热。我们没吃没喝，人们随地小便。那段时间很难熬。有人说他宁愿被枪打死也不愿意这么热的天坐在那里。有人晕倒，还有人纯粹因为害怕给吓死了。"

奥莱克西·穆莱维奇[62]是当地的非犹太裔村民，他目睹了后来发生的一切。爬上附近一个谷仓的屋顶后，他看见50个或100个犹太人一组组被带走，又被命令脱光衣服。"他们让犹太人站在一个大坑边上，然后长官让士兵各自找一个犹太人准备开枪……犹太人大哭大叫，他们知道自己就要死了。接着所有人都开了枪，犹太人都倒下了。长官找来几个强壮的犹太人把这些尸体扔进坑里。"

82

枪杀持续了一整天。几千名犹太人死去，包括男人、女人和小孩。然而，这次行动中的犹太人实在太多了，党卫队一次忙不过来，所以到了傍晚，剩下的人，包括瓦西里·尔德曼和他的家人在内又回到了奥斯特罗格。在这次和后来的几次行动中，瓦西里失去了他的父亲、祖母、祖父、两个兄弟和两个叔叔，但他和母亲成功逃离了犹太人隔离区，在接下来的三年里藏在当地村民家里，直到红军解放乌克兰。"我不知道其他村子是什么样的，"他说，"但我们村的人对犹太人很仗义。"几天后，奥莱克西·穆莱维奇来到屠杀现场，眼前的景象让他毛骨悚然："填埋坑洞的沙面在动。我想有受伤的人正在下面挣扎。我觉得很抱歉。我是想帮忙，但很快就意识到就算我能把人挖出来，也没法治好他们的伤。"

"我们家养过狗，"瓦西里·瓦尔德曼说，"但我们对它们从没有像法西斯对待我们这么残忍……我一直在想：'是什么让这些人如此残暴？'"瓦西里·瓦尔德曼的这个问题，汉斯·弗里德里希可以回答——仇恨："坦白讲，我一点都不同情（犹太人）。因为犹太人深深地伤害了我和我的父母，对此我终生难忘。"因此，对所有被自己射杀的犹太人，弗里德里希"并不感到抱歉"。"我对犹太人的仇恨太深了。"在不断追问下，他承认，他曾经认为，且现在依然认为，为了"复仇"杀死犹太人是完全正当的。

　　了解弗里德里希的过去，可以帮我们更好地理解他为何愿意参与屠杀，为何直到今天还在为自己的行为辩护。1921 年，弗里德里希生于罗马尼亚一个德意志人占绝大多数的地区。他自小就耳濡目染家人对身边犹太人的痛恨。他的父亲是农民，当地的犹太人是贸易商，购买农产品然后在市场上出售。弗里德里希的父母告诉他，犹太人做生意赚取了过分的利润，而且经常欺骗他和他的家人。"我倒想看看，"他补充道，"如果你经历我们的遭遇，你会怎么做。如果你是一个农民，想要出售东西，比如说卖猪，但你却办不到。你只能通过一个犹太商人来卖。你设身处地地想一下，不再是自己生活的主人是什么滋味。"

　　20 世纪 30 年代，还是少年的弗里德里希和他的朋友自己绘制海报，写上"不要从犹太人那里买东西""犹太人是我们的灾难"，并把它们贴在一家犹太商店门口。他为自己的行为感到"自豪"，认为它起到"提醒人们提防犹太人"的作用。他读到纳粹德国的宣传口号，特别是极端反犹主义刊物《先锋报》时，发现这与他自己的世界观非常契合。1940 年，他加入党卫队，"因为德意志帝国正在打仗"，而他"想要参与其中"。他相信"犹太人与布尔什维克主义之间有密切关系，有足够的证据可以证明这一点"。1941 年夏党卫队来到乌克兰时，作为其中的一员，他认为自己进入的并不是一个"像法国那样的""文明"国家，顶多只是个"半开化""远远落后于欧洲的"地方。因此，接到屠杀犹太人的命令，他心甘情愿地执行，并且一直想着自己是在报复那些"欺骗"了他家人的犹太商人。虽然此犹太人非彼犹太人——他杀的根本是另一个国家的人，但这对弗里德里希来说毫不重要。他说："反正都是犹太人。"

对于曾经参与灭绝犹太人，汉斯·弗里德里希毫无歉意，也从未后悔。虽然没有明说，但其一举一动都表明，他为自己和战友所做的一切感到自豪。在他看来，他的行为有着明确和充分的理由，那就是犹太人给他和他的家人造成伤害，没有犹太人的世界会更加美好。阿道夫·艾希曼曾在不经意间表露，一想到自己参与过对数百万犹太人的屠杀，他就感到极大的满足，以至于可以"大笑着进坟墓"了。不难看出，汉斯·弗里德里希很可能也有同样的感受。

我们仍无法确定，是否就在 1941 年这个夏天——与东部战线屠戮升级同时——纳粹最终定下了针对德国、波兰和整个西欧数百万犹太人的"最终解决"方案。有一份档案也许能说明，这两者之间确实存在关联。7 月 31 日，海德里希拿到一张有戈林签名的文件，上面写着："1939 年 1 月 24 日你曾接到一项任务，要求你以最合适的方式对犹太人进行转移和疏散，以解决犹太问题。作为对该任务的补充，我在此要求你提交一份全面的规划书，为正在计划中的犹太人最终解决方案提出有组织、有调研、可付诸实行的初步措施。"表面看来，这份文件的时间点是关键：戈林给海德里希签字、授意他策划"最终解决"方案的时间，恰恰也是特别行动队受命在东部战线射杀犹太妇女和儿童的时间。

然而，近来莫斯科特别档案馆（Moscow Special Archive）的新发现对 7 月 31 日授权的确切意义提出了质疑。这包括海德里希 1941 年 3 月 26 日的一张便笺，上面写着："我就犹太问题向帝国元帅（戈林）做了简单汇报，交给他我的新计划。他批准了，只做了一处关于罗森堡管辖范围的修改，然后让我重新提交。"[63] 海德里希之所以制订"新计划"，很可能是纳粹的反犹政策在入侵苏联前夕发生了变化，为此他也做出相应调整。将犹太人运往非洲的设想已被放弃，1941 年初，希特勒曾经命令海德里希准备一份日程表，就如何将犹太人驱逐到德国控制范围内的某地做出规划。按照纳粹的预期，对苏战争应该只会持续几周时间，并在苏联的寒冬到来之前结束，因此海德里希和希特勒一定认为，在那年秋天将犹太人赶往更靠东的地方，以此内部消化他们自己制造出来的犹太问题，是顺理成章的事。苏联东部的不毛之地是折磨犹太人的最好去处。

正如 7 月 31 日授权书里清楚提及的，海德里希在 1939 年初就接到任务，策划如何"通过转移和疏散解决犹太问题"，因此，关于海德里希的管辖范围，以及在纳粹体制内为此目的所允许的资源调用空间，相关讨论一定从那时起就没有停止过。1941 年 7 月 17 日，阿尔弗雷德·罗森堡（Alfred Rosenberg，3 月 26 日的文档上曾提到他）被希特勒正式任命为帝国东部占领区事务部部长，他对海德里希在东部的权力构成潜在威胁。因此，7 月 31 日的授权书很可能只是为了明确海德里希的职权而做出的。

因此，总的来说，新证据并不支持一个曾经非常流行的观点，即希特勒在 1941 年春天或夏天做出最终决定，要消灭全欧洲的犹太人，且 7 月 31 日的授权是这个决定的重要组成部分。更可能的情况是，由于当时所有纳粹领导人关注的焦点都在对苏战争上，他们认为在东部战线屠杀犹太妇女儿童，可以成为解决眼下具体问题的好办法。

然而，这个"解决方案"后来反而制造出更多问题，这才导致
86 开发新的屠杀手段，以便更大规模地解决犹太人和其他处决对象。在这一转变过程中，一个关键的时间点是 8 月 15 日。那天，海因里希·希姆莱来到明斯克，亲眼目睹他的特别行动队执行任务的过程。与他同行的人当中，瓦尔特·弗伦茨[64]是一名空军军官，在希特勒的总部做摄影师。处决现场让弗伦茨本人惊恐不已，难以平复，他明显看出处决者队伍中也有人是同样的感受。弗伦茨说："我到了处决现场不久，辅助部队的长官走过来，因为我是空军。他说：'中尉，我实在受不了了。你能让我离开这儿吗？'我说：'在警察那边我怕是说不上话，毕竟我属于空军，能怎么办呢？'他说：'我

实在受不了。太可怕了！'"

对明斯克屠杀留下心理创伤的不仅仅有这位长官，同样目睹屠杀过程的党卫队全国副总指挥，巴赫-泽勒维斯基对希姆莱说："这还只是区区一百人……看看这个分队士兵的眼睛，有多惊恐！这些人下半辈子都完了。我们在这里培养的是什么样的追随者？要么就是疯子，要么就是野蛮人！"[65] 后来，巴赫-泽勒维斯基自己也深受精神疾病的困扰，眼前一再出现他所参与的行刑场景"幻象"。

受到这些抗议以及自己亲身经历的影响，希姆莱下令开辟一种新的屠杀方法，以减少部下的心理负担。于是，几个星期后，刑事警察局技术研究所的党卫队少尉阿尔伯特·威德曼博士来到东部，在特别行动队 B 分队指挥官阿图尔·纳贝位于明斯克的总部与他会面。威德曼曾参与设计用毒气杀害精神病人，现在，他将把他的专业知识带到东部。

令人难以置信的是，威德曼在苏联最先尝试的几个"改良版"屠杀方法，其中之一竟是将受害者炸死。一个地洞中放进几个精神病人和几包炸药，特别行动队第八分队队长威廉·雅施克目睹了接下来发生的一幕："当时的场面太可怕了。炸药的威力不够强，有些伤者号叫着从地洞里爬出来……[66] 地洞完全塌了……肢体残片散落在地上，有的还挂在树上。第二天，我们去收拾断肢，把它们都扔回地洞里。有些挂在树上的太高了，只好留在上面。"[67]

威德曼从这个可怕的实验中得到的结论是，炸弹显然不是希姆莱想要的杀人工具，所以他另寻他法。在成年人安乐死项目中，瓶装一氧化碳的应用非常成功，但要把大量这样的瓶子从几千英里以外运到东部很不现实。威德曼和他的同僚想到，或许可以用另一种方式来利用一氧化碳进行杀戮。几个星期之前，威德曼和他的上司瓦尔特·霍斯博士坐在柏林地铁的车厢中，聊到差点降临在阿图尔·纳贝身上的厄运：派对结束后他开车回家，由于喝了太多酒，他把车停在车库里，没有关掉发动机就睡着了，结果汽车尾气几乎让他死于一氧化碳中毒。纳贝的经历提醒了威德曼，他决定进行一次毒气试验。在明斯克东部的莫吉列夫，他把管子的一头接在小轿车的排气管上，另一头伸进一家精神病院砖砌的地下室里，然后把几名病人锁在里面，发动汽车。最初的试验在纳粹看来并不成功，因为小轿车排放出来的一氧化碳不足以置人于死地。在他们用卡车替代小轿车后，这一问题得到了解决。再一次，纳粹以为找到了解决眼前问题的办法。威德曼发明的方法便宜又高效，可以把杀戮对屠杀者造成的负面心理影响降到最低。

于是，1941 年秋天，威德曼在东部促成了纳粹屠杀手段的一个重大转变——关于这点，我们是可以确定的，然而，纳粹如何以及何时决定让奥斯维辛在犹太人大屠杀中扮演重要角色，这些仍存在争议。问题的棘手一部分源于霍斯提供的证词。一方面，他总是把自己伪装成受希姆莱的命令所迫，受下属的无能所累；另一方面，他提供的日期常常是不可靠的。霍斯声称："1941 年夏天，希姆莱把我叫去，向我解释道：'元首已经下令对犹太问题进行最终解决，我们必须要完成这项任务。出于交通和封闭性的考虑，我选了奥斯维辛。'"[68] 霍斯确实在 1941 年 6 月拜访过希姆莱，向这位党卫队全国领袖展示，他们正按照 IG 法本公司提出的扩张方案对奥斯维辛进行规划。但如果说这个时候他就被告知奥斯维辛将在"最终解决"中发挥作用，这其实不太可信。首先，没有其他证据表明，在这个阶段"最终解决"——即对灭绝营中的犹太人进行工业化灭绝的方案已经被确定下来。在时间上，这次会议早于最初特别行动队在东部针对犹太男性的屠戮，以及 7 月底屠杀对象的扩大。其次，霍斯后来补充的话与他自己说的日期相互矛盾。他说："那个时候在总督辖区已经有其他三个灭绝营了——贝尔赛克、特雷布林卡和索比堡。"然而实际上 1941 年夏天这三个集中营都没有建成，它们都是在 1942 年才投入使用的。

尽管霍斯的陈述自相矛盾，一些学者认为，1941 年 6 月他可能被要求在奥斯维辛建造一些灭绝设施。然而，1941年夏秋之交，奥斯维辛杀人效率的提高并不足以证明霍斯6月与希姆莱的会面带来了实质性改变。最好的解释就是他自己记错了日期。霍斯所描述的他与希姆莱之间的对话很可能确实发生过，但应该是在接下来的一年，而不是1941年。

当然，这并不是说奥斯维辛在那个夏天没有卷入屠杀。奥斯维辛的行凶者在14f13项目中除掉了生病的犯人，在砾石坑旁射杀过苏联政委，因此它的管理者与东部特别行动队面临相同的问题——寻找一种更有效的屠杀手段。奥斯维辛的决定性时刻似乎出现在霍斯离开集中营的这段时间，也就是8月底或9月初。霍斯的副手弗里奇想到，一种为防止营地附近昆虫侵扰而使用的化学制剂——结晶氢氰酸可以用作他途。这种制剂装在铁罐中出售，被定名为齐克隆氢氰酸，更广为人知的名称是齐克隆B（Zyklon B）。与威德曼在东部的做法类似，弗里奇此时也做出一个合乎逻辑的思维跳跃——如果齐克隆B可以杀死虱子，谁说不能用它来杀死人类中的害虫？既然11号楼已经是营中执行死刑的地方，而且它的地下室可以密封，可不就是进行这种实验最适合的地方吗？

此时的奥斯维辛没有不透风的墙，大楼之间仅相隔数米，小道消息不胫而走。因此，从一开始，弗里奇的实验就人尽皆知。"我可以看到他们用手推车运来泥土，好把窗户封严，"威廉·布拉塞说，"我还看见，有一天他们从医院里用担架抬出几个病得特别重的人，把他们抬进了11号楼。"被带进11号楼的不只是病人，不难想象，还有奥斯维辛管理者曾声明要处死的另一个目标群体——苏联政委。"他们带了一群苏联战俘去地下室，"奥古斯特·科瓦尔奇克说，"结果毒气的效果不够好，很多人到了第二天还活着。所以他们加大了剂量，放进更多晶体颗粒。"

霍斯回到集中营后，弗里奇向他汇报了实验的情况。霍斯参加了11号楼接下来的一次毒气试验："我戴着防毒面具亲自观看了屠杀过程。在拥挤的牢房里，齐克隆 B 刚被扔进去，里面的人就被毒死了。他们只来得及发出短促的、憋闷的喊叫，一切就已结束。"虽然证据表明，11 号楼发生的死亡远非"瞬间结束"，但对奥斯维辛的纳粹分子来说，使用齐克隆 B 显然大大减轻了屠杀过程带来的痛苦，屠杀者不用再在行刑过程中注视受害人的眼睛。霍斯写道，这种新的屠杀方法出现让他"如释重负"，因为他终于可以"不再看到""血流成河的场面"。

　　然而他错了，真正的血洗才刚刚开始。

第二章

服从命令与自主行动

91   1946 年 4 月 7 日，美国心理学家古斯塔夫·吉尔伯特（Gustave
Gilbert）博士在纽伦堡审判中质问鲁道夫·霍斯："希姆莱向你下
达所谓的'最终解决'命令后，难道你从没想过拒绝吗？""没有，"
霍斯答道，"我们所接受的训练让我们不可能产生拒绝命令的念头，
不管是什么样的命令……我想你没法理解我们的世界。服从是我们
与生俱来的要求。"[1]

　　霍斯和其他很多德国士兵一样，战败后想让全世界都以为他们
是一群机器人，不管自己的真实想法是什么，永远只能机械地服从
上面给他们的各种命令。而事实上，霍斯跟机器人有着天壤之别。
1941 年下半年和 1942 年上半年，霍斯的创造力得到了最大程度的
发挥，他并不是简单地服从命令，而是积极主动地改造奥斯维辛，
好消灭更多的囚犯。在这个关键时期，有类似想法和行动的并不只
是霍斯一人，许多纳粹分子都为此尽心尽力。下层的主动性和推波
助澜，是灭绝朝着越来越激进的方向发展的重要原因。战争结束后，
92 霍斯与数百名纳粹同伙一样，试图让这个世界相信做出决定的只有
一个人，那就是阿道夫·希特勒。其实，是许多人的集体意志促成
了"最终解决"，证明这一结论的最好方法，便是深入了解 1941 年
秋驱逐德国犹太人的决定是如何做出的。

　　那一年 6 月对苏联的侵略，促成了对苏联犹太人的彻底毁灭。
枪毙犹太人——不分男女老少，这也是截至目前，纳粹为解决自己
制造出来的"犹太问题"所采取的种种方案中最激进的做法。但最
初西欧和德意志帝国的犹太人并没有被卷入这场杀戮。纳粹依然认
为，战争结束后他们将被"送往东部"，且按照希特勒、希姆莱和
海德里希的乐观估计，这在 1941 年秋天便能实现。我们无法想象，
那些犹太人一旦"在战争结束后"被送到东部，等待他们的会是什

么样的命运，毕竟当时还没有灭绝营。纳粹很可能在占领的俄国土地上找一个条件最恶劣的劳工营来接收他们。在这样的地方，种族灭绝还是会发生，只是与后来在波兰毒气室里进行的流水线杀戮相比，过程会更加漫长。

可到了 8 月，一些纳粹领导人开始失去耐心。他们知道，东线的苏联犹太人正在以人们所能想象到的最残忍的方式被"处理"。开始有人提出，何不马上把德国犹太人也送到那儿去？那个夏天，以宣传部部长兼柏林大区长官约瑟夫·戈培尔为首，一众纳粹分子强烈要求将柏林的犹太人驱逐到东部。在 8 月 15 日的一次会议上，戈培尔的国务秘书利奥波德·古特尔指出，柏林的 7 万名犹太人中只有 1.9 万人在工作。（当然，这是纳粹自己造成的，他们制定了一系列针对德国犹太人的限制法令。）古特尔说，那些剩下的人都应该"被送到苏联……最好把他们都杀死"。[2] 戈培尔本人在 8 月 19 日与希特勒会面时也表示过类似的想法，希望尽快把柏林的犹太人调遣走。

在纳粹的意识形态构建里，德国犹太人在"一战"中扮演了背叛者的角色。人们认为，德意志士兵在前线浴血奋战，犹太人却躲在大城市里享受着前者的流血牺牲换来的安稳。（事实上，在前线牺牲的德国犹太人比例与他们的德意志战友不相上下。）而 1941 年夏天，当国防军在东线卷入惨烈的战争，犹太人确实都留在了柏林——鉴于纳粹禁止德国犹太人参军，他们还能做什么呢？一如既往，最能印证纳粹偏见的，往往是他们自己一手造成的结果。然而，尽管戈培尔多次提出，希特勒仍不愿意驱逐柏林的犹太人。他坚持认为打赢战争是当务之急，犹太问题需要再等等。不过，希特勒还是批准了戈培尔的一个请求——让德国犹太人佩戴黄色星章，这是

93

纳粹反犹举措的一个重要发展。在战争的头几个月，波兰隔离区里的犹太人已经戴上了这种星章，但到目前为止，德国的犹太人暂且得以免遭这种羞辱。

整个夏天和初秋，戈培尔并不是唯一试图说服希特勒驱逐德国犹太人的纳粹高官。9月15日，英国空袭汉堡，随后，汉堡大区长官卡尔·考夫曼写信给希特勒，请他准许驱逐汉堡市的犹太人，以便把他们的房屋腾出来提供给那些住宅被炸毁的非犹太市民。现在，把犹太人遣送到东部的请求源源不断地来到希特勒面前，其中还包括阿尔弗雷德·罗森堡，他指出，由于斯大林最近把伏尔加的德意志人驱逐到西伯利亚，作为报复，纳粹也应该驱逐中欧的犹太人。一下子，几周前还说驱逐帝国犹太人不着急的希特勒改变了主意，那年9月，他决定，将这些犹太人遣往东部的行动可以开始了。

很重要的一点是，我们不该把这种政策转变看成举棋不定的希特勒向下属屈服的结果。至少战争进展对他的影响不亚于下属的请求所产生的效果。希特勒一直说，战争结束后就可以开始驱逐犹太人；而1941年9月，在纳粹领导人看来，现在开始与"战争结束后"再做不过就差了几周时间。基辅眼看就要沦陷，德军马上就可以长驱直入攻占莫斯科，希特勒仍希望能在冬天到来之前击败苏联。

接下来的问题便是：该把犹太人送往何处？希姆莱随即给出了答案——何不把帝国的犹太人也送去波兰的犹太人隔离区呢？9月18日，希姆莱写信给波兰瓦尔特的纳粹大区长官亚瑟·格赖泽尔，要求他做好准备，让罗兹隔离区接收6万名来自"旧帝国"的犹太人。然而，希姆莱也知道这只是权宜之计，正如隔离区当局很快指出的，罗兹犹太人区的人口已经严重饱和。

17岁的露西尔·艾森格林 [3] 是希特勒改变政策后首批遭到驱逐的德国犹太人之一。1941年10月，她的母亲接到一封挂号信，要求他们全家在24小时内做好离开汉堡的准备。此时，包括那些希望赶走他们的纳粹分子，没人能预见他们去往奥斯维辛的路途有多么漫长和痛苦。艾森格林一家在此之前已经吃了不少苦头。露西尔的父亲是波兰人，在战争刚一开始就被抓去达豪。18 个月过后，也就是 1941 年 2 月，家人终于得到他的消息。"盖世太保来到我家门口，他们戴着帽子、穿着皮衣和皮靴，这是他们的标准装扮，"露西尔·艾森格林说，"他们把一个雪茄盒扔到厨房的桌子上，说，'这是本杰明·兰道（她父亲）的骨灰'。那究竟真是我父亲的，还是从达豪的焚尸炉里随便抓的一把骨灰，我们永远都无法知道。父亲的死对我们是很大的打击——我们所有人，特别是母亲，还有妹妹，这给她留下了深深的心理创伤。"时隔 8 个月，露西尔同她的妹妹及母亲也永远地离开了自己的家园，在汉堡市民的注视下朝火车站走去。她们发现街上的人对她们的处境毫无同情心。"他们（非犹太人）一个个板着脸，"露西尔说，"要么说些难听的话，要么就把头别过去。我并不感到生气，只是觉得害怕。"

乌韦·斯托约翰 [4] 是汉堡市民，当时 16 岁的他就站在街边看着犹太人走过。他说："大概有 20% 的人对此欣喜若狂，他们说，'感谢上帝，这些一无是处的粮食浪费者终于消失了'。还说，'他们不过是些寄生虫'。这些人一直在鼓掌。但大部分人一声不吭地看着眼前发生的一切，也正是这些人在战争结束后说，'我什么都不知道。我们什么也没看见'。他们回答问题的时候眼睛都看着别处。"斯托约翰的一个犹太朋友不得不以"令人心碎的方式"向他最爱的姑姑和祖母道别。他这个朋友只有四分之一犹太血统，可以留下，但他的姑姑和祖母是纯种犹太人，所以不得不离开。乌韦·斯托约翰看着这令人心痛的一幕幕，一种感觉"挥之不去"："那是一种感谢上帝你生下来不是犹太人的感觉。感谢上帝你不是他们中的一员。你本来很可能生在犹太人的家里，因为没人能选择谁是自己的父母，那么被赶去别处的就是你了，你走到哪儿都得戴着那颗星星。我到今天还能想起那种感受……"他继续说道："随即我就想，这些人接下来会怎么样？当然，听过那么多传言以后，其实我也知道他们

96

不会有什么好下场的。他们会被送去一个特别可怕的地方。"

　　"普通"德国人对犹太人的命运究竟知道多少？这是个存在广泛争议的问题，而乌韦·斯托约翰所言大概最接近当时大多数德国人的了解程度。他们知道这些犹太人不会再回来了。汉堡出现了好几个集市，售卖犹太家庭留下的家什杂物。同样，不少"普通德国人"也知道，在东部，"不好的事情"正发生在犹太人身上。德国南部弗兰肯（Franken）地区帝国保安部（SD，党卫队的情报部门，由莱因哈德·海德里希领导）的纳粹官员撰写的一份报告表明，纳粹很关心德国人知道东部发生的屠杀后会有什么反应："这些虔诚的教徒、朴实的村民之所以深感不安，最主要是他们听到从苏联那边传来的消息，描述了对犹太人的枪杀和灭绝。这些传言常常引起强烈的关注、焦虑和担忧。乡民们普遍认为，我们根本没有十足的把握打赢战争，如果犹太人回到德国，将会对我们展开可怕的报复。"[5]

　　虽然德国普通民众对犹太人的命运都有一定程度的了解，但很少有人对驱逐他们提出抗议。在驱逐行动开始之初的 1941 年 10 月，汉堡更是没有一个人站出来反对。就这样，艾森格林家的三个女人穿过街道，一起登上了木头座椅的三等车厢。当列车启动时，露西尔意识到这将是"没有目的地的一段旅程，我们不知道列车会驶向哪儿，也不知道会发生什么"。

　　她们会到达奥斯维辛。眼下，大规模的扩建计划正在制订中。按照规划，一个全新的集中营将建在距离现有营地 2 英里远的地方，那里是一片沼泽地，波兰人管它叫布热津卡（Brzezinka），德国人称其为比克瑙。尽管奥斯维辛–比克瑙最终变成纳粹大规模屠杀犹太人的场所，但这却不是纳粹最初决定建造比克瑙集中营的原因，它一开始想要关押的不是犹太人，而是战俘。

　　今天人们普遍认为，比克瑙的建造要追溯到 1941 年 3 月，当时希姆莱视察奥斯维辛主营地，命令霍斯建造一个巨大的、可以容纳 10 万人的全新战俘营。但这个结论仅仅是根据霍斯的回忆得出的，正如前文所指出，这个日期很可能并不准确。如果希姆莱是在1941 年 3 月下达建造战俘营的命令，为何关于战俘营地点的建议却直到那一年 10 月才首次被提出？通过对苏联档案的研究，新发掘的证据可以解开这个谜团。奥斯维辛建筑部门有一份日期标示为1941 年 9 月 12 日的文件，标题为"对建设和扩大奥斯维辛集中营草案的说明"[6]，该文档详细描述了奥斯维辛 1 号营（主营）的现状，以及将它扩建成一个可容纳 3 万名犯人的集中营的具体方案。然而，在这份文档及其各种附录中，没有一处提到将在比克瑙建造一个战俘营。因此我们有充分理由推断，在 1941 年 9 月 12 日的时候，关于比克瑙的详细方案尚未成形。

98

　　近期发现的另外一份档案也可以证明，修建新营地的决定至少在 9 月第二周还没有做出。20 世纪 90 年代，希姆莱工作日志缺失的部分出现在苏联的一份档案中，他在这个关键时期的行动和电话记录得到了详细的研究。[7]研究表明，9 月 15 日，希姆莱与莱因哈德·海德里希、党卫队经济管理部负责人奥斯瓦尔德·波尔讨论到"Kriegsgefangene"（战俘）问题。根据希姆莱日志中的一条记录，第二天，他又与波尔通了电话，谈到了将由 KZ（集中营）系统"接管"的"10 万名俄国人"。9 月 25 日，OKW（国防军最高统帅部）主管战俘的部门下令，至多"将有 10 万名战俘被送往党卫队全国领袖那里"。26 日，党卫队中央技术管理局房管处的负责人汉斯·卡姆勒，指示在奥斯维辛建造新的战俘营。

　　所有这些新证据都表明，建造比克瑙的最终决定是在 1941 年 9 月做出的，而不是 3 月。当然，也有可能希姆莱在那年春天视察奥斯维辛时就看到了在附近建造新营地的可能性，甚至向霍斯提出，这里有一天会是进行扩建的合适地点。1941 年 7 月，党卫队清空了比克瑙地区的小村庄，把村民都送到别处，这意味着奥斯维辛的管理者意识到该地区的潜在用途（不过，他们也在清空附近的其他区域，以建立"奥斯维辛利益区"[Auschwitz Zone of Interest]）。然而，

99

正如新证据所表明，极有可能直到9月才有建造比克瑙的确切决定。

设计和建造新集中营的任务，落在了党卫队高级小队领袖、刚刚被任命为奥斯维辛建筑办公室负责人的卡尔·比朔夫，以及代理三级小队副队长兼建筑师弗里茨·埃特尔的身上。一项针对新集中营规划方案的研究表明，从一开始他们设计的居住环境就太过拥挤，根本无法满足犯人的基本生活所需。最初，他们打算一个营房关押550名犯人，这意味着每个犯人的空间仅是"旧帝国"集中营（如达豪）的三分之一。然而，即使是这样的密度，对纳粹规划者来说还是不够，方案中有一处手写的修改痕迹："550"这个数字被划掉，改成了"744"。也就是说，比克瑙每个犯人的生存空间是德国集中营里的四分之一。在纳粹眼里，这种冷酷是完全可以接受的，因为他们知道比克瑙会是一个特殊的战俘营，要关押的不是英国或法国的战俘，而是他们眼中的劣等人苏联的战俘。

在对苏战争的头7个月，德军共俘获300万名红军战士，到战争结束，共有570万人被俘，其中竟有330万人死于狱中。战后，德国声称，死亡人数之所以如此骇人听闻，是因为德国人没有预料到会在这么短的时间内俘房这么多人，因此没有做好充分的准备安顿他们。这当然是一个借口，为的是掩盖一个更黑暗的事实。本书第一章所提到的经济规划会议纪要表明，德军在战争中想要用苏联人的粮食来填饱自己的肚子，他们知道这会导致苏联发生大规模的饥荒。而奥斯维辛−比克瑙新集中营之所以按照这样的方案进行扩建，显然是想把苏联战俘置于一个极其艰难的环境中，故意造成大量犯人不可避免的死亡。

比克瑙的建造参照了修建奥斯维辛主营地的做法，也是由犯人自己完成。为此，1万名苏联战俘于1941年秋被送到奥斯维辛。波兰犯人卡齐米日·什莫伦[8]目睹了他们到达时的场景："那个时候已经开始下雪——10月份就下雪还是挺少见的——他们（苏联战俘）在距离营地3公里的地方下了车。他们被迫脱光衣服，跳进装着消

毒剂的大桶里，然后光着身体跑进奥斯维辛（主营地）。大多数人
都特别瘦。"到了主营地后，这些苏联战俘成了第一批身上刺有囚
犯编号的犯人，这是奥斯维辛又一自创的"改良"措施，在纳粹德
国所有集中营里，只有奥斯维辛通过这种方式辨认囚犯。似乎是因
为营中的死亡率极高，而辨认一具有编号的尸体比辨认挂在犯人脖
子上、极易脱落的名牌要容易一些。最开始，编号不是刺在犯人手
臂上，而是用长针刺在犯人胸口，随后用墨水给伤口上色。如什莫
伦所见，许多苏联战俘无法忍受这一痛苦的过程："他们不停扭动
身体，当刺字的工具在身上敲打时，他们会摔倒，不得不让他们靠
着墙挨刺。"

　　那年秋天参与建造比克瑙的 1 万名苏联战俘，到第二年春天
还活着的只剩下几百人。帕维尔·斯滕金 [9] 便是其中一个幸存者。
1941 年 6 月 22 日，战争打响还不到两个小时，他就被德军俘虏。
起初他被带到德国战线后方一个巨大的战俘营，在那里与几千名苏
联战俘一起像动物一样被关起来，每天只能以稀汤充饥。他的战友
们相继饿死，可他却因为习惯饥饿而活了下来——20 世纪 30 年代
他在苏联集体农庄长大，"从小就挨饿"。1941 年 10 月，斯滕金作
为最早一批被送到奥斯维辛的苏联战俘，刚一到达就马上开始在新
地点建造营房。"在比克瑙，犯人（苏联战俘）平均只能活两个星期，"
他说，"如果你找到什么能吃的，必须马上吞下肚，不管是生土豆
还是什么，都无所谓。脏不脏都一样，没地方洗。到了早上起床时间，
还活着的人就会起来，在他们身边总有两三个死去的人。你上床睡
觉的时候还活着，第二天早上就没气了。到处都是死亡、死亡、死亡。
晚上有人死，早上有人死，下午有人死。死亡时时刻刻都在发生。"

　　由于这些苏联战俘都登记在案，每人都有一个囚犯编号，奥斯
维辛管理者便面临一个问题：如何在死亡登记表（Totenbuch）中
解释成千上万起死亡？他们的解决之道是编造出五花八门的疾病
来搪塞苏联战俘的死因，例如，光是因"心脏病"去世的就有 600

人。[10]（之后接收犹太人时，他们想出了新的办法，即对刚到就被处死的大部分人不再进行登记。）

卡齐米日·什莫伦曾与苏联战俘共同在比克瑙劳动，他说："他们被当成最低等的人，挨打的频率更高，日子比我们更不好过。他们最后都会被杀死，就像苍蝇一样死掉。"苏联战俘的生活条件恶劣到开始吃人肉的地步，而鲁道夫·霍斯亲眼目睹这一景象："我自己看见一个苏联人倒在一堆砖块中间，他被开了膛，肝被摘走了。他们为了抢吃的会把对方往死里打。"[11]霍斯在回忆录中举了很多类似的例子，却从没说过苏联战俘为什么沦落到这般境地。他似乎忘记，在6个月的时间里，他和他的党卫队同僚造成9000名至1万名苏联战俘死亡。显然霍斯毫无愧疚之情，因为苏联战俘像"动物"一样的举止恰恰符合纳粹所宣传的形象。纳粹再一次造就了自我证实的预言。

在比克瑙，帕维尔·斯滕金忍受着病痛和饥饿日夜劳作，眼看着战友一个个死去，他心中只有一个愿望：自己终究会没命，这他知道，但"自由地死，那是我的梦想。随便他们开枪打死我，但要作为一个自由的人死去"。因此，他虽然清楚地知道成功逃脱的概率很小，可和他的一帮战友仍打算越狱。计划再简单不过了。1942年一个春日，他们被派去运回一具苏联战俘的尸体，尸体在集中营的外围。他们走到环绕集中营的铁丝网外后，大叫一声便朝不同方向四散而逃。瞭望塔里的守卫一时愣住了，直到这些俄国佬跑到附近森林里的安全地带才反应过来开枪。在数月时间里，帕维尔·斯滕金经历了重重险阻，最后终于来到了苏占区。可正如我们将在第六章中看到的，他的苦难远未结束。

1941年10月，奥斯维辛的建筑师除了计划在比克瑙建造一个新的战俘营，还设计了一个取代主营地现有焚尸炉的焚尸场。近期有研究表明，新焚尸场多了一个管道内嵌、能排出室内气体引入室外空气的通风系统，这意味着建筑师有意将它同时用作毒气室。[12]

但这一观点遭到另一些学者的反对，他们指出，规划方案仍没有提及关于输送齐克隆 B 的设备。直到几周前，原有的焚尸炉才使用剂量有限的齐克隆 B 进行试验，规模与 11 号楼进行的实验类似。即便纳粹确实考虑到新焚尸场应该具有原设备的功能，也没有证据能证明奥斯维辛在这个阶段就打算建造大型的新杀戮设施。

这一年 10 月，就在党卫队建筑师积极进行筹划、苏联战俘开始建造比克瑙的同时，露西尔·艾森格林和其他来自汉堡的犹太人抵达波兰中部的罗兹犹太人隔离区，这是他们前往奥斯维辛长途跋涉的第一站。在隔离区第一天的所见所闻就吓坏了他们。露西尔说："我们看见排水沟里流着污水，看见破败不堪的房子，看见一个类似贫民窟的地方——当然，我们谁也没见过贫民窟，只是猜想这里就是。住在隔离区里的人看起来很疲惫、很憔悴，完全没有注意到我们。这个地方无法用言辞形容，这里的生活毫无意义。" 104

露西尔到达罗兹犹太人区时，这个地方已经与外界隔绝了 18 个月之久。疾病和饥饿折磨着这里的居民。从隔离区开始使用到它被清空，超过 20% 的人死在里面。16.4 万名犹太人被迫挤在 1.5 平方英里的区域内，生活条件极其艰苦。[13]

一开始，纳粹把罗兹的犹太人关在隔离区，不允许他们通过任何方式赚得购买食物的钱。大区负责人亚瑟·格赖泽尔想要迫使犹太人在饥饿的威胁下交出他们的贵重物品。要想在这样的环境中活下去，需要想出些巧妙的对策。雅各布·兹伯斯坦 [14] 是最早被困在罗兹隔离区的犹太人之一，他隔着铁丝网与住在外面不远处的波兰人讨价还价。有一个和雅各布达成交易：他用纸包好一个面包扔进铁丝网里，雅各布吃掉半个面包，把剩下的半个卖给别人，挣到的钱隔着铁丝网递给他。通过这种方式那个波兰人赚了不少钱。"他帮了我们两个月……后来他被发现了，为此丢了性命。但两个月是相当长的一段时间。"另外一些犹太人通过变卖钻戒或其他珠宝来换取食物。于是，住在铁丝网另一端的波兰人和德意志人都发了大财。"如果一个值 5000 马克的东西只卖 100 马克，那谁不买谁就是傻子。"埃贡·齐尔克[15]是住在罗兹的德意志人，他承认自己通过与隔离区内居民的交易赚了很多钱。"他们（指犹太人）不能靠一枚戒指填饱肚子，但要能用戒指换来一个面包，那他们就能多活一两天。你用不着是个商人，这是生活教会你的道理。"

到了 1940 年 8 月，纳粹明显感觉到罗兹隔离区的犹太人不再有什么"囤货"了，因为他们开始挨饿。纳粹惯有的短浅思维也同样体现在当地的德国负责人身上，他们并没有做好准备应对这一迟早会出现的危机。现在需要做出决定，到底是让犹太人继续挨饿，还是允许他们工作。隔离区最高行政长官汉斯·比博倾向于雇用犹太人，而他的副手亚历山大·帕尔菲格却无视身边所有证据，坚持认为犹太人还藏有现金，不同意给他们提供食物；他还指出，即使他判断错误，犹太人已经被榨干了，"我们也完全没必要在意他们的死活"。[16]

最终比博的意见胜出，在隔离区里建起了近一百座工厂，大部分生产纺织品。有工作的人可以得到更多食物。德国人眼中"有工作能力"和"没用的、浪费粮食的"犹太人，随后被严格区分，成为纳粹管理者广泛应用的原则。罗兹犹太人隔离区的犹太居民委员会（被称为 Ältestenrat，即长老理事会）被纳粹赋予了相当大的自主权来管理这个地区，领导人是莫得哈伊·哈伊姆·鲁姆科夫斯基（Mordechai Chaim Rumkowski）。理事会的职责包括管理工厂、分发食物、组建隔离区的警察队伍，以及提供其他各种服务，但他们的工作并没有得到隔离区其他犹太人的拥护。"他们有特定的粮食配给，"雅各布·兹伯斯坦说，"他们去专门的商店购物，那里的食物非常好，完全可以生活得很滋润。隔离区一小撮人获得（那样的）待遇，其他人却完全被忽视，这让我很气愤。"

这就是露西尔·艾森格林和她的妹妹及母亲在 1941 年 10 月到达的地方——一个人满为患、疾病肆虐的世界，一个大部分居民都

在挨饿、少数人却过得比其他人都好的世界。作为后来的不速之客，106
这些德国犹太人只得在他们所能找到的任何一块空地落脚。"我们
不得不睡在一间教室的地板上，"露西尔说，"没有床、没有稻草，
什么都没有。每天会有人给我们送一次汤和一小片面包。"回忆起
这些初来乍到的德国犹太人，雅各布·兹伯斯坦说："他们肯定特
别沮丧。我想这是因为他们（德国犹太人）通常看不起波兰犹太人，
觉得我们当然比他们还低一等。突然一夕之间自己沦落到跟我们一
样了，甚至可能比我们还差，因为他们的生活条件还赶不上我们。"

德国犹太人开始向波兰犹太人售卖家产，以获得更多食物，或
改善生活条件。露西尔·艾森格林很幸运，因为她们家有波兰血统，
换起东西来更加容易。"我妈妈用一件真丝衬衫换来一些黄油和面
包。她很擅长做买卖，因为她会说他们的语言。几个星期之后，我
用一个皮包从一个年轻女人那里换来面包。如果你看看卖家，再看
看买家，就会觉得很可悲。买家都穿着破衣烂衫，相比之下，我们
看起来仍然很富裕，衣着体面，也不像当地人面露饥色。他们会走
进校舍，说：'我有一间空房，如果你想躺在床上睡一夜，只要给
我一片面包或者一些德国马克，你就可以离开这个学校，在别的地
方过夜。'卖什么的都有。"

德国犹太人很快意识到，为了尽最大可能争取活下来的机会，
他们必须在隔离区内找到工作。当然，这不是件容易的事，特别是
德国犹太人和波兰犹太人之间存在隔膜。"最早一批到隔离区的（德 107
国）人对当地的一切都看不惯，"露西尔说，"他们会说：'不应该
这样……这样做不对……让我们教教他们。'你不能走进别人家里，
给人家重新摆家具，可他们当时就想这么干。"但德国犹太人面临
的最大问题，是在隔离区内缺少"关系"。"那基本上是个非常腐败
的体系，"露西尔说，"你帮我，我帮你。外人根本进不去。我一开
始想把我妹妹送去制帽厂，但这几乎就是妄想，那些工厂的领导给
我的答复是：'你能给我什么好处？'在隔离区里，你想办成任何

一件事都要付出代价，无论以哪种形式，而且代价通常很高——什么都不便宜。但这是隔离区的生活造成的。他们在战前也是这样的人吗？我很怀疑。我当时只有 17 岁，这一切让我非常吃惊。"

　　如果说犹太隔离区的原居民对德国犹太人的到来心怀不满，那么瓦尔特大区的纳粹领导对此也是怨气冲天。希姆莱刚提出把 6 万名犹太人从"旧帝国"遣送到罗兹，就有抗议的声音。于是缩减为 2 万名犹太人加 5000 名吉卜赛人。可即便如此，这些人的涌入还是给当地大区长官亚瑟·格赖泽尔造成了诸多困难，他与负责这一地区的党卫队全国副总指挥兼警察上将威廉·科佩，想出一个办法来解决隔离区过度拥挤的问题。鉴于 1941 年夏天以来，屠杀一直是东部解决类似危机的首选答案，因此他们此时开始琢磨屠杀方法也就不足为奇了。他们叫来党卫队高级小队领袖赫伯特·朗格，他一直担任一个特殊小分队的指挥，该分队专门负责杀害东普鲁士及其周边地区的残疾人。朗格和他的手下曾多次使用一辆"毒气货车"，该货车的后车厢被密封起来，灌入瓶装一氧化碳。如今，在罗兹的纳粹领导人看来，这种货车是解决隔离区突然出现的人口过剩问题最合适的工具。

　　据朗格的党卫队司机瓦尔特·布尔迈斯特回忆，那年晚秋，朗格在瓦尔特大区偶然发现了放置毒气货车的合适地点。朗格对他的司机说："首先我要强调，这件事必须完全保密。我接到命令，要在海乌姆诺（Chełmno）组建一个特殊部队，波兹南的同事和利兹曼市（罗兹的德语名字）警察部队的其他人也将加入我们。我们有一个艰巨但重要的任务要完成。"[17] 海乌姆诺这个小村庄位于罗兹的西北方，距罗兹大约 50 英里，朗格和他的手下在这里搭建了一栋"别墅"（the Schloss），以完成大屠杀这个"艰巨但重要的任务"。于是，海乌姆诺——而不是奥斯维辛——成为首个屠杀中心，处决从罗兹隔离区筛选出的犹太人。

　　但 1941 年底，在建的屠杀中心不只有海乌姆诺。11 月 1 日，波兰东部卢布林地区的贝尔赛克集中营开始动工。贝尔赛克大部分工作人员都参与过成年人安乐死项目，包括首任指挥官、党卫队高级小队领袖克里斯蒂安·维尔特。与海乌姆诺相同，位于总督辖区隐蔽地带的贝尔赛克也将用来屠杀当地"没有生产力的"犹太人，但与海乌姆诺不同的是，它是首个在最初的设计方案里就含有固定毒气室的集中营，每间毒气室都配有生产一氧化碳的发动机。这样的毒气室正是 1941 年 9 月，威德曼在东部的毒气试验中得出的产物。

　　与此同时，对旧帝国犹太人的驱逐仍在继续。1941 年 10 月至 1942 年 2 月，共有 5.8 万名犹太人被送到东部不同地点，其中也包括罗兹隔离区。这些犹太人所到之处，当地的纳粹管理者都不得不临时想办法应对，他们有时会遵照柏林的指示，有时也自作主张。例如，大约有 7000 名犹太人从汉堡被送到明斯克，在他们到达之前，当地 1.2 万名苏联犹太人被枪杀，好为他们腾出空间。来自慕尼黑、柏林、法兰克福和其他德国城市的犹太人被送到立陶宛的考纳斯，有 5000 人死在特别行动队第三分队的枪下。这是第一批刚送到东部就被杀害的德国犹太人。另一批来自柏林的犹太人于 11 月 30 日到达拉脱维亚的里加，他们也是在刚到达后就全部被杀害。然而，这其实与希姆莱的想法相悖，他曾致电海德里希，表示："柏林犹太人，无须消灭。"下达屠杀命令的指挥官弗里德里希·耶克尔恩后来还遭到希姆莱的训斥。

　　由此可以看出，1941 年秋，对于如何处置来自帝国的犹太人并没有统一的政策：希姆莱反对里加的屠杀，但却不反对在考纳斯进行的灭绝。尽管有着这些互相矛盾的态度，但有充分的证据表明，将帝国犹太人送往东部的决定标志着历史在此急转直下。10 月的一天，希特勒在晚餐后说道："谁也不许跟我说我们不能把他们（犹太人）送到沼泽地去！又有谁在乎我们的人？人们害怕我们灭绝犹太人，那正好，让恐惧为咱们开路！"[18] 那年秋天，纳粹领导层也在讨论是否把德国统治区内所有犹太人都驱逐到东部。在法国，莱

因哈德·海德里希为烧毁巴黎犹太会堂的行为辩解道，他之所以
110　批准这一行动，"只不过是因为当时最高当局确凿地认定犹太人要
为欧洲卷入战火负责，必须从欧洲彻底消失"。[19] 同样是在 1941
年 11 月，希特勒在与流亡到柏林的耶路撒冷大穆夫提（the Grand
Mufti of Jerusalem）会谈时说道，他希望所有犹太人，甚至包括那
些不在德国统治之下的，全都"被摧毁"。[20]

　　从驱逐帝国犹太人开始，希特勒一连串环环相扣的决定最终导
致对犹太人的灭绝屠杀。在苏联，特别行动队的枪口已经不分男女
老少，这么多的帝国犹太人被送到那里，难道希特勒以为他们还会
有什么别的下场吗？是屠杀当地犹太人来为新来的帝国犹太人腾出
空间，还是直接屠杀后者，从一开始这两种做法就没有多大差别——
如耶克尔恩在里加的行动。随着战争的推进，等到波兰东部的加利
西亚（Galicia）落入德国人手中，对总督辖区的纳粹领导来说，两
种做法的界限就更加模糊了。加利西亚毗邻苏联，这里的犹太人数
周前就受到特别行动队的围剿，再说当地政府也很难去细分该枪决
的总督辖区犹太人为何是这一批而不是那一批。

　　然而，这一切并不意味希特勒和纳粹领导层在 1941 年秋就做
出明确决定，要把德国控制境内的所有犹太人全数杀死。首先，纳
粹当时尚不具备实现这一目标的能力。1941 年 11 月，在建的屠杀
设施只有海乌姆诺的毒气货车以及贝尔赛克的小型毒气室。大约同
时，一家德国公司接到命令建造拥有 32 个隔间的大型焚尸场，地
点定在白俄罗斯的莫吉廖夫（Mogilev），不过这个焚尸场最终并没
111　有建成。有人认为这表明纳粹有意在东边建造一个新的屠杀中心。
然而，这种种举措也可以解释为地方当局的一些企图：杀死当地犹
太人以便为新来的帝国犹太人腾出空间，或者除掉他们手中那些不
能工作的犹太人，也就是对他们不再有"利用价值"的人。最重要
的是，1941 年秋，奥斯维辛并没有增建营内屠杀设施的计划。新的
焚尸场确实在规划中，但这是为了淘汰主营相应的旧设备。

　　地球另一端的事件终结了这种混乱的局面，却给犹太人带来灾难性的后果。1941 年 12 月 7 日，日本偷袭珍珠港。12 月 11 日，作为日本的盟友，德国向美国宣战。在希特勒看来，这一切都是国际犹太人组织精心策划出世界大战的"证据"。德国刚一宣战，希特勒便通过广播向德国民众明确宣布，罗斯福总统正受到"犹太人"的操纵，同样受"犹太人"摆布的还有他的另一个劲敌——约瑟夫·斯大林。

　　第二天，希特勒对纳粹领导层（包括大区长官和全国领袖）发表了一番演说，把自己的观点又推进了一步。他把这次"世界大战"的爆发与 1939 年 1 月 30 日他在国会大厦演讲的预言相联系，当时希特勒曾威胁，"如果犹太人成功地引发一场世界大战"，其后果将是"欧洲整个犹太民族被灭绝"。12 月 13 日，纳粹宣传部部长约瑟夫·戈培尔在他的日记中写道："就犹太问题而言，元首已下定决心对他们进行迅速而彻底的清除。他曾警告过犹太人，如果他们再次引发一场世界大战，他们自己将遭到灭绝。这并不是一句空话。现在，世界大战爆发了，犹太人的灭绝是必然的结果。在这个问题上决不能心软。" 112

　　那一周，关于"灭绝"的讨论不绝于耳，以兹证明的另一个例子是 12 月 16 日汉斯·弗兰克的讲话。作为总督辖区负责人，他对克拉科夫的纳粹高级官员说："作为一个资深的民族社会主义者，我必须要说，如果我们最优秀的战士为了保卫欧洲献出自己的生命，犹太民族却得以从欧洲这场战争中存活，那么这场战争只取得了部分胜利。因此，在犹太问题上，我将孜孜不倦为一个目标奋斗，那就是他们有一天必须全部消失……无论在什么情况下，犹太人都格杀勿论。"[21] 亲聆希特勒 12 月 12 日训话的弗兰克还补充道，他"在柏林"就接到命令，告诉他以及跟他一样的人应该"亲自……清算犹太人"。

　　20 世纪 90 年代，希姆莱完整的工作日志被发现，从而又多了一个证据表明，希特勒与这个关键时期耐人寻味的联系。12 月 18 日，在与希特勒进行了一对一的会面后，希姆莱写道："犹太问题——比照游击队进行灭绝（auszurotten）。"[22] 使用"游击队"这个称谓，是为了把对犹太人的屠杀伪装成东部的必要安全工作。

尽管目前尚未发现任何希特勒写下的文字，可以证明"最终解决"是他直接下令执行的，但上述证据让人们不仅有理由怀疑，甚至确定，那年 12 月，希特勒正积极煽动和引导更激进的反犹行动。他亲自下令将帝国犹太人遭送东部，就算没有美国参战所产生的催化作用，这次驱逐最终仍可能通向死亡。12 月 5 日，苏联红军在莫斯科城下向德军发起反攻，希特勒的愤怒和沮丧可能已经预示了拿犹太人发泄的倾向。珍珠港事件的爆发则将他明确引向谋杀。纳粹领导层不再假装他们仅仅是要把犹太人遭送到东部关进集中营。无论采用哪种方式，他们现在要做的是"灭绝"。

珍珠港事件爆发第二天，12 月 8 日，是"最终解决"执行过程中的又一个分水岭。这一天，首批来到海乌姆诺的犯人将面临毒气处决。这些来自附近科罗（Koło）、达比（Dąbie）和科罗达瓦（Kłodawa）等城镇和村庄的犹太人，坐着卡车来到营地（后来，犹太人都是用火车运到附近的波维尔奇 [Powiercie] 站）。他们被带到村子中心的大房子——"别墅"内，脱光衣服进行"消毒"。随后，他们被带进地下室，经过通道走上木制的斜坡，最终来到一间密闭的暗室。这里实际是货车的后车厢。

一开始，海乌姆诺的毒气货车与一年前成年人安乐死项目使用的一样，都是通过瓶装一氧化碳毒死被锁在密闭后车厢里的人。但海乌姆诺的杀戮刚进行了几周，便有新的毒气货车投入使用，这些货车用自身排出的气体让车内的人致命。由于屠杀是在村庄内进行的，货车就停在"别墅"的庭院中，因此这一行动并不是什么秘密。佐菲娅·绍尔克 [23] 当时是个 11 岁的小女孩，就在离屠杀场所几米远的地方做事和玩耍。她曾看到过这批犯人："他们（犹太人）被打得很惨。他们到的时候是冬天，可还穿着木拖鞋……他们一般就在这儿脱衣服，脱下来的有好大一堆……已经脱光衣服的人被赶进货车里。叫声大得啊，那么惨，让人根本无法忍受。有一次他们带来了一群孩子，这些小孩也都大叫。那次我母亲听到了，她说孩子们叫着：'妈妈，救救我！'"

在"别墅"毒死犹太人后，货车开到附近的茹霍夫斯基（Rzuchowski）森林，距离不到两英里。佐菲娅·绍尔克说："车开动的时候，我说：'地狱开走了！'我就在路边放牛，怎么可能看不见它开过去呢？"在森林里，被叫来掩埋尸体的犹太人负责清空车厢。每天晚上这些犹太人被运回"别墅"关押。过不了几周，他们自己也被杀害，新来的犹太人中又会有人被选出来做他们的工作。

森林里的状况很快就让人触目惊心，这是佐菲娅从一位德国士兵那里得知的，他所在的森林分队（Waldkommando）负责监督尸体的处理过程："他借住在我家，老是把我叫过去说：'给我擦鞋！'接着他会问：'臭吗？'我会说'臭'，因为气味很大。人体开始腐烂，相当难闻。他们把尸体都埋在坑里，但是天太热，都开始发臭了。"

库尔特·默比乌斯当时是海乌姆诺的一名德国守卫，后来因在战争中犯下的罪行受审。在1961年11月的亚琛审判中，他向人们揭示了纳粹行凶者在屠杀过程中的心理状态："朗格上尉对我们说，灭绝犹太人的命令来自希特勒和希姆莱。作为警察，我们接受的训练要求我们将政府下达的所有命令都视为合法的、正确的……那时我相信犹太人并不是无辜的，他们都有罪。这样的宣传一遍遍向我们灌输，所有犹太人都是罪犯，都是劣等人，是犹太人造成了德国在"一战"后的衰落。"[24]

前面说过，建造海乌姆诺的主要目的，是屠杀罗兹隔离区里那些在纳粹看来没有生产力的犹太人。第一批犹太人于1942年1月16日离开罗兹，前往这个新的灭绝中心。此时，露西尔·艾森格林已在罗兹隔离区待了三个月，她当时的心情是："我们不想走，我们觉得看得见的苦难总比看不见的好。"多了被驱逐的"筛选"压力，罗兹隔离区原本就很糟糕的生活变得更可怕了。

海乌姆诺对纳粹"最终解决"发展历程意义重大，它是纳粹德国第一个专为灭绝犹太人所兴建的场所。但是它之所以能在这么短的时间就投入使用，完全是因为纳粹对一座大房子的匆忙改造使其成为屠杀基地，并使用了毒气货车这个已有的技术。在纳粹行凶者们看来，海乌姆诺是非常低效的，它不能秘密地进行屠杀，也不能有效地处理尸体。所有这些"缺点"都将在兴建中的新灭绝营——贝尔赛克——得到改正。

1月20日，也就是罗兹隔离区的第一批犹太人动身前往海乌姆诺四天之后，柏林郊区万湖（Wannsee）湖畔的一栋党卫队别墅中召开了一场会议。它作为纳粹"最终解决"方案发展历史上最重要的一次会议而闻名于世，然而，它其实配不上这样的恶名。莱因哈德·海德里希作为发起人，邀请了相关的政务秘书前来讨论犹太问题。每份邀请函都附上了戈林1941年7月31日准许海德里希执行"最终解决"的授权书复印件（然而，如第一章所述，"最终解决"在1941年7月的含义不大可能与1942年1月的相同）。众所周知，会议原定于中午开始，因此邀请函上提到将提供"茶点"。会议地址是大万湖56-58号，这栋别墅曾被负责协调国与国之间警察活动的国际刑事警察组织征用。有必要提醒的是，在万湖会议上，桌前围坐的与会者都来自德国这个欧洲大国，都是从政府支薪的官员，而不是出没于街头巷尾的恐怖分子，可他们的罪行却比整个世界历史上任何传统意义上的"罪犯"还恶劣。同样值得注意的是，虽然今天仍有人认为这是一群受教育程度不高的"流氓无赖"，可实际上在座的15人当中，有8人拥有博士头衔。

邀请函是在1941年11月寄出的，会议原定在12月9日，但因珍珠港事件延期。于是历史上又多了一个没有答案的问题：如果太平洋上的事件没有造成会议推迟，那么万湖会议的内容本该是什么呢？当然，会议的目的肯定还是为解决纳粹的"犹太问题"找出某个种族灭绝性质的"方案"，但或许更多的讨论会围绕制订一个战后才实施的解决方案，或者真正尝试为那些被遣送至东部的犹太人建立一个工作营。对此我们只能猜测，但可以肯定的是，无论美国是否参战，万湖会议都是一次对希姆莱和海德里希非常重要的会议。1941 年秋，纳粹德国内不同地方出现了各种自创的屠杀方式。对希姆莱和海德里希来说，万湖会议最重要的意义就在于整合这些做法，并且明确党卫队才是掌控整个驱逐进程的人。

　　万湖会议上讨论的内容之所以为世人所知，主要得益于一份会议纪要的复印件。记录者是党卫队上级突击队大队领袖（中校），阿道夫·艾希曼，也就是海德里希的"犹太问题专家"，他活到了战后。艾希曼的会议纪要有着极其重要的历史意义，因为它能帮我们直接了解"最终解决"方案背后的思想过程，这样的资料少之又少。

　　会议刚开始，海德里希提到由于戈林的行政授权，将由他来全权负责，随后便宣布了官方政策的正式调整。毫无疑问，此时此地所有与会代表对其内容都心知肚明。现在，他们不再把犹太人"转移"到不受纳粹控制的国家，而是要让他们在纳粹势力范围内"清理……至东部"。最终共有 1100 万犹太人受到"清理"政策影响，其中包括爱尔兰、英国等此时尚未被纳粹占领国家中的几百万人。犹太人抵达东部后，被按性别分开，适合劳动的将派去修路（几乎可以肯定，海德里希想要让他们投入的是四号干道工程［Durchgangsstrasse IV］，这一工程当时正在进行中，准备用公路和铁路将帝国与东部前线连接起来）。没被选中的犹太人——这里的意图很明确——将被立即处死，而得到工作的犹太人不过是判了死缓，因为大量的人将死于繁重的体力劳动。海德里希接着特别提到，那些没有按照纳粹的设想被工作累垮的犹太人，就是通过自然选择、对纳粹来说最危险的部分。海德里希说，他们必须得到"相应的对待"，其他代表自然明白这里海德里希指的是什么。

重要的是，与会者对于屠杀犹太人这一大原则没有提出任何异议，争论的焦点在于"犹太人"的确切法律定义为何，这将影响到具体有哪些人被驱逐，哪些人不受影响。如何处置"有一半犹太血统的人"引起了广泛讨论。有人提议应对这些人做绝育手术，或者让他们在绝育和驱逐之间做选择。还有人提议把他们送去一个特殊的犹太人隔离区，即捷克小镇特莱西恩施塔特（Theresienstadt，捷克名为 Terezin），那里还住着一些年长和享有特权的知名犹太人，把这些人直接送去东部将在普通德国大众中造成不安。

与会者随后讨论了更迫在眉睫的"问题"——如何处理总督辖区和纳粹占领下苏联境内的犹太人。后者正遭到大规模的枪决，而对付前者的贝尔赛克灭绝营正在建设中。但这两个地区目前仍生活着数百万犹太人，因此，艾希曼在他的会议纪要里写道，此时"很多个可能的解决方案"被提出，这个看似无伤大雅的措辞掩饰了对具体屠杀方法的讨论。

万湖会议的会议纪要有意语焉不详，海德里希和盖世太保头目海因里希·缪勒对艾希曼的记录做了数次修改，以确保达到这一效果。他们本打算将纪要大规模分发，因此用暗语书写十分必要，赤裸裸的原始用语修饰后，了解背景的人自然明白其确切含义，而不知情的人也不致被吓到。尽管如此，他们还是留下了证明纳粹"最终解决"背后策划过程的确凿证据，有力地证明了后来的屠杀行为是这个国家许多人共同谋划的结果。

这是否意味着万湖会议如人们普遍认为的那样，是纳粹屠犹历史上最重要的会议呢？答案是否定的。这样的误解是因为人们认为正是在这次会议上，纳粹决定开始执行他们的"最终解决"方案。事实并非如此。万湖会议固然重要，但它只是一个讨论具体执行方案的次等会议，与会者所做的，是对在别处已经确定的灭绝过程进行更深入的讨论。希特勒在 1941 年 12 月的谈话远比万湖会议上的讨论重要得多。如果这个时期元首与希姆莱会面时的谈话内容能有一份准确的记录，我们就能看到，是何种冷酷的思想把后来的所有苦难带到这个世界。

万湖会议上进行的讨论对奥斯维辛并没有产生直接影响，比克瑙没有突然改变方案增建新的毒气室，那年 1 月集中营的整体运作也没有明显变化。不过，1941 年秋，集中营用齐克隆 B 进行毒气试验的地点发生了改变，不再在 11 号楼进行，而是换到了离霍斯的办公室和党卫队办公区仅数米远的集中营焚尸场内。集中营当局不需要再用手推车把尸体从 11 号楼运到集中营另一端的焚尸场进行处理；但同时这也带来了新的问题，因为现在的屠杀地点更加暴露，从牢房隐蔽的地下室，换成了地上焚化炉旁边的停尸间。

1942 年初，耶日·别莱茨基目睹了苏联战俘到达后在新地点被毒害的过程："到了晚上（当时他正在自己的营房中），我听见外面有动静。我说，'伙计们，怎么回事？咱们看看去'。我们走到窗前，听见号叫和呻吟声，能看见一群人一丝不挂地朝焚尸场跑过去。党卫队也在跑，还带着他们的机关枪。因为铁丝网旁边有路灯，所以一切都看得一清二楚。当时正下着雪，冷极了，大概零下 15 度或 20 度。所有人都因为寒冷在哀号。那是一种不可思议的叫声，我以前从没听到过。他们光着身体进了毒气室。那个场面既邪恶又可怕。"

以这种恐怖方式被处死的不仅仅是苏联战俘和营中无法再工作的犹太人，上西里西亚地区附近地方少数不能再做重体力劳动的犹太人也被送进集中营的焚尸场。这些屠杀发生的确切日期没有记录，但目击证人的证词表明，其中一些有可能是在 1941 年秋天进行的。汉斯·施塔克曾是奥斯维辛的一名党卫队士兵，他提供了以下证词："后来进行另一次毒气试验时，也是在 1941 年秋天，格拉布纳（马克西米利安·格拉布纳，奥斯维辛政治部负责人）命令我把齐克隆 B 从开口处倒进去，因为只来了一名卫生员，需要两个人从毒气室的两个开口同时往里倒齐克隆 B……齐克隆 B 是颗粒状的，大量投入后会（变成气体）从人群的头顶扩散开来。接着人们就开始惨叫，

120

这时他们终于知道发生了什么。我没有从开口往里看过，它必须在齐克隆 B 倒进去后马上关起来。几分钟以后，毒气室被打开，尸体横七竖八地堆满整个房间，场面极其骇人。"[25]

万湖会议后几周内，奥斯维辛周边地区"没有价值的"犹太人继续被送进这里的毒气室。约瑟夫·帕钦斯基[26]是奥斯维辛的一名囚犯，在焚尸场附近的党卫队办公大楼里工作的他，曾目睹一群犹太男人的到来，他们被送进集中营等待处决。他爬上党卫队大楼的阁楼，掀开屋顶的一片瓦，外面的场景一览无遗。"他们（党卫队）对这些人非常客气，"帕钦斯基说，"'请脱掉您的衣服，整理好您的物品。'这些人脱去衣服后，党卫队让他们走进（焚尸场）去，门就在他们身后锁上了。接着一个党卫队士兵爬到焚尸场的屋顶平台上。他戴上防毒面具，他打开（屋顶上的）盖子，他把粉末倒进去然后他关上盖子。他做这些事情时，虽然墙壁很厚，但你还是可以听见很大声的尖叫。"在集中营里挨了两年苦，帕钦斯基看到这些人走向死亡时已波澜不惊。"人们变得冷漠。今天是你进去，明天就是我进去。你漠不关心。人类可以习惯任何事情。"

新的屠杀方式不可少的是用安抚的话哄骗犹太人。集中营当局意识到，对于来自奥斯维辛以外的囚犯，不需要拳打脚踢地把他们赶进毒气室。现在的做法是让新到的人相信，走进焚尸场内的临时毒气室是进入集中营的常规流程，他们不会被杀死，只是洗个澡来"消毒"。这是纳粹的一个突破，解决了早前特别行动队曾面临的不少难题。依靠哄骗让人们进入毒气室比完全依靠武力来得更容易，此外，这种方法也能减轻屠杀者自身的压力。它还解决了纳粹在掠夺受害者财物过程中的另一个现实问题：之前很多次毒气谋杀都是在囚犯穿着衣服的情况下进行的，在他们死后扒下衣服非常困难。现在，这些将死之人会自己脱下衣服，甚至还整齐地叠好，把鞋带系上。

奥斯维辛的党卫队士兵佩里·布罗德[27]，详细描述了如何为屠杀营造出和谐的气氛。他提到马克西米利安·格拉布纳站在焚尸场屋顶上，冲着下面的犹太人说："你们现在要去洗澡和消毒。我们不希望集中营里出现任何传染病。然后你就会被带去自己的营房，有人会给你送去热汤。我们会根据你们的条件为你们安排工作。现在，脱掉衣服，把它们放在你面前的地上。"[28] 随后，党卫队士兵温柔地鼓励新来的犯人走进焚尸场，"一边讲着笑话或者跟他们寒暄"。据布罗德说，一次在大门被锁上后，某位党卫队士兵曾隔着门大喊："洗澡的时候别烫着了！"[29]

尽管这种阴险的欺骗事半功倍，但霍斯及其同僚很快意识到，在焚尸场进行屠杀也给他们制造难题。其中最大的问题就是屠杀过程中的巨大声响。"他们想用发动机声盖过尖叫声，"约瑟夫·帕钦斯基回忆道，"他们发动了两台摩托车，好让人们听不到尖叫。里面的人在喊，可声音越来越弱、越来越弱。他们想用摩托车的声音掩盖，但是失败了。他们尝试了但不管用。"引擎发动的声音不足以盖过临时毒气室内传出的尖叫，而焚尸场离集中营其他营房的距离很近，其他犯人不可能不知道发生了屠杀。因此，1942 年春，霍斯和其他党卫队高级将领试图考虑另一种屠杀方法。又一次，他们远不是在"服从命令"，而是打算自主行动。

奥斯维辛开始演化成纳粹德国内一个非常独特的机构。一方面，一部分囚犯成为集中营的正式成员，编号然后工作；另一方面，现在有一群人在到达集中营后的几个小时甚至几分钟内就被杀害。纳粹其他的集中营没有一个以这种方式运作。有海乌姆诺这样的灭绝营，也有达豪这样的集中营，但只有一个奥斯维辛。[30]

奥斯维辛的双重功能意味着，许多囚犯在这里生活和工作，有时长达数年，而另一些人却还来不及熟悉环境就被杀害。对附近地区那些不适合工作的犹太人来说，到奥斯维辛不啻判处死刑、立即执行；而对那些自集中营建立之初一路撑过来的波兰人来说，奥斯维辛已成为某种程度上扭曲的家园。到现在为止，目睹焚尸场屠杀

123

过程的约瑟夫·帕钦斯基已经在奥斯维辛待了 20 个月。1940 年夏天到达集中营的那批犯人中，很少有人能活这么长时间，除非能找到一份室内的工作，"头上有屋顶"，帕钦斯基也不例外。他找到了一份理发店里的工作，为党卫队职员理发。这份工作有一定特权，因为他是为数不多能与指挥官本人有直接接触的囚犯之一。"霍斯的属下把我带到他的别墅前，他的妻子就站在门口。我特别害怕。我走上楼梯，来到浴室，里面有一把椅子。霍斯走了进来，坐在椅子上。我立正站着。他嘴里叼着烟，看着报纸。我按照他原来的发型给他理了发。没有什么难度。霍斯没有对我说一个字，我也没吭声。我很害怕，而他看不起犯人。我手里有把剃刀，我本可以割断他的喉咙，这是有可能发生的。但我是一个有理性的人。你知道会发生什么吗？我全家都会死，半个集中营的人都会没命，然后会来个新人顶替他的位置。"

约瑟夫·帕钦斯基知道，谋杀霍斯会给他和他的家人带来灾难性的后果，他也知道，要想活命，偷窃也就是"顺手牵羊"是十分必要的。帕钦斯基的铺位与斯坦尼斯瓦夫·杜比尔（斯塔塞克）相邻，他是霍斯的园丁。"我躺在斯塔塞克旁边说：'我们不能从他（霍斯）的花园里搞点番茄吗？'他说：'或许可以。'"霍斯的花园背对着焚尸场，花园的栅栏上有一块木板松动了。斯塔塞克对帕钦斯基说："从那里走进花园，你就能看到洋葱和番茄。"

谋划好一切，那天帕钦斯基溜进霍斯的花园，果不其然，一桶桶洋葱和番茄就摆在他面前。"我拿了一些，正要离开，霍斯的妻子跟另一位女士走了进来。我先是藏在树丛里，后来以为她们离开了，就走了出来，结果她们还站在小路上聊天。我朝她们鞠了一躬，带着番茄和洋葱从她们身边走过。我浑身湿透（被汗水浸透），心想：'我死定了。被抓到偷番茄，这下死定了。'那天晚上，我等着他们把我带去 11 号楼，但没人来叫我。斯塔塞克下班回来后对我说：'别担心。霍斯的妻子都告诉我了，我跟她说是我让你拿的。'"

约瑟夫·帕钦斯基和他的朋友在霍斯家花园的冒险经历有着重要的意义，它起码说明了德国人与受优待的波兰犯人之间逐渐建立起来的关系。当斯塔塞克向霍斯的妻子解释说，是他让帕钦斯基拿走番茄和洋葱时，他自己也面临因偷窃而遭到处罚的危险。毕竟，如果像他这样的园丁可以随便拿蔬菜，他又何必帮朋友设计秘密潜入霍斯花园的计划？但斯塔塞克知道霍斯的妻子很可能会原谅他，因为他们之间有一种工作关系。当然，纳粹会把这种关系定义为高等的"雅利安人"与劣等的"斯拉夫人"，但这毕竟也是一种联系。如果告发斯塔塞克，霍斯的妻子并不是让一个被她撞见正在行窃的无名囚犯遭到处罚——那样的话对她来说会简单很多——而是给一个密切为她服务了一段时间的人带来灾难。

在集中营的生活中，这种互动屡见不鲜。囚犯说（在获得了"头上有屋顶"的工作之后）确保自己能活下来的最好方法，是成为对某个德国人有用的人。如果那个德国人开始依赖你，你就能得到关照，甚至有可能免遭惩罚，或在某些情况下逃过死亡。这主要不是出于真心的情感（虽然也不排除这种可能），更多是由于重新寻找和训练一名犯人会给德国人造成诸多不便。

与有权势的人建立关系以求活命的做法并不限于奥斯维辛，它也是犹太人隔离区的一条生存法则。只不过在隔离区，掌握生死大权的不光有德国人，也可能有犹太人。随着在罗兹隔离区生活的时间越来越长，露西尔·艾森格林发现她自己以及母亲、妹妹的生活条件正逐步恶化。"吃的东西不够维持体力，"她说，"没有牛奶，没有肉，也没有水果——什么都没有。"对她来说，改善她们境况的唯一出路就是找到一份工作，因为那样就可以"在午餐时多领一碗汤"。于是，她步履沉重地走遍隔离区大街小巷的每一家工厂，试图寻找工作机会。

到了1942年5月，露西尔还是没能找到工作，她和她的家人被列入了驱逐名单。"（名单上）都是没有工作的人，大概有90%是新来的。"不过，露西尔知道，自己有着名单上其他德国犹太人没有的一个优势，那就是因父亲的关系，她和家人与波兰有着血缘上的关联。"我拿着我们的波兰护照，逐个询问各个办公室的人，让他们把我们的名字从名单上划掉。最后，我成功了。我也不知道自己是怎么做到的，但我们留了下来。"露西尔很确定，是她的波兰血统拯救了全家。"他们想把所有的德国犹太人都赶出聚居区，"她说，"而我可以证明，虽然我们从德国来，但我们不是德国人。其实这本来并不重要，我们都是犹太人，本来不应该有什么区别，但现实并不是如此。"1942 年 1 月至 5 月，共有 5.5 万名犹太人从罗兹隔离区被送到海乌姆诺杀害。下达驱逐命令的是德国人，但隔离区的犹太人管理层被迫参与决定对哪些人进行驱逐——又一个纳粹发明、造成犹太人内部分裂的讽刺举措。

隔离区的生活压力对露西尔的母亲产生了严重影响："她对所有事情都失去了兴趣，基本上什么都做不了。她变得浮肿，因为饥饿使得水分都聚积起来。她无法再正常走路。1942 年 7 月 13 日，她在隔离区去世。每天早上，隔离区都有一辆由一匹灰马拉着的黑色马车来收尸体，他们带走了我的母亲。大概一个星期之后——其实按照犹太人的传统，应该第二天就下葬——我和妹妹找到一片空地，挖了坟，然后把她搬了过来。没有棺材，只有一条绳子捆住两块木板。这还是我们在紧挨着墓地的一座大房子里找到的，墓地里都是没有下葬的尸体。我们把她埋好，在坟头插了一个小木块，当然没过多久木块就不见了。五十年后，我试过去找墓的位置，但一无所获。"

于是，只剩露西尔与妹妹在隔离区里相依为命。这两个孤儿竭尽所能地应付一切。"我们感受不到生活，"她说，"我们不再祈祷，也没有眼泪，我们都麻木了，没有任何感情。我们回到房间，那个带有家具、还有别人合住的房间，我妹妹基本上不再说话，她一声也不吭。她很聪明，长得又高又漂亮，但现在还有什么好说的呢。

她完全自暴自弃。我母亲曾让我保证会好好照顾她，但我什么也做不了。我试了，但没有用。"

两个月后，德国人来隔离区亲自进行筛选，挑出那些不适合工作的老人、病人和小孩。隔离区领导鲁姆科夫斯基要求母亲们合作，把自己的孩子交给德国人。"（他说：）'把你们的孩子交出来，剩下的人才能活命。'"露西尔说，"当时我十七岁，无法理解怎么能有人让做父母的交出自己的孩子。现在的我还是不能理解。人们都在喊：'你怎么能提出这样的要求？我们怎么能这么做？'但他说：'不这样做只会更糟。'"

露西尔想尽一切办法不让她的妹妹被选中，她给她化妆，鼓励她装出健康的样子。露西尔是抱着一线希望，觉得妹妹有可能逃过一劫，因为她已经 12 岁，而筛选的年龄是 11 岁以下。可是德国人到了之后还是把她妹妹带走了。"他们抓了我妹妹，他们不该这么做。我本想要跟她一起上卡车，但有人用枪托捅我的胳膊，我上不去。那些人就消失了。"即使是露西尔绝望地注视妹妹被带走的那一刻，她也没有想到，他们是直接被送去处决。"我们一直都不明白他们会怎么处置小孩子或老人，他们都是不能工作的人。我们从来没有足够理性地去推断真正的原因。我们只会想象他们都还活着。"

现在的露西尔孤身一人，近乎崩溃，但她还是强迫自己继续在隔离区里寻找工作。最后，依靠自己为数不多的"关系"——一位同样来自汉堡的德国犹太人——她找到了自己的第一份工作。这个德国犹太人说服了鲁姆科夫斯基对聚居区进行"完善"，比如修建一些公园和公共场所，露西尔与他共同设计建造方案。几个月后，鲁姆科夫斯基撤掉了这个部门，但露西尔已经认识了一些有用的人。一个维也纳人在同一栋大楼的行政部门工作，通过她露西尔又得到了另一份工作——为冬天用的煤炭填写申请表给德国人。到目前为止，隔离区的生活已经让露西尔得到了惨痛的教训："你真的不能相信任何人，如果我告诉一个同事某件事，她就会利用这件事为自

已谋利。你必须特别小心。背后捅刀子的事经常发生，其实也能理解，
毕竟事关生死。"

一天，鲁姆科夫斯基来到办公室，为隔离区里一家新工厂挑选
工人。一想到要见到他，露西尔就觉得"恐惧至极"，因为这个66
岁、看起来跟任何人的祖父没什么差别的老头有着非常坏的名声。
129 "我听过那些传闻，知道他脾气极差，发起火来会拿他的手杖打人。
他在德国人允许的范围内，是个十足的独裁者。我想大部分人都怕
他。"她藏在过道上，希望尽量不引起注意，但由于名单上有她的
名字，最终她还是被叫去见鲁姆科夫斯基。"他坐在椅子上，一头
白发，戴着深色眼镜。他右手拿着手杖，我一度觉得他看起来像坐
在宝座上的国王。他问我是哪里人，会讲什么语言，我父亲是做什
么的，我的家人在哪儿，还有没有任何亲人。我回答了所有问题，
他最后说：'好吧，我会通知你的。'当时我没太在意。"

鲁姆科夫斯基来过之后，露西尔的上司将她调到了统计部门。
"我不知道他们为什么给我调岗，可能是为了把我藏起来，因为那
是一个非常安静和隐蔽的办公室。"但随后鲁姆科夫斯基的秘书打
来电话说他想要录取露西尔。她去办公楼报到时，发现其他一些与
她年纪相仿的女性已经在那里了。鲁姆科夫斯基让所有人都去一个
厨房工作，这个厨房是他为那些"值得嘉奖的员工"开设的。一些
年轻女性被安排在餐厅做服务员，另一些（包括露西尔在内）则在
旁边的办公室工作。"他说他会录用我，让我计算如果我们有50公
斤甜菜，能做出多少人份的菜。"作为在这个新厨房工作的报酬，
露西尔每天可以多领一顿饭。她说："这对我来说意义重大，就像
你们今天会说的，是一件大事。"当她准备离开上一份工作改去厨
房时，上司给了她关于鲁姆科夫斯基的最后警告："我想他用的是
波兰语中'猪猡'这个词。"她的上司没说错。在纳粹建立的所有
犹太隔离区当中，几乎每个犹太人领导都忠于职守，但罗兹是个例
外。鲁姆科夫斯基臭名远扬，因为他往往把自己想除掉的人加进驱

逐名单，而他的罪行还不止这点，露西尔很快就会发现。　　　　130

　　在厨房工作的露西尔不久就意识到，鲁姆科夫斯基对这里情有
独钟。他几乎每天晚上都来视察一次，而露西尔开始畏惧他的到来。
"你可以听见他的马车到达的声音。他会走进厨房检查服务员，如
果谁的围裙没系好，他就用手杖打她。他会检查食物，但不会吃，
因为这样做有损他的威严。然后他就会到办公室来，你能听见楼道
里传来他不规则的脚步声，他有一点跛。办公室只有我一个人，他
会拉来一把椅子，跟我聊天。他讲话，我听着，他开始骚扰我。他
把我的手放在他那话儿上，对我说：'让它高兴一下。'……我努力
躲开他，可他一直凑上来。那是一种可怕的关系，我吓坏了。他想
让我搬进一间只有他能进的私人公寓，我哭了起来，我不想搬去那
里。我不能理解怎么会有任何人愿意那样做……但在隔离区里，性
是非常宝贵的商品，人们拿它来交换东西，就像其他任何商品一样。"
在这项"交易"中，露西尔绝非自愿的参与者，但她明白如果不让
鲁姆科夫斯基玷污，她会有"生命危险"。"如果我逃走，他肯定会
驱逐我，这点毫无疑问。"

　　"鲁姆科夫斯基确实经常占年轻女孩的便宜。"雅各布·兹伯斯
坦证实道。他目睹过这位隔离区领导发现自己喜欢的年轻女孩后的
行为。"我们都在餐厅，他走进来，用一只胳膊搂着她，然后跟她
一起出去。我看见了。不是别人告诉，是我亲眼看见的。"兹伯斯
坦也相信，如果哪个女性不满足鲁姆科夫斯基的愿望，那么她的性
命很可能不保。"我自己很不喜欢那个人，"他补充道，"我不喜欢　　131
他所代表的东西。"

　　几周后厨房被关闭，露西尔被送去隔离区里的一家皮革厂，为
德军缝制腰带。她再没见过鲁姆科夫斯基，而他给她留下的只有无
尽的伤害："我感到很恶心，很气愤，觉得自己被侮辱了。"1944 年，
罗兹隔离区被关闭，露西尔和鲁姆科夫斯基都被送往奥斯维辛。鲁
姆科夫斯基和他的家人死在比克瑙的毒气室。身为年轻女性，露西

尔被选去工作，她在 1945 年 5 月纳粹战败后获救。

　　露西尔·艾森格林到达奥斯维辛时，距她最初被驱出德国已经过去了将近三年，而早在 1942 年春，奥斯维辛就迎来了第一批来自波兰以外地区的犹太人。这些人如何踏上开往集中营的列车，是纳粹"最终解决"这段历史最令人震撼的故事之一。他们来自斯洛伐克，这个国家的北部边境距奥斯维辛不到 50 英里。斯洛伐克有着一段坎坷的过去，此时它作为一个独立国家才刚满三年时间——在纳粹吞并了与之相邻的捷克波西米亚和摩拉维亚两地后，斯洛伐克于 1939 年 3 月宣布独立。之前，斯洛伐克是捷克斯洛伐克的一部分；1918 年以前属于匈牙利。时任斯洛伐克总统的是约瑟夫·蒂索（Josef Tiso），他是一位罗马天主教神父，也是赫林卡 * 所创立、有极端民族主义倾向的斯洛伐克人民党领袖。蒂索领导下的斯洛伐克与纳粹德国结盟，签订了附庸协议，允许德国控制斯洛伐克的外交政策。斯洛伐克政府满腔热情地制定针对 9 万名斯洛伐克犹太人的反犹举措，剥夺犹太人的生意、推动犹太人流亡、把犹太人排除
132　在公共生活之外、强迫佩戴黄色袖章等规定接连不断地颁布，突如其来的打击给斯洛伐克的犹太人社区造成了残酷后果。

　　埃娃·沃塔沃娃 [31] 当时是 14 岁的女学生，她说："我意识到自己被社会遗弃，不再是'体面人'了。学校把我开除。犹太人不能再购买某些物品，我们不能再拥有财产。这之前，在我住的小村庄里，大家都是一起长大的、彼此平等。"对斯洛伐克犹太人的迫害有一个特点，那就是朋友以惊人的速度变成敌人——不存在转变的过程，好像一个开关突然被打开了一样。奥托·普雷斯布格尔 [32]，斯洛伐克犹太人，1939 年的时候 15 岁。他说："德国男孩（居住在斯洛伐克的德意志人）变得跟纳粹分子一个样，之前我们还一直是

---

*　安德烈·赫林卡（Andrej Hlinka，1864—1938），斯洛伐克神父、政治家，是"二战"
　前捷克斯洛伐克最重要的公共人物之一。1938—1945 年斯洛伐克人民党内的军事组织
　赫林卡卫队便以其命名。

朋友。原本我们之间没什么区别——犹太少年和基督徒男孩，小的时候我们老是在一起玩。后来标识牌挂了出来，上面写着'犹太人和狗不得入内'。我们不能走上人行道。多么令人发指。我们不能上学，不能看电影或看球赛。我只能跟父母坐在家里，之前我都会跟朋友出去。"在奥托·普雷斯布格尔看来，对犹太人态度转变的背后，最重要的动机是贪婪。"墙上贴着从德国报纸上剪下来的连环画，上面是一个大鼻子犹太人肩上扛着装满钱的大袋子，一个赫林卡卫兵照他的屁股踢了一脚，他的钱全掉出来。城里到处都贴着这样的招贴画。"

斯洛伐克的赫林卡卫队负责开展反犹行动，与纳粹冲锋队一样，他们也处处打压犹太人，并同样于细微之处渗透反犹主义思想。"斯洛伐克人很乐意接管（犹太人的）商店，大捞一笔，"米夏尔·卡巴奇 [33] 说，他曾是一名赫林卡卫兵，"他们（犹太人）过去开商铺，做着骗人的勾当。他们从不工作，就想过轻松日子。他们天生就是这样的人。犹太人不愿意工作，这算是某种世界共识。连希特勒都怕他们变成欧洲的特权阶层，所以先下手为强。全都是政治。"反犹主义偏见有显而易见的内在矛盾：无论是米夏尔·卡巴奇，还是第一章提到的汉斯·弗里德里希，他们一边骂犹太人懒惰，一边又怪他们勤奋；嫉妒犹太人把生意做得又大又成功的同时，却宣称他们从不工作。他们都不觉得其中有什么矛盾的地方。如果硬要为弗里德里希和卡巴奇自相矛盾的观点辩解，只能说他们坚持认为犹太人做的不是"真正的"工作，比如务农，而是选择做买卖或者经营店铺。事实上，正是因为在许多欧洲国家，数百年来犹太人都被禁止拥有土地，他们才会从事这些活动。

此时，对纳粹来说，奥斯维辛突然变成接收斯洛伐克犹太人的理想地点。希姆莱意识到，不会再有新的苏联战俘被送至奥斯维辛了。德国与苏联在莫斯科附近的交战陷入僵局，这清楚地表明，东线战争不会像纳粹预计的那样速战速决。如今，已被俘获的红军被视为非常宝贵的劳动力，在奥斯维辛这样的集中营里使用实在是一种浪费。不久，戈林便正式下令，所有苏联战俘都要送到军工厂。由此，比克瑙无法再发挥它预先设想的作用。谁来填补苏联战俘留下的空缺呢？惯于迅速改变政策的希姆莱马上给出了答案——犹太人。

134　　犹太人也正是斯洛伐克当局想要驱逐的对象。1941 年秋，纳粹就向斯洛伐克提出为帝国提供劳动力的要求。到了 1942 年 2 月，斯洛伐克以家庭为单位，总共交出了 2 万名犹太人。与东线的纳粹分子一样，蒂索和斯洛伐克其他政府官员也不愿留下那些失去了家中支柱的老幼妇孺，把所有人一起送走对他们来说要容易得多。然而，让斯洛伐克轻松的方案却给纳粹制造了麻烦。纳粹尚不具备进行大规模屠杀的能力，他们可不愿意在这个时候接收没有工作能力的犹太人。为解决这个问题，1942 年 2 月在斯洛伐克首都布拉迪斯拉发召开了一次会议，与会者包括斯洛伐克总理沃伊捷赫·图卡（Vojtech Tuka），他的办公室主任伊西多尔·科索博士，以及艾希曼在斯洛伐克的代表、党卫队突击队大队领袖（少校）迪特尔·威斯里舍尼。威斯里舍尼和图卡战后都就会议上进行的讨论提供了证词，通过比较，我们可以大致判断出会议内容。[34] 斯洛伐克方表示，将养家糊口的人与其他家庭成员分开"不符合基督教精神"，如果犹太壮劳力都去帝国工作，就"没人照看他们的家人"。但根据威斯里舍尼的回忆，斯洛伐克人最关心的不是"基督教精神"，而是劳动力被纳粹接收，留下他们失去经济来源的家人所造成的"经济影响"。最后，斯洛伐克方表示，他们或许可以通过某种方式，补偿德国因同时接收劳动者及其家人而付出的"代价"。

这个问题最终在柏林得到解决。斯洛伐克政府同意，每驱逐一名犹太人，就付给德国 500 马克，条件是这些人再也不会回到斯洛伐克，并且德国人不得占有他们留下的房产及其他财产。就这样，135　在这位罗马天主教神父总理的领导下，斯洛伐克付钱给德国人，让

1. 海因里希·希姆莱（左）与奥斯维辛指挥官鲁道夫·霍斯，摄于1942 年 7 月前者访问集中营时。

2. 在纳粹"最终解决"方案形成过程中,阿道夫·希特勒起到了决定性的作用。尽管他没有参与日常的屠杀行动,但他的部下所遵从的正是他本人想要消灭犹太人的愿望。

3. 莱因哈德·海德里希,希姆莱的副手,一个有教养的人,也是实施大屠杀的刽子手。

4. 东部某地的处决现场。在纳粹占领时期这种场景随处可见。

5. 汉斯·弗里德里希，党卫队第一步兵旅成员。他曾于 1941 年在乌克兰参与对犹太人的处决。

6. 波兰罗兹犹太人隔离区街景。这张照片里的绝大部分人都于 1944 年秋天被杀害。

7. 莫得哈伊·哈伊姆·鲁姆科夫斯基（右），罗兹隔离区的犹太"统治者"，一个充满争议，甚至可以说恶名昭彰的人物。

8. 鲁姆科夫斯基，图中白发者，在党卫队高层访问隔离区时与希姆莱交谈。

9. 犹太男男女女在罗兹隔离区一个临时的户外工厂编制篮子。

10. 在隔离区,甚至儿童都要工作,不工作意味着把自己置于更危险的处境。

11. 1942年一个炎热的夏日，希姆莱正研究在莫洛维茨建造大型合成橡胶工厂的方案，这是奥斯维辛集合体当中最大的工业设施。

12. 希姆莱（左起第二）对他在奥斯维辛见到的进展大为满意，随后提拔了指挥官霍斯，将其升为党卫队上级突击队大队领袖。

他们把自己的犹太人全部带走。

1942 年 3 月，对斯洛伐克犹太人的强制驱逐展开，此前大多数人都被关在斯洛伐克的临时集中营内。西尔维娅·韦塞勒 [35] 那年春天就关在波普拉德（Poprad），她回忆道："有些斯洛伐克士兵真的很蠢，他们会故意在地板上大便，然后让我们用手清理干净。他们管我们叫'犹太婊子'，用脚踢我们。他们的举止极其恶劣。还对我们说，'让我们教教你们犹太人怎么工作'。其实我们都是穷苦的女人，过去都有工作。你的尊严被剥夺是很耻辱的一种感觉。我不知道你能不能理解。你突然什么都不是了，我们像动物一样被对待。"

在临时集中营工作的赫林卡卫兵有不少油水可捞。米夏尔·卡巴奇说："犹太人来集中营的时候都带着自己的财物和衣服。副指挥官经常叫我们去挑自己想要的衣服。大家都能拿什么就拿什么，我拿了一双鞋，用绳子把鞋捆好带回家。守卫们都拿到了想要的东西。"在犹太人离开之前对他们强取豪夺的不光有斯洛伐克人。西尔维娅·韦塞勒说："一天来了一个人高马大的党卫队军官，到了就开始朝我们大吼，我不明白他为什么要吼。然后有人把大篮子放在我们面前，一共三个大篮子，我们要把自己的金银钱财以及所有值钱的东西都交出来。他们对我们说，我们就要去工作了，用不上这些值钱的东西。我很穷，只有一块手表，是我姑姑给我的，我就把手表交给了他们。"

临时集中营不仅偷盗之风盛行，还充斥着肆意的虐待。"我们的守卫经常打他们（犹太人），"米夏尔·卡巴奇说，"有个特殊部门专门负责惩罚犯错的人。他们把这些人带到一个特殊的房间，用一根木棍打他们的脚。"当然，谁是"犯错的人"完全由赫林卡卫兵随意决定。

斯洛伐克犹太人关在临时集中营的时间从几天到几周不等，但最终都会被带去附近的火车站，登上驶离这个国家的列车。西尔维

136

娅·韦塞勒清楚地记得，去火车站的路上斯洛伐克留给她的最后印象："他们朝我们吐口水，大叫着：'犹太婊子，这是你们应得的下场！你们终于要去工作了！'他们还朝我们扔石子，想尽一切办法羞辱我们。也有人静静地站在旁边看着，其中一些还哭了。但大多数人，无论是老一辈还是年轻的，都在侮辱我们。我希望这种事不要发生在任何人身上，那种感觉太可怕了。"

斯洛伐克犹太人在赫林卡卫兵的看守下来到火车站。"我接到命令，要把犹太女人赶上火车并负责看管她们，"米夏尔·卡巴奇说，"我自言自语道：'你们不想工作，你们这群犹太蠢猪！'"没过几个月，卡巴奇等赫林卡士兵便得知这些犹太人被送去处死，但这个消息并没有引起他们太多的同情："我觉得歉疚，但一想到他们是斯洛伐克的蛀虫，又不同情他们。我们不觉得自己做错什么，他们被带走是件好事，这样他们就不能再欺骗我们，再也不能靠损害工人阶级的利益发财了。"

在这之前，卡巴奇与犹太人几乎没有任何直接接触。他所居住的村庄没有什么犹太人，他也承认斯洛伐克的犹太人从没给他本人找过什么"麻烦"。他热烈拥护反犹主义政策，不是出于个人恩怨，而是因为他是一个狂热的民族主义者，为现在斯洛伐克成为一个独立国家感到自豪，而且斯洛伐克的领导人告诉大家"犹太人都是打劫斯洛伐克人的骗子"。他的故事有力地证明偏见可以如此迅速地深入人心，只要它融入一整套充满吸引力的价值理念中。为了证明自己是个坚定的、爱国的斯洛伐克民族主义信徒，米夏尔·卡巴奇接受了极端反犹主义的思想。在打击犹太人的过程中，他通过占据他们的财物获得经济上的好处，并把这一罪行粉饰为"正义的复仇"。西尔维娅·韦塞勒亲眼见证了斯洛伐克的主流道德观在多么短的时间内发生改变。"我好几次反思这段经历。人是很容易被改造的。你想对他们做什么都行。事关金钱和人命的时候，你很难碰见愿意为你牺牲的人。我很受伤，真的很受伤，尤其是当我的同学挥着拳头对我喊'这是你应得的下场！'，打那以后，我对人再也不抱什么希望。"

与此同时，奥斯维辛正在尽力完善营地的屠杀设施。1942 年 2 月 27 日，鲁道夫·霍斯、建筑师卡尔·比朔夫和党卫队中央技术管理局的汉斯·卡姆勒[36]开了一次会，原定建在奥斯维辛 1 号营地的焚尸场，决定改建在比克瑙的新集中营。他们打算把这个新焚尸场建在一个偏远的角落，挨着一处小农舍。只需把原有的门窗用砖封死，内部隔出两个可以充作毒气室的密闭空间，农舍便可以在很短时间内被改造成临时屠杀中心。屋子的新入口将直通各毒气室，砖墙高处应凿出一个洞口，用来投放齐克隆 B 颗粒。这个农舍后来被称为"小红房"，又叫"1 号仓"（Bunker 1）。它于 1942 年 3 月底首次投入使用，当时一批当地犹太人被视为不适合工作而送往奥斯维辛。"小红房"的两个毒气室满员时，一次可毒死约 800 人。

现在，一个新的屠杀中心听凭霍斯支配，旧焚尸场的问题在这里都得到解决。无论"小红房子"里的受害者喊得多大声，都不会对营地的正常运作产生干扰。但霍斯知道，要在附近建起一座焚化炉来处理这个临时毒气室的尸体，还需要等上好几个月的时间（实际上等了一年多）。旧问题（如何在相对秘密的环境下屠杀）不去，新问题（如何毁尸灭迹）不来。

首批斯洛伐克犹太人于 1942 年 3 月到达奥斯维辛，他们没被送去毒气室，但这并不妨碍党卫队和卡波的下马威。作为其中一员，奥托·普雷斯布格尔对此有切身体会："我们一下火车，便得五个人一组从火车站（朝奥斯维辛 1 号营）跑过去。他们（党卫队）大吼着：'快跑！跑，跑，跑！'（Schnell laufen ! Laufen, laufen, laufen !）我们就跑。跑不动的人被他们当场打死。我们觉得自己连狗都不如。之前我们被告知要去工作，没人说是去集中营。"

度过了没吃没喝的一夜，第二天早上，奥托·普雷斯布格尔和他的父亲，还有同来的约 1000 名斯洛伐克犹太男人，被命令从主

138

营地跑到比克瑙的营地。他估计有七八十人死在路上。污泥烂沼的比克瑙是个特别可怕的地方。党卫队队员佩里·布罗德回忆道："比克瑙的条件比奥斯维辛（主营地）要差得多。每一步脚都深陷烂泥。几乎没有水可以用来洗漱。"[37]犯人就生活在这种极端恶劣的环境下，到处都是污泥和他们自己的排泄物。

刚到比克瑙，奥托·普雷斯布格尔就体会到集中营管理体制的残酷。一个波兰男孩偷奥托父亲的皮带，奥托抓住这个男孩揍了他几拳。另一个囚犯很快对他说，他犯了一个可能致命的错误。这个男孩是个"男宠"（pipel）——在集中营的暗语中，它指的是卡波的年轻仆从（很多情况下与卡波有着同性关系）。"我们只能跑回营房躲起来，"普雷斯布格尔说，"负责这里的卡波走进营房，让我们都躺下，面朝走道。'男宠'进来找我，但他没认出我来，我们长得都差不多，都没有头发（所有犯人到了以后都要剃光头），穿着一样的衣服。我很幸运，否则他们一定会杀了我。"

在比克瑙劳动的第一天，奥托·普雷斯布格尔还目睹了另一起事件，它以更残忍的方式向他展示，此时所处的环境是多么令人绝望："我们去修路，卡波和党卫队看守在旁边监督。有一个犹太人跟我来自同一个镇，他长得又高又壮，他们家很富有。卡波发现他镶着金牙，就让他把牙给他。他回答说不行，但卡波坚持他必须照做。他还是说自己不能把金牙给他。卡波生气了，说我们所有人都必须服从他的命令。他拿起铁锹照着他的头打了好几下，直到他倒下。卡波把他翻过来，把铁锹放在他喉咙上，然后跳上去折断他的脖子，再用铁锹从他嘴里撬出了金牙。站在不远处的另一个犹太人问卡波他怎么能这样做。卡波走过去，说演示给他看，然后就用同样的方法把他也杀了。然后卡波对我们说，永远不要提问题，管好自己的事。那天晚上我们运了十二具尸体回营房。他杀死这些人纯粹出于好玩。所有这一切都发生在第一天。"

奥斯维辛从建立之初就伴随着卡波的暴行，因此新到囚犯的经历虽然骇人，但在这个集中营里并不是什么稀罕事儿。然而，随着这批斯洛伐克犯人的到来，集中营的文化（如果在奥斯维辛的语境下也可以使用这个词的话）将要在两方面发生重大改变。

第一个变化，是现在集中营里有了女犯。到目前为止，奥斯维辛一直都只有男性。女人的到来丝毫没有让奥斯维辛的管理者变得更"文明"，而是如西尔维娅·韦塞勒所见，几乎产生了相反的效果。在奥托·普雷斯布格尔到达集中营后不久，她也乘坐着一辆载有几百个女人和一个男人的列车来到这里，男人是一位犹太医生，斯洛伐克当局准许他陪同这些女犯一起前来。"我们刚到奥斯维辛就被赶下了火车，"韦塞勒说，"党卫队军官开始朝我们的医生大喊，他们想弄清楚为什么他是这批犯人中唯一的男人。他用非常流利的德语回答说：'我是医生，是犹太组织派我来的。我负责陪同，他们让我把人送到后就回斯洛伐克。'然后，一个纳粹军官掏出枪把他打死了。就在我眼前，他们如此随便地杀了他，就因为他是这么多女人中间唯一的男人。那是第一件让我震惊的事。"

接着，斯洛伐克的女犯走到奥斯维辛主营地。"我们看见高耸的营房和大门，"西尔维娅·韦塞勒说，"大门上面写着'Arbeit macht frei'，劳动使人自由。所以我们以为自己是来这里工作的。"几个营房已被清空，以迎接这些女犯的到来。她们被要求脱光衣服，交出任何还藏着的贵重物品。"别看德国人那么厌恶我们，他们拿走我们衣服、鞋子和珠宝的时候可是一点都没犹豫。帮我解释一下，我一直都想不通，他们对我们的东西为什么不觉得反感？"

等到这些斯洛伐克女犯剃光了头，赤裸着身体坐下来，一位党卫队军官走进房间，让其中五个人去医务室。"他想要检查犹太女人的身体，"西尔维娅·韦塞勒说，"看看犹太女人是不是真的处女。他还想知道犹太女人干不干净。他们做完检查以后非常吃惊，但这可不是好事。他们无法相信我们这么干净，而且90%以上都是处女。这些犹太女孩都有宗教信仰，所有人都不会在结婚前让男人碰自己。

但在接受检查的过程中，每个女孩都失去了贞操，因为医生用他们的手指，这是羞辱她们的另一种方式。我的一位朋友全家人都信教，她对我说：'我想为我的丈夫守住贞操，结果却这样失身了！'"

尽管在刚到集中营的数十个小时内，普雷斯布格尔和韦塞勒便经历了如此可怕的遭遇，但这些还不算是奥斯维辛最具代表性的行为。它众多臭名昭著的做法之一才刚要开始，即第一天的筛选。这也是斯洛伐克的犹太人到来后，集中营出现的第二个重要变化。早在 4 月底开始就有对新到犯人的定期筛选，但直到 1942 年 7 月 4 日才开始系统化。那天，一批斯洛伐克犹太人刚抵达，党卫队立刻把他们分开：适合工作、可以被集中营接收的，以及不适合工作、需要立即被毒死的。直到这时——距第一批囚犯到来已两年——奥斯维辛当局才最终展开对新到囚犯的筛选，它将成为这里最具代表性的冷酷和恐怖。

首批参加筛选的犹太人中包括埃娃·沃塔沃娃和她的父母。这批被驱逐的斯洛伐克人既有年迈的老人和年幼的儿童，也有埃娃这种健康的年轻人。"我们到了奥斯维辛站，每五个人站成一排。痛苦的一幕就在这里上演：他们把年轻人与老人和小孩分开。父亲和我们母女被拆散。从那以后我再没有他的消息。我对他的最后印象，是他满是担忧、伤心和绝望的脸。"

此时，"小红房"完工已有几个星期，几百米外的另一个农舍，也就是所谓的"小白房"，又叫"2 号仓"（Bunker 2），也被改造成一个屠杀中心，一次可以毒死 1200 人。在"2 号仓"内，四个狭窄的房间被用作毒气室。这里的通风效果比 1 号仓（"小红房"）更好，屠杀结束后可以更快地将屋里的齐克隆 B 排干净——所有这些，都是奥斯维辛为"改进"屠杀程序所常见的自主创新。

被选去处死的斯洛伐克囚犯在农舍外等待，奥托·普雷斯布格尔目睹了这一场景："他们就坐在那儿，肯定在家吃过了饭。党卫队士兵带着狗站在周围警戒。当然，他们对接下来要发生的事毫不知情，我们也不想告诉他们，那样对他们只会更糟。我们常常想，那些把他们带到这里的家伙根本不是人，都是丛林里的野兽。"按照他的说法，这一时期的毒气谋杀都是晚上进行。"他们从不在白天干这事，（因为）人们有可能会大喊大叫或者试图跑出来。我们只会在第二天早上看见堆在坑边的尸体。"

普雷斯布格尔被分到一个特殊部门，负责掩埋在两个农舍中被毒死的犯人尸体。"用毒气杀人很简单，你只需要封严门窗，不让毒气漏出去。他们把门锁上，几分钟后里面的人就都死了。他们（党卫队）把这些（尸体）搬到洞口，我就在洞边工作。一般是第二天早上埋尸体。我们往它们身上撒石灰粉和土，直到尸体被盖住，别人看不见。"这种尸体处理方式有非常大的缺陷，炎热的夏天一到，坑里的尸体就开始腐烂。于是，普雷斯布格尔原本已经像噩梦的工作现在变得更加可怕："死去的肉体复活。它们逐渐腐烂，从洞里冒了出来。到处都是血迹和脏东西，我们不得不用手捡拾它们。看上去不再像死人的身体，而是一团烂乎乎的东西。我们要把这些东西都挖出来，有时候挖出一个人头，有时候是一只手或一条腿。那个气味让人难以忍受。我要是想活命，（除了做这份工作）没有别的选择，否则他们肯定会杀了我。我想活着。有时我也会问自己，这样的人生到底值不值得。"等这些尸体都被挖出来，党卫队命令犯人把它们都倒进一个巨大的、燃烧着的火坑里。就这样，在等待附近正规焚化炉建好的过程中，奥斯维辛当局临时造出一个应急的焚化炉。普雷斯布格尔说："我们用木头和汽油生起一把大火，然后把它们（尸体）扔进火坑。我们一般是两个人一起扔，一个人抓着腿，另一个抓胳膊。那个地方臭气熏天。我们从来没有因为干这种活得到更多的食物。党卫队士兵经常喝伏特加、白兰地或者其他酒。他们也忍受不了。"

144

普雷斯布格尔强迫自己继续做着挖尸体和埋尸体的可怕工作，与此同时还要面对父亲的死给他带来的感情创伤。犯人经常又饿又渴，他的父亲喝了泥坑里的雨水，这是引发感染并造成死亡的一个常见原因。"小的时候给我看病的医生也在奥斯维辛，"普雷斯布格尔说，"他跟我说永远不要喝那里（泥坑）的水，否则用不了 24 小时我就没命了。经常有人因为喝了那里的雨水，两条腿都肿起来，甚至往外渗水。"但他父亲没管住自己，喝了里面的水后就死了。在经历了最初的震惊和失去亲人的痛苦后，普雷斯布格尔意识到，要想继续活下去，唯一的办法就是不去理会身边发生的一切，甚至是自己父亲的死。"想活得长，就必须忘得快。"他说。

在以铁人般的意志力进行自控、特别是忍耐着饥饿和口渴带来的巨大痛苦时，普雷斯布格尔没想到对童年经历的回忆帮了他："我还是个小孩子的时候，父母会给我零花钱让我在上学路上买三明治，但我从来都不买，而是去买甘草糖。所以一整天我除了甘草糖什么都不吃，直到下午回家。"这意味着在比克瑙，当身边的人都"饿得发疯"时，他却能够应付："我习惯吃得不多，到现在还是这样。"

依靠回忆过去的贫苦生活撑下来的不只有奥托·普雷斯布格尔。如雅各布·兹伯斯坦在讨论罗兹隔离区时所说的，许多德国犹太人难以忍受隔离区的生活，因为他们来自条件优渥的家庭，而他和他的家人来自相对贫困的地区，所以反差没有那么大。西尔维娅·韦塞勒也在富裕的中产阶级斯洛伐克女性身上发现了类似的情况。来奥斯维辛之前，斯洛伐克中转营的生活条件就已经让她们感到难以忍受，而她这种出身较贫寒的人应付起来则要容易得多。帕维尔·斯滕金也发现，作为奥斯维辛里的苏联战俘，他艰苦的成长经历现在成了优势。小的时候没有足够的食物，也没有得到过很多疼爱，这些现在却成了可贵的资本。

犹太人隔离区和集中营里这种形式的"筛选"，正是莱因哈德·海德里希在万湖会议上提出应该予以关注的。纳粹笃信达尔文主义的"适者生存"思想，他们无法容忍那些经受住强制劳动的可怕考验的犹太人。事实上，是纳粹的种族理论创造出他们自认为最需担心的敌人。这种排除一切的坚持到底、把自己的扭曲逻辑发挥到极致的做法，是造成纳粹的"最终解决"与其他一些种族灭绝行为不同的原因之一。为了实现纳粹的目标，每一个犹太人都必须从德国的领土上消失，不管通过何种方式。

　　奥托·普雷斯布格尔最近重访了比克瑙的尸体掩埋地点，他想起几千名跟他一起从斯洛伐克来到奥斯维辛的同胞，他们如今却不能再踏上这样的旅途。"太可怕了。我还记得我当时挨着父亲（站在这里）。在这儿工作的大部分人都跟我来自同一个城市，他们所有人我都认识。人在一天天消失。他们肯定还埋在附近某个地方。只有四个人熬过了那三年活了下来。"

　　1942 年春天和初夏，数千名来自上西里西亚地区和斯洛伐克的犹太人在"小红房"和"小白房"里失去了生命。在去往毒气室的路上，格哈德·帕利奇这样的党卫队军官会跟每个犹太人聊天，问他们的职业、有什么专长。鲁道夫·霍斯曾在他的回忆录中强调，如此大规模的屠杀之所以能成功实施，最关键的一点是整个过程在极其平和的气氛中进行。霍斯还写道，如果队伍中有人在前往毒气室的途中说起窒息或屠杀，造成"恐慌迅速蔓延"，那么屠杀会变得困难得多。而这种情况是有可能发生的。后来，纳粹会重点关注那些有可能造成这类麻烦的人，一旦有任何迹象表明精心创造的顺从气氛可能遭到破坏，他们会第一时间不引人注目地把这些人转移到队伍看不见的地方，然后用小口径手枪把他们打死，这种手枪声音较小，可以保证附近的人不会听到。

　　那些察觉到将会发生什么的母亲，与她们的孩子走过"农院里鲜花开满枝头的果树"（霍斯语）迈向死亡，她们所承受的情感折磨我们几乎无法想象。霍斯写道，有一次，一个女人悄声对他说："你怎么下得了手，杀死这么漂亮、这么可爱的孩子？你就没有一点同情心吗？"还有一次他看见，一个女人在毒气室的门被关上的那一刹那想要把她的孩子们扔出来，还大喊："至少让我的宝贝们活下来吧！"这些令人心碎的场景确实曾给霍斯带来一些感情困扰，但他在回忆录里写道，骑上快马飞奔一阵，或是喝上几杯酒以后，没有什么烦恼忘不了。[38]

将大规模屠杀集中在比克瑙一个偏僻的角落里进行，意味着奥斯维辛主营的日常事务可以不再受屠杀干扰。虽然犯人的生活依然非常艰苦，但对党卫队来说，这里变成了一个有可能在工作之余休息放松的地方。因被怀疑参与波兰抵抗运动而被盖世太保抓捕的塔德乌什·里巴奇[39]，其所见所闻证明了这一点。

几个月以来，里巴奇换了数次工作，最终得到一份最抢手的——在党卫队餐厅做服务生。就在斯洛伐克女犯于 1942 年春到达奥斯维辛的同时，党卫队的女看守也到了这里。里巴奇目睹了好几次狂欢晚宴。"一群流氓的聚会，"他回忆起其中一个夜晚，"他们唱歌、喝酒、大声庆贺，什么样的酒都有。我把酒倒进他们的玻璃杯里，当我把酒递给一个女看守时，她开始拉我的胳膊，对我说：'亲爱的……'所有人都开始看我。当时我的处境特别危险，我差点把酒洒出来。但幸运的是，有个党卫队守卫冲她喊：'闭嘴！你这个贱女人！'然后她就松手了。"那天晚些时候，里巴奇又注意到另一个女看守向他和其他服务生调情。"有个醉醺醺、大块头的女人摇摇晃晃地走着，大概是想去洗手间，她看见我们站在那里，就开始朝我们比画一些暗示性交的手势。我们一个个面无表情，低声对彼此说：'她想干什么？那个婊子！'"

他无法不去注意党卫队看守的放荡生活与犯人残酷的生存现状形成的极大反差："只有犯人会死于饥饿。他们在集中营里的生活本来就是一个渐进的处决过程，因为他们要面临饥饿、挨打和重体力劳动。但他们（党卫队）什么都有。我们在宴会上看到，那里什么都有，有各种酒，甚至还有法国白兰地。他们什么都不缺。那里看起来就像魔鬼们的可怕聚会，你无法想象那幅景象。"

尽管如此，里巴奇深知自己能够在餐厅做一名服务生是多么幸运。这份工作不仅是"头上有屋顶"——他认为这是他能熬过冬天的最主要原因——而且还可以让他直接接触到集中营里最最重要的物品：食物。他和其他当服务员的犯人能偷什么就偷什么，然后把它们藏在这栋房子的阁楼里。但这样做也要冒着巨大风险。一次，几个党卫队士兵正站在紧邻餐厅的自助餐台前，里巴奇和其他几个服务生听到了很大的声响，他们回头朝餐厅望过去，"吓得头发都竖起来了"。"一个人的两条腿和半个身体从天花板上露了出来。"他们马上就知道发生了什么。有一个服务生在阁楼藏偷来的食物时滑倒了。"你在上面要特别小心地踩在横梁上，否则就会踩空。"本来他们所有人都可能性命不保，但幸运的是，附近的党卫队士兵完全沉醉在大笑和豪饮当中，没有回头看这个房间。掉下来的那个犯人又爬了回去，瓦砾也被迅速清扫干净。但这还是在天花板上留下一个大窟窿。第二天早上上班时，他们用黄油和香肠贿赂了一个党卫队士兵，让他不要过问这个洞是怎么回事。两天以后他们把洞补好了。

　　朋友在天花板上踩空，无助地悬挂在空中的两条腿——若不是发生在奥斯维辛，塔德乌什·里巴奇的回忆其实相当滑稽；而他和他的同胞通过贿赂一位党卫队普通士兵逃脱了惩罚这个事实，很容易让人联想到好莱坞制片人酷爱设置的德国守卫形象。在西方，战俘营生活往往以一种传奇的方式被讲述。但是，在奥斯维辛，里巴奇的故事与上述一切毫无共通之处。相反，它再一次清楚地表明，1942年夏天，奥斯维辛分成了两个彼此隔绝的营地。这种隔离不光体现在地理位置——比克瑙坐落在距离奥斯维辛主营不到2英里的泥沼之中——也体现在思想和心理状态。一边，塔德乌什·里巴奇这样的犯人努力获得最好的工作、"顺手牵来"更多的食物，竭尽所能地争取活下去的机会，而在另一边，男女老少在到达营地的数小时之内便惨遭杀害。

　　对于霍斯来说，那个夏天他的主要精力无疑应该放在比克瑙和屠杀的具体操作上。而在两座经过改造的农舍内建造毒气室，在户

149

外焚烧尸体等做法，仍是纳粹为完成他们布置给自己的屠杀任务所找出的临时解决方案。奥斯维辛此时的屠杀流程仍然效率不高，纯属凑合。距离成为大规模屠杀中心这个目标，奥斯维辛还有相当长的路要走，现有的屠杀能力极其有限。与霍斯及其同僚在战后给出的证词相反，他们多次自主研发新的措施以开展大规模屠戮。但他们知道，他们最重要的任务还有待完成，这也是后来使奥斯维辛臭名远扬的——

　　成为一座杀人工厂。

第三章

死亡工厂

150　　1942 年初，纳粹帝国内只有海乌姆诺一处是专为灭绝目的设置的集中营，尽管如此，纳粹还是启动了无节制的杀戮。在一个不那么激进的组织中，人们会先进行详细的规划，然后再采取行动，但纳粹在相关设施还未经过试用或流程设置尚未完全到位的情况下，就展开对犹太人的驱逐。由此导致的混乱无序成为纳粹种族灭绝的根植土壤。如何在这样的环境里组织屠杀？ 1942 年如何成为"最终解决"执行过程中屠戮规模最大的一年？这里叙述的故事将更多地揭示纳粹行凶者的心态。

　　在 1942 年的大屠杀中，奥斯维辛并没有发挥最主要的作用，但正是在这一年，它的魔爪开始伸向西欧：就在斯洛伐克政府与德国协商将犹太人送往奥斯维辛仅数天之后，3 月 23 日，另一个欧洲国家装满犹太人的火车也首次朝那里驶去。它的形成背景及之后的发展比斯洛伐克更曲折、更惨烈，主要由于这是一个深陷德国铁蹄之下、却被给予了极大自主权的国家——法国。

151　　1940 年 6 月，法国迅速沦陷，随后被分为占领区和非占领区两部分。"一战"英雄贝当元帅成为非占领区维希政权的首脑。战争初期他颇受欢迎（远远超过许多法国人在战后所愿意承认的程度），全国上下都期待着贝当能重新为法国挽回尊严。至于德国人，他们有两个自相矛盾的愿望：一方面想要控制法国，另一方面却又希望尽可能减少派驻法国的工作人员。当时占领区和非占领区的德国官员加起来还不到 1500 人，因此，德国人很大程度上是依靠法国官员及其行政系统进行管理。

　　占领的第一年，法国人和德国人之间几乎没发生什么冲突。在巴黎玛吉思缇酒店（Hotel Majestic）运筹帷幄的德国驻军司令，奥托·冯·施蒂尔普纳格尔将军，与其说是努力想要奴役另一个民族的纳粹分子，不如说更像罗马帝国时代管理着半自治行省的罗马总督。尽管如此，法国犹太人仍没有逃过迫害。1940年，法国大约有35万犹太人，其中近半数没有法国护照。许多人是20世纪20年代从东欧来到法国的，剩下的则是不久前为躲避纳粹徒劳地流亡至此。这些外来犹太人成了早期被迫害的对象。1940年10月，新成立的法国政府颁布了"犹太人法令"，所有犹太人都被禁止从事特定工作，而非占领区的外国犹太人则被送进集中营，忍受额外的牢狱之苦。

在占领初期，纳粹对犹太人的迫害是以他们惯有的方式进行的：首先进行身份登记，随后颁布法令清算犹太人的财产，实行没收，最终是对占领区里所有犹太人的驱逐。维希政府在整个过程中一直不声不响地予以配合。然而，到了1941年夏天，相对平和的占领被数千英里外的事件改变，那就是纳粹对苏联的入侵。1941年8月21日，两名德国人在巴黎遭到枪击，一死一重伤。这一暴力事件很快被证实是法国共产党所为。9月3日的另一起谋杀事件使德国人更加担忧，法国风平浪静的日子就要结束了。

作为对谋杀事件的回应，德国当局关押了共产党人，并进行了报复——9月事件爆发后，三名人质立即遭到枪决。但在希特勒看来，这些还不够。他当时正忙着在东普鲁士森林里的总部指挥东线战场上的厮杀，陆军元帅威廉·凯特尔向巴黎传达了希特勒的不满："对三名人质的报复行动太温和了！元首认为一个德国士兵的价值远远超过三个法国共产党员。元首希望通过最残酷的报复行动回应这类事件。再有暗杀事件发生，每一个（被杀害的）德国人都应该立即用至少100个人的性命来换。不采取这种严厉的惩罚措施，事态就无法得到控制。"[1]

希特勒希望他的驻法代表能果断、残酷地采取行动，就像他驻

152

乌克兰的总指挥官,后者在1941年12月面临类似危机时曾写道:"只有当大众意识到游击队队员及他们的同情者早晚都得死,打击游击队的战争才有可能取得胜利。绞刑尤其能够激发恐惧。"[2] 希特勒本人后来如此评论道:"只有抱着毫不留情的冷酷态度开展与游击队这群败类的斗争,才能取得胜利。"[3]

153

身在巴黎的德国管理者陷入两难。这一年10月,一名德国官员在南特遭枪击,随后98名人质被杀,这在当时激起了公愤。因此,德国管理者担心,如果接受希特勒的建议,他们很有可能失去法国民众的合作。冯·施蒂尔普纳格尔将军心里明白,"对付波兰人的方法"[4] 在法国并不适用,但他在政治上是个讲求实际的人,明白希特勒绝不会改变心意,不会允许他们在法国谨慎地处理这类问题。元首已经打定主意要展开"残酷的报复"。于是,按照纳粹领导层解决问题的典型做法,德国占领当局对希特勒的专断观点进行变通,将可能造成他们与法国人关系的损害降至最低。另种形式的"残酷报复"方案很快被提出:对特定人群处以罚金并进行驱逐。由于共产主义者和犹太人之间的"关联"在每个纳粹分子心中都根深蒂固,因此,对巴黎的德国管理者来说,对犹太人征收罚金并驱逐他们,以此报复共产党对德国人的谋杀是再合理不过的了。报复性处决仍会继续,但规模减小,而且在所有"残酷报复"行动中只占很小一部分。

尽管施蒂尔普纳格尔在某种程度上有了交代,但他还是感到需要再次向他的上级提出抗议。他在1942年1月说,自己"无法再昧着良心枪杀一大批人,也无法在历史的法庭上为这些人负责"。[5] 不出所料,吐露心声的施蒂尔普纳格尔不久便离职,但他所创立的原则保留下来:一旦法国人反抗,德国人的一系列报复行动中一定会包括对犹太人和共产党员的驱逐。第一批受害者于1942年3月离开法国,前往奥斯维辛。尽管德国军官不想让自己"在历史的法庭上"为报复性枪杀负责,但他们实际上还是把被驱逐的人置于绝

154

境。饥饿、虐待和疾病摧毁了后者。在贡比涅登上列车的 1112 名男性当中，1008 人于五个月内丧生。[6] 据估计，仅有大约 20 个人活到了战后。也就是说，第一批被驱逐的人超过 98% 死在了奥斯维辛。

对纳粹来说，驱逐法国犹太人不仅是一种报复措施，同时也完全符合一个更宏大的目标——完成对法国"犹太问题"的"最终解决"。1942 年 1 月的万湖会议已明确指出纳粹的长期战略目标，在日常工作中实现它的任务，就落在派驻法国的党卫队高级小队领袖特奥多尔·丹内克尔身上。他向阿道夫·艾希曼汇报，而艾希曼则对莱因哈德·海德里希负责。5 月 6 日，海德里希亲自来到巴黎，并向一小部分人透露："全欧洲的犹太人都被判了死刑，他们的下场将会跟基辅的苏联犹太人一样，最近几周开始被驱逐的法国犹太人也不例外。"[7]

要实现让法国"肃清犹太人"这个目标，纳粹面临的一个巨大障碍就是法国当局。如果没有法国行政部门和警察部门的积极合作，仅靠德国在法国的人力，根本不可能完成对法国犹太人的辨认、召集和驱逐工作，更何况纳粹最初为法国分配的驱逐人数高于其他任何西欧国家：1942 年 6 月 11 日，一个由阿道夫·艾希曼主持的会议在柏林召开，会上确定了各国要送到奥斯维辛的犹太人数量：比利时 1 万，荷兰 1.5 万，法国则有 10 万之多。这些犹太人的年龄须在 16 岁至 40 岁之间，其中"不适合工作的人"仅可以占 10%。我们一直无法确知这样的数字和限制条件背后是怎样的考量，但暂不接受大量儿童和老人的决定或许可以表明，奥斯维辛当时的屠杀能力尚十分有限。特奥多尔·丹内克尔急于取悦上级，一心要驱逐每一个适龄的法国犹太人。柏林会议结束没多久，丹内克尔就制订了一个方案，打算在三个月的时间内将 4 万名法国犹太人送到东部。

当然，制订宏大的方案是一回事，在一个很大程度上自治的国家去执行则完全是另外一回事。7 月 2 日，维希政府警察部门负责

人勒内·布斯凯与纳粹官员会面，会上，德国人对理想与现实的差
距有了切身体会。布斯凯表明维希政府的立场：在占领区，只有外
籍犹太人可以被驱逐，而在非占领区，法国警察不会参与任何围捕
行动。布斯凯说："法国的立场是，我们并不反对拘捕本身，但如
果由法国警察在巴黎实施，这就有些令人难堪了。这是（贝当）元
帅本人的意思。"[8] 德国安全警察负责人赫尔穆特·克诺亨马上提
出抗议，他知道，没有法国的合作，驱逐根本不可能完成。他提醒
布斯凯，希特勒不会理解法国在这个对他如此重要的问题上为何采
取此种立场。受到这一隐晦的威胁后，布斯凯同意让法国警察在占
领区和非占领区都参与抓捕，但只针对在法国的外籍犹太人。法国

156
当局的政治态度非常明确——他们会配合德国人交出外国人，以此
来保护本国公民。

两天后，法国总理皮埃尔·赖伐尔与丹内克尔会面时，（根
据丹内克尔的转述）赖伐尔提出："驱逐非占领区的犹太家庭时，
（可以）包括 16 岁以下的孩子。至于占领区的犹太儿童，我并不
关心。"[9] 历史学家认为，赖伐尔对儿童的处置方案称得上他"一
生的耻辱"[10]，这一时刻应该"永远载入法国史册"[11]。一个完全
公正的评价，特别是考虑到这些孩子将要遭受的骇人苦难，很大程
度上源自一个法国政治家做出的承诺，由法国人民在法国的土地上
执行。

1942 年 7 月 16 日，法国警察开始在巴黎抓捕外籍犹太人。那
天晚上，安妮特·穆勒和弟弟米歇尔、两个哥哥以及母亲全都在他
们位于第十区的家中。他们的父亲是波兰人，因为之前听到一些传
言，此时他已经离开家在附近藏身，而其他留下的家庭成员则完全
没有料到，他们都将面临灾难。安妮特[12]当时 9 岁，她清楚地记
得那天晚上发生的一切："我们被一阵敲门声惊醒，警察闯了进来。
我母亲乞求他们放过我们，警察局局长一把推开她，说：'动作快！
别耽误我们的时间！'我吓坏了。这么多年来，我一直在做噩梦，

因为突然之间我所崇敬的母亲做出这种举动。我无法理解她为什么在他们面前这样羞辱自己。"

安妮特的母亲匆忙把床单铺在地上，包起一些衣服和干粮。几分钟后他们下楼到街上去。此时安妮特发现自己忘了带梳子，警察允许她回去拿，只要她能"马上回来"。回到房间，她发现还有警察在里面："家里被翻了个底朝天，我（还想）带上我的洋娃娃……他们一把夺走我的娃娃，他们把它从我怀里抢过去，重重地扔在没来得及铺好的床上。我这时明白过来，接下来肯定不会有什么好事。"

等他们走上街，在混杂着警察和犹太人的队伍里，她母亲让两个年纪较大的男孩（分别是 10 岁和 11 岁）赶快逃跑，于是他们消失在人群中（这两人被法国人藏了起来，都活到了战后）。随后，警察把所有人赶上巴士，把他们带到位于十五区的一个封闭自行车赛场（Vélodrôme d'Hiver），所有于大搜捕的两晚被抓捕的犹太人家庭都被带到了这里，共计 12 884 人，其中包括 4115 名儿童。米歇尔·穆勒 [13] 当时 7 岁，接下来发生的事在他记忆中是一个个片段："无论白天还是晚上，灯都亮着。有一个巨大的天窗。天气非常热。我们很少再见到警察的身影。有一两处可以接水的地方，还有厕所——大概也是两个。我身上一直有一股臭味，两天后就让人难以忍受。孩子们都在玩耍，我认识很多小孩。我们在自行车道上滑行，那是一个木制的轨道。"

在这种恶臭扑鼻的环境下，安妮特·穆勒病倒了。她被带到自行车赛道的中心躺下休息。"我看见住在离未来大街（rue de l'avenir）不远处的那个瘫痪的男人。我们每次去他家，他总是用一条毯子盖住他的腿。他的孩子们围着他，毕恭毕敬地对他说话。我记得看到这个人，他给我留下深刻的印象。当时他躺在地上，没穿衣服——顺便说一句，那也是我第一次见到赤身裸体的人——他大声喊叫着。他的眼睛半睁着，浑身雪白，一丝不挂。那个画面挺吓人的。"

在自行车赛场住了几天后，这些犹太家庭被火车送往法国乡

下的集中营，其中穆勒一家被送到了博讷拉罗朗德（Beaune-la-
Rolande）。"那是个很美的小村子，"米歇尔·穆勒说，"很漂亮，也
很热。村里有一条林间小路。我们穿过村庄时，村里的人都看着我
们，充满好奇。"穆勒一家属于最后一批到达集中营的人，在这个
匆匆搭建起来的营地里已经没有床铺给他们睡，所以他们只能在地
板上铺稻草，尽可能让自己好受些。即便是这样，米歇尔也并不发愁：
"一开始我并不担心。我们跟妈妈在一起，这让我很踏实。我还跟
朋友们一起玩。"他只有一个担忧："我们都是好学生，我们担心的
问题就是自己赶得上开学吗？"

　　尽管集中营的条件十分艰苦，但对安妮特和米歇尔来说，与他
们的母亲在一起就是最大的慰藉。"她在家的时候非常愁苦，"安妮
特说，"我们都不太敢跟她说话，但刚到营地时，她跟我们很亲近。
她陪我们玩，我们拥抱她。其他女人看见我们这样搂搂抱抱着玩闹，
都哈哈大笑。"然而，刚进集中营时，一件与母亲有关的事让安妮
特终生耿耿于怀："我们住在营地的第一晚，外面在下雨，有雨水
滴到她身上。弟弟和我争执起来，谁都不愿意跟她睡在一起，因为
我们都不想把自己弄湿。她说，'你们就为了不被水打湿，都不愿
睡在妈妈旁边啊'。我们分开后，这件事一直折磨着我。我有机会
睡在她身边时却没有好好把握。"几天后，他们的母亲通过贿赂一
名法国警察（他们在营地里见到的所有卫兵都是法国人）给丈夫寄
去一封信，正是这封信后来救了她两个幼子的命。

　　到达营地没几天，看守就要求女囚交出她们的贵重物品，但有
人宁愿把她们最珍视的物品丢掉，也不愿让抓捕她们的人拿去。"公
厕里有一个粪池，"米歇尔·穆勒说，"粪池上架着一块木板。上厕
所时所有人都能看见。这把我吓坏了。在所有人都能看得见的地方
上厕所真是太丢人了。有些（女人）真的把她们的首饰扔进粪坑里。"
后来，米歇尔看见几个当地居民被雇来对犹太女囚搜身，还带着一
根棍子搜厕所。"我万万没想到会这样。"他说。

　　虽然穆勒一家和其他数千个家庭在博讷拉罗朗德和皮蒂维耶（Pithiviers）等地的集中营已吃尽苦头，但更可怕的命运还在等着他们。德国原本只要求法国遭送能够工作的成年人，儿童是为了凑数后加进去的，因此柏林方面并未正式批准以家庭为单位的驱逐方案。尽管法国政府知道，只要等上几周，这样的方案几乎一定通过，但他们还是同意将父母与孩子分开，先送走成年人。维希警官让·勒盖在给奥尔良地方长官的信中写道："儿童不该与他们的父母一同离开。"他补充说："在与他们的父母团聚之前，将有人负责照料他们。"[14] 事实上勒盖很清楚，孩子们很快也会被送走，因为他接下来写道："儿童专车将于 8 月中下旬出发。"[15] 就这样，法国政府没有建议德国人推迟驱逐，让一家人一起离开，而是任由极其痛苦的骨肉分离随后发生。

160

　　赖伐尔曾声明，他之所以提议将孩子一起驱逐，是出于一种"人道"精神，避免让一家人分开。这个声明原本就跟斯洛伐克政府出于"基督徒"的考量要求遭送整个家庭一样虚伪，此时更被证明是一个彻头彻尾的谎言。没有什么比赖伐尔现在提出的方案更不"人道"了——博讷拉罗朗德和皮蒂维耶的集中营的孩子将被迫离开父母的怀抱。正如历史学家塞尔日·克拉斯菲尔德所述："勒盖对驱逐会造成的实际影响视而不见，还落井下石。他在自己那间位于蒙索（Monceau）大街、洒满阳光的办公室里最关心的，就是如何塞满盖世太保安排的那些列车。"[16]

　　8 月初，成年人可能会被带走的消息在博讷拉罗朗德传开。"我记得她——我母亲——把钱缝进我外套的垫肩里，"米歇尔·穆勒说，"那是我做礼拜时穿的套装，还有一件配套的马甲和短裤，我觉得它很像高尔夫短裤，特别喜欢。她把钱缝进去，告诉我要当心。第二天他们就来抓人了。"法国警察闯进集中营，把所有人召集起来。他们一宣布要把孩子和他们的父母分开，现场就陷入了混乱。"好多孩子紧紧攥着他们的母亲，"米歇尔回忆道，"那真是生离死别的一刻。孩子一边紧抓着母亲不放，一边哭喊，宪兵有些招架不住。"

161 安妮特也说道："警察狠狠殴打这些妇女，让她们后退。孩子们拉着她们的衣服。他们（宪兵）用水枪冲散人群。他们扯烂了女人的衣服。好多人在哭喊。现场本来一片嘈杂，可突然之间，大家都安静下来。"原来，一把机关枪架到了这些妇女儿童面前，威胁清清楚楚。"女人们在前面排成一条长队，"安妮特说，"直到今天那个队列还会浮现在我眼前。我们小孩子互相牵着。我母亲站在前排，她朝我们使了个眼色，我们看着她。我记得她眼里带着笑意，仿佛在说她会回来的。米歇尔哭了。那是母亲留给我们的最后印象。"

父母离开后，这些孩子在营地里的境况迅速恶化。没有母亲的照顾，他们变得脏兮兮的，浑身是土。很多人因为只能吃上稀汤和豆子而染上痢疾。但最难忍受的，还是感情上的失落。"晚上最难熬，"米歇尔·穆勒回忆道，"那通常是母亲给我们讲故事的时间，她走了，我们只能自己给自己讲。"安妮特补充道："她离开以后，有好几天我都不愿意走出营房，因为太难过了，止不住地哭。我一直睡在稻草堆上，对自己说，妈妈是因为我的过错才离开的，因为我对她不够好。我反复用类似的事责怪自己。米歇尔硬拉着我出去走走。我得了痢疾以后，米歇尔帮我清洗，强迫我吃饭。他带着我在营地里一点一点地转，到处拔草然后吞进肚子里。"

7 岁的米歇尔担起保护姐姐的义务，但他面临着巨大的困难。安妮特病倒了，不能排队领汤，而吃草的实验以失败告终——米歇

162 尔原本以为草吃起来会和蔬菜沙拉一个味儿。而最大的问题在于，7 岁的他比许多男孩都要年幼，个头儿也更小，所以开饭抢食物时他根本不是他们的对手。"我清楚地记得领汤的时候大家打作一团的情景，我会与别的小孩打架。因为我个头儿太小，挤不进领汤的人群里，有时候我只能带着空空的罐子回去，什么都没领到。姐姐一直在生病，我们只能去搜别人盛食物的空罐子，看里面有没有什么东西剩下。我们经常聊到跟吃有关的话题，告诉对方自己要点的

菜，其实在家里我们通常都吃得不多，但那个时候真的饿坏了。"
他和姐姐一天比一天虚弱，米歇尔意识到，想要活下去，他必须彻底改变他们的境况。因此，当他看见营地医务室外的一则告示时，他决定采取行动："上面说医务室将供给 5 岁以下的孩子吃饭。幸好我识字，又会写——我一直告诉我的小孩，必须学会读和写，这非常有用——我假装自己只有 5 岁，我成功了。通过这个办法我吃上了饭，也让我姐姐吃上了饭（因为米歇尔会偷藏一些食物带出来）。"

　　这段历史之所以格外残忍，格外令人心酸，不光是孩子们被迫与自己的父母分离，还因为法国政府没有好好对待这些留给他们"照料"的孩子。他们遭到忽视，吃不饱饭，情感上也得不到安慰。在他们人生最脆弱的阶段甚至遭到侮辱。对米歇尔·穆勒伤害最大的并不是饥饿或肮脏，而是他在博讷拉罗朗德所遭受的肆意羞辱："由于卫生条件非常差，我们都长了虱子，他们把我们都剃成光头。那时我长着浓密的鬈发，我的头发让妈妈特别引以为傲。警察给我剃头，他把我夹在两腿之间，说：'哦，接下来我们要给最后的莫希干人剃头了。'他在我的头发中间剃出一条道。只有中间被剃秃，我觉得特别丢人，偷了一项贝雷帽盖住脑袋。"剃完发的米歇尔让他九岁的姐姐都吓了一跳。"我记得我妈妈很喜欢给他梳头，他长着漂亮的金发，她觉得他是个特别漂亮的小男孩。他们把他中间的头发剃掉之后，他看起来特别丑。我终于理解人们为什么要把犹太人赶走了，因为哪怕是我自己的弟弟，当我看到他脏脏的小脸和那样的发型后，我都会觉得嫌恶。他让我产生了嫌恶的感觉。"几天后，警察终于剃掉了米歇尔两边的头发。他们觉得很有趣的一件事，却给米歇尔留下了至今都无法抹平的情感创伤。

　　到了 1942 年 8 月中旬，法国政府终于做出安排送走这些儿童，以便凑够他们承诺德国人的数字。按计划，这些孩子将被送到巴黎东北部郊区的德朗西（Drancy）集中营，再跟那里的成年人一起被送去奥斯维辛。也就是说，他们将在陌生人的陪伴下，走向死亡。

8月15日，一群孤苦伶仃的孩子排着队，走在博讷拉罗朗德这个美丽的小村庄里，沿着两侧栽满绿树的道路朝火车站走去。两周以前，那些跟随母亲走进营地、健康活泼的男孩女孩，现在的样貌发生了很大变化。"我记得村里的人都看着我们，"安妮特·穆勒说，"他们脸上带着那种我自己也曾产生过的嫌恶。我们肯定臭烘烘的，被剃光了头，身上长满疮。我看见人们脸上那种嫌恶的表情，就像你在地铁站里看到脏兮兮、睡在长椅上的流浪汉时会有的表情。我们仿佛已经不再是人。"尽管如此，在前往火车站的路上，孩子们都在高声歌唱，安妮特说，这是因为"我们相信自己就要见到爸爸妈妈了"。然而，他们将要前往的并不是自己的家，而是德朗西这个中转站，6.5万多人从这里被送往东部的灭绝营，其中超过6万被送到了奥斯维辛。

奥黛特·达尔特罗夫–巴蒂克尔[17] 1942年8月在德朗西集中营，和另外两个朋友自愿照顾这些从博讷拉罗朗德和皮蒂维耶来的孩子。"他们刚到时身体状况非常糟糕。身上都是虫，特别特别脏，还生着痢疾。我们想给他们冲澡，但没有东西把他们擦干。我们想给他们些吃的——这些孩子已经好几天没吃东西了——可几乎什么也没有。我们还想整理出一份完整的名单，可很多人不知道自己的姓，他们只会说：'我是皮埃尔的弟弟。'我们尽量询问每个孩子的名字，当然，都是大孩子，那些小的是不可能问出来的。他们的母亲把一块写着名字的小木牌系在他们身上，但很多孩子摘下了木牌拿着玩。"

看着这些可怜的孩子，奥黛特和另外两个人除了用自己也不相信的话去安慰他们，其他什么也做不了。"我们对他们撒谎。我们告诉他们：'你们就要见到爸爸妈妈了。'当然，他们不相信我们。很奇怪，他们仿佛知道接下来会发生什么。很多孩子对我朋友或者对我说：'女士，收养我吧……收养我吧。'他们想留在集中营里，哪怕这里的条件已经这么差。他们不想再去别的地方。有一个小男孩，一个长得非常漂亮的小男孩，大概 3 岁半。他的样子我到今天还记得。他不停地说：'妈妈，我会害怕的。妈妈，我会害怕的。'他一直重复着这几句。说来也怪，他知道未来会让他更加害怕。他们都特别悲观。他们宁愿留在恐怖的集中营里。他们看事情比我们看得清楚多了。"

奥黛特看到，这些孩子仍留着"对他们特别重要的一些小物件"，比如他们父母的照片，或是小小的首饰。"有一个戴耳环的小女孩说：'你觉得他们会让我留着金子做的小东西吗？'"就在这些孩子离开的前一天，集中营里的一些犹太女囚开始搜查孩子们身上的贵重物品。"这些女人是按日计酬的。我们知道，她们搜出来的大约有一半会进自己的口袋，我看见她们对孩子一点都不友善。她们完全无动于衷，这让我难以理解。"

在米歇尔和安妮特看来，在德朗西集中营里的日子"就像活在一场噩梦中"。这个营地其实是一片尚未完工、造价低廉的住宅区。让安妮特惊讶的不仅是生活条件的恶劣（她和弟弟只能睡在水泥地上，周围都是粪便），还有另一个现实：前来照料他们的大人屈指可数，面对众多孩子根本忙不过来，这意味着，"没人照顾，我们真的是自生自灭。我不记得有哪个大人关心过我们"。就在送他们去奥斯维辛的列车开动前夕，她听见有人点自己和弟弟的名。她和米歇尔被带出德朗西，经过带刺的铁丝网，来到一辆等待的警车前。"我们以为自己就要被释放了，"安妮特说，"我们会再次见到家人，并回到未来大街去。米歇尔和我想给我们的父母一个惊喜，还策划了一番，想藏在桌子底下然后再跑出来，这样他们见到我们一定会特别开心。就在这时，我转过头，看到警察在流眼泪，他们肯定知道我们不是要回家。"

安妮特和米歇尔被带到离德朗西不远，另一个关押外籍犹太人的收容中心，那曾是蒙马特区拉马克大街（rue Lamarck）的一个收容所。他们当时并不知道,这是他们通往自由的第一步。他们的父亲收到了妻子在博讷拉罗朗德写的信,于是他四处打通关节,通过一位有影响力的法国犹太人,把钱送到了法国政府那里。结果,年幼的安妮特和米歇尔都被重新划为"皮货制造工人",被带出了德朗西。他们到了新的收容中心,在父亲的安排下,一家天主教孤儿院派人接走了他们,并在战争期间把他们藏在里面。

　　1942年夏天被送到德朗西的数千名儿童绝大多数没有这么好的运气。8月17日至8月底,这些在博讷拉罗朗德和皮蒂维耶被迫与父母生离死别的孩子,前后搭乘七辆火车从德朗西到奥斯维辛。"出发前的那个早上,我们尽了最大努力打扮他们,"奥黛特·达尔特罗夫–巴蒂克尔说,"他们大部分人甚至无法带上他们的小行李箱。他们的行李箱都混在一起,我们不知道那些箱子都是谁的。他们不想下楼,不想上巴士,我们只好把他们拖过去。等到几千人都离开以后,我记得医务室里大约还有80个人。我们本以为可以救下这些孩子,实际上根本不可能。有一天他们告诉我们,就连这80个人也得离开。驱逐那天早上,我们试图把他们拉下楼,他们又踢又叫。警察走上来,费了好大劲才强迫这些孩子下楼去。有一两个警察看见这悲惨的场面,似乎显得有些难过。"

　　18岁的约·尼森曼[18]于8月26日离开德朗西,前往奥斯维辛。火车上有700名成人和400名儿童,其中包括他那"一头金发、非常漂亮的"10岁的妹妹。跟他同一节车厢的大约有90个人,其中约有30个是没有父母陪同的儿童。约还记得孩子们如何在运货列车车厢里"坚强地"忍受这段漫长的征程。"我们大概是两三天以后到达奥斯维辛前一站,当然,我没法告诉你确切的时间。附近有一个工作营,需要一些身体健康的男人,所以他们停下列车,带走了250个人。"约便是被选中的成年人之一。"他们拿着棍子,强迫我们下车。我们没有逗留就被带走。我把我妹妹留在了车里……但我们无论如何都想象不出接下来会发生什么……我记得他们没有哭。那些一面之缘的小家伙,有的长得特别可爱,他们全都被杀害了。太残忍了。"60 年过去了,约·尼森曼还是每天都会想起他妹妹和其他从德朗西上车的孩子们的悲催遭遇。"我家后面有一个幼儿园,我看见母亲们排队等着接孩子,手里拿着给他们的巧克力牛角面包。可那些孩子没有妈妈陪伴,也没有巧克力牛角面包……"

在纳粹屠犹历史上发生过许多可怕的事,而那些从法国运来的犹太儿童,他们的故事尤其令人心痛,其中最揪心的,当数孩子与父母生离死别的那一幕:不仅是那骇人的暴力场景——在博讷拉罗朗德等集中营,孩子们从母亲的怀抱中被生生拽走;甚至,有一些家长不得不违背天性,遗弃自己的孩子来期待他们能够幸存,正如在最开始的围捕中让儿子逃跑的母亲所做的那样。由此造成的情感创伤肯定给当事人造成了极大的痛苦。

即便霍斯本人,也曾亲眼目睹奥斯维辛的犯人如何不惜一切代价地要与家人在一起。筛选过程将男人和女人分开,将丈夫与妻子分开,但纳粹很快意识到,强迫母亲与她们的孩子分开几乎总是损人不利己。把一些年轻健康的女人和她们的孩子一起送进毒气室,虽让纳粹损失了宝贵的劳动力,但他们发现,如果在最初的筛选中强迫孩子离开他们的母亲,那会造成极其可怕的场面,几乎不可能实现对屠杀过程的有效控制。此外,进行这种分离所造成的心理压力是如此巨大,与特别行动队近距离射杀妇女和儿童时所承受的情感困扰不相上下,而减少这种情感困扰本是修建毒气室的初衷。

法国政府在 1942 年夏天送走几批儿童后,也得出了相同的结论。被迫离开妈妈的小孩自己照料自己的画面是如此令人不安,因此,德朗西最后一批没有父母陪伴的儿童于 8 月 31 日乘火车离开后,当局下令停止这种做法。法国再也没有把孩子与他们的母亲分开驱逐,而是把全家人一起送去奥斯维辛。但重要的是,我们完全有理由确信,法国政府并非突然产生了恻隐之心,而是与霍斯一样,

168

169

意识到不把母亲与孩子分开对他们来说更容易，为的是他们自身的利益。

　　这个故事让人难以接受的另一个原因，是法国当局在每一阶段与纳粹的串通一气。纳粹一开始就知道，如果没有法国的合作，对犹太人的驱逐是不可能完成的。而法国决定交出"外国"犹太人、保护他们"自己的"犹太人时所表现出的某种程度的犬儒心态，时隔这么多年还是令人感到震惊（不过从后面的章节中我们将会看到，在接下来的几年里，好几个国家都做出了同样的决定）。战时法国的驱逐造成近 8 万名犹太人丧生，占法国犹太总人口的20%~25%。这意味着每 5 名法国犹太人中，约有 4 人活到了战后。这个数字有时会被辩护者当作一个"正面的数据"引用，以说明法国政府在纳粹占领时期的光荣表现。事实上，这个数字所表明的恰恰是相反的结论，因为我们几乎可以肯定，如果法国拒绝合作、拒绝交出"外国"犹太人，那么这一切都不会发生。1942 年 11 月，法国全境被占领，法国当局不再合作，致使德国人后来的驱逐目标无法实现。即使是在这种情况下，纳粹也没有展开任何激烈的报复行动。

　　1942 年 7 月的巴黎围捕行动及后来对儿童的驱逐发生后不久，宗教领袖对法国政治领导人的做法提出了强烈抗议。8 月 23 日，图卢兹市大主教在写给教区教友的公开信中表达了他的反对态度，里昂市大主教 9 月 1 日与赖伐尔会面，他对后者说，自己不但支持反抗运动，也支持天主教徒把犹太孩子藏起来的行为。但这一切来得太晚，无法再改变那年 7 月在巴黎大扫荡中被带走的人的命运。在博讷拉罗朗德，米歇尔和安妮特的母亲与孩子分开后死在了奥斯维辛。诚然，想要置她于死地的是纳粹分子，但真正让她陷入绝境的却是法国人自己。"让我最难以接受的，"米歇尔说，"是一切都发生得无缘无故。人们被捕仅仅是因为他们生下来就是犹太人，而实施抓捕的居然是法国人，我现在仍然无法理解。60 年过去了，我还是觉得难以置信。"

1942 年夏天，在没有父母陪同的情况下被送去奥斯维辛的 4000 多个孩子全部死在了那里，没有一个幸存。"我的两个哥哥（在最初的围捕中）逃跑的时候，"安妮特说，"他们一个同学的妈妈也催促她的儿子快跑。那个男孩逃脱后，又不想孤零零一个人，特别想回去找妈妈，所以他求一个警官（允许他）回到他母亲所在的地方。最后他也被送进了毒气室。这些都是很有想法的孩子，他们都是快乐的孩子，充满对生命的热爱。但就因为是犹太人，他们就要遭此劫难。其中，又有多少本是有能力、有才华，充满个性的人？"

这些儿童与父母的分离、在各个中转营忍受的苦难，甚至在遭送途中的"坚强"，它们都有目击者，然而，没有人能告诉我们，他们走进奥斯维辛的大门之后究竟发生了什么。我们很难想象筛选的场景，也几乎无法想象作为一个屠杀的刽子手，参与这个过程会是一种什么样的体验。唯一可以解开谜团的方法，就是从当时在奥斯维辛工作的党卫队成员中找到一位可靠的目击证人。经过数月的调研，我们竟然真的找到了这样一个人，对他进行了访谈。他就是 171 奥斯卡·格伦宁（Oskar Groening）[19]。

1942 年，21 岁的格伦宁派驻奥斯维辛，就在从法国来的儿童到达仅数周后。刚来不久，他就看见一辆列车停靠在"坡道"（指犹太人下车的站台）边上。"我站在坡道上，"他说，"我的任务是跟其他人一起看管即将到达的那批囚犯的行李。"他看到党卫队医生首先将男人与妇女儿童分开，然后又筛选出可以工作的人以及要马上送进毒气室的人。"病人都被抬上了卡车，"格伦宁说，"画着红十字的卡车——他们总在制造一种假象，那就是没什么可怕的。"据他估计，1942 年 9 月他第一次见到的那批犯人当中，有 80%~90% 的人被选去立即杀害。"（筛选）过程是以一种比较有秩序的方式进行的，但等筛选结束以后，那里就像一个菜市场一样。有成堆的垃圾，垃圾旁边是生病的人、走不了路的人，可能还有某个找不到妈妈的小孩子，或是某个藏在车厢里、在我们搜查火车时被发现的人。这些人脑袋上直接挨一枪，当场就死了。他们对待这些人的方式让我产生了怀疑和愤怒。他们抓着一个小孩的腿，把他扔到卡车上……等他发出像生病的小鸡一样的叫声，他们就把他举起来砸向卡车的边缘。我不明白党卫队士兵为什么要举起一个小孩子，拿他的头去砸卡车的边缘……或是开枪杀死他们，然后把他们扔到卡车上，就像在扔一袋小麦。"

按照格伦宁的说法，由于他充满"怀疑和愤怒"，因此他找到他的上级，对后者说："我办不到，没法再在这里继续工作下去。如果必须要杀光犹太人，至少应该按照一定的规矩来办。我跟他说了这些，然后说：'我想离开。'"格伦宁的上级平静地听完他的抱怨，提醒他别忘了当初的党卫队效忠宣誓，并告诉他应该"忘了"离开奥斯维辛这个念头。但他也给了格伦宁一些希望，他告诉格伦宁，那天晚上所见到的"过激行为"只是个"例外"，并说他本人也同意党卫队士兵不应该参与这种"残暴的"行动。相关文件证明，格伦宁后来确实提出了申请，要求把自己调至前线，但没有获得批准，因此继续留在了奥斯维辛。

重要的是，格伦宁并没有向他的上级抱怨屠杀犹太人这个原则，只抱怨了实施的具体方式。当他望着面前的犹太人，知道他们几小时内就会死在毒气室的时候，他说他的心情"非常复杂"。"假如你在苏联，面前架着一部机关枪，苏联的军队正朝你冲过来，而你要做的就是扣动扳机，打死尽可能多的人，这个时候你会有什么样的感受？我故意这样说，是因为我们一直都认定一个事实，那就是犹太人是来自德国内部的敌人。政治宣传对我们产生了很大影响，让我们理所当然地认为对犹太人的灭绝只不过是战争中会发生的事。在这种情况下，我们并不会产生同情或同理心。"当被追问为什么儿童也不放过时，格伦宁答道："敌人不是那个时间点的那些孩子，而是他们身上流淌的血，是他们长大后将要变成的那个危险的犹太人，正因为如此，儿童也受到了牵连。"

　　从奥斯卡·格伦宁被调去奥斯维辛之前的经历中，我们可以找到一些线索，来解释他为什么会认为无助的妇女儿童也是"敌人"，必须被"灭绝"。他于 1921 年出生于下萨克森州，父亲是一名纺织熟练工，也是个传统的保守派，"对德国取得的成就深感自豪"。从格伦宁记事起，他就爱翻看祖父的照片，他祖父曾是不伦瑞克公国精锐步兵团的一员。"我还是个小男孩的时候，他的仪态给我留下了深刻的印象。他骑在马背上，吹着他的小号，帅气极了。"德国在"一战"中失利后，格伦宁的父亲加入了右翼组织"钢盔党"（Stahlhelm），这是《凡尔赛条约》签订后涌现出的众多极端民族主义组织中的一个，它们将该条约视为耻辱。随着生活更加拮据（由于缺乏资金，他的纺织生意于 1929 年宣告破产），格伦宁的父亲因德国所遭受的不公待遇而产生的愤怒之情也变得更加强烈。20 世纪 30 年代初，年轻的奥斯卡加入了钢盔党的青少年组织"沙恩霍斯特"（Scharnhorst）。"我戴着一顶灰色的军帽，身穿衬衫和长裤。看起来有些怪异，但我们感到很自豪。我们还会穿黑色、白色和红色的衣服，也就是威廉皇帝时代国旗的颜色。" ¹⁷³

　　1933 年，纳粹上台。对当时 11 岁的格伦宁来说，由钢盔党的沙恩霍斯特转入希特勒青年团是再自然不过的事情。他继承了父母的价值观，认为纳粹分子"是希望德国有更美好的未来、并为此而采取行动的一群人"。作为希特勒青年团的一员，他参与了焚烧"犹太人和其他堕落分子"所撰写书籍的行动，认为如此有助于德国消除不合国情的外来文化。他还认为，此时明显可以看出民族社会主义者正在努力振兴经济："（自纳粹上台以来）六个月内，500 万失业人口从街上消失了，人人都有了工作。接着，（1936 年）希特勒进军莱茵兰（Rhineland，它在《凡尔赛条约》中被规定为非军事区），没有遭到任何人的阻拦。对此我们高兴极了，我父亲还开了一瓶酒。" ¹⁷⁴

　　在此期间，年轻的奥斯卡上学了。尽管他觉得自己有时"相当懒，或许还有一点笨"，但他最后还是以相当好的成绩毕业，17 岁时成为一家银行的培训生。在银行没工作多久，战争就爆发了，20 个职员中的 8 人迅速被征召入伍，他们的工作由年轻女性接替。这意味着剩下的培训生（比如格伦宁）可能要"做一些通常情况下绝对不会做的工作。比如我要负责看管现金出纳机"。尽管这些培训生在银行业的职业生涯得到了意想不到的发展，但是当听到德国在波兰和法国迅速获胜的消息后，他们都"情绪高涨"，一心"想要参与其中""想要帮忙"。

　　奥斯卡·格伦宁想要加入德军的"精锐"部队，就像他祖父那样。对这个年轻人来说，只有一个组织能实现他这个梦想："武装党卫队（Waffen SS）由冲锋队（SA）的一部分成员组建而成，那时人们特别需要一个可以完全信赖的部队。在党员集会上，最后经过的方阵是穿着黑色制服的（党卫队士兵），所有人都在一米九以上，看上去个个意气风发。"因此，当武装党卫队在一家酒店征兵时，奥斯卡没有告诉父亲便跑去报名入伍。"等我回到家，我父亲说：'我希望他们会因为你戴眼镜拒绝你。'然后他说：'很抱歉，但你以后就会知道你能从中得到些什么。'"

　　被这个精英团体接纳后，奥斯卡·格伦宁开始在党卫队行政部门做一名记账员。对于这个岗位，他没有丝毫不快："我是个喜欢坐办公室的人。我希望我的工作既能让我体验军人的生活，又能有一些行政方面的内容。"这份记账员的工作他做了一年，直到 1942 年 9 月。在这个月，他们接到命令，要把在薪酬管理中心工作的那些身体健康的党卫队士兵调至更有挑战性的岗位，把行政工作留给在前线受伤致残、即将归来的老兵。"因此，我们大概有 22 个人带着行李登上了去往柏林的列车，以为我们即将投身战场。很奇怪，一般来说我们接到的命令都是把我们派去某个部队集结的地方，但这次没有。"

　　格伦宁和他的战友们来到党卫队总部某间办公室报到，它位于首都柏林一栋"漂亮的大楼"里。他们被带进一间会议室，在那里，几位党卫队高官对他们发表了一番演说："他们进行训话，说我们将要执行的任务是出于对我们的信任才下达给我们的，这项任务执行起来很有些困难。他们还提醒说，我们都是宣过誓的人，誓言是'忠诚就是我的荣耀'，现在我们可以通过执行布置给我们的这项任务来证明我们的忠诚，任务的细节我们随后就会知道。接着，一个级别低一些的党卫队军官说，我们对这项任务必须严格保密，这是高度机密，我们不能对亲人、朋友、战友或这个团队之外的任何人说起关于这项任务的任何信息。于是，我们逐一走上前，签署了一份表达类似意思的声明。"

在这栋大楼的院子里，格伦宁和他的战友们被分为几个小组，每组去不同的地方，随后，他们便被分别送到柏林几个不同的火车站，各自上车。"我们一路向南，"奥斯卡·格伦宁说，"朝着卡托维兹的方向。我们的领队手上有一份文件，说我们要去奥斯维辛集中营的指挥官那里报到。我之前从没听说过奥斯维辛。"

他们是晚上到达的，几名军警领着他们进入了主营。他们到中央办公大楼报到，随后在党卫队宿舍里被分配了"临时"铺位。那天晚上，在宿舍遇见的其他党卫队士兵都很友好地欢迎他们的到来。"那里的人马上接纳了我们，他们说：'你们吃东西了没有？'我们说没吃，所以他们就给我们找来一些吃的。"让格伦宁吃惊的是，除了党卫队的基本配给——面包和香肠以外，这里还有别的食物提供，包括鲱鱼罐头和沙丁鱼罐头。他们的新朋友还有朗姆酒和伏特加，他们拿出来放在桌上，说：'请自便。'我们吃着喝着，特别高兴。我们问：'这是个什么地方？'他们说我们应该自己找答案，并说这是个特殊的集中营。突然，门开了，有人说：'火车到了！'三四个人跳起来然后消失了。"

这一晚格伦宁睡得很好。第二天，他跟其他新人一起到党卫队中央办公大楼履新。几位党卫队高官询问了他们在战前的情况：

176

"我们要告诉他们我们都干过什么，做的是哪类工作，教育程度是什么。我说我是一个银行的职员，并说我想在行政部门工作。其中一位军官说：'哦，我用得上这样的人。'于是我就被他带走了。我来到一个营房，犯人的钱都存放在这里，我被告知等犯人有了编号以后，每个人身上有多少钱就会被登记，等他们离开时再还给他们。"

到目前为止，从奥斯卡·格伦宁在奥斯维辛的经历来看，这里完全是个"正常"的集中营，唯一特别的地方就是党卫队的伙食特别好。但当他开始进行登记时，他第一次了解到奥斯维辛"不同寻常"的额外功能："那里的人（在营房工作的人）告诉我们，钱是不会还给犯人的。被送进集中营的犹太人不一样，他们身上的钱被拿走以后就不会再退还给他们了。"格伦宁问："这跟晚上到达的那些'火车'有关系吗？"他的同事回答道："这个嘛，你不知道吗？这里的规矩就是这样的。犹太人被运来以后，要是他们不能工作，就得除掉他们。"格伦宁追问他们"除掉"究竟指什么，得到答复后，他惊讶不已："你真的想象不出来。我直到在筛选过程中看管贵重物品和行李箱，才完全相信了他的话。你要问我那是什么感受，我只能说，是一种你一开始无法接受的惊讶。但你一定不要忘了，不光是从1933年（希特勒当权）开始，其实从更早的时候起，从我还是个小男孩的时候，新闻里的政治宣传、媒体宣传和我所生活的社会就一直在说服我们，是犹太人造成了'一战'的爆发，并最后'在德国人背后刺了一刀'，还让我们认为，德国今天之所以落得这么悲惨的下场，都是犹太人的过错。我们的世界观让我们坚信，犹太人正联合起来谋划着反抗。在奥斯维辛有人说过，这一切必须避免，'一战'所发生的事必须避免，不能再让犹太人把我们逼上绝路。德国内部的敌人正被消灭——如果有必要甚至是彻底灭绝。发生在前线的战争和发生在大后方的战争没有任何区别，我们灭绝的不是别人，不过是敌人而已。"

如今，与奥斯卡·格伦宁面对面坐着，听他解释他在奥斯维辛的所作所为是一种很奇怪的体验。年过八十的他，谈论的仿佛是另一个奥斯卡·格伦宁，一个 60 年前在奥斯维辛工作的人。对于"那个"格伦宁，他可以不留情面地坦诚揭露。很重要的一点是，他不断提到周围的政治宣传对他的影响，以及在一个有极端民族主义倾向的家庭中成长的经历，好让自己不用为参与灭绝负全部责任。直到战争结束，新的世界观对纳粹的"犹太人国际阴谋集团"假想和犹太人被编造的一战角色提出了质疑，他才变成了"全新的"奥斯卡·格伦宁。在一个现代、民主的德国，新格伦宁完全可以作为一名对社会有用的公民面对接下来的生活。

这并不意味着格伦宁试图躲在"遵从命令"的盾牌背后。他并没有把自己描述为一个没有主见、全盘接受下达给他的所有命令的机器人。当有人跟他说，他在奥斯维辛连"雅利安"儿童被杀也能接受时，他坚决提出反对。他推翻了一些历史学家甚为推崇的一个观念，那就是党卫队士兵经过严苛的训练，无论要求他们杀死什么人他们都会照做。与此相反，格伦宁的决策过程远没有这么简单。的确，他声称自己在很大程度上受到当时政治宣传的影响，但在战争中他还是做出了一系列个人选择。他之所以继续留在奥斯维辛工作，不光是因为他被命令这样做，还因为他对自己面前的迹象进行判断后，认为屠杀行为是正确的。战争结束后，他开始怀疑那些依据的准确性，但他并没有把自己的所作所为归结于他需要像个机器人一样行动。他一生都在做他认为"正确"的事，只不过所谓的正确，已昨是今非。

我们不该过分苛责这样一种做法。当然他本可以做出不同的选择，可以拒绝接受他所在的价值体系并进行反抗，也可以从奥斯维辛一走了之（虽然没有任何记录表明，曾有哪个党卫队成员基于道德考虑，拒绝在集中营工作并因此逃跑），但这都是少数的例外。奥斯卡·格伦宁的所作所为之所以让人吃惊，根本在于他是再平凡不过的普通人。度过几年战俘生涯，格伦宁在一家玻璃制造厂找到了一份人事经理的工作，在那里默默干到退休。奥斯维辛的那段日子是格伦宁极其普通的一生中唯一的例外。

一项研究对奥斯维辛的党卫队看守进行了历史学—社会学的剖析，基于统计数据，研究发现，"无论是职业结构还是教育程度，集中营的党卫队成员和当时社会的其他人员相比都没有特别之处"。[20]奥斯卡·格伦宁是这个结论的典型代表。其代表性还体现在，在党卫队系统中他是个普通士兵，最高只做到下士（Rottenführer）。奥斯维辛约有 70% 的党卫队士兵属于这种情况，另有 26% 的人属于军士（高于下士一级的非委任军官），只有 4% 是军官。不同时期，在奥斯维辛 1 号营及其子营地工作的党卫队人数始终保持在 3000人左右。[21] 党卫队对集中营的管理是通过五大部门实现的：总部（人事、法务和其他相关职能）、医疗单位（医生和牙医）、政治部（盖世太保和刑事警察 "Kripo"）、经济管理（职责包括登记和处理死去囚犯的财物）以及营务管理（负责集中营的防务）。其中，最后一个部门最为庞大——在奥斯维辛工作的党卫队成员约有 75% 从事安保工作。奥斯卡·格伦宁唯一的特殊之处，就在于他负责的是相对"简单"的经济管理。

180   1942 年夏天，奥斯维辛接收的犹太人来自欧洲各国，包括斯洛伐克、法国、比利时和荷兰。早先，西欧犹太人会先被送到罗兹等临时隔离区，再挑出"不适合工作"的牺牲者，但这套自 1941 年底起执行的程序此时已被弃用。一旦奥斯维辛发展出站台上的筛选机制，整个灭绝过程就更为精简。奥斯维辛的魔掌甚至伸及英国，连海峡群岛的度假胜地根西岛（Guernsey）都与杀戮挂钩。对于一些人来说，所谓的"英国典范"（Britishness），其中一定包括英国对希特勒的抵抗。他们确信如果纳粹登陆英国海岸，英格兰、苏格兰和威尔士不会有一个人与他们合作。这样的人到今天还有很多。但接下来的事情将让他们备感不安。

海峡群岛是法国西北海岸附近的小型群岛，泽西岛（Jersey）和根西岛是其中最大也是最主要的两个岛屿。英国人的领土防务在此十分松散，作为皇室属地，它很大程度上独立于英国政府的管理。1940 年六七月间，德国人毫不费力地攻占了海峡群岛。与占领法国一样，德国人更希望与现有的政府机构合作，而不是采取他们在波兰和苏联的占领模式。然而，纳粹不能容忍海峡群岛上有犹太人存在，这点与他们在明斯克和华沙的态度并无二致。1941 年 10 月，《泽西岛晚报》登出通知，要求犹太人到克利福·奥林奇那里进行登记，他是管理岛上外来人口的负责人。同月，《根西岛晚报》也通知所有犹太人主动去警察局报备。

大部分犹太人事先知道德国人的到来，已经逃往英国本岛，只 181
有一小撮无法离开或不愿离开的人留下来。泽西岛共有 12 名犹太人前去登记，根西岛是 4 名。与纳粹治下的其他地方一样，登记标志着系统化迫害的开始。起初，犹太人要在自己店铺的窗户上挂一块牌子，写上"犹太物业"；接着，他们的生意被"雅利安化"，强行出让给非犹太人。在这过程中，海峡群岛的管理者给予了密切的配合，事实上，这些行动就是由他们组织实施的。1941 年 1 月 23 日，泽西岛犹太人内森·戴维森给总检察长写了一封信，语气沉重，极具代表性："按照您的指示，请允许我向您报告，我已经完成店铺的停业清理……拉下百叶窗，'停业'的牌子也挂上了。"[22]1941 年 6 月，克利福·奥林奇向泽西岛的行政长官确认，并通过后者向德国政府报告："本岛所有登记在案的犹太人无一从事商业活动。"[23]

随后，海峡群岛上的犹太人外出购物的时间进一步遭到限制，并强制实行宵禁。唯一被泽西岛政府驳回的歧视法令，是让犹太人佩戴黄色星章。行政长官和总检察长就这项命令向德国当局提出抗议，要求他们重新考虑，但德国指挥官卡斯珀博士对此不予理睬，仍要求将特制的星章运往小岛，星章中心印的是英语"Jew"而不是"Jude"。这批星章终究没有抵达目的地。受宵禁影响，海峡群

岛上的犹太人大都难以维持生计。店铺倒闭，遭受迫害的内森·戴
182　维森一蹶不振，1943 年 2 月被送进泽西岛上的一家精神病院，并于
第二年去世。另一名泽西岛犹太人维克托·伊曼纽尔则以自杀的方
式告别人世。

　　然而，对犹太人的驱逐是从附近的根西岛开始的。1942 年 4 月，
奥古斯塔·施皮茨、玛丽安·格伦菲尔德和特蕾泽·施泰纳三名犹
太妇女被送出小岛。她们都不是英国人：施皮茨和施泰纳是奥地利
人，格伦菲尔德是波兰人。因此，纳粹对犹太人的憎恨，她们三人
是再清楚不过了。拿特蕾泽·施泰纳来说，她在奥地利反犹主义倾
向越发严重的时候离开，最终在海峡群岛找到一份保姆的工作。她
的雇主一家 1939 年来到岛上，1940 年春返回英国本岛，但海峡群
岛政府禁止特蕾泽离开，并按照英国内政部的规定，将她作为"外
来人员"拘留。就这样，尽管特意逃到英国以求回避，她还是落入
纳粹的魔掌。特蕾泽曾在根西岛上的一家医院当过护士，在那里工
作的芭芭拉·纽曼 [24] 与她相熟："她很漂亮，一头好看的大波浪鬈
发，犹太人的鼻子——那是唯一能体现她作为犹太人的特征。她说
话语速很快，当然还带着口音。她有些认死理，有时让事情变得复杂，
但我们是很好的朋友，真的。"芭芭拉·纽曼很清楚特蕾泽对纳粹
的态度："她给我的印象是，如果她有机会，一定会朝他们吐口水。
这就是她对那些人的感受。"

　　1942 年春，德国当局要求根西岛政府驱逐三名外籍犹太人。根
西岛警长欧内斯特·普莱温，回忆当初他命令特蕾泽·施泰纳收拾
行李、去德国人那里报到时的场景："我还记得特蕾泽走进办公室，
183　我向她传达了德国军事部门下达给根西岛警察局的指示，特蕾泽特
别悲伤，一下子大哭起来，并喊着说我再也不会见到她了。"[25]

　　1942 年 4 月 21 日是个星期二，在这天，芭芭拉·纽曼陪着特
蕾泽朝圣彼得港走去，那是她在根西岛上走过的最后一段路。"当
时的画面仍然印在我脑海中：我记得我们把她的行李放在一辆自行

车上，推着走，你知道的，就像人们常做的那样。然后我们站在那里道别，我看着她通过关口，边走边挥手……一切都不受我们控制。你没法太担心，太担心的话你就坚持不下去了。你只能接受命令，试着习惯。我常常想，战争结束后大家要怎么办？再也没有人告诉我们该干什么了。"芭芭拉·纽曼完全没有想到，离开根西岛的特蕾泽是去送死："那完全超出了我们的经验范围，真的，不是吗？那种事情不会发生在英格兰。"

在圣彼得港，施皮茨、格伦菲尔德和施泰纳把自己交给了德国人。一艘小船把她们带到了法国，刚上岸她们就接受犹太人身份登记。特蕾泽·施泰纳找到一份临时的护士工作。7月，她们在法国对外籍犹太人的大规模驱逐中被捕，7月20日被送往奥斯维辛，三天后到达。她们有没有挺过第一轮筛选，我们不得而知，但可以确定的是，没人活到战后。特蕾泽说的没错，根西岛的居民再没见过她。

海峡群岛上剩下的犹太人于第二年，也就是1943年2月遭到驱逐。等待他们的是完全不同的命运。一起被送走的还有海峡群岛上其他几类居民，包括"共济会成员"、"前武装部队军官"和"疑似共产主义者"。[26] 对他们的驱逐是为了报复五个月前英国对萨克岛发动的突袭，那是海峡群岛中有人居住的最小岛屿之一。只有一个人得到德国人的"特殊对待"，即来自罗马尼亚的约翰·马克斯·芬克尔施泰因。他先是被送到布痕瓦尔德集中营，最后去到位于特莱西恩施塔特的特殊犹太人隔离区。他活到了战后。

其他被驱逐的人，包括犹太人在内，全部被送到法国和德国的拘留营，在那些地方，他们虽然吃了不少苦，但还不及布痕瓦尔德和奥斯维辛的囚犯所承受的苦难。重要的是，这些犹太人（除约翰·马克斯·芬克尔施泰因以外）并没有与其他海峡群岛的居民分开。纳粹这么做的原因我们只能自行猜测。"最终解决"执行过程中总有特例，在这里，或许因为这些犹太人是与其他被德国人视

184

为不那么"危险"的群体一起遭送，而且他们来自一个被纳粹认为属于"文明开化"、还不打算公开交恶的国家（出于同样的原因，1943年秋被驱逐的丹麦犹太人目的地是特莱西恩施塔特，而非奥斯维辛）。

诚然，海峡群岛当地政府在帮助德国人驱逐犹太人时，不可能确切知道后者最终所面临的命运。但纳粹单单挑出犹太人进行迫害，这点他们是清楚的，自己当然是在把这些受害者推入火坑，那些被送走的人原本已不堪忍受的生活肯定更加不幸。但他们没有做出任何努力来阻止驱逐，相反，警察和公务员给予德国人充分的配合。泽西岛政府确实对佩戴黄色星章的命令提出了反对（而根西岛没有），但问题的关键在于，正如弗雷德里克·科恩在一份对占领时期海峡群岛犹太人遭遇的开拓性研究中所指出的，相比犹太人，泽西岛政府为保护岛上的共济会成员所付出的努力要多得多。[27]一份1945年8月的英国情报这样写道："当德国人提出实行他们的反犹措施时，根西岛政府官员中无一人提出异议。他们迅速提供德国人所有可能需要的协助。与此相反，到了要对根西岛上为数众多的共济会成员下手时，行政长官则提出了激烈的反对，并竭尽全力地施以援手。"[28]

我们无法确知，如果根西岛政府也强烈反对驱逐施皮茨、格伦菲尔德和施泰纳，结局会有什么不同。有可能这种反对起不到什么实质作用（但会成为根西岛历史上永远令人骄傲的一刻），也有可能真的能拯救这三名到英国寻求庇护的妇女。光是这一点点可能性，就足以让整件事成为小岛难以抹除的历史污点。

就在根西岛这三个人到达奥斯维辛的同一个月，海因里希·希姆莱再次造访集中营。1942年7月17日，距这位党卫队全国领袖首次来此地视察15个月后，他的座驾再次开进集中营的大门。当时的波兰政治犯卡齐米日·什莫伦[29]回忆起希姆莱时说道："他看上去不太像个军人，戴着金边眼镜，有点胖，腆着个大肚子。他看起来像——不好意思，我无意冒犯任何人——他看起来就像个乡村教师。"

这个长相平平、戴着眼镜大腹便便的人，在这次访问中目睹了集中营的变化，视察了比克瑙在建的一套全新设施。他花了些时间察看集中营未来的发展规划，然后参观了占地 25 平方英里的"奥斯维辛利益区"（由集中营直接管控的区域）。接着，他观看一批新到的犯人经过筛选、随后在"小白房"里被毒死的过程。在这之后，希姆莱到地方长官布拉赫特的家乡——附近的小城卡托维兹，出席了为他举办的招待活动，并于第二天返回。此后，他又视察了比克瑙女子集中营，在那里观看一位犯人遭鞭打的过程，这也是他亲自批准的一种刑罚手段。希姆莱对于他在奥斯维辛的所见所闻甚为满意，当即把鲁道夫·霍斯提拔为党卫队上级突击队大队领袖。

霍斯的事业此时如日中天，全国领袖的到访大获成功。但问题还是存在的，比如，他的上司对奥斯维辛囚犯逃亡的情况很不满意。逃跑在集中营并不是什么新鲜事，最早记录在案的可追溯到 1940 年 7 月 6 日。但 1942 年夏天，一起特别大胆的出逃让所有集中营的党卫队指挥官都收到了警告，这起事件就发生在希姆莱到访的几周之前。

大逃亡的主要策划者是卡齐米日（卡济克）·皮耶霍夫斯基[30]。作为一名波兰政治犯，他在奥斯维辛被关押了 18 个月。逃跑的风险他再清楚不过："以前人们尝试过各种方法逃跑，但大部分都失败了，因为点名的时候，一旦他们（指党卫队和卡波）发现哪个人不见了，他们就带着经过特殊训练的警犬展开搜寻，在某块木板底下或成堆的水泥袋之间，藏匿者很快就被揪出来。这些被发现的人要背上一块牌子，上面写着'万岁！万岁！我又回来陪伴你们啦！'，一边敲着大鼓，一边在集中营里来来回回地走，最后来到绞刑架下。他们走得特别慢，仿佛是想延长他们的生命。"打算逃跑的囚犯还有另一个困扰，那就是一旦被发现越狱，他身边的狱友将面临可怕

186

187

的惩罚。在马克西米利安·科尔贝神父的例子中，逃犯所在的营房有十个人被挑出来活活饿死。"这让有些人完全没法采取行动，"皮耶霍夫斯基说，"但总是有人不怎么考虑后果，他们不惜一切代价想要离开这个地狱。"

因此，摆在皮耶霍夫斯基面前的有两个难题：如何逃出集中营，以及如何防止留下的人遭到报复。而在解决这两个问题之前，更紧迫的，是如何让自己活下去。起初，他所在的工作小分队是条件最恶劣的分队之一，犯人要在冰天雪地的户外劳作。"工作任务很繁重，吃的基本指望不上。我就快要变成'穆斯林'（Muselmann）[31]了，那是党卫队对半死不活的犯人的称呼。我觉得特别无助。"接着好运气降临，他被另一个工作小分队挑中。"我加入了这个分队，走出大门时，我问朋友：'咱们要去哪儿？'同伴说：'你不知道吗？你中大奖啦！我们要去仓库工作。虽然挺累的，但至少你不用在外面挨冻，你要在"头上有屋顶"的地方工作了。'我觉得自己一下子到了天堂。"皮耶霍夫斯基发现，在仓库这个"天堂"里面工作还有一个额外的好处："我的同伴教我一招，面粉装车的时候，我就敲打袋子，让面粉漏出来。守卫会让我们清扫干净，但我们不会把扫出来的面粉扔掉，而是掺上水做成面团。"在这个幸运的转机出现以后，皮耶霍夫斯基觉得他"能活下来了"。

一天，皮耶霍夫斯基与乌克兰人欧根纽什（热内克）·本德拉聊了起来，后者在附近的党卫队车库当机械工。"他（本德拉）跟我们一起上工，一起回去。有一天他偷偷对我说，他已经被列入要处死的名单——那时筛选非常频繁。他对我说：'卡济克，我该怎么办？我上了死亡名单了！'我对他说：'我也没有办法。'但他不肯罢休，说道：'卡济克，咱们为什么不从这个地方逃出去？'我吃了一惊，我们怎么逃？他说：'这个嘛，要有一辆车。我随时都可以弄到一辆车。'我开始思考可能性。然后我对热内克说，要想离开我们需要一些制服，党卫队的制服。"

逃跑计划的成败关键就在这里。上哪儿去找党卫队制服呢？他们再次得到命运的眷顾。皮耶霍夫斯基的卡波吩咐他去平时工作仓库的二层拿一些空盒子下来。在走廊上，皮耶霍夫斯基看见其中一个房间的门上用德语写着"制服"。他试着推了推，但门锁着。没过多久，他的卡波又派他上楼，这次他注意到门是半掩着的。"我当时唯一的想法，"皮耶霍夫斯基说，"就是进去看看会发生什么。我推开门，有个党卫队看守正往架子上放什么东西，他开始对我拳打脚踢。我倒在地上。'你这头猪！'他说，'你这头波兰猪，你这条狗，你没有权利进来！去向总办公室汇报，你这头波兰蠢猪！'于是我爬出房间回到了走廊上。"

皮耶霍夫斯基知道，如果把闯进房间一事向上汇报，他将被送去惩戒分队，那样的话基本必死无疑。所以他什么也没说，心存侥幸。他真的躲过了处罚，因为那个党卫队士兵没有继续追究，这是继一连串偶然的好运气后又一件幸事。他赌了一把，并赢了赌注，因为他瞥见了房间里的东西：制服、手榴弹、子弹和头盔，事实上，这里有他和他的同伴需要的全部物品。

逃跑的最佳时间是星期六，因为到了周末，集中营的这个区域没有党卫队看守值班。皮耶霍夫斯基想出进入仓库的好办法：平时，煤炭都是通过一条管道倒进仓库的地下煤仓，管道上有盖子，皮耶霍夫斯基卸掉了盖子上的螺丝，于是他们可以从煤仓进到这栋房子的其他地方。皮耶霍夫斯基下定决心铤而走险，可等他躺在床上，突然被一个念头震醒：他意识到"每跑掉一个人，就要有十个人被处死"。"我整夜都睡不着，这件事一直折磨着我，直到我灵机一动，想出一个办法（防止这种情况发生），就是假冒一个工作分队。"按照皮耶霍夫斯基的设想，四个人将推着一辆手推车离开主营地，假装自己是"手推车小分队"的犯人，他们登记之后就可以正式获准离开内围安全区，尽管还没出外围警戒圈，许多犯人都在这里工作。如果他们成功脱身，他们营区只有卡波要负全部责任，因为党卫队

189

会认为这个分队是卡波批准成立的。

　　这是一个非常大胆的计划，并且要找到另外两个愿意跟他们
一起冒险的人，因为现在需要四个人来组成这个"手推车小分队"。
本德拉马上找到他营区里的神父，约瑟夫·伦帕特，可接下来他们
陷入了困境。皮耶霍夫斯基询问了他最好的朋友之一，但对方说他
参与行动的前提条件是让他带上另一个人。这是无法实现的，因为
这个分队只能有四个人。皮耶霍夫斯基又找到另一个朋友，但他说：
"也许有机会成功，可希望太渺茫了。"因此他拒绝了。最后，一个
来自华沙、曾参加过童子军的年轻人斯坦尼斯瓦夫·雅斯特尔同意
加入，尽管他觉得实施这个大胆的计划要冒"极高的风险"。

　　雅斯特尔很快意识到，整个逃跑方案中最关键的一环是完全
无法预期的，那就是看守外围区大门的党卫队士兵是否会不查证件
就让他们通过。如果这些守卫按规定拦下他们的车，他们就完了。
万一出现这种情况，这几个越狱者商定，与其向党卫队看守开枪，
还不如自我了结。他们担心，逃跑的过程中哪怕只杀死一名党卫队
士兵，集中营剩下的犯人都将遭到可怕的报复，可能会有五百名或
一千名犯人被处决。

　　1942 年 6 月 20 日，星期六，他们决定动身。一大早，他们当
中的两人戴上袖章，假装自己是卡波，然后四个人一起推着一辆装
满垃圾的手推车，走出奥斯维辛一号营地写有"劳动使人自由"的
大门，朝营地外围区走去。"在大门口，"皮耶霍夫斯基说，"我用
德语对守卫报告：'918 号囚犯和手推车小分队另外三人要去仓库。'
他（党卫队看守）在本子上登记后就放我们通过了。"一走出大门，
欧根纽什·本德拉便朝党卫队废弃的车库走去，做开车的准备，其
他三人通过煤仓进到仓库。他们来到二楼，存放衣物的那个房间被
一根沉重的钢条牢牢顶着，但"浑身是劲"的斯坦尼斯瓦夫用一把
十字镐砸开了门。他们匆忙为自己和本德拉选了制服，还拿上四挺
机关枪和八个手榴弹。

　　三个人换完装，正准备离开仓库时，他们听见两个德国人在外面说话。"要是他们进来，我真不知道该怎么办，"皮耶霍夫斯基说，"但奇迹发生了，如果你相信有奇迹的话。那两个人就站在外面交谈，没有进来。他们随即离开了。"

　　他们通过仓库的窗户向本德拉比了个手势，让他把车向前开几米，开到仓库门口。然后他下了车，在他三个打扮成党卫队模样的朋友面前立正站好。"每隔六七十米就有一座瞭望塔，"皮耶霍夫斯基说，"守卫正望着我们，但我们不在乎，因为我们很有把握。热内克摘下他的帽子，对我说了几句，我向他指了指仓库，他进去换了衣服扮成党卫队士兵。"

　　此时，他们四人已经准备好迈出这次越狱行动中最危险的一步。"我们出发了。第一次转弯后，我们看见两个党卫队士兵。热内克说：'当心！'我们经过他们身边时，他们说：'希特勒万岁！'我们说了同样的话。我们又往前开了三四百米，另一个党卫队士兵在修自行车。他看见我们以后说：'希特勒万岁！'我们又说了同样的话。这个时候，我们正朝大门前进，还不知道他们会不会不看任何证件就让我们通过，但我们认为这是有可能的。大门关，右边站着一名党卫队士兵，带着机关枪，左边有一张桌子和一把椅子，一个党卫队士兵坐在那里。距大门80米远时，热内克把速度降到了二档，50米，大门仍然关着。他们能看见车，也能看见我们所有人都穿着制服，但大门依然紧闭。20米，我看了看热内克，他的前额和鼻子都在冒汗。等我们离大门大概15米时，我想：'自行了断的时候到了。'就像已经说好的那样。就在这时，那个神父拍了一下我的背，我意识到他们都指望着我。于是我朝党卫队士兵大声喊道：'要让我们在这里等多久！'我对他们骂骂咧咧。瞭望塔上的守卫说了句什么，然后他打开大门，我们就开了出去。我们自由了。"

　　欣喜若狂的四个人开着车行驶在波兰的郊区，仅仅数分钟，就把奥斯维辛抛在几英里的身后。在附近朋友的帮助下，他们换下党卫队制服，丢弃了车子，混入普通波兰人中。他们实现了计划的第一步——让自己成功逃脱。

在奥斯维辛，计划的另一半也很顺利。多亏卡齐米日·皮耶霍夫斯基编造出一个工作小分队的计策，其他囚犯没有遭到报复，只有一人除外：他的卡波被送去了11号楼的禁食牢房。

然而，对于曾被关押在奥斯维辛的人来说，离开并不一定意味着苦难的终结。皮耶霍夫斯基三个同伴后来的经历便是最好的证明：斯坦尼斯瓦夫·雅斯特尔不得不接受一个可怕的消息：为了报复他的出逃，他的父母被送去奥斯维辛，最终死在里面。他本人于德军占领华沙时期遇害。[32] 约瑟夫神父由于奥斯维辛给他留下过于严重的心理创伤，以至于——用皮耶霍夫斯基的话来说——整天"神情恍惚地到处乱晃"。战后，他被一辆公交车撞倒，死于这场事故。最先提议逃跑的欧根纽什·本德拉，回到家后发现妻子已经离开了他，在酒精麻醉中死去。只有卡齐米日·皮耶霍夫斯基还健在。但他也说，过去的遭遇让他时不时仍会"心神不宁"。他会梦见自己被带着狗的党卫队士兵追打，醒来时"浑身被汗水浸透、魂不守舍"。

纵使这四个人在奇迹般逃出奥斯维辛之后仍经历种种磨难，没有一个对他们不惜一切代价也要逃脱的决定产生过怀疑。如果他们得知希姆莱在1942年7月视察奥斯维辛时脑中的盘算，毫无疑问会更加庆幸自己的决定，因为在波兰的屠杀行动将进一步升级。7月19日，希姆莱宣布："我在此下令，对总督辖区所有犹太人的重新安置，应于12月31日前展开和完成。"这里的"重新安置"不过是"屠杀"的委婉说法。由此可见，希姆莱已经为几百万波兰犹太人的灭绝定好了期限。

不过，与其说希姆莱是在对未来进行部署，不如说他是在做一次最后陈述，因为促成这个结论的决策过程其实十分漫长，可以追溯到纳粹入侵苏联之前；我们看到的只是一系列因果链条中的最后一环，之前的每一次重大决定，都为1942年7月19日希姆莱冷漠的死亡宣言奠定了基础，这些决定包括建立波兰犹太人隔离区，在东部战场坑杀犹太人，进行毒气试验，驱逐德国犹太人，想方设法除去隔离区"没有价值的"犹太人，好为德国犹太人腾出空间，等等。概念构想阶段已经结束，最终决定几个月前就已做出，纳粹即将对犹太人大开杀戒。现在只剩下操作层面的问题，而纳粹认为这正是他们最擅长的领域。

　　为了实现"最终解决"目标，纳粹在1942年大大加快了处决的速度。而在这个阶段，奥斯维辛的屠杀能力仍非常有限（由于遭遇本书第二章所描述的困难，在主营地焚化炉进行的常规屠杀已经中止），只能依靠"小红房"和"小白房"的毒气室。因此，在1942年纳粹对波兰犹太人的大屠杀中，后来臭名昭著的奥斯维辛其实只起了次要作用。

194

　　希姆莱之所以有信心要求手下在1942年底之前完成对波兰犹太人的屠杀，并不是因为他认为奥斯维辛会发挥主要作用，而是他知道三个新的灭绝营已经在波兰的森林里建成，大部分屠杀行动将在这三地展开。与奥斯维辛不同，这三处很少为公众所知，它们分别是贝尔赛克（Bełżec）、索比堡（Sobibór）和特雷布林卡（Treblinka）。如今，人们大谈特谈的只有奥斯维辛，这其实非常讽刺，因为让三个灭绝营的名字从历史上消失正是纳粹的愿望。他们在屠杀计划得逞后，竭力抹去证明这三个营地曾经存在的每一丝痕迹。早在战争结束前，纳粹就拆除了这几个灭绝营，把它们恢复为森林或重新开垦为农田。与此形成鲜明对比的是，纳粹从没打算销毁奥斯维辛存在的证据，即便在它解放之前的最后日子。奥斯维辛作为集中营，沿用了纳粹体制在战前就已确定的做法，纳粹从来不曾打算向公众隐瞒这类营地的存在，事实上，同为集中营的达豪就建在城镇的郊区地带。对纳粹来说，明确表示他们会关押和"再教育"他们眼中的异见人士，是一种行之有效的政治宣传。正如我们之前所讨论过的，只有在奥斯维辛的囚犯遭遇大规模集体处决之后，这个营地的另一种功能才显现。因此，纳粹撤离奥斯维辛时炸毁了毒气室，却把其他大部分设施完整地保留了下来。

195 　　1942 年的贝尔赛克、索比堡和特雷布林卡则有着完全不同的性质。这三个灭绝营不仅在纳粹德国没有先例，甚至可以说在整个人类历史上都不曾出现过。它们没有范例可以参照。在许多方面，它们的存在和运作方式都比奥斯维辛更能准确体现出纳粹"最终解决"的特别之处。

　　最早动工的贝尔赛克，是唯一一个 1942 年之前就开始修建的灭绝营。这个与世隔绝的小镇位于总督辖区东南角，1941 年 11 月，纳粹开始在贝尔赛克修建一个小型营地，它距离火车站只有 500 米远。在纳粹眼里，贝尔赛克只是"区域性"工程，为的是解决一个"区域性"的问题，也就是解决附近卢布林地区"没有价值的"犹太人，一如海乌姆诺的毒气货车主要是为屠杀罗兹隔离区的犹太人而造。

　　1941 年 12 月，党卫队高级小队领袖克里斯蒂安·维尔特出任贝尔赛克指挥官。时年 56 岁的他本是一名木匠，后来参加了"一战"，因表现英勇被授予勋章，随后加入纳粹党。20 世纪 30 年代，他在斯图加特为盖世太保工作。1939 年，他参与了针对精神病患者的安乐死项目，用瓶装一氧化碳杀害病人。截至 1941 年，他已经在卢布林地区组织过多次安乐死屠杀行动。有着"野蛮的基督徒"称号的维尔特是个虐待狂，有人看过他用皮鞭抽打一个犹太妇女，把她赶进毒气室。他也亲手杀过犹太人。在鼓励手下行凶时，血涌上头的他满头是汗，会大爆粗口。

196 　　这个面目可憎的家伙，把他过去全部的杀人经验都搬到贝尔赛克。他决定使用一氧化碳，但不是安乐死项目用到的罐装一氧化碳，而是普通汽车发动机产生的气体，与威德曼几个月前在苏联使用的设施类似。他命人在一栋砖砌建筑内隔出了三间毒气室，把它们伪装成淋浴间，一氧化碳从喷头输出。

　　通过汽车引擎和假喷头，维尔特已经对旧有的屠杀方法做出改进。而在指导集中营的规划时，他又完全突破了现有的集中营设计模式。他意识到大部分人在这里只会活上几个小时，因此指出奥斯维辛和达豪集中营里的大量屋舍可以免去。相较于集中营，灭绝营基本不需要什么总体设施，而且只需很小的空间。贝尔赛克的总面积不到三百米见方。

到贝尔赛克、索比堡和特雷布林卡参观过的人（远远少于参观奥斯维辛的游客），都深深惊讶于这些灭绝营的面积之小。三个营地的总死亡人数约有170万，比奥斯维辛的遇害者多出60万，可它们的面积之和还没有奥斯维辛－比克瑙大。无论从哪个角度来看，大屠杀的实行手段都是对人类尊严的莫大羞辱，而其中最耻辱的，便是成千上万的人竟然是在如此狭小的空间里遇害，这一点如果不是亲眼所见，是很难相信的。不知为何，人们总是容易把惨烈的悲剧与更大的空间相联系，这也许是奥斯维辛在今天比这三个灭绝营更为人们所熟知的另一个原因。目睹比克瑙的开阔，人们很容易感知到罪行的严重性，可类似的联想很难发生在贝尔赛克的访客身上。[197]一个人如何能想象足足60万人（贝尔赛克死亡总人数估计）死在这个不到三百米见方的空间内？

尽管贝尔赛克已经够小，但它仍然被分隔为不同的营地。维尔特知道，要让他的死亡工厂顺利运转，最关键的一点是尽可能久地向刚到达的囚犯隐瞒此地的真实用途。因此，他把毒气室建在灭绝营的一个特殊区域，称为2号营地。它隐身在树丛中，被缠绕着枝蔓的铁丝网包围，只能通过"管道"（由铁丝网围起的通道）去往营中其他地方。贝尔赛克其余部分就是1号营地，包括铁轨旁人们下车的地方、不同用途的营房（供新来的人更衣、他们被没收的财物在运走前的存放），以及一个用来点名的广场。

在贝尔赛克及后来的另外两个灭绝营里，工作人员分为三类。第一类是犹太人。维尔特很快想到，在屠杀过程中使用犹太人，不仅可以减轻下属们的心理负担，还意味着只需要少数德国人就可以完成对集中营的管理。毫无疑问，犹太人在其中要承受的情感折磨也恰恰能满足他扭曲的心理。因此，数百名身体健全的犹太人刚一下车就被挑选出来，被迫承担掩埋尸体、清理毒气室的工作，还要整理集中营里迅速堆积的衣物。按照最初的设想，这些犹太人在工作几天以后就会被处决，但很快这就给纳粹造成难题：他们清楚"洗澡"意味着什么，而且杀死他们之后，还得重新挑选和培训下一批犹太人。反之，如果允许他们多活一段时间，由于看到所有人早晚都得死，无所畏惧的他们有更多时间来思考自己的未来，也许会密谋反抗。对纳粹来说，这种两难的困境一直存在：当人们明白他们所臣服的对象最终会把屠刀挥向自己时，如何保证他们继续乖乖听话？

　　第二类工作人员是乌克兰守卫。他们大约有一百人，被分成两组，主要负责集中营基本的监管工作。这些乌克兰人以残忍著称，很多曾为红军效力，后来接受德国人的重新训练，通过这里的工作免受战俘营之苦。第三类当然就是德国人。但维尔特是如此擅长依靠其他国家的人来运作他的杀人机器，因此参与贝尔赛克大屠杀的德国党卫队士兵只有二十个左右。1942 年 3 月，第一批受害者到达贝尔赛克，维尔特终于实现了希姆莱的梦想：他建成一座能屠杀数十万人的杀人工厂，却只需要少数德国人进行管理，而且，这些人不必再像东部战场上的特别行动队成员那样承受巨大的心理负担。

　　就在贝尔赛克投入使用的同一个月，纳粹开始了另一个灭绝营——索比堡的建造。它位于贝尔赛克正北方，地处波兰最东边一个犹太人口密集的区域。索比堡的建造和运作在很大程度上效仿贝尔赛克。与维尔特一样，这里的大部分党卫队官兵都参与过 T4 安乐死项目，包括指挥官弗朗茨·施坦格尔在内。与贝尔赛克相同，这里也有大约一百名乌克兰人（许多之前是战俘）担任集中营守卫。比起奥斯维辛-比克瑙，索比堡的面积依然非常小（尽管长600 米、宽 400 米的索比堡比贝尔赛克略大），但它与贝尔赛克一样，也被分成两个子营地，一条通道将接收区与毒气室连通起来。贝尔赛克的党卫队看守住在附近被征用的房子里，与此不同的是，索比堡的党卫队官兵在当地没有合适的住处，于是修建了第三个子营地，用作党卫队和乌克兰守卫的宿舍。

索比堡的设计和建造理念与贝尔赛克类似。营地工作人员会哄骗刚到的受害者，让他们以为自己只是下车消毒，预防传染病，然后在最短的时间内匆忙把这些人处死。与贝尔赛克一样，集中营的每个分区都被枝蔓缠绕的铁丝高网分隔，因此初来乍到的人很难知道接下来会发生什么，而等他们发现时又太晚了。1942 年 5 月，索比堡迎来第一批受害者，在一年多一点的时间内，有 25 万人在这里丧生。

同样在 1942 年 5 月，第三个、也是最后一个主要灭绝营特雷布林卡破土动工。由于它借鉴了纳粹在贝尔赛克和索比堡的经验，死在这里的人比其他任何一个灭绝营都要多（据估计有 80 万到 90 万人），几乎赶上了奥斯维辛。特雷布林卡位于索比堡的西北方，从华沙乘火车到这里只有一小段路程。华沙的犹太人区是纳粹治下最大的隔离区，特雷布林卡的兴建主要就是为了屠戮那里的犹太人。

一开始，这几个灭绝营的屠杀行动开展都不顺利。值得再次提醒的是，纳粹干的是人类历史上前所未有的勾当，也就是在短短数月里，对数百万男女老少进行流水线式的杀戮。虽然这样的比喻令人不悦，但德国人建造的确实就是三个杀人工厂，与任何工业操作一样，每一个环节都需要按部就班地衔接，才能达到预期的结果。如果火车无法按计划把犯人送到，如果毒气室不能及时处理每一批新到的犯人，如果整个体系中有任何一处出现问题，那么血腥的混乱场面就会出现。这也恰恰是灭绝营运转初期的情况。

在贝尔赛克，按计划运来的大量受害者很快就让毒气室不敷使用，新毒气室的赶工让整个营地在 6 月被迫关闭了一个月左右。而在索比堡，毒气室的容量和犯人的运输都出了麻烦，8 月到 10 月期间也停止运转，以便集中解决问题。但对纳粹来说，最棘手的是特雷布林卡，这里上演了地狱般的一幕。

最开始，特雷布林卡基本按照纳粹的计划运转，每天约有 6000 人被运到这里处决。但到了 8 月，犯人的数量翻了一番，灭绝营的操作便陷入混乱，但指挥官伊姆弗里德·埃贝尔博士（Dr. Irmfried Eberl）仍没有关闭这里。奥古斯特·兴斯特当时是特雷布林卡的一位党卫队士兵，他回忆道："埃贝尔博士野心勃勃，想让死亡人数尽可能创新高，并超过其他所有集中营，所以有特别多的人被运到这里，不能再像以往那样光靠毒气室解决他们。"[33] 于是，不少人在营地外围被草草枪毙，而这种做法使得维持集中营正常运转的假象不再成立，因为满地的尸体不可能让人继续相信他们来到的地方只是消毒站。结果，列车不得不从特雷布林卡站倒退两英里，等待营地清理干净。由于列车上的条件太过恶劣，很多人死在车厢中。奥斯卡·贝格尔在 8 月下旬到达特雷布林卡，那正是最混乱的时期。"下车以后，我们眼前是特别恐怖的景象，好几百具尸体横七竖八地散在四周，成堆的包裹、衣服、手提箱，各种东西都混在一起。党卫队士兵和乌克兰看守站在营房的屋顶上朝人群扫射，男人、女人和孩子都倒在血泊中，到处充满尖叫和哭喊。"[34] 在这种情况下，附近村庄的波兰居民不可能不发现灭绝营的真实面目。"尸体腐烂的味道太可怕了，"欧金尼娅·萨穆埃尔[35] 说，她当时还是学生，"那股恶臭让你根本没法开窗也没法出门。你都想象不出有多臭。"

尽管如此，这片混乱中的死亡人数依然居高不下。在一个月多一点的时间里，也就是 1942 年 7 月底到 8 月底，据估计有 31.25 万人在特雷布林卡丧生。[36] 这是一个惊人的数字，意味着每天大约有 1 万人被杀死，超过了当时任何一个集中营，直到 1944 年的"匈牙利行动"，奥斯维辛的死亡人数达到顶峰，比克瑙的四个焚化炉全部满负荷运转，这个数字才被追上。然而对埃贝尔博士的上级来说，不可思议的数字背后是不堪负荷的代价。他们收到各种各样关于特雷布林卡的混乱持续恶化的报告。而且从纳粹高层的角度看来，更糟糕的是这可能给第三帝国造成经济损失，因为死去犹太人的财物在营地各处散落，流言四起，说德国人和乌克兰人自己侵吞了不少贵重物品。

1942 年 8 月，贝尔赛克的建造者克里斯蒂安·维尔特被任命为三个灭绝营的督察员。他上任第一件事，就是与上司、党卫队全国副总指挥奥迪路·格洛博奇尼克一起到特雷布林卡视察。维尔特的手下约瑟夫·奥伯豪泽尔就他们到达后发生的事提供了证词："特雷布林卡一片狼藉……埃贝尔博士当即被开除……格洛博奇尼克在相关谈话中提到，要不是因为埃贝尔博士是他同乡，他一定会把他抓起来，送交党卫队和警察处置。"埃贝尔被解雇后，特雷布林卡停止新一轮的接收，过去曾与维尔特共事、此时正在索比堡任职的弗朗茨·施坦格尔成为特雷布林卡新任指挥官，奉命收拾残局。

埃贝尔误解了上级真正想要的东西，他给他们特别惊人的效率，却没有"恰当地"组织屠杀过程。关于埃贝尔被解雇，最值得注意的是格洛博奇尼克的评论：埃贝尔应该因管理特雷布林卡的方式不当而被移送法办。在党卫队高层扭曲的道德观念里，埃贝尔应该遭到起诉，是因为他没有以更有效的方式来组织对男女老少的大规模屠杀。在我们今天看来，埃贝尔在他上级眼中的罪行，其实是杀人的活儿做得"不够漂亮"。

整个屠杀过程中至关重要的一环，是把犹太人运到新建成的灭绝营。这些死亡工厂需要原料，而且需求量极大。因此，1942 年夏天和秋天，一系列"重新安置"行动在纳粹占领下的波兰展开。希姆莱于 7 月 19 日下达指示，特意把总督辖区所有犹太人也包含在内。他担心如果地方官员有自主决定权，整个行动将面临失败。这里的顾虑在于，虽然理论上所有纳粹分子都认同解决"犹太问题"的必要性，但有些人可能会试图拯救个别他们认为的"好犹太人"。一个有着极强人道主义精神的德国人会如何对待驱逐命令？下面的例子可以很好地说明希姆莱所担忧的问题。

阿尔贝特·巴特尔（Albert Battel）中尉任职于波兰南部普热梅希尔地区，已年过半百的他比大部分国防军军官都要年长，战前一直从事律师工作。尽管他也是纳粹党员，但作为一名民族社会主义者他有着不良记录，有人检举他在 20 世纪 30 年代对犹太人过于礼貌。1942 年 7 月，一批犹太人被送到普热梅希尔，交到巴特尔和德国军队手上。其中有不少人在军工厂工作，住在附近的隔离区。比起其他波兰犹太人，这些人自以为拥有特权和靠山。7 月底的时候，有传言说党卫队很快就要在小镇里展开行动，把犹太人"重新安置"到贝尔赛克灭绝营。但为德军工作的犹太人听到这些传言后，相对镇静，因为这些人都持有 Ausweis，也就是军队发给的通行证，他们以为有这个证件，自己就不会成为党卫队驱逐的对象。他们还分析说，鉴于自己正在为德国的战事出力，驱逐他们是毫无意义的。然而，他们不曾料到希姆莱的命令背后，有着不容置疑的意识形态理念，那就是所有犹太人都必须死，没有任何例外。

7 月 25 日，星期六，普热梅希尔的犹太人听到消息，党卫队将在下周一展开驱逐，届时德国人发给他们的通行证很可能不起作用。其中一个犹太人塞缪尔·伊吉尔设法在周日一大早找到巴特尔中尉，告知将要发生的行动。[37] 巴特尔致电当地盖世太保负责人，结果被对方挂了电话。愤怒的巴特尔在向他的上级利特克中校请示后，派出一支部队封锁了桑河（San）上的吊桥。由于桑河贯穿整个镇子，此举等于切断了进入隔离区的通道。结果，当地盖世太保负责人和克拉科夫的纳粹当局做出让步，同意为 2500 名普热梅希尔犹太人发放许可证，让他们暂时不被驱逐。为救出那些直接为他工作的犹太人，巴特尔中尉还派卡车开进隔离区，接走他们和他们的家人，安置在小镇德军司令部的地下室里。总共约有 240 名犹太人以这种方式离开了隔离区。

7 月 27 日，党卫队针对普热梅希尔犹太人的"重新安置"行动按原计划展开，绝大部分人被送到了贝尔赛克。然而，数千人因阿尔贝特·巴特尔的介入没有立即被驱逐。几周后，巴特尔从普热梅希尔的岗位上调离，党卫队对他的行为展开了秘密调查。结果报告到了希姆莱手上，他批示要在战争结束后对巴特尔的行为追究责任。巴特尔因健康原因被军队开除，在家乡布雷斯劳（Breslau）他加入人民冲锋队（Volkssturm），最终被红军俘虏。从苏联战俘营获释后，他回到家乡，因曾是一名纳粹党员，被拒绝继续从事律师职业。

我们很难分清巴特尔拯救普热梅希尔犹太人的行为背后有哪些动机。显然，他的党卫队上级之所以支持他，主要是想避免失去训练有素的劳动力带来的损失，但推动巴特尔的似乎是他认为驱逐行动根本就是一个错误。因此，1981年，巴特尔的人道主义行为获得承认，他被以色列犹太人大屠杀纪念馆（Yad Vashem）授予"国际义人"（Righteous Among the Nations）称号，尽管此时他已辞世多年。

还有一些德国军官和巴特尔一样，在1942年夏秋对驱逐犹太人的行动提出了反对，但他们在驻守波兰的国防军中只占极小一部分，也没能改变大批犹太人被送进灭绝营的结局。尽管如此，确实有少数犹太人获救，而且很重要的是，这表明，并不是所有德国人在接到命令时都简单地接受新的现实。

然而，大多数人在1942年的大屠杀中接受了分配给他们的角色，奥斯卡·格伦宁无疑便是其中之一。按照他的说法，在奥斯维辛待了几个月之后，他的工作变成了"例行公事"。他负责整理从新来的犯人身上搜来的各种钱币，清点数目后再把它们寄到柏林。他依然参与筛选，但不负责区分生死——这些决定由党卫队医生来做，他的任务是确保拿走犹太人的所有行李，并存放在一个安全的地方，直到可以整理行李中的物品。这些工作是在营地里一个被称为"加拿大"的地方完成的，因为这个国家被大家视为梦想中的目的地，一片无比富足的土地。

就这样，格伦宁在奥斯维辛为自己创造出一种他认为可以忍受的生活。残忍的暴行离坐办公室里的他很遥远，走在营地里，他可以有意避开任何让他不快的景象。通常情况下，他与屠杀过程没有直接关系，也不需要进入比克瑙最深的角落，也就是实施屠杀的地点。唯一能够提醒他那些不同国家的受害者正在到来的，就是出现在他桌上的各种货币——有时是法郎，有时是捷克克朗，过几天又变成了波兰兹罗提（此外永远都会有美元），还有就是犯人带来的各种酒——希腊的乌佐、法国的白兰地和意大利的森布卡茴香酒。"当我拿到很多乌佐酒时，"奥斯卡·格伦宁说，"我知道它们肯定来自希腊。除了这种方法，我们无法判断人们是从哪个国家来的。我们不会对犹太人产生特别的同情，除非你特别想要某种类型的伏特加或其他烈酒——苏联人有一种伏特加很受欢迎……我们喝很多伏特加。也不是每天都喝醉，但喝酒是家常便饭。我们醉醺醺地上床，要是有人懒得关灯，就开枪把灯打灭。也没人说什么。"

虽然格伦宁没有用"享受"来形容他在奥斯维辛的那段日子，但不难看出，这个词完全适用于他所描绘的生活。"奥斯维辛主营地就像个小镇。这里有八卦新闻，甚至有个菜站。有食堂、电影院，还有一个定期举办演出的剧院。这里有体育俱乐部，我还是俱乐部的会员。另有舞蹈等各种娱乐活动。"对奥斯卡·格伦宁来说，奥斯维辛生活的另外一个"积极面"就是他的同事："我不得不说，在那里工作的很多人一点都不笨，他们都非常聪明。"当他在1944年离开集中营时，他还抱有一丝遗憾："我离开的是一群我已经熟识的朋友，一群我喜爱的朋友，对我来说这是件很困难的事。除了一些蠢货只顾着满足自己——确实有这样的人，我在奥斯维辛那个特殊的环境下结交了不少朋友，每当想起他们我都特别开心，到今天我还是这样觉得。"

然而，1942年底的一个晚上，格伦宁在奥斯维辛波澜不惊的生活被一次偶然事件搅动，他瞥见了如噩梦般真实的屠杀过程。在比克瑙周边的党卫队宿舍中熟睡的他，和同事一起突然被警报声惊醒。

他们被告知，几个犹太人在被送往毒气室的路上逃跑，钻进了附近 207
的树林。"我们被要求带上手枪，到林里搜寻，"格伦宁说，"但我
们一个也没发现。"随后，他和他的同事散开回到集中营的处决区域。
"我们以星星队形朝农舍走去。农舍外面有灯照着，门前有七八具
尸体，大概是想逃跑结果被抓回来毙掉的人。大门外几个党卫队士
兵对我们说：'完事了，你们可以回去了。'"

　　在好奇心的驱使下，格伦宁和他的同事决定先不"回去"，而
是躲在阴影处逗留一阵。他们看着一个党卫队士兵戴上面罩，把齐
克隆B从农舍侧面墙壁上的洞口倒进去。农舍里之前传出的嗡嗡声
此时变成长达一分钟的"尖声喊叫"，随后一切都安静下来。"有一
个人，我不知道他是不是军官，走过去站在门前，门上有一个窥视
孔，他朝里面看了看，检查是否一切正常，里面的人是不是都死了。"
屠杀的整个过程在格伦宁眼前展露无遗，他这样描述自己当时的感
受："就好像你看见两辆货车在高速公路上相撞。你问自己：'必须
这样吗？有这个必要吗？'当然，之前提到过的那种想法会影响这
个问题的答案，我们会说：'是的，这是一场战争，他们是我们的
敌人。'"

　　随后，格伦宁还目睹了焚尸的过程。"有个同事说：'跟我来，
我带你看看。'我实在太震惊了，只能远远站着，离火堆大概70米
远的地方。火焰熊熊燃烧。那边的卡波后来向我描述了焚烧的细节。
真是太恶心了，简直令人毛骨悚然。他还拿那些被烧的尸体取乐，
因为尸体着火后，显然肺里面或其他地方产生了气体，一个个仿佛 208
都跳了起来，男性生殖器会突然勃起，这让他觉得特别好笑。"见
过毒气装置和尸体焚烧坑后，奥斯卡·格伦宁在奥斯维辛创造的舒
适生活瞬间蒙上了阴影，他再次找到他的上级倾诉。那个党卫队少
尉"是个奥地利人，总的来说是个坦率的家伙"。"他听我说完，然
后说：'亲爱的格伦宁，你反对它有什么好处？我们都在同一条船上。
我们的义务就是接受它——甚至不带任何思考。'"格伦宁反复琢磨

上级的话，之后又回到工作岗位上。他曾宣誓效忠，也认为犹太人是德国的敌人，并且他知道，在集中营里可以通过自己的调适，避免再看见最恐怖的景象。他留了下来。

作为党卫队系统里的普通士兵，奥斯卡·格伦宁与他的同事舒适地生活在营房里，而军官们的生活还要惬意。很多人能和家人待在一起，他们住在奥斯维辛小镇中心被征用的房子里，或住在索拉河畔紧邻主营地的地方。如果当初加入的是作战部队，他们的生活水准无论从哪方面来看，都远远赶不上现在奥斯维辛所拥有的一切。这些军官过着征服者的生活，而作为征服者，他们需要用人帮他们做饭、打扫、照顾孩子，但问题来了：在纳粹的种族理论中，犹太人和波兰人相较于德国人过于低劣，远非用人的理想人选，没有资格介入他们舒适的私人生活；而且他们可能会利用在集中营铁丝网之外（虽然还在有守卫值守的奥斯维辛利益区内）工作的便利试图逃跑，或者更可怕地，攻击他们所服侍的德国家庭。

209   一向别出心裁的纳粹分子想出了一个办法。他们打算雇用一群特殊的犯人，这些人大都是德国人，并且可以确定他们绝对不会伤害他们的主人或尝试逃跑。耶和华见证人在德国以"圣经信徒"（Bible Students）闻名，1933 年这个组织宣布，总的来说他们不反对纳粹的国家政策，且在意识形态上，他们同样反犹太人、反共产主义者（尽管不像纳粹这样赤裸裸）。直到作为和平主义者的这些人拒绝服役，问题才严重起来，他们都被关进了集中营。

奥斯维辛关押了几百名德国耶和华见证人，埃尔泽·阿布特[38]便是其中之一。她于 1914 年出生于但泽一个信奉路德教的家庭，后来经朋友介绍有了新的信仰。她与另一个耶和华见证人结了婚，1939 年产下一女，此后一直过着平静的生活。战争期间，她的丈夫拒绝用自己的工程师专长为纳粹提供帮助，于是他们的麻烦来了。她的丈夫锒铛入狱，她因还在哺乳暂时躲过牢狱之灾。然而，等女儿两岁半，盖世太保找上了门。那一幕令人心碎，她的小女儿一边大喊着"让我妈妈留下！让我妈妈留下！"一边抓着盖世太保军官的裤脚，但埃尔泽·阿布特还是被带走了，她的孩子留给朋友照顾。

刚抵达奥斯维辛，排在她身前的一队犹太女人引起了埃尔泽·阿布特的注意。"就我们所看到的，她们得到的待遇还不如动物。这些士兵对我们很同情，但对待犹太人却一点也不人道，这让我很吃惊。"来奥斯维辛之前，埃尔泽·阿布特几乎从未接触过犹太人。"我从来不去犹太人的商店，"她说，"当我听说母亲去他们那里买东西我还很不高兴，因为他们的东西总是很贵。我从来不光顾犹太人的商店，因为他们总是抬高（定价）再打折，那些蠢货就以为自己只付了一半的钱。这是真的，我在但泽看到过，他们确实用某种方法改变价格。这是我个人观点。但我没有和犹太人过不去。在集中营，有一次我病了，一个犹太女人走过来想帮我洗外套。她想做好事。"

210

在奥斯维辛，埃尔泽·阿布特被告知，只要她放弃自己的信仰，马上就可以获得释放。也就是说，耶和华见证人是集中营里唯一一群只需签署声明便可以获得自由的犯人。但大部分人都拒绝。包括埃尔泽·阿布特在内，对他们来说奥斯维辛是一场考验："我在《圣经》里读到过亚伯拉罕的故事。他被要求牺牲自己的儿子，《圣经》里说他愿意这样做。然后我们的创始人耶和华见他愿意，就阻止了他。他只不过是想考验他的信仰。我当时也是这么想的。"

就这样，这群来自德国的耶和华见证人成了奥斯维辛党卫队军官的完美仆从，远远胜过第二备选波兰人。只有他们忙不过来时，纳粹军官才会用到波兰人。埃尔泽·阿布特在一位党卫队高官家中工作，服侍他和他的妻女。她负责打扫房间、为他们做饭，还要照顾他们的小女儿。她的态度是："（把她关在奥斯维辛）不是孩子的错，也不是他妻子的错。"她尽职尽责、充满热情，在小女孩生病期间全心全意地看护她，因此获得了孩子父母的感激。

于是，耶和华见证人会成为鲁道夫·霍斯最偏爱的犯人也就不足为奇了。他们从不惹麻烦，这只是其中一个原因。霍斯最早接触

到大量耶和华见证人，是在 20 世纪 30 年代末的萨克森豪森集中营，
211　当时他们拒绝参军。霍斯曾记录了信仰赋予他们的巨大力量，这给
他留下了深刻的印象。霍斯说，当这些人因为拒绝服从集中营的规
矩而遭到鞭打时，他们不但没有求饶，反而要求更多的鞭打，好让
他们能够为他们的信仰承受更多的苦难。霍斯还目睹了特别行动队
枪毙两个见证人的过程，他惊讶地发现，在生命走向终点时，他们
竟然双手高举伸向天空，脸上带着幸福的表情。这让霍斯联想到早
期基督教殉道者的就义情景。

　　耶和华见证人的行为不仅对霍斯产生巨大冲击，也深深影响
了他的上级。"在好几个场合，"霍斯写道，"希姆莱和艾克都把耶
和华见证人狂热的信仰用作例子。党卫队的民族社会主义理想以及
对阿道夫·希特勒的信仰，必须像见证人对耶和华的信仰那样强烈
和坚定。只有当所有党卫队成员都有如此热烈和坚定的信仰，阿道
夫·希特勒的国家才能长治久安。"[39]

　　在奥斯维辛，霍斯和他的妻子在家里雇用了两名耶和华见证人，
并且深深感动于自己的孩子从他们那里得到的无微不至的照料。霍
斯说许多见证人都是"特别美好的人"。[40] 重要的是，霍斯还写道，
他相信见证人也认为灭绝犹太人是"正确的"，因为导致耶稣被害
的正是犹太人的祖先。这种观点遭到了埃尔泽·阿布特的否认。她
认为党卫队屠杀犹太人的做法是错误的，是在为"魔鬼"服务。然而，
她认为她应该通过自己的"态度"证明她的信仰。这就造成了一种
荒谬的局面：一方面，她忠心耿耿、几乎满腔热情地在奥斯维辛照
顾党卫队军官的女儿；另一方面，纳粹却禁止她接触自己的女儿。
212　为了说服自己接受现状，她告诉自己应该"向所有人行善"，包括
党卫队成员在内。她承认，就算被安排在希特勒的家中做事，她一
样会尽职地工作。而让她的心情更加纠结和复杂的是，只要她愿意，
她随时可以走出集中营，回到自己的女儿身边——只要签署一份声
明，放弃她的信仰就可以实现。但埃尔泽·阿布特始终没有签字："那

意味着妥协。我从未这么做。"

　　这个离奇的故事还有更曲折的情节：等埃尔泽·阿布特战后回到家中，她发现一直照顾自己女儿的，竟是一个放弃了信仰换得自由的耶和华见证人，这样的人屈指可数。"我们去拜访他和他的妻子，因为是他们抚养了我们的女儿。他哭得像个孩子，因为自己是个懦夫。"对于他对自己女儿的照料，埃尔泽·阿布特并没有特别感激："我没有特别担心（我女儿）。总会有人帮忙的。我们不会依赖某一个人。我们的创始人会在我们有需要的时候为我们送来需要的东西。他永远在我们之中。"她的女儿后来也成了一名耶和华见证人。埃尔泽·阿布特说："她明白我的选择并且很高兴我做到了忠诚——不是对某个人，而是对我们的创始人耶和华，因为他一直在照看我们，这是我在奥斯维辛发现的。他有能力改变所有人。那些憎恨我们的人开始思考，事实上他们的态度发生了彻底的改变。"埃尔泽·阿布特信念坚定，但对于不具备她这种信仰的人来说，很难看出耶和华见证人的创始人是如何"照看"他的信徒的，比如霍斯所描述的那些在萨克森豪森被枪杀的人；他似乎也没有"照看"在奥斯维辛被残忍地夺去生命的波兰人、苏联战俘、病人、犹太人和不计其数的其他人。但埃尔泽·阿布特的事例中有一点引人深思，那就是，这种暴行在她那里可以毫无困难地得到解释，她会认为那是上帝的旨意，我们虽然无法完全领会，但必须无条件地保持忠诚。如果上帝允许这类事情发生，那一定有其原因，只不过我们尚不能想清楚原因是什么。

213

　　我们必须谨慎，当这种态度与纳粹的狂热信仰被直接和不假思索地拿来比较——如希姆莱的做法。其中一个重要原因是，耶和华见证人认为对待他人应抱有同情心和善意，这与纳粹当然大相径庭。但是，如果把埃尔泽·阿布特证词中的"耶和华"一词替换为"希特勒"，就会发现，她的态度与霍斯这样的党卫队成员所持有的意识形态确实惊人地相似。

　　1942 年走向尾声，党卫队军官已在奥斯维辛为自己打造出一个
安定的生活环境。他们有自己的仆人，有一份工作，大都成功地找
到了让自己远离屠杀现场的方法。大规模屠杀变成了一种按部就班
的工业操作，它不仅发生在奥斯维辛，这个时期的特雷布林卡也发
生了变化。1942 年 9 月，弗朗茨·施坦格尔接替不称职的埃贝尔成
为新任指挥官，立即开始整改灭绝营。犯人的运送被叫停，遍地的
尸体被运走，整个灭绝营被清理干净。施坦格尔和维尔特很快都发
现了埃贝尔所面临的根本问题，就在于毒气室的容量不足以顺利完
成屠杀任务。于是，新的毒气室马上投入建设。这个砖砌的新建筑
比原来的毒气室大得多，中央通道与八间独立的小毒气室相连通，
且每个毒气室都可以从外部直接进入，这意味着清理里面的尸体要
比原来容易得多。新毒气室可以同时容纳超过 3000 人，比原来的

214　大了六倍不止。它于 10 月完工待用。与此同时，施坦格尔还采取
了一系列措施，以消除新来的犹太人可能产生的怀疑。他命人重新
粉刷了犹太人下车站台旁边的小屋，让这里看起来就像一个普通的
火车站，还竖起了候车室标示牌。他们种上一盆盆鲜花，把整个接
待区域布置得尽量整洁有序。

　　没有人确切知道特雷布林卡这样的灭绝营在 1942 年到底屠杀
了多少人。纳粹销毁了所有能够揭示真相的文件，不同人对这个数
字的估计值相差很多。但就在几年前，有学者在伦敦的英国国家档
案馆找到了一份德国人发的电报，它让我们对这个问题有了更确切
的答案。[41] 这份电报由英国人截获并破译，里面写有截至 1942 年
12 月 31 日“莱因哈德行动”（Operation Reinhard，1942 年 6 月，
莱因哈德·海德里希遇刺 *，纳粹把在波兰展开的屠杀行动命名为“莱
因哈德行动”，以向他表示“敬意”）中几个灭绝营的屠杀人数。

　　德国人的电报显示，特雷布林卡、贝尔赛克、索比堡和马伊达

---

* 　编按：原书有误，海德里希是 5 月 27 日遇刺，6 月 4 日去世。

内克（Majdanek，卢布林地区一个规模小得多的灭绝营）到目前为止共屠杀了 1 274 166 人，这个数字又被进一步细化为：马伊达内克 24 733 人，索比堡 101 370 人，贝尔赛克 434 508 人。在这份被截获的电报中，特雷布林卡的死亡人数被写成了 71 355，但这显然是一个笔误，因为要凑足 1 274 166 这个总数，特雷布林卡的屠杀人数应该是 713 555。于是，特雷布林卡成为 1942 年纳粹统治下最大的屠杀中心，奥斯维辛远远落后。

　　但这种情况并没有持续太久。

第四章

腐败

215   对于奥斯维辛、对于纳粹的"最终解决",1943 年都是转折性
的一年。1941 年,大部分杀戮是由特别行动队在苏联占领区执行的;
1942 年,莱因哈德行动下的灭绝营在大规模屠杀中发挥了主要作用。
但到了 1943 年,也就是奥斯维辛投入使用三年之后,终于轮到奥
斯维辛成为主角。与这段历史上大部分事件一样,这个转变背后的
原因是复杂和多方面的。

　　1943 年初,希姆莱到访特雷布林卡和索比堡,亲自视察他手下
的杀人工作。截至当时,莱因哈德行动灭绝营已经屠杀了 165 万人
(占这些灭绝营死亡总人数 170 万的 97%)。[1] 由于杀戮如此"成功",
2 月 16 日,希姆莱下令清空华沙的犹太人隔离区,他认为那里已经
没有继续存在的必要。4 月,一件在纳粹看来不可思议的事情发生
了——华沙隔离区的犹太人发起了反抗。纳粹首次面临来自犹太人
有组织成规模的武装抵抗,而冲突就发生在一个毫无遮蔽和防护的
地方:波兰首都的中心地带。[2]

　　华沙隔离区是纳粹所建最大的犹太人隔离区。1942 年夏天在
这里进行的最早几次驱逐行动没有遇到任何意外。大约有 30 万
216 犹太人被送往特雷布林卡,隔离区只剩下约 6 万人。在明白纳粹
是要把他们赶尽杀绝后,有越来越多的人加入了"犹太人战斗组
织"(Żydowska Organizacja Bojowa)。这个组织于 1942 年 7 月
在隔离区内成立,它与"犹太人军事联盟"(Żydowski Związek
Wojskowy)共同决定对接下来的驱逐行动做出反抗。

　　1943 年 1 月,纳粹清空隔离区的行动遭到一定程度的抵抗,但
还是有几千名犹太人被带走。犹太领导层以为是他们的反抗阻止了
隔离区被彻底清空,但我们现在知道,纳粹在这个阶段的行动目标
只是每次带走一定数量的犹太人,且这个数字始终没有超过 8000。

不管怎么说，反抗行动让犹太人确信，他们有能力阻止德国人。他们已经做好准备，要对德国人彻底摧毁隔离区的行为抗击到底，他们知道离德国人采取行动的那一天已经不会太远。

亚伦·卡尔米 [3] 当时 21 岁，是华沙隔离区里打算进行反抗的犹太人之一。前一年，他已经有过一次奇迹般与死神擦肩而过的经历，当时他和他的父亲都在一辆开往特雷布林卡的列车上，但他成功跳下了火车。"我父亲说：'快走！如果我能救你，我就是救了全宇宙。'然后他又说：'如果你们谁能活下来，一定要让他们血债血偿。'然后我们互相道别，我知道那是什么样的道别——一种不一样的道别，一种以前从没有过的道别。"

卡尔米和其他反抗战士找出了他们能找到的所有武器，收集在一起，构筑一个临时的防御阵地。隔离区里的其他人挖出几个地下掩体用作藏身之处。尽管准备工作如此充分，但没有人幻想能够打败德国人。"我们从没想过取得胜利，"卡尔米说，"只想争取不在他们规定的时间登上列车。如果我们能成功拖延一天，第二天我们会努力再拖一天。"

卡尔米和另外五六个同伴在一栋房子的三层就位，从那里可以眺望到隔离区的围墙。他手里紧紧握着一把德国 P38 手枪，等待着纳粹的到来。有传言说德国人已经承诺要在 4 月 20 日之前清空隔离区，因为那天是希特勒的生日，他们要为元首献上一份生日礼物。而正是在希特勒生日当天，卡尔米的团队首次展开行动："我们听到 300 名德国士兵朝我们靠近的声音，他们的样子就像正朝前线行进，比如要去斯大林格勒或别的什么地方。他们恰好在我们的正前方。"

就在那一刻，卡尔米的领队朝德国人连续扔出两枚手榴弹，这是示意卡尔米和其他队员开火的信号："我马上用我的手枪朝经过的人群（德国人）射击。德国人大喊'救命！'，接着就躲到一面墙的后面。这是我们第一次看见德国人逃跑。我们习惯了做那个从德国人身边逃跑的人。他们没想过犹太人会这样反抗。有人流血了，我没法转移我的视线。我说，'德国人的血'。我记起父亲对我说的话，'如果你们谁能活下来，一定要让他们血债血偿'。那个部队的（德国）指挥官开始朝他的士兵大吼，'怎么，你们都躲起来了？离开那面墙！'。他们走出来，看清子弹是从哪里打来的，于是他们开始反击。他们的装备可跟我们不一样——我们只有手榴弹和几把手枪。他们一开火，所有的窗户都被震碎了，到处都是烟和碎玻璃。"

₂₁₈ 由党卫队少将于尔根·施特罗普统帅的德国士兵很快意识到，他们遇到的抵抗比一开始所想象的要顽强。成千上万名犹太人化整为零，绝大部分藏在地下。隔离区的街道空空荡荡，几乎抓不到人。德国人决定采用一种简单粗暴的方式来解决这个问题：把犹太人熏出来。他们一条街挨着一条街、一个街区挨着一个街区地放火。面对强大的敌人和四周熊熊燃烧的建筑，亚伦·卡尔米和他的同伴只好撤到下水道，从地下越过了隔离区的铁丝网到达华沙的郊区。在这里，他的生活并没有变得更有保障："两年后，80 个逃进树林里的人只剩下 11 个。"

施特罗普提交的报告是现今研究这次隔离区起义最主要的文献。根据他的记载，56 065 名犹太人最终被捕，大约 7000 名犹太人在起义中被击毙，而牺牲的德国士兵不到 20 人。这些数字显然是在美化德国人的损失，同时夸大犹太人的死亡人数。

尽管施特罗普努力掩盖华沙隔离区爆发的事件，但他没能瞒过希姆莱。这次抗争开创了一个危险的先例，它是犹太人首次发动大规模、有组织的抵抗运动。希姆莱一定更加确信，隔离区有脱离控制的风险。在他看来，犹太人隔离区的存在是为了解决一个已成为历史的问题，"最终解决"未来的"执行"应该依靠别处，具体来说，在奥斯维辛。

　　1943 年 3 月，就在华沙隔离区起义爆发前几周，奥斯维辛发生了一件大事，那就是比克瑙的首座焚尸场投入使用。它的建造经过很长一段时间，且计划几经修改。最初的构想是在 1941 年 10 月提出的，当时是打算用它取代主营地的旧焚尸场，但随后建造地点改到了比克瑙。1942 年是策划阶段的重要转折点，因为在这一年，党卫队建筑师瓦尔特·德亚科改变了焚尸场的功能：地下室的两个房间原本都要被用作停尸房，但现在它们分别具有不同的功能：犯人们将在其中一个大房间里脱去衣服，另一间与第一间呈直角排列，将被设计为一个毒气室。装有齐克隆 B 的小罐子将从毒气室房顶的开口投入屋内。一层是一个大焚化场，共有五个巨大的炉子，每个炉子有三个炉门。尸体将通过小电梯从地下室的毒气室运至焚化场中。

　　没人知道党卫队领导层要求改造焚尸场的具体日期，但我们可以通过奥斯维辛建筑办公室下达的一系列指令来追踪其变化。例如，毒气室的门被要求加上一个"窥视孔"，并改成向外拉开，而不是原来设计的向内推开（这个改动是非常必要的，纳粹已经发现毒气发挥作用后门会被尸体堵死）。其他变化还包括舍弃运尸体的滑梯，增建更多通向地下室的楼梯，这显然是考虑到现在人们会自己走到楼下的毒气室，而不是被运进原计划中的停尸间。

　　最初纳粹只打算建造一座焚尸场，但既然焚尸场的功能发生转变，现在他们也决定增建类似的设施。截至 1943 年夏初，共有四座焚尸场／毒气室合一的建筑在奥斯维辛-比克瑙建成。其中两个（2 号和 3 号焚尸场）依据修改后的方案建造，也就是把地下室用作毒气室。在比克瑙，新来的受害者下车的地方被称为"坡道"（直到 1944 年春末才完全建好），这两个焚尸场距坡道不到 100 米。另外两个（4 号和 5 号焚尸场）建在比克瑙的偏僻角落，与"小红房"

和"小白房"中的临时毒气室相邻。这两个焚尸场的毒气室不在地下，而是与焚化炉一起都在一层。对纳粹规划者来说，这个设计是一个明显的"改进"，它意味着尸体不需要再从地下室被运到地面。4号和5号焚尸场各有一个巨大的焚化炉，每个炉子分别有八个炉门。这四个焚尸场加起来每天可以杀死约4700人，同时可以完成对尸体的处理。也就是说，如果新的屠杀设施全部启用，那么每月奥斯维辛可以杀害15万人。

奥斯维辛的焚尸场——这些砖砌的坚固建筑恰恰是纳粹"最终解决"恐怖之处的有形体现。屠杀无须再在改造的农舍中进行，而是在类似工厂的地方、按照工业生产的方式操作。历史上，对妇女和儿童的血腥屠戮屡见不鲜，但这次完全不同：在纳粹费尽心思建造的屠杀工厂里，人类的牺牲将不见血光。在比克瑙的焚尸场，那一排排整齐的红砖房里，纳粹分子将沉着、镇静、有条不紊地夺取性命。

不过，有一个与奥斯维辛–比克瑙有关的错误认识，虽可以理解但有必要澄清。这里的焚尸场直到1943年春天才投入使用，它们并不是纳粹在"最终解决"执行过程中首座固定屠杀设施。在前一年，莱因哈德行动中的灭绝营已经使用过毒气室，虽然要简陋得多。1942年12月，特雷布林卡的旧毒气室已经被一个更坚固、更宽敞的毒气室取代。此外，奥斯维辛焚尸场投入使用时，屠杀人数的高峰早已过去。1942年，约有270万犹太人被害（约20万人死在奥斯维辛，165万人死在莱因哈德行动的灭绝营，85万人死在东线特别行动队的枪口下），而1943年被害犹太人数量最多50万，其中约半数死在奥斯维辛。

尽管如此，奥斯维辛在纳粹统治内还是发挥着越来越重要的作用。多年来，纳粹分子中一直有两派观点，一派认为犹太人应该为帝国工作，另一派认为犹太人都应该被杀死。在1942年1月的万湖会议上，莱因哈德·海德里希提出让犹太人从事繁重的劳动直至累死，由此把这两个看似矛盾的态度结合在一起。但在实际情况中，这两种政策常常无法调和，尤其是在希姆莱下令杀死总督辖区所有犹太人之后。正如巴特尔中尉在普热梅希尔所见到的，能够工作的犹太人仍被送往贝尔赛克处死。

到了 1943 年春天，希姆莱等人发现，在纳粹帝国内部，显然只有一个地方可以把工作和屠杀这两个目标完美地结合在一起，这个地方就是奥斯维辛。比克瑙的焚尸场／毒气室将作为一个大型半工业化集合体的中枢，拥有数量众多的子营地。经过筛选，犹太人首先会被送到附近的子营地强制劳动，经过数个月的虐待和压榨之后，当他们被认为不再适合工作时，就会被送到几英里之外的奥斯维辛-比克瑙灭绝。

无论在概念上还是在实践中，奥斯维辛都完美地符合希姆莱的设想。希姆莱希望系统内部能够有一些灵活度，可以根据对劳动力的需求随时改变"适合工作"的定义。而对他来说更重要的，或许是在华沙事件发生之后，他意识到党卫队可以较有把握地确保奥斯维辛内部的秩序，这在隔离区是无法实现的。

最终共建成了 28 座奥斯维辛子营地，它们分布在上西里西亚地区大大小小的工厂附近，从戈莱舒芙（Goleszów）的水泥厂到"和谐之屋"（Eintrachthütte）的军工厂，上西里西亚能源供应股份公司（Energieversorgung Oberschlesien AG）的发电厂，以及 IG 法本公司的丁钠橡胶工厂。[4] 体量庞大的莫洛维茨（Monowitz）营区便是为了丁钠橡胶工厂的需要而建，约 1 万名奥斯维辛的囚犯（包括意大利作家普里莫·莱维，他在战后写就了一系列解读纳粹体制残酷特性的著作）在此关押。截至 1944 年，在上西里西亚地区各工厂做苦役的犯人超过 4 万人。[5] 据估计，奥斯维辛为了满足私利强迫犯人劳动的做法，最终为纳粹德国创造了约 3000 万马克的纯利润。[6]

这些子营地的生活条件与奥斯维辛主营地及比克瑙一样恶劣。其

222

中最臭名昭著的是建在矿坑旁边的福尔斯滕格鲁伯（Fürstengrube）。
本雅明·雅各布斯[7]于 1943 年秋初便被送到那里。通常情况下，
这无异于被判了死刑，因为在奥斯维辛矿坑工作的犯人一般只能活
几个星期，但雅各布斯掌握的一门特殊手艺救了他。作为牙医，他
的经历充分说明纳粹如何竭尽全力地剥削犹太人，无论是死是活。

223

　　雅各布斯先是给犯人看牙，后来又为营地里的纳粹军官服务：
"我负责给集中营里的党卫队士兵、高级官员还有医生等人看牙。
他们都会给我一些好处。当他们来到我这儿，想找个牙医的时候，
都很友善。他们一般会给我带一些面包或伏特加，但不会亲手交给
我，只会'不小心'落在椅子上。通过这种方式我能得到更好的食
物……我想我在别人眼里是受到特别待遇的人。我觉得很自豪。你
会觉得你的地位更高，待遇也更好。"本雅明·雅各布斯"唯一一次
后悔"在工作营里当牙医，是他被派去从死人嘴里撬金牙的时候。
他不得不走进堆满犯人尸体的房间，他们不是上工时被击毙就是累
死在矿井里。雅各布斯发现"这些尸体看起来扭曲变形"，而他"做
的事是他从未曾想过自己会干的"。他不得不跪在尸体旁边，"用工
具使劲撬开犯人的嘴"，把上下颌分开，在此过程中尸体的嘴巴会
发出"咔咔"的声音。等到犯人的嘴被撑开固定后，雅各布斯再把
金牙取下来："这不是什么值得自豪的事。我那个时候很麻木。我
想活下去。虽然这种生活不怎么合意，但你还是想努力活着。"

　　从死人嘴里取出的金牙会被熔掉，以便再加工成珠宝首饰，这
个过程充分体现了纳粹建造整个奥斯维辛集合体背后的理念，那就
是犯人拥有的任何物品都不应浪费，无论是多么私密的东西。在奥
224 斯维辛主营地和比克瑙被称为"加拿大"的区域，这种态度更为直
观。1943 年，19 岁的琳达·布雷德[8]开始在"加拿大"工作。一
年前她来到这里，属于斯洛伐克最早一批驱往奥斯维辛的犹太女人。
一开始她被分到室外劳役，条件极为艰苦，后来被选去整理和分拣
没收来的物品。"事实上，在'加拿大'的工作救了我的命，因为

我们能弄到吃的，还有水，可以在那里洗澡。"比起本雅明·雅各布斯，琳达·布雷德被迫要做的或许没那么可怕，但本质是一样的，即确保纳粹从他们的受害者身上获得最大的经济利益。"死人的遗物都存放在奥斯维辛。除了叠衣服，我们还要搜查贵重物品，无论是内衣裤还是别的什么，每一件都不放过。我们经常会找到很多钻石、金子、硬币、美元，还有欧洲各国的货币。发现的东西都必须放到营房中间一个顶上只开一条缝的大木箱里……其他人都不知道这里有这么多财宝和衣服，只有我们——600个在那里工作的女孩。"

　　奥斯维辛当局有明确规定（事实上这也是党卫队在整个纳粹体制下所贯彻的做法）：囚犯拥有的所有贵重物品都属于帝国财产。但上有政策下有对策。"加拿大"的诱惑是无法抗拒的，无论是对在那里工作的犯人还是党卫队看守。因此，从"加拿大"顺手牵羊的事时有发生。"我们经常偷拿衣服，"琳达·布雷德说，"还偷鞋子、内裤、内衣。我们上缴的衣服都是自己不需要的。"由于还能找到藏在行李中的食物，布雷德等在"加拿大"工作的人几乎比奥斯维辛其他所有犹太囚犯都吃得更好。"是的，我们会吃。对我们来说那是救命的食物。就连动物在饿了的时候都会吃掉同类……我们想活着。我们想活下去。我们应该把吃的扔了吗？我们没有杀人，只不过是吃他们的食物。那时他们早都死了……有吃的，有水，有足够的睡眠，这就是我们在乎的事。在'加拿大'，这些要求都能满足。"

　　而党卫队成员从"加拿大"获得的私利要大得多，这其实一点都不令人意外。"德国人的钱越攒越多，"布雷德说，"但留给我们的只有死亡……（党卫队）所有人都在偷。他们之所以到这里来，是因为没有哪个地方像这里一样什么都有。"鲁道夫·霍斯曾经承认，"犹太人随身的财物给集中营造成了无法回避的难题"，因为他手下的党卫队成员"有时不够坚定，不能抵挡那些触手可及的贵重物品带给他们的诱惑"。[9] 奥斯卡·格伦宁证实了他指挥官的观点："确实有（偷盗的）机会。因为如果一大堆东西都堆在一起，那你很容易就能偷走一些，给自己捞到便宜，而在奥斯维辛这种情况很常见。"
由于他在经济部门工作，因此他知道，从犯人下车把行李存放在坡
道处开始，经"加拿大"完成分拣，再到装满贵重物品的木箱被运
到他的办公室，整个过程有"不少人经手"这些贵重物品。"可以
肯定很多东西去了它们不该去的地方。"

　　出人意料的是，奥斯维辛当局对党卫队的监管"相当宽松"，
这点格伦宁有证实。他承认营地里党卫队偷盗成风，他自己也经常
参与这种腐败行为，偷拿他经手的现金，以便从奥斯维辛日渐繁盛
的黑市上囤货。例如，他厌烦了每次从营地的军械库领左轮手枪，
下班以后再还回去，因此他找到"有关系的人"，对他说："兄弟，
我需要一把配有子弹的枪。"大家都知道格伦宁是"美元之王"，因
为他的工作就是清点和整理掠夺来的钱，于是他们协定以 30 美元
成交。对格伦宁来说，从他每天经手的货币中偷取这个数量易如反
掌。他交出钱，拿到了手枪。

　　在奥斯维辛，每周都有数千起与格伦宁的所作所为类似的非法
交易。大量的财富流入营地，相应的监管却少之又少，偷盗的机会
俯拾即是，因此，很难想象有哪个党卫队成员没参与过此种勾当。
从想要一台新收音机的普通士兵，到倒卖珠宝赃物的军官，集中营
的腐败现象日益泛滥。

　　1943 年 10 月，希姆莱在他著名的"波兹南演说"中提到了极
其敏感的党卫队腐败问题，当时在场的听众包括 50 名党卫队高级
官员。"我要坦率地跟你们谈一件非常重要的事，"希姆莱说，"这
件事在咱们之间说说无妨，但绝不可以在公开场合说起……我指的
是对犹太人的驱逐，对犹太民族的灭绝。你们大多数人都知道，当
100 具、500 具、1000 具尸体堆在一起的时候，这意味着什么……
我们在努力完成这项任务，只在极个别的情况下败给人类的弱
点……我们保持了体面，这让我们坚强。这是我们历史上光荣的一
页，它过去从未发生，将来也永远不会被超越。我们夺走他们（犹

太人）的财富，并且……我曾经下过一道严格的命令，由党卫队全
国副总指挥波尔负责执行，那就是我们要把所有这些财富都上交给
帝国，交给国家。我们自己什么也不要。我们有道德权利，也对我
们的人民负有义务，来毁灭那些想要毁灭我们的人。我们是出于对
人民的爱去完成这个极其艰巨的任务。我们的内心、我们的灵魂和
我们的性格都没有因此受损。"

就这样，希姆莱用"为了帝国的利益"来证明屠杀的合理性和
必要性，却将获取私利定义为一项罪行，在两者之间划下一道清楚
的界线。他这样做的目的是要维护党卫队"坚定""清廉"的形象。
不难理解他为什么要把两者区分开来。他在两年前曾亲眼目睹近距
离射杀犹太人给行动队成员带来的心理伤害。他也注意到通过使用
毒气室，具体的实施得到改进，可以避免给行刑者造成情感创伤。
此刻，他有意区分道德高尚、意志坚定的帝国捍卫者和品行不端、
谋求私利的机会主义者，来为他的下属提供思想上的慰藉。为了让
他们不会感到内疚，甚或"原谅"那个参与"最终解决"的自己，
希姆莱意识到，在向这些屠杀妇女儿童的党卫队成员描述他们的任
务时，必须强调他们依然可以拥有荣誉和体面，而他的方法就是提
醒这些人，他们没有从这些杀戮中获利。

当然，这完全是个谎言，不仅因为它明显与事实不符——奥斯
维辛的党卫队成员普遍参与到腐败与偷盗当中——而且从本质上来
说，它也是个彻头彻尾的谎言。纳粹在"最终解决"中对手无寸铁
的平民进行的"光荣屠杀"根本就是纯粹野蛮的暴行。奥斯维辛党
卫队医生的所作所为便是最好的证明。从坡道的筛选到对选定犯人
的加害，这些医学专家参与了屠杀的每一个环节。齐克隆B由一
辆画有红十字标志的假救护车运到毒气室，这恰好象征了医生的作
用。比起其他手染鲜血的纳粹分子，这些奥斯维辛医生作为全程参
与的共犯所面临的困境更严峻，最好用一个问题来概括：如何在参
与执行大规模屠杀的同时，还能相信自己的行为符合希波克拉底誓

言（Hippocratic oath）的精神，即所有医生都该救死扶伤？

要想了解他们如何回答这个问题，必须要知道，这些纳粹医生并不是到了奥斯维辛后才突然得知，屠杀需要专业医务人员的介入。从 1933 年纳粹上台那一刻起，纳粹领导人就一直在宣扬特定"种族"，甚至是特定人群比其他人更"不配"生存。这种观念的首次实践，是 20 世纪 30 年代对患有严重精神疾病的人进行的强制绝育，当时约有 30 万德国人被迫接受了绝育手术。

我们在前面已经谈到过，莱因哈德行动里的灭绝营工作人员，有很多曾参与过纳粹在 1939 年秋进行的成年人安乐死项目。灭绝营的创建者，如维尔特和施坦格尔等，都是以协助杀害残疾人为起点开展他们日后的大屠杀事业。值得一提的是，在成年人安乐死项目中，负责筛选的是医生而不是警察，这种做法在奥斯维辛得到延续。在大屠杀之前，纳粹就已经把除掉所谓"没有生存价值的人"上升为医学从业者的首要职责，因此医生成为杀戮者可以说是历史的必然。正是出于这种扭曲的逻辑，埃贝尔博士作为医学从业者能当上特雷布林卡灭绝营的指挥官，这在纳粹眼中是一件再正常不过的事。

等埃贝尔到特雷布林卡就任的时候，"没有生存价值的人"显然已经从精神病患者和残疾人扩大到犹太人。为了证明屠犹的正当性，党卫队医生借用了纳粹早期政治宣传中的谎言，即犹太人会对整个国家产生腐化影响。"我是一名医生，"一位名叫弗里茨·克莱因的纳粹医生说，"出于对生命的尊重，如果一个病人的阑尾坏死了，我会把它切除。犹太人就是人类坏死的阑尾。"[10]

因此，在纳粹最纯正的观点中，奥斯维辛和其他灭绝营所做的不过是维护健康，也就是协助除掉那些对国家发展造成负担或构成威胁的人。基于这种观点，奥斯维辛早期处决不适合工作的犯人时，有时会在 10 号楼、也就是医疗室进行，方法为注射苯酚。这与正常的医学伦理完全背道而驰，被送到医院的人不是接受治疗，而是被杀死。

对刚到达的犯人进行筛选的制度于 1942 年确立之后，纳粹医生开始在大规模屠杀进程里扮演重要角色，因为奥斯维辛运转的关键就在于他们的生死筛选。筛选过程中医生的积极参与对纳粹至关重要，这有其现实和理论方面的原因。现实原因很容易理解：要一眼判断出某个人是否适合工作（每个决定只花上几秒），医生无疑是最合适的人选。理论方面不那么明显，意义却更重大：医生密切参与筛选过程可以给人一种感觉，即屠杀不是基于偏见随意进行的，而是有科学上的必要性；奥斯维辛不是一个随心所欲大开杀戒的刑场，而是通过慎重和冷静的行动，为国民健康做出贡献的地方。

　　然而，真正让奥斯维辛的医生恶名远扬的，是他们的医学实验。将犯人用作实验对象符合纳粹的一个理念：国家的敌人应该被用来为帝国提供"服务"，如果不能作为帝国的劳动力，那就把生命贡献给对"医学知识"的探索。对于那些想要投身科研、又不想被人道主义精神或同情心羁绊的医生来说，奥斯维辛是绝无仅有的实验室。克劳贝格博士和舒曼博士都在奥斯维辛对绝育展开过"医学研究"，后者在这之前就有过相关经验：他作为成年人安乐死项目的医生，曾在宗嫩斯坦工作过，那里 1941 年 7 月就处决过奥斯维辛的犹太人。

　　西尔维娅·韦塞勒[11] 是最早那批从斯洛伐克被送到奥斯维辛的女犯之一，她被迫为克劳贝格和舒曼工作，在主营地 10 号楼担任护士。很多实验便是在此进行。"我被告知，这栋楼里储有 X 光机——它们体积不小，都带着大大的圆管——的地方，是舒曼博士在此进行绝育实验；克劳贝格博士在另一处，他采用化学手段，把化学物质注射到妇女的子宫和卵巢里，让它们都粘在一起。这些实验的主要目的是确定成功绝育所需的剂量。"

　　希姆莱对奥斯维辛这些绝育实验特别感兴趣。绝育是纳粹为应对他们自己制造出来的"犹太问题"而想出的"解决方案"之一，早在毒气室出现之前就被提出。在万湖会议上，有人提议对混血的德国犹太人进行绝育而不是驱逐。虽然有克劳贝格博士这样的医学领军人物投身研究，但希姆莱至今仍没有得到他想要的那种便宜、高效的绝育技术。

这些实验令人痛苦不堪，西尔维娅·韦塞勒照料那些被当作实验对象的妇女，"尽量避免感情的触动，最好就是什么都不想。他们要研究 X 射线对人类小肠的影响。简直太可怕了。这些女人一直在吐，特别恐怖。"X 射线除了被用来绝育之外，还被用来检查子宫注射化学物质后的变化："女人们躺在 X 光机的平台上，摆出做妇科检查的姿势。她们张开双腿，医生就撑开子宫口，往她们的子宫里注射东西。他从操作台那里可以看到注射得对不对。我的工作就是在每次检查和注射之后打开 X 射线，看那些女人是否绝育成功，她们的卵巢是不是粘在一起了……对他们来说，我们根本不是人。我们是畜生。你懂不懂？我们只不过是数字和做实验用的动物。"

在 10 号楼，西尔维娅·韦塞勒自己也没有逃过克劳贝格博士的魔爪。"我病了。他们就在我身上做实验……不幸的是，战后我结了婚，虽然接受过那些实验，但我还是怀上了孩子。我不得不做了一个极其痛苦的人流手术。医生对我说：'一次就够了！你不可以再怀孕！'"

在 10 号楼以医学研究的名义虐待女犯的，不仅有进行绝育实验的舒曼和克劳贝格，还有对子宫颈功能进行"研究"的奥斯维辛总医务官，维尔茨博士。此外，在主营地的 28 号楼那里，进行以男性犯人为对象的医学实验，其中之一是把各种有毒物质涂在犯人的皮肤上，以便模拟想逃兵役的人可能会用到的伎俩。

奥斯维辛的囚犯甚至像小白鼠一样，被"卖给"隶属于 IG 法本公司的拜耳（Bayer）来测试新药。拜耳公司在给奥斯维辛当局的一封信中写道："150 个女人抵达时状态良好，然而我们没能得出结论，因为她们在实验过程中都死了。真诚请求你们能再提供相同数量的妇女，我们将支付相同的费用。"[12] 这些因测试一种还在实验阶段的麻醉剂而死去的女人，拜耳公司支付的价码是每人170马克。

尽管克劳贝格、舒曼、维尔特以及拜耳公司都给奥斯维辛的犯人造成极大的痛苦，但一提到奥斯维辛的医学实验，人们马上联想到的并不是他们，而是一个相貌堂堂、曾获得铁十字勋章的退伍军人。1943年3月，32岁的他被派到奥斯维辛。这就是约瑟夫·门格勒博士。他几乎成了奥斯维辛的代名词，无人能出其右。这来自人物角色和环境两方面的原因：从角色上说，门格勒充分享有奥斯维辛所赋予他的权力，以及这里提供的进行冷血实验的机会。从环境上来说，他到达营地时正逢比克瑙的焚尸场完工，奥斯维辛即将进入它最具杀伤力的阶段。

许多曾关押在奥斯维辛的犯人都谈到过门格勒分裂的性格。当他身着党卫队制服、衣冠楚楚地站在犯人面前时，他时而面带微笑，显得非常有魅力，时而又残忍得无以复加。曾有人目睹他在坡道枪杀一对母子，就因为他们给他添了麻烦，但也有人回忆起门格勒时说，他总是很客气地对他们说话。薇拉·亚历山大 [13]，一个来自捷克斯洛伐克的犯人，近距离见证了门格勒的这种双重性格。她曾担任一个分区的卡波，其中有不少吉卜赛和波兰儿童，"门格勒每天都到营地来，还会带巧克力……我大声斥责孩子们的时候，他们经常回嘴说：'我们要告诉叔叔你是坏人。'门格勒就是那个'好叔叔'"。当然，门格勒这样做是有原因的，这些孩子对他来说不过是实验的原材料罢了。在拜访过他们的"好叔叔"后，回到营地的孩子们痛苦哀号的程度，薇拉·亚历山大可是历历在目。

门格勒最"感兴趣"的领域之一是双胞胎研究——他过去的专业可是"遗传生物学"。按照营地里流传的说法，他一直想弄明白双胞胎或多胞胎诞生的具体条件，以便进一步研究，好让德意志帝国的妇女能在更短时间内生出更多的孩子。但更可能驱动他的，是去了解基因遗传在人的发育和行为中起到的作用，这也是令许多纳粹科学家着迷的课题。

　　埃娃·莫泽斯·科尔 [14] 1944 年的时候 10 岁，她和她的双胞胎姐妹米丽娅姆引起了门格勒的注意："门格勒每天点名之后都会过来，他想看看他有多少小白鼠。每周有三次，他们把我两个胳膊绑紧，限制血液流动，然后从我的左胳膊抽出很多很多血。有时抽到我们晕过去。就在抽血的同时，他们往我的右胳膊注射至少五管东西，有一次注射结束后我病得特别厉害，第二天早上门格勒博士和其他四个医生一起来了，他看了看我的体温记录，挖苦地笑了起来，说：'太可惜了，她还这么年轻。她只能再活两个星期。'我有时清醒有时迷糊，在半清醒状态下我一直对自己说：'我必须活下来。我必须活下来。'他们在等着我死。如果我死了，我的双胞胎姐妹米丽娅姆就会立即被送进门格勒的实验室，心脏被扎上一针，然后门格勒就可以做配对尸体解剖。"

　　正如米克洛斯·尼斯利 [15] 所评论——作为集中营的医生，他曾近距离观察过门格勒："这个现象在世界医学史上都是十分罕见的。两兄弟如果同时死去，就可以对两人同时做尸体解剖。在正常情况下，你能找到在同一个地点同时去世的双胞胎兄弟吗？"

　　埃娃·莫泽斯·科尔最后成功退了烧，不仅让自己活了下来，也救了她双胞胎姐妹的命。"有人问我：'你是不是很坚强？'我说：'我没有选择。如果我不能战胜它，就只有死路一条。'"这并不单纯是个令人感到恐怖的故事，更重要的是，这个故事揭示了一个关键事实，那就是门格勒在奥斯维辛可以对犯人为所欲为。他所谓的"医学实验"在范围和程度上都没有限制。嗜虐成性的他为了满足自己的好奇心，可以对犯人进行无尽的折磨和肆意的杀害。他的实验对象不仅有双胞胎，还包括侏儒和患有走马疳（noma，即面部出现坏疽的一种疾病）的犯人，这些人在比克瑙关押吉卜赛人的营地里有很多，因为那里的条件非常恶劣。然而问题在于，三个也好三十个也罢，门格勒可以随心所欲地对各种研究领域表示兴趣。在他到达奥斯维辛之前，没有任何迹象表明他会变成虐待狂。据说他在东线作战时表现得十分英勇，还从一辆正在开炮的坦克前救下两名士兵，而再之前，他从法兰克福大学毕业后从事医学工作，过着相对平凡的生活。是奥斯维辛的环境造就了世人所知的那个门格勒。235这又一次证明，很难预测在特殊的环境中，谁会变成一个丧失人性的怪物。

　　从很多方面来看，门格勒都是奥斯维辛纳粹军官的典型。他在任何场合的衣着打扮都堪称完美，对犯人有着非常彻底的蔑视态度，与他们建立任何形式的亲密关系都会让他极其厌恶，性接触在他眼里更是不可想象——最后这点与纳粹的理念完全契合。在纳粹的种族理论中，被关押在集中营里的人会对帝国公民的身体健康构成威胁，因此党卫队成员与集中营犯人之间的性关系是被明令禁止的，这种行为可以构成德国人的"种族罪"。事实上，纳粹所犯下的"最终解决"暴行与20世纪战争时期发生的其他许多罪行有一个很大的区别，那就是纳粹公开禁止他们的军队实施性侵。这当然不是出于人道主义的考虑，而是出于意识形态。在战争时期的许多罪行中，对"敌方"妇女的性侵是非常普遍的，包括"一战"时土耳其人对亚美尼亚人的大屠杀，20世纪30年代起日本对中国的殖民战争，以及20世纪90年代塞尔维亚意图征服波斯尼亚。从波斯尼亚的强奸营，到被卖到"闺房"（harems）的亚美尼亚女性基督徒，再到日本皇军士兵对中国妇女的轮奸，在20世纪的战争冲突中，男性性暴力事件不胜枚举。但对纳粹来说，东线的战争是一场不一样的战争。如果是在海峡群岛或法国，那么德国士兵完全有可能与当地妇女发生性关系，可东部的犹太人和斯拉夫人是危险的种族。236纳粹的政治宣传大肆鼓吹：帝国每一名士兵最神圣的任务之一，便是确保"德国血统的纯正性"。斯拉夫女人和犹太女人（特别是后者）是绝对不可以接触的。战前德国甚至通过了一项法律，禁止犹太人与非犹太人通婚。

　　所有这一切都意味着，在奥斯维辛，党卫队成员与犹太犯人之间理应不会发生性行为。屠杀犹太妇女是党卫队的神圣责任，而与她们发生关系则是犯罪。然而，正如奥斯卡·格伦宁指出的："当对某些人的兴趣超越了对整个犹太人群体的感觉，这些事情是会发生的。如果一个人每天的工作是看管 20 个年轻女孩，他特别喜欢其中的某一个，她正煮着咖啡，天知道会发生什么。这个时候那些东西——宣传的那些东西已经不再重要了……"如果党卫队看守负责看管的是女犯，格伦宁觉得就算见到"他们互相爱抚或接吻，又或者有强迫的性行为"，他也不会感到奇怪。

　　在"加拿大"工作的女性最容易成为党卫队成员背弃信念、实施强奸的对象。在奥斯维辛，绝大多数女犯都被剃成了光头，并且都营养不良、病病歪歪。与此相反，在"加拿大"工作的女犯有吃有喝，因为她们可以在整理物品时偷拿食物，还可以留着头发。此外，党卫队看守经常与"加拿大"的女犯闲谈，不光是为了监督她们的工作，也为了方便他们自己偷东西。结果，强奸在"加拿大"时有发生。琳达·布雷德对此进行了证实："我们刚到'加拿大'的时候没有自来水。'加拿大'的指挥官（指负责的党卫队军官）让建一个淋浴室，淋浴室就在大楼后面。虽然流出来的水是冰凉的，但我还是经常在那里洗澡。有一次，一个布拉迪斯拉发的女孩正在洗澡，她很漂亮，不是那种特别瘦的人，然后一个党卫队军官走到她面前，在她洗澡的时候虐待了她。他把她强奸了。"这个军官后来被调离"加拿大"，但没有受到进一步的惩罚。还有一个党卫队成员被发现与集中营里的一个犹太女犯发生了性行为，但也被从轻处罚。比克瑙被举报的军官之一格哈德·帕利奇[16]虽然被抓起来，但几乎可以肯定霍斯为他求了情，他仅仅是被转到一个远离比克瑙的子营地。

　　比克瑙还有一个区域跟"加拿大"一样，允许女犯穿自己的衣服并留着头发，这里也常发生强奸。这个地方被称为"家庭营"，是一片由篱墙围起来的独立区域，自 1943 年 9 月直到 1944 年 7 月集中营被清空，这里面一直关押着从捷克斯洛伐克的特莱西恩施塔特驱逐出来的犹太人，共计约 1.8 万名男女老少。这些犹太人到达以后并没有经过筛选，因为纳粹打算把他们用作"宣传"目的：他们被要求给家人写明信片，谈谈这里的待遇有多好，以便破除奥斯维辛是个灭绝营的传言。与吉卜赛营不同（吉卜赛营是比克瑙除了"家庭营"以外唯一一个允许家人住在一起的营地），在家庭营，男人及男孩与女人及女孩分住在不同的营房。

露特·埃利亚斯 [17] 当时就住在女性营房。她两次目睹醉醺醺的党卫队看守来到营房，挑选女犯带走："那些女孩都哭着回来，她们被强奸了。她们的情况很糟。"

奥斯维辛的党卫队士兵强奸犹太妇女的事实虽然令人错愕，但细想之下其实并不意外。这些女犯完全在党卫队的控制之下，党卫队确定她们迟早会被杀死，他们知道自己的罪行不会暴露，再加上一点酒精的作用，意识形态就被抛到一边了。在大部分与奥斯维辛有关的传统文献中，这类罪行都没有得到足够的重视，同样也不足为奇。这是一个特别敏感的话题，可以理解，那些曾遭党卫队蹂躏的女性都希望保持沉默。正如犯罪学家在很早以前就注意到的，与强奸有关的"黑色"数据（即被上报的侵犯事件与实际发生的侵犯事件数量之差）在所有类型的犯罪中是最高的。

238

奥斯维辛的党卫队队员强奸女犯的做法其实并不新奇，因为许多士兵都这样对待"敌方"女性，但以下这个事实却可以完全颠覆我们的想象：至少有一位党卫队成员爱上了在集中营工作的犹太女性。海伦娜·斯特洛诺娃 [18] 与弗朗茨·温施的故事确实是奥斯维辛历史上最离奇的故事之一。海伦娜来自斯洛伐克，早在 1942 年 3 月就被送到了奥斯维辛。她在集中营初期的经历没有什么特别之处，同样是在饥饿和身体虐待中挣扎。头几个月她被分到一个在户外工作的分队，负责拆建筑、搬碎石。睡在满是跳蚤的稻草堆上，她惊恐地看着身边的女犯逐渐丧失希望，一个接一个死去，而她最好的朋友是头一个放弃的。她"看了看周围的一切"，然后说："我一分钟也不想活了。"她开始歇斯底里地大喊，直到党卫队把她带走，结束了她的痛苦。

239

与其他人一样，海伦娜也意识到，要想活下来，她必须转到一个不那么耗费体力的分队。她认识的一个斯洛伐克女友当时已经在"加拿大"工作，她给海伦娜提了一个建议：她们分区有一个女犯刚刚去世，如果海伦娜愿意裹上白色的头巾，穿上从那个女人身上脱下来的条纹囚服，那她第二天就可以加入她们，混进整理衣服的营房工作。海伦娜照她说的做了，但不幸的是，卡波看出她是"混进来的人"，并对她说，她回主营地以后将被送到"惩戒分队"。海伦娜知道这无异于死刑判决，"但我不在乎，因为我想，至少我能在'头上有屋顶'的地方工作一天"。

巧的是，海伦娜在"加拿大"工作的第一天（本来也应该是最后一天）刚好是负责监督衣物整理区的一位党卫队士兵的生日，他就是弗朗茨·温施。"吃午饭的时候，"海伦娜说，"她（指卡波）问谁歌唱得好或者会朗诵，因为今天是一位党卫队队员的生日。一个希腊女孩奥尔加说她会跳舞，可以在我们叠衣服的那张大桌子上跳。我的嗓音很好听，所以卡波说：'你真的会唱德语歌吗？'我说：'我不会。'因为我不想在那里唱歌。但他们强迫我唱。我为温施唱歌时一直低着头，不想看见他的制服。我一边唱一边流眼泪，等我唱完，我突然听见他说：'谢谢。'他轻声让我再唱一遍……其他女孩都说：'唱啊！唱啊！他可能会让你留下！'于是我就又唱了一遍。那是一首我（在学校）学会的德语歌。他就这样注意到了我，我想也是从那一刻开始他爱上了我。我的命就是这样保住的，因为一首歌。"

温施要求卡波让这个唱歌如此动听的女孩第二天继续来"加拿大"工作，这个要求救了她的命。海伦娜不用被送去惩戒分队，而

是正式成为"加拿大"的一员。虽然第一次见面时温施对海伦娜十　　240
分友善，但海伦娜一开始对他很"反感"。她之前就听说他可能有
暴力倾向，其他犯人说他杀死过一个进行违规交易的犯人。然而，
在接下来的几天以及几周时间里，温施依然和善地对待海伦娜。他
休假期间，还通过手下的犹太男孩给她送去几盒"小点心"。休假
回来后温施做了一件更大胆的事——给她递纸条："他回到我工作
的营房以后，走到我身边，给我扔过来一张纸条，我不得不马上销毁，
但我看见了上面的字：'爱——我爱上了你。'我痛苦极了。我宁愿
死也不愿跟一个党卫队士兵在一起。"

　　温施在"加拿大"有自己的办公室。他想出各种理由让海伦娜
来见他。有一次，他让海伦娜来给他剪指甲。"房间里只有我们两个，
然后他说：'给我剪指甲，让我看看你。'我说：'绝对不行。我听
说你杀过人，一个年轻人，就在围栏边上。'他总是说没有那回事……
然后我说：'别让我再踏进这个房间……别让我剪指甲，什么都别
让我做。我不给别人剪指甲。'我转过身，说：'我要走了，我不想
再多看你一眼。'于是他朝我大喊，他突然之间就变回了党卫队队员：
'如果你敢走出那扇门，我就要你的命！'他拿出手枪威胁我。他
爱我，但他的面子、他的自尊受到了伤害。'什么叫你要走了？我
允许你走了吗？'我说：'开枪打死我吧！开枪吧！我宁愿死也不
想再做个两面派。'他当然没有开枪，我还是走了出去。"

　　随着时间流逝，海伦娜渐渐意识到，温施是个可以让她依靠的
人，虽然一开始她完全无法相信这点。知道温施对她的感情后，她
有一种"安全感，我想，这个人不会让任何不好的事发生在我身上"。
这种感觉有一天变得更加强烈，因为那天海伦娜从一个斯洛伐克同　　241
胞那里得知，有人在集中营里见到了她的姐姐罗津卡和她的两个孩
子，他们将要被送进焚尸场。当时海伦娜结束了工作，正在比克瑙
的营房中休息，她听到这个消息后悲痛欲绝，不顾宵禁离开营房，
跑到焚尸场附近。没过多久温施就听说了海伦娜的举动，在焚尸场

附近找到了她。温施先对其他党卫队士兵大声说，海伦娜是"我仓库里一名优秀的工人"，然后他把海伦娜摁在地上揍她，因为她违反了宵禁规定，这样其他人就不会怀疑他们之间的关系。温施已经得知海伦娜是为了她姐姐跑到焚尸场附近，于是对她说："赶紧告诉我你姐姐的名字，要不就来不及了。"海伦娜告诉他是"罗津卡"，并说她还带着两个小孩子。温施说"小孩在这儿活不了！"，然后就朝焚尸场跑去。

温施从焚尸场找到了罗津卡，把她拉出队列，说她是他的工人。但罗津卡的孩子死在了毒气室。温施后来帮罗津卡在"加拿大"安排了一份工作，让她留在海伦娜身边。"我姐姐不知道自己在哪里，"海伦娜说，"他们对她说她要工作，而她的孩子被送进了幼儿园。他们对我们所有人都是这么说的。她问我：'孩子们去哪儿了？'我说：'在营地另外一边，那里有个幼儿园。'她又说：'我能去看他们吗？'我说：'再过些日子可以。'"

海伦娜的姐姐不停地询问孩子的情况，这让海伦娜特别沮丧，"加拿大"的其他女犯看到后，终于有一天对罗津卡说："别再纠缠了！孩子们已经不在了。看见那堆火没有？他们就在那里火化了你的孩子！"罗津卡大吃一惊，心如死灰，"不想再活下去"。是海伦娜不断的照料和关心，让她姐姐熬过了接下来的几个月。

罗津卡因孩子惨死而悲痛欲绝，但她仍是非常幸运的，因为她自己活了下来，并在她妹妹的保护下活到了战后。"加拿大"的其他女犯对她们两人怀有复杂的情感。"我的姐姐还活着，但她们的姐妹却没有，"海伦娜说，"我姐姐来了，他（温施）救了她的命。这样的奇迹为什么不能发生在她们身上？她们失去了父母、兄弟、姐妹，失去了一切。就连那些曾经为我高兴的人现在也不是那么高兴了。我没法跟朋友分享我的喜悦，我怕她们。她们特别嫉妒，嫉妒我的好运气。其中一个很漂亮的女犯人对我说：'如果温施碰见你之前先看见了我，他爱上的肯定是我。'"

　　在温施救了姐姐后，海伦娜对他的感情发生了很大变化："随着时间一点点过去，我最后真的爱上了他。他不止一次（为了我）冒生命危险。"但与奥斯维辛其他一些男女不同，这对恋人之间从未发生过性行为："犹太（男）犯人在工作时爱上了各种女人，每隔一段时间，他们就会溜到我们叠衣服的营房中，在那里做爱。有一个人帮他们放哨，如果有党卫队士兵过来就赶紧告诉他们。我却不行，因为他（温施）是个党卫队队员。"他们两人只有眉目间的传情、匆匆说出的情话和潦草写下的字条："他会先东张西望一番，确定没人在听才对我说'我爱你'。在那个地狱里，这让我感到温暖，给了我鼓励，尽管这些话只代表着一段疯狂的、永远无法实现的爱情，在那个地方没有什么计划是可以实现的。太不现实了。有些时候我会忘了我是个犹太人而他不是犹太人。真的。我爱他。但这份爱太不现实了。在那个地方，什么都可能发生，无论是爱情还是死亡，但大部分是死亡。"一段时间之后，"整个奥斯维辛"都知道了他们两人的感情，他们最终被人告发了。没人知道告密的是个犯人还是个党卫队看守，总之，用海伦娜的话来说，是个"卑鄙小人"。

243

　　一天，海伦娜结束了工作，正往营地走，一个卡波让她出列。她被带到了 11 号楼的惩戒地窖。"他们每天都把我带出去，并威胁我说，如果我不告诉他们我与这个党卫队士兵之间是怎么回事，他们就会当场要我的命。我站在那里，坚持说我们之间什么事也没有。"与此同时，温施也被抓了起来，与海伦娜一样，在遭到逼问时他一口咬定他们之间没有任何关系。因此，在经过了五天的审问后，他们两人都被释放了。海伦娜遭到了进一步的"处罚"，被要求在"加拿大"营房的一个区域独自工作，远离其他女犯。温施更加小心谨慎地处理他与海伦娜的关系，但如我们将在第六章中看到的，他还是继续保护着海伦娜和她的姐姐，直到奥斯维辛解放。

　　海伦娜与温施的故事有着极其重要的意义，因为在奥斯维辛，有太多谋杀、偷盗和背叛，体现了人类最原始的残忍特质，而关于爱情的故事却寥寥无几。但在这样的环境下，爱情竟可以在一个犹太女犯和一个党卫队守卫之间滋生，这实在令人不敢相信。如果这些事实被写进一本小说中，读者会认为这样的情节太不可信，但在奥斯维辛发生的太多事情都会给人不真实的感觉。

值得注意的是，在这段爱情生根发芽的过程中，环境起到了决定性的作用。如果海伦娜还留在房屋拆除分队工作，温施几乎不可能爱上她。他们没有机会密切接触，温施也没有机会保护她。而且相当重要的一点是，海伦娜根本不会有机会在温施生日那天为他唱一首德语歌，让他从此深深迷上自己。但在"加拿大"，党卫队队员与犹太女犯之间不但有接触，还有发展长期关系的机会。这也就不难理解，为什么在"加拿大"工作的女犯幸存的比例比奥斯维辛其他任何地方都高。

当然，温施与海伦娜的关系也说明，奥斯维辛的现状与希姆莱对集中营的设想之间有多大差距。按照他对"腐败"更宽泛的定义，温施的做法也可以算作腐败。1943 年秋，党卫队上级突击队领袖康拉德·摩根到达奥斯维辛，力图按照纳粹领导人的构想"治理"这个地方。摩根的到来对奥斯维辛产生了巨大影响，因为他不是一名普通的党卫队军官，而是党卫队后备队的一名法官，同时是国家刑事警察局的地方预审法官。集中营里的腐败行为与希姆莱在波兹南演说中宣称的"我们从他们（即犹太人）那里什么也没拿"形成巨大了反差，将摩根派到奥斯维辛，便是党卫队高层为调查这些腐败行为而采取的种种措施之一。

奥斯卡·格伦宁和他的同事都很清楚摩根为何而来："我猜腐败行为越来越多，他们不能再视而不见，所以他们说：'我们要遏制它，遏制这股腐败之风。'"然而，所有人都不知道摩根对比克瑙党卫队兵营进行突击搜查的具体时间。格伦宁从柏林回来后，发现"我的两个同事被关进了监狱。他们在其中一个人的柜子里发现了几支钢笔和一罐沙丁鱼，我不知道他们在另一个人的柜子里发现了什么，但那个人后来上吊自尽了。我的柜子是锁着的"。

摩根和他的同事没有打开格伦宁的柜子，他们坚持要在格伦宁本人在场时展开调查。对格伦宁来说这是莫大的幸事。柜子的正面被封条封了起来，以便看出它是否被打开过，但摩根没有预料到格伦宁及他的同伴会想出下面这个办法："我们把柜子往前挪动，把柜子后面的板子卸掉——那个三合板很好卸。然后我们把可疑的香皂、牙膏等不该出现在里面的东西全部拿走，把板子安了回去，并用钉子钉死。接着我找到盖世太保，说：'请问，你们在搞什么？我没法打开我的柜子。'他们说：'好，我们需要先检查一下。'他们来到我房间，撕掉封条，打开了柜子，什么都没发现，他们拍拍我的肩膀说：'没事了。继续保持。'"

格伦宁侥幸逃过了制裁，但摩根从其他人那里发现了大量证据，最终只能说明一个结果，那就是奥斯维辛的腐败现象泛滥成灾。"党卫队成员的行为完全不像一名军人该有的样子，"摩根后来证实道，"他们给人的印象就是一群堕落的、野蛮的寄生虫。在对柜子进行搜查后，我们发现了大量黄金、珠宝、戒指以及各国的货币。有一两个柜子里甚至还藏有从刚刚被屠宰的公牛身上割下来的牛鞭，用来增强性能力。我以前从没见过这种东西。"[19]

比起财务上的腐败，更让党卫队总部担忧的似乎是不该发生的性关系，而最令人震惊的是，指挥官鲁道夫·霍斯本人也被牵扯了进来。摩根是个不肯善罢甘休的调查者，在一年多的时间里，他一直在搜集对霍斯的指控。1944 年 10 月，摩根在慕尼黑的一个监狱医院里对他最重要的证人进行了审问，这个人是曾关押在奥斯维辛的犯人，爱丽诺·霍迪斯（Eleonore Hodys）。

霍迪斯是一名来自奥地利的政治犯，1942 年 3 月随最早的那批女犯到达奥斯维辛。由于霍迪斯属于德意志帝国公民（Reichsdeutsche），她一到集中营就成了有特权的犯人，被选作霍斯家的用人。1942 年 5 月，霍斯趁妻子不在家，向霍迪斯调情并意图亲吻她。霍迪斯吓坏了，跑到洗手间躲了起来。根据霍迪斯的证言，几周后她被叫进房间，被霍斯的夫人开除。当时霍斯因骑马出了意外，正在医院养伤。可以合理地推测，霍斯夫人一定在怀疑霍迪斯与她丈夫之间有什么不正当关系。后来，霍迪斯被关了起来，但不是关在 11 号楼，而是关在办公楼主楼地下室的一个特殊监狱里，这个监狱主要用来关押犯有重罪的党卫队士兵，把奥斯维辛的犯人关在这里非常奇怪。当然，霍迪斯不是普通的奥斯维辛犯人，她被送到这个党卫队监狱是有原因的。

霍迪斯对摩根说："有一天晚上，我已经睡着了，他（指霍斯）突然出现在我的牢房里。我听见他好像在说'嘘！'，然后他打开了手电筒，我看见了指挥官的脸。他坐在床边，靠我越来越近，想要亲我。我反抗的时候，他问我为什么这么拘谨。我回答说，因为他是指挥官，而且是个结了婚的男人。最后他离开了。"[20] 在摩根的追问下，霍迪斯承认霍斯后来又在多个晚上来到她的牢房，"我们最后发生了关系。"为了避开守卫，霍斯并不是通过常规的路径，也就是从他楼上的办公室直接进入监狱，而是从他自己花园一个用作防空洞的地下通道来到主楼地下室。霍斯找到了通往霍迪斯牢房的秘密通道，也成功地让她顺从了自己的意愿，于是，在好几个晚上，霍斯都与她发生了性行为。霍迪斯甚至说道，有一次警报响起时，指挥官正赤身裸体地躺在她床上，之后只好藏在牢房的角落里。

霍迪斯在党卫队监狱里关了几周，之后被转到了 11 号楼。但她的身体状况发生了变化：她怀孕了。她说霍斯为了自保，逼她签了一份声明，承认自己与集中营里另一名犯人偷情。接下来的几个月她都待在 11 号楼，一直想让自己流产，却没有成功。等她被放回比克瑙的女犯营，才终于拿到了"一些东西"打掉胎儿。

霍迪斯对她与霍斯私通一事的讲述有很多问题，其中一个重要问题，是她所说的一切都没有第二个证人。但摩根似乎相信了她，而摩根又是有律师背景的。此外，编造与霍斯的关系对霍迪斯几乎没有任何好处，特别是考虑到摩根审问那时她已经离开奥斯维辛。霍斯从未承认过他与霍迪斯的事，但他说起他与妻子的关系时，曾给出前后矛盾的描述。在战后的纽伦堡审判中，霍斯向美国官员吉尔伯特博士承认，他的妻子得知他在奥斯维辛的所作所为后就很少与他同床了。但在他的回忆录中，他对他们的夫妻关系却充满溢美之词，说她是他"梦寐以求"的女人。

　　摩根对霍斯与霍迪斯之间关系展开的调查没有任何结果。访问　　248
是在 1944 年 10 月进行的，当时红军正在逼近，显然奥斯维辛不会存在太久了，事实上整个纳粹国家都受到威胁。不管怎么说，摩根在前一年对集中营运作情况的初步调查已经造成了严重的后果：不光有党卫队士兵因腐败行为被追究，而且人人闻之丧胆的 11 号楼其负责人马克西米利安·格拉布纳也被问责，因为他处决犯人事先没有从柏林方面获得相应的"许可"。这是奥斯维辛历史上一件非常诡异的事。摩根无视发生在比克瑙毒气室里的屠杀——按道理这种大规模屠杀才应得到上级的"许可"，却对格拉布纳提出指控，这听起来十分荒唐。尽管如此，格拉布纳还是遭到了审讯，他的辩解是霍斯曾"准许"他通过枪决的方式"清空"11 号楼。霍斯本人从未遭到任何指控，几乎可以肯定纳粹高层中有一些他的支持者在保护着他，而没有靠山的格拉布纳被送上了党卫队法庭，此案最终不了了之。后来格拉布纳在盟军的法庭上被处以死刑，这回当然不是因为他违反了党卫队的规定，而是他在战争中犯下的罪行。

　　厘清摩根整个调查行动背后不同人的复杂动机并非易事。所有就此事提供证词的关键人物——霍斯、格拉布纳和摩根本人，在战后讲述这段历史时都有自己想要达到的目的：格拉布纳想要证明他的行动完全是霍斯授意的，摩根想把自己塑造成一个坚持不懈挖掘真相的人，霍斯则强调他心甘情愿地参与奥斯维辛灭绝行动的同时，始终遵照希姆莱声明里所说的，"什么也没拿"。不过，可以确定的是，　　249
摩根调查的一系列结果背后有党卫队内部政治因素的影响，至少在免去霍斯指挥官一职这个决定上是如此。1943 年秋天，霍斯的解聘被伪装成"晋升"，高层宣布要把他调至柏林集中营管理部门一个更高的职位上，但显然他并不想去，因为这意味着他要离开留在奥斯维辛的家人，此外，马丁·鲍曼（希特勒的党内秘书，有很大权力）与希姆莱的通信表明，前者努力想帮霍斯保住工作，但希姆莱不肯让步，坚持让霍斯离开集中营。[21]

霍斯在奥斯维辛最后的一个大动作，似乎是他做过的所有事情中最奇怪的，那就是建造一个与集中营现有环境格格不入的场所——妓院。它供被选中的犯人使用，建造地点选在了最显眼的 24 号楼，紧挨着主营地写有"劳动使人自由"的大门。不过，奥斯维辛并不是唯一一个有妓院的集中营，事实上，它是纳粹国家中第五个提供此类"服务"的营地。希姆莱认为，在各个集中营里建造妓院有助于提高生产效率，因为如果"勤奋的"工人（除犹太人以外）能得到奖励，他们会更努力地工作。早在 1941 年 5 月，希姆莱视察了奥地利的毛特豪森–古森集中营后，便下令建造妓院（1942 年夏天开始投入使用）。接着，在 1943 年 3 月，希姆莱视察了布痕瓦尔德集中营，要求在那里和其他几个营地建造妓院。1943 年 5 月，希姆莱忠诚的总管奥斯瓦尔德·波尔向各个集中营指挥官下达了相关指令。[22]

250   约瑟夫·帕钦斯基 [23] 是一名来自波兰的政治犯，1943 年夏天被关在 24 号楼。他第一次听到这个消息时不禁哈哈大笑，但其实这不是笑话。他和其他犯人被转移，在接下来的几天里眼看着"一群木匠和砖瓦工"把营房空旷的一层改造成许多个小房间。"他们把房间漆成雅致的颜色，把床搬进去，甚至还挂上了窗帘。有一天我们收工后，注意到窗帘后面有女人的面孔。但他们不让那些女人靠窗户太近，也不让我们往里看。"

几天后，"欢愉小屋"正式迎来第一批客人，其中就包括帕钦斯基。"因为我来得比较早，我的卡波又有两张（进入'妓院'的）

票，所以他就给了我一张。我打扮了一下，然后就过去了。"帕钦斯基发现，现场的军事化管理让整个流程非常高效：每个"顾客"首先要接受党卫队医生的细致检查，如果犯人通过了这一检查，他们的手上会被盖一个戳，然后被带到位于24号楼一层的另一个房间。在这里，他们"抽签决定"每个人将进入楼上的几号房间（也就决定了分到哪个妓女），并决定他们上楼的顺序。帕钦斯基记得他抽到的是"第二个，房间号是9"。每隔十五分钟，铃声就会响起，以提醒每个妓女更换"顾客"。铃声刚一响，心急如焚的帕钦斯基就冲进了9号房间，结果看到前一位犯人正在穿裤子。但不幸的是，帕钦斯基后来"无法勃起"，因此在规定的时间里，他就坐在床上跟一个"优雅的、好看的女孩"聊天。

理夏德·达科[24]是另一个享受过妓院之"乐趣"的犯人。1943年，他25岁，是主营地的一名消防员。这是一份好差事，因为消防员可以相对自由地在奥斯维辛到处走动，很方便"顺手牵羊"大量违禁品。此外，德国人很尊重消防员，达科认为这是因为消防员在德国本来就是个受人尊重的职业。奥斯维辛消防队的成员拿到很多张集中营妓院入场券，达科自然欣然前往。他与一个名叫阿琳卡的女孩共度了一段美妙时光："我尽可能地靠近她，想抱着她。距我被抓来已经过去三年半了，这三年半里我没碰过一个女人。"根据达科的叙述，阿琳卡是个"非常好的女孩，她一点都不害羞，别人想要什么她都满足"。

这些女人接客的房间如今还在，现在被用来存放档案文件。每个房间的门上都有一个巨大的窥视孔，这着实出人意料。"他们（指党卫队）想要维持秩序"，理夏德·达科说，"以防有哪个犯人勒死里面的女孩之类的，所以他们会透过门上的洞往里看。它（同时还）满足了男人的窥淫癖。很多男人喜欢看别人做爱。"党卫队监视犯人做爱过程还有其他目的，首先是杜绝"变态"的性行为（按照约瑟夫·帕钦斯基的说法，犯人做爱时只可以采用传教士体位），此外还有防止两人之间发展出亲密关系（在有些集中营的妓院中，犯人甚至被禁止与女孩说话）。

但每天凌晨，党卫队对妓院的监管比较松弛，问题一般都出现在这个时候。达科记得一个犯人成功配了一把妓院的钥匙，以便晚上去找他最喜欢的那个女孩，但其他犯人也有同样的想法，因此一层的走廊上常常发生打斗。

252 　奥斯维辛的犯人竟可以在党卫队建造的妓院里大打出手，乍听起来这让人难以相信，但它实际上说明了集中营的犯人当时已建立起明确的等级分化。正如约瑟夫·帕钦斯基所说，让犹太人进入妓院是不可想象的，他们被视为犯人中的劣等人，他们受到的虐待是一些波兰或非犹太裔的德国犯人不会遭受的折磨。

纳粹知道，一群特殊犯人的态度对于集中营的顺利运转会产生重要影响，这些人从事着相对有特权的工作，很多都是政治犯，在多年前就进入了集中营。一般来说，他们不需要像其他犯人那样参与频频进行、冷酷无情的筛选过程。不过，德国人想找出一个更好的方法来激励这 100 名左右的特别犯人，因此他们建造了一所妓院，并规定凭党卫队发放的入场券才能进入，这样一来，优秀的表现可以得到奖励，未来的努力也有了更大的动力。另一个可能的原因与集中营里泛滥的同性关系有关，约瑟夫·帕钦斯基也同意这种看法。他还记得犯人里的"大人物"会选出一些男孩做他们的私人仆从，而他们之间经常发展出同性关系。因此他认为，"纳粹是想杜绝这种同性恋行为"才建造了妓院。

无疑，奥斯维辛妓院是个极其敏感的话题，其中最敏感的一点是"享用"妓院的犯人抱有的态度。大体上来说，他们似乎没有丝毫道德困扰。妓院里的女人大部分是从比克瑙选出来的犯人

253 （但其他集中营的妓院则不同，里面的女犯都是从拉文斯布吕克［Ravensbrück］集中营送过去的）。她们每天被迫要与大约六个男人发生性行为。这些女犯在奥斯维辛妓院里的经历是集中营里不为

人知的故事。她们的遭遇与遭到日军折磨和性虐待的韩国"慰安妇"有一定相似之处，但这些女人与其说是被同情，不如说更多是被嫉妒。理夏德·达科说："那些女孩受到非常好的待遇。她们有好吃的，可以散步，她们只不过要做她们该做的事。"

达科这句毫无同情心的"只不过要做她们该做的事"，可以充分说明外在环境对人与人之间的关系产生的巨大影响。在奥斯维辛，折磨和杀戮是如此常见，乃至达科会认为妓院里的女人过的是一种"很好"的生活。当他身边有太多苦难在发生时，他从没想过"我应不应该和这些女人做爱？"，相反，他想的完全是另外的东西，即他已经忍受了"三年半没碰过一个女人"的生活，而改变这种状况的机会终于来了。

奥斯维辛的妓院还带来另一个问题：大屠杀的否认者和其他为纳粹辩护的用妓院的存在来证明，奥斯维辛与常见史学著作所描绘的完全不同，如果再加上奥斯维辛主营地里所谓的"游泳池"，就更是如此。这个"游泳池"实际上是个蓄水池，消防员在上面搭了一个简易的跳板，不过一部分犯人显然可以在里面游泳。"奥斯维辛里有个给消防队员用的泳池，"理夏德·达科证实道，"连我都可以在里面游泳。"这成了大屠杀否认者最爱亮出的王牌。"这像个灭绝营吗？"他们说，"还有给犯人的游泳池？别开玩笑了！"然而，泳池与妓院实际上异曲同工，它们的存在并不能改变奥斯维辛是个屠杀中心这一毋庸置疑的事实，但它们再次证明了奥斯维辛集不同功能于一身的复杂特性。

正因为奥斯维辛各营地有着不同的等级结构和用途，大屠杀否认者才能够找出一些所谓的反例进行辩驳。奥斯维辛不同地方的差别是巨大的，一边是"游泳池"和妓院，另一边是连儿童也不放过的焚尸场。这种复杂性让奥斯维辛在1943年引起希姆莱的强烈兴趣，又在今天成为大屠杀否认者关注的焦点。

1943年，在奥斯维辛不断发展扩大的同时，莱因哈德行动灭绝

254

营却走向衰落。这一年的秋天，波兰东部的索比堡灭绝营爆发了抵抗运动，这让希姆莱更加确信，纳粹灭绝计划的执行以后要靠奥斯维辛。很重要的一点是，抵抗运动之所以能够发生，恰恰是因为灭绝营守卫普遍存在着腐败行为。索比堡是 1942 年 5 月展开屠杀行动的，截至 1943 年 9 月，已有 25 万犹太人死在这里的毒气室，他们中的大部分来自总督辖区。 托伊·布拉特便是从波兰东部一个叫伊兹比卡（Izbica）的小镇被送来的犹太人之一。关于他如何幸存下来、又在索比堡起义中扮演了何种角色的故事骇人听闻，同时也引人深思。

托伊·布拉特生活的小镇战前约有 3600 名犹太人，小镇居民并没有表现出公开的反犹情绪，对在这里长大的托伊来说更是如此，因为他的父亲曾效力于波兰军队并在作战时负伤，他们一家人在镇上有一定的地位。但德军到达后，托伊注意到变化马上就出现了。"（波兰）村民意识到犹太人是二等公民，想对他们干什么都可以。到最后，我的邻居——那群基督徒比德国人更让我害怕，因为德国人看不出来（我是犹太人），但我的邻居知道。"

德国人对伊兹比卡犹太人的驱逐并不是一次性完成的，而是在数年时间里通过一系列"行动"进行的。纳粹通常会在拂晓时分到达，带走几个犹太人。起初是把他们用作劳动力，但自 1942 年春天起，犹太人便直接被送进索比堡的毒气室。在下一次"行动"以前，小镇上剩下的犹太人不太需要东躲西藏，可以相对正常地生活。1943 年 4 月，德国人终于要驱逐小镇里所有犹太人了。托伊当时是个健康强壮的 15 岁男孩，他竭尽全力地想要逃跑。当他于大街小巷之间狂奔时，他看到了一位老同学雅内克，他是个信仰天主教的波兰人。托伊大喊："雅内克！救救我！""没问题！"雅内克回答道，"你去我们家不远处的那个谷仓吧。"于是，托伊跑到谷仓门口，却发现门上挂着一把大锁。"我绕着谷仓走了一圈，这时一个小个子的波兰女人朝我大喊：'快跑啊，托伊，快跑！雅内克就要来啦！'

雅内克要来我为什么要跑？他会帮我打开大门。但她为什么这么慌张？我转过身，看见雅内克跟一个纳粹一起走过来，那人手上的枪正对着我。雅内克对那个纳粹说：'这就是那个犹太人。'我说：'雅内克，快跟他说你是开玩笑的！'雅内克说：'他是个犹太人，把他带走吧。'他跟我道别时说的话我到现在都不愿意再复述一遍……他说：'再见了，托伊。下次见面时你就在肥皂店的架子上了。'他就是这么跟我道别的，因为有传言说纳粹会用人体做肥皂。"托伊怔怔地站在原地，不敢相信自己的朋友就这样出卖了他。"（我）很害怕这是我生命的最后一天。当你还年轻，还只有十五岁的时候……你望着绿树，望着鲜花，你想活下去。"[25]

256

　　托伊被带到了小镇的广场上，他的父母和弟弟与其他几百名犹太人已经在那里，周围都是带着枪的守卫。他们知道自己将被送向死亡，关于索比堡以及那里发生的事情有很多传言，已经流传了好几个月。尽管如此，人们在这个美丽春日的下午三点钟登上列车的时候，都还抱有希望："当你失去了一切，什么都没有了，剩下的就只有希望，希望会一直陪着你，直到最后那一刻……黑漆漆的车厢里，人们还在说：'德国人不会杀了我们的，他们会把我们送去集中营。'"然而，列车继续前行，开过了通往特拉夫尼基（Trawniki）工作营的那个转弯，仍旧朝着索比堡的方向前进。这时，反抗的声音出现了："我听见有人说：'咱们应该跟他们战斗！'我还听见我父亲那个年龄的人说：'没用的，不管怎么样都是一死。'"

　　几小时后，他们到达了索比堡。眼前的景象让托伊吃了一惊："在我的想象中，索比堡是烧死、毒死人的地方，所以肯定跟地狱一样。结果我看到的是漂亮的小房子，还看到了指挥官的别墅，别墅被漆成绿色的，还有一个小栅栏，种着花。另一边有一个平台，它被伪装成一个列车站台，那是用来骗荷兰犹太人和法国犹太人的。他们不知道他们到了什么地方，也不知道接下来会发生什么……但我们波兰犹太人是知道的。"

这批犯人刚到就被分成了两组，一组是女人和儿童，另一组是成年男人。15岁的托伊刚好处在两组的分界线，但由于他长得结实强壮，他最终被分到了成年男人那一组："我本来和母亲在一起，于是我跟她道别，但我当时的所作所为让我到今天还在后悔，这种悔恨大概到我死的那天也不会消失。其他人与他们的妻儿道别时挽着他们的胳膊，我却没有这样做，我对我母亲说：'妈，你不让我喝光牛奶，（而是让我）留一些第二天喝。'语气就像在责怪她。她说：'你现在就想对我说这个吗？'……事情的经过是，我们被送去索比堡的前一天，我很口渴，我问我妈：'我能喝一点牛奶吗？'她说：'可以。'然后我就开始喝，但可能喝得太多了，她说：'托伊，留点明天再喝。'在我母亲要被送进毒气室之前，我提醒她的就是这件事。"

一般来说，索比堡等莱因哈德行动营是不会对新到的犯人进行筛选的，全部犯人一律被送进毒气室。但在极少数情况下，德国人需要从新到的犹太人当中选出少量的人在集中营里工作。托伊幸运地赶上了筛选。当他们站成一列，托伊意识到德国人可能会放过他们当中的一些人，或许是鞋匠或裁缝："我什么手艺都不会，但我想活命，我向上帝祈祷——到了那个时候我还在祈祷。我对着这个德国人祈祷：'选我吧！'……我仍然认为，他在我们这群人前面来回踱步时，不知怎么感知到了我强烈的意念，我感到他正在看我，于是我心里默念：'老天帮帮我！'接着他说：'出列，那个小家伙！'我很幸运，那个时候他们需要人。他们选出了大概四十个人。就这样，我在索比堡又有了希望。"

托伊的父亲和其他人被带着朝毒气室走去。他们离开时，托伊朝德国人大喊："他是个皮匠！"然而，"他们需要木匠，可能还需要裁缝，但他们不需要他。"托伊承认，在他目送着自己的父亲走向死亡时，"没有任何感觉。我现在还在想这件事。你知道吗，如果我父亲或母亲早几天去世，比如两天之前，那我会觉得痛苦万分，我会不分白天黑夜地哭。但是在这个时候，我在同一个小时的同一分钟，同时失去了我的父亲、母亲、我十岁的弟弟，可我却没有哭。我甚至都不会去想这件事。后来，我看了看（集中营里的）其他人，没有人哭。我在想，或许是我有什么问题。战争结束后，我碰见别的幸存者，我问他们：'你哭了吗？'（他们回答：）'没有，我没哭。'仿佛是本能在保护着我们，让我们感觉不到真实的感情。想想看，如果我想到'我的爸爸，我的父亲和母亲现在都在毒气室里'，我肯定会崩溃，然后被杀死……如果我表现出任何哭过的迹象，我肯定会被杀死。"

筛选结束后不到一小时，托伊碰见了他的一位朋友尤泽克。尤泽克是跟随前一批犯人到达索比堡的，他自己的父亲在新到这批犯人之列，他没进毒气室，因为他是个牙医。尤泽克获准跟着父亲做他的"助手"。"我们在营房后面走着，我看见有人在拉小提琴，有人在吹口琴，还有两个人在跳舞。我说：'尤泽克，我不明白。你在一个灭绝营里，你怎么做得出那些事？怎么还能跳舞？'他说：'托伊，我们活一天就赚一天，大家都会死的，这里就是终点。你看见那股烟了吗？你的爸爸、弟弟、妈妈都变成那股烟了。咱们也会变成那股烟的。所以有什么分别呢？难道要戴上黑纱吗？那咱们连一天都活不了！'"

从很多方面来看，托伊此时在索比堡的境况都与在奥斯维辛"加拿大"工作的犯人相似。他们都能获得食物——大部分来自被毒死的犹太人；索比堡的工人也可以留着头发，穿着日常的衣服。但与"加拿大"的工人不同的是，在索比堡工作的犯人与灭绝营里发生的屠杀有着密切的，甚至是直接的接触。

托伊·布拉特很快就明白了自己在这个过程中扮演着什么样的角色："一批荷兰犹太人到了索比堡，大概有 3000 个人。火车大约分成 8 个到 10 个车厢，沿着一条专门的岔道开进了索比堡。一群车站分队（Bahnhof Commando）的犹太犯人打开车门，拿走大件行李。我和其他年轻人站在一起，用荷兰语大喊着让他们留下行李。女人们本来都拎着包，我们让她们都扔到一边。就在这个时候，我注意到她们眼睛里有种特殊的焦虑。她们害怕了。有些人不愿意留下包，德国人就用鞭子抽她们。这些人被直接带进了一个大院子里，一个被我们称为'死亡天使'的德国人和善地对她们说话。他先是为从荷兰到这里的三天旅程道歉，然后他说她们现在到了一个美丽的地方，因为索比堡永远都这么美丽。他接着说：'出于卫生的考虑，你们需要冲个澡，过一会儿你们就会接到命令离开这里。'然后人们都鼓掌欢呼：'太好了！'她们乖乖脱光衣服，穿过了一个大约60米长的大房间，走进一间营房。我又有任务了，我会在那里等她们。接着，女人们走进来，她们身上什么都没穿。有小女孩，有少女，也有上了年纪的老太太。我是个羞涩的男孩，不知道该往哪儿看。他们给了我一把长剪子，但我不知道要用它干什么。于是我的朋友——他已经去过好多次了，他对我说：'剪头发，你要把头发剪得特别短。'但她们都求我留一点头发，特别是年轻女孩都在求我不要剪太多。她们不知道过不了几分钟她们就都死了。接下来她们要从营地走进毒气室，只有几步（远）。他们这招太厉害了，我敢肯定她们走进毒气室，发现喷出来的是气体不是水的时候，大概都以为出了什么故障。"

托伊·布拉特所参与的屠杀过程极其高效，经过了精心的设计来防止意外情况的发生，因此，3000人从到达车站、交出物品、脱去衣服，到全部被杀死，只需要不到两小时的时间。"等到一切工作都做完，我们把她们从毒气室抬出来准备焚烧的时候，我记得我当时在想，这是个美丽的夜晚，（有）好多星星，那么安静……3000个人死了，什么都没变，星星还在原来的位置。"

荷兰犹太人到达索比堡时，对这个营地的真实用途一无所知，他们毫无反抗地被骗进了毒气室。但波兰犹太人则不同，他们中的大部分人不相信这里只是个"卫生站"。"你怎么做得出来？"一个波兰中年妇女在托伊给她剪头发时质问他道，"他们也会杀了你的。你也会有那么一天的！"他什么也没说，但一直记着她的话，"就像一句诅咒"。"我全部的念想都在怎么活着、到底该如何活下去上面。我知道我也会死，但我现在还活着，我不想今天就死。第二天来了，我也不想那天就死。"

托伊当然明白，无论他自己多么不情愿，他都在协助纳粹管理着这个灭绝营。不难发现，剪头发、整理衣服、从火车上搬行李、打扫营地——所有这些维持索比堡正常运转的事务性工作都是由犹太人完成的。"是的，我想过这个问题，"他说，"但没有人做什么。（我只有）15岁，身边都是成年人，但没有人做任何事。人会随着环境的变化而变化。人们问我：'你学到了什么？'我想我只能确定一件事：没有人真正了解自己。你在大街上遇见一个和善的人，你问他：'北街怎么走？'他陪你走了半个街区，给你指路，态度亲切。可是在另一种环境下，同一个人可能变成最可怕的虐待狂。没人了解自己。每个人都可能在这些（不同的）环境之下变成好人或坏人。有的时候，碰上对我特别和善的人，我忍不住会想：要是把他放在索比堡，他会变成什么样呢？"

许多在集中营里生活过的人都同意托伊·布拉特的观点，即人会因环境的变化而改变。这里说的并不是人会依据不同情景调整自己的行为这套老生常谈，因为我们在生活中都会这样做。显然，一个人在摇滚音乐会上与在葬礼上的举止是完全不同的。但托伊·布拉特指的是在极端环境下一个人的彻底改变，这不单单体现在行为上——虽然也有行为的变化，但更多是深层的性格变化。托伊等人在集中营里得出的结论可以用一个比喻来形容：人类如同根据温度而改变的物质，就像水只有在一定温度范围内才是水，在其他温度下会变成蒸汽或冰，人类在极其迥异的环境下也会变成不同的人。

托伊的结论最令人不安的一点是，依据我的经验，许多行凶者都符合这种情况。还记得我追问一名当年十分忠诚的纳粹党员，问

261

他为什么有那么多人支持这个恐怖的政权，他有些恼羞成怒："当今世界的一个问题，是从来没有经受过考验的人到处去对那些经受考验的人品头论足！"这个观点无疑会得到托伊·布拉特的认同。

当然，这并不是说集中营里的人在性格上出现的巨大变化一定是负面的。在任何环境下都存在着不同选项，有些人做出的选择令人钦佩，托伊·布拉特便见过一例：一次，托伊被安排到一条沙土路上用耙子耙土，这条路连通着毒气室与营地外围地带。"我发现无论你怎么耙，还是有小粒的东西（留）在土里。我问朋友：'这是什么？'他说：'是钱。'我当时觉得很吃惊。这些人已经知道他们马上就要被杀死，他们手上还留着这几美元或几卢布。当他们意识到他们的人生已经走到终点时，他们花时间把所有钱（撕碎），不让敌人拿（这些钱）去用。我觉得这是一种英雄主义，精神上的英雄主义。"

要想筹划更激烈的抵抗运动，也就是对德国人的真正反击，托伊·布拉特还需要克服一种情感，他把它称为"反向的种族主义"。他第一次看到头戴钢盔、身穿漂亮制服的德国士兵时，就觉得他们是"更好的"人。"而另一方面，我看见犹太人和波兰人担惊受怕，东躲西藏，到处逃窜。"这种态度正是德国人想要在被他们压迫的人中间建立的。这也是门格勒博士出现在奥斯维辛坡道上时一定会穿上他帅气的党卫队制服、把靴子擦得锃亮的原因之一。德国人想要制造出一个自证预言，即他们所打压的对象是劣等人，而他们则有着优等种族的衣着打扮和言行举止，他们想迫使敌人相信纳粹确实高人一等。

考虑到这一背景，不难理解为什么直到一群不太受托伊·布拉特所说的"反向的种族主义"影响的犹太犯人——曾经的苏联红军战士到达索比堡以后，激烈的反抗行动才开始酝酿。"我们是1943年9月21号或22号到达的索比堡，"阿尔卡季·魏斯帕皮尔[26]说，他是一名苏联战俘，从明斯克被遣送到索比堡。"我们在上了锁的车厢里困了三天，那是一节运牲畜的车厢。三天里我们什么都没吃，也没见过光。"幸运的是，纳粹决定从这批犯人中选出一些劳工。"他们问有没有人是木匠或者建筑师，"魏斯帕皮尔说，"还问我们有没有人扛得动 75 公斤重的东西。"在进行筛选时，这些苏联战俘都不知道营地的真实用途是什么。"我们不知道正在发生什么事，还以为这里是个劳动营。但到了晚上，一些老犯人过来跟我们说：'你们的朋友被火化了。'这时我们才明白这是个什么营地。"

大约有 80 名苏联战俘被选为劳工，其中有一位极具个人魅力的前红军中尉，名叫亚历山大（萨沙）·佩切尔斯基。"他是个非常英俊的人，"魏斯帕皮尔说，"长得高大魁梧。大家都特别尊敬他，他的每句话对我们来说都是命令。"佩切尔斯基马上对营地产生了巨大影响，并很快成为一个地下反抗组织的领军人物。在苏联战俘到达营地之前，曾有一些犯人尝试过越狱，他们通常是趁着在铁丝网之外工作的时机逃跑，但绝大多数都以失败告终。"等你终于跑进了树林以后，你还能往哪儿跑呢？"托伊·布拉特说，"基本上每天都有住在附近的农民押着犹太人回来，他们发现这些人躲在田里的某个地方。"送回犹太人可以换来"五磅白糖和一瓶伏特加"。佩切尔斯基和他的战友改变了营地里的犯人普遍持有的这种听天由命的态度，他们与莱昂·费尔德亨德勒（在苏联战俘到来之前他是索比堡一个小型地下组织的领导人）一起组织了一次大规模越狱。

到达索比堡仅两周之后，苏联战俘便开始挖掘逃跑用的地道，但没过几天地道就被水淹了，于是他们放弃了这个方案。佩切尔斯基很清楚，无论用何种方法，都不太可能让索比堡 600 多名犯人在同一个晚上匍匐着爬出营地而不出任何事故。他很快认识到，一次成功的大规模越狱只能通过武装反抗来实现。佩切尔斯基还想到，犯人们最好尽早行动。几星期后就会迎来第一场降雪，到时德国人将很容易追踪逃到树林里的犯人。因此，在接下来的几天里，在几位关键卡波的参与下，一个方案渐渐成形。"第一阶段的任务是收

264

集武器，"托伊·布拉特说，"比如刀和斧子，很多木匠在他们工作的地方都有工具。"第二阶段是把德国人"引诱"到营地的僻静角落，杀掉他们后偷走他们的枪。第三阶段，也是最后一个阶段，便是公开的起义。

10月的第二周，地下组织得知，索比堡几个最重要的德国人都回德国休假了，其中包括军士长之一瓦格纳，因此营地里的德国人比平时又少了一些。地下组织成员打算以"给你好处"为诱饵把剩下的德国人骗到裁缝或鞋匠的工作间，于是整个反抗行动成功与否就看营地守卫手脚有多不干净了。佩切尔斯基命令魏斯帕皮尔藏在营地中的一个鞋匠工作间里，等到德国守卫过来试新鞋时就一斧子将他砍死。"我很激动，"魏斯帕皮尔说，"大家都明白，成败在此一举。"另一些德国人以为自己将得到一件新皮衣，他们被骗到裁缝室杀死。接下来，犯人们打算从正门逃跑，他们赌了一把，看很听德国人话的乌克兰守卫会不会因为缺乏足够的弹药和动力而不对他们进行阻拦。

265　　　起义发生在10月14日。下午3点半，魏斯帕皮尔和来自明斯克的一位犹太同乡耶胡达·莱纳一起藏在鞋匠的小屋中。"一个德国人进来试鞋。他在我面前坐了下来，我一步上前用斧子朝他砍过去。我不知道应该用斧子背部，而是用了斧刃。我们把他拖走，在他身上盖了一块布。然后另一个德国人走进来，他走到尸体前，用脚踢了一下，然后说：'这是什么？这里怎么一团乱？'接着他明白过来（发生了什么），所以我也用斧子砍了他。我们拿走了他们的枪然后逃跑。后来我一直在发抖，很长时间都平静不下来。我觉得很恶心，我被溅了一身血。"

莱纳和魏斯帕皮尔在鞋匠的工作间杀死了两个德国人，另有三个党卫队士兵死在裁缝室，其他没能被成功引诱出来的德国人在他们的办公室里被杀。到了下午5点，集中营内大部分党卫队看守都已经被杀死，一共有9人。但令人担心的是，指挥官还活着。犯人

们开始像往常一样聚集在一起准备点名。托伊·布拉特说："但是
到了 5 点 45 分，萨沙（佩切尔斯基）跳上桌子，发表了一番演讲，
演讲内容我到今天都还记得。他讲到了他的祖国苏联，讲到有一天
这一切都会改变，和平将会到来，还说如果有人能活下来，那他的
责任就是告诉全世界这里发生了什么。"

接着，犯人们按计划朝正门走去。突然之间，子弹从瞭望塔那
里射向他们，指挥官弗伦策尔也从一个营房里走出来朝他们开枪。
显然，从正门逃跑是不可能了，于是犯人们尝试破坏集中营后面带
刺的铁丝网，尽管外面就是雷区。正当托伊·布拉特在枪林弹雨中
与铁丝网较劲时，他突然感到整个铁丝网倒了，把他压在下面。"我
第一个念头就是，我完蛋了！人们踩着我过去，铁丝网上的刺扎进
我的外套。但最后我灵机一动，把皮衣脱了下来让它挂在铁丝网上，
自己爬了出去。我开始跑起来。我跌倒了大概两三次，每次都以为
自己被打中了，但我站起来以后又发现什么事也没有。我终于（跑）
到了树林里。"在逃跑过程中，托伊·布拉特看到地雷"把人炸飞"，
才意识到落在后头离开营地其实是件"幸事"。

那天，索比堡的 600 名犯人中大约有一半成功出逃。托伊·布
拉特认为，成功的最关键因素是："他们（德国人）不把我们当人看，
没料到我们会采取行动。他们觉得我们都是垃圾。他们没想到犹太
人面对死亡（已经做好了准备），因为已经有几千个犹太人白白送
了命。"而在阿尔卡季·魏斯帕皮尔看来，越狱的另一个必要条件
是苏联战俘的到来，面对营地里的艰难处境，他们团结在一起。重
要的是，这些苏联战俘采取行动时，距他们到达营地还不到一个月
的时间。虽然他们也曾被关押在德国其他集中营，但他们在索比堡
所遭受的恐怖体验是前所未有的，因此他们有机会对眼前的骇人景
象迅速做出反抗。他们严格的军纪再加上萨沙·佩切尔斯基非凡的
个人魅力，共同保证了反抗行动的成功。

逃离索比堡的 300 名犯人大都没能活到战后。很多人四处游荡，

在树林里迷了路，几小时后就被抓捕。还有一些人被波兰人交给了
德国人。萨沙·佩切尔斯基和他的几个战友碰到了支持红军的人，
并最终与行进中的苏联部队会合。托伊·布拉特后来遇到了一系列
险阻，多次侥幸逃脱。有些波兰人向他伸出援手，也有一些出卖了他。
战后他决定在美国开始新的生活。

　　希姆莱对索比堡反抗行动极为关注，这次行动后，他下令屠杀
特拉夫尼基、波尼亚托瓦（Poniatowa）和马伊达内克三个集中营
里的犹太人。屠戮于 11 月 3 日开始进行，是纳粹"最终解决"历
史上最血腥的屠杀。这次被纳粹称为"丰收节"的行动造成大约 4.3
万人丧生。这一行动充分说明，先进的技术手段在大规模屠杀中并
不是必不可少的，在马伊达内克，一天之内就有 1.7 万名犹太人死
在纳粹的枪口下。

　　1943 年 11 月的"丰收节"屠杀，恰逢纳粹"最终解决"的实
施目的（raison d'être）发生转变的时期。1941 年秋天和 1942 年春
天的灭绝行动，至少有一部分目的是为东部德意志新帝国腾出更多
"空间"，但到了 1943 年冬，纳粹明显将要输掉战争，于是另一个
目的出现了：报复。此时，纳粹对犹太人的屠杀主要是为了确保他
们最大的敌人不会从战争中获益，无论战争的结局如何。当然，在
纳粹"最终解决"方案的筹划和执行过程中，意识形态因素始终存在，
将西欧犹太人也纳入纳粹的大规模屠杀计划中就表明，追求经济利
益和创造"空间"绝不是纳粹犯下这桩罪行的全部动因。但到了这
个时候，第三帝国的领导人在东部建立"纳粹新秩序"的梦想已经
破灭，他们是出于纯粹的仇恨对犹太人展开大屠杀，以此寻求安慰。

　　然而在不受他们直接管辖的区域，德国人执行"最终解决"遇
到了越来越多的困难。保加利亚政府此前曾交出 11000 名犹太人，
这些人都来自色雷斯和马其顿两个沦陷区，最终在特雷布林卡遇害。
1943 年，保加利亚人多次抗议将犹太人驱逐出保加利亚的做法。罗
马尼亚领导人扬·安东内斯库曾在比萨拉比亚、德涅斯特河沿岸和

267

268

布科维纳（Bukovina）参与过破坏犹太人社区的行动，但现在也拒绝将罗马尼亚剩下的犹太人送进贝尔赛克的毒气室。在意大利也是：虽然墨索里尼曾经实行过各种反犹措施，但他一直拒绝交出意大利的犹太人。[27] 纳粹之前的许多盟友现在都意识到自己支持的不再是将要获胜的一方，他们曾帮助纳粹迫害犹太人，是因为他们觉得这样做对自己有好处，现在情况变了，他们开始拒绝推行反犹政策。他们的转变主要是为了自身利益，而不是出于道德上的觉醒。

在所有曾被德国人占领的国家中，只有一个没有因参与"最终解决"而留下道德污点，这个国家就是丹麦。在丹麦人的共同努力下，全国 95% 的犹太人免遭落入德国人之手。丹麦人拯救犹太人的故事动人心弦，也令人振奋，细想之下，这些故事背后还有着更复杂的深意。

1940 年 4 月 9 日德国人攻占丹麦。从一开始就可以明显看出，德国人对丹麦的占领方式与对欧洲其他国家有很大差别。丹麦的主要机构（包括君主、议会和警察）大都维持不变，纳粹也没有像在其他地方那样，强迫丹麦人颁布任何反犹法规。在丹麦政府看来，8000 名犹太人是丹麦的合法公民，这一点不会改变。"我们没有任何歧视，"克努兹·迪比 [28] 说道，他当时是丹麦的一名警察，"犹太人已经完全同化了。他们从事的职业、住的房子都和其他人一样。我敢肯定在丹麦和犹太人通婚的人很多。我家就有个亲戚娶了个犹太女演员。"甚至那些在纳粹占领区坚持自己宗教信仰的犹太人也没有遇到太多麻烦。本特·梅尔希奥 [29] 当时是个学生，他原本对德国人的到来颇为担心，因为他的父亲是一位拉比，曾公开反对纳粹。但后来什么坏事也没发生。"我们去上学、去教堂、去参加文化活动，一切照常。"

本特·梅尔希奥讲述的故事可以说明丹麦社会对犹太人的接受度。本特的父亲写了一本小书，是对《摩西五经》的评注。由于对所有丹麦人来说，表达爱国之情的最好对象便是丹麦国王，他决定把一册书进行特殊的装订，作为礼物送给他的君主。1941年的最后一天，本特的姐姐被吩咐把书送到位于哥本哈根的皇宫。她朝大门走去时，正好碰到王后走出来，王后看见她以后问："这是给我丈夫的吗？"他姐姐回答："是的，王后陛下。"王后拿走了书。当天晚上，丹麦国王克里斯蒂安十世连夜写了一封感谢信给本特的父亲，向他及整个犹太人社区问好。"我们是1942年1月1日收到的信，"本特·梅尔希奥说，"这给整个社区都留下了深刻的印象，他竟然会亲自回复一个送他书的小拉比。"

270　　　　考虑到纳粹在欧洲其他地方展开的反犹屠杀，很难想象他们会允许一个国家对犹太人的接受度如此之高，但纳粹对丹麦的态度其实非常微妙。首先，他们希望确保这个国家向德国输送的粮食供给不受影响；其次，他们意识到，以这种"理想的"方式占领一个"雅利安"同胞的国家具有积极的宣传意义；最后，和平的丹麦几乎不需要多少德国士兵驻扎在此地进行管理，这也可以给他们带来好处。然而，这种态度在1943年秋发生了改变。在斯大林格勒战役中失利的德国军队全面撤退，此后丹麦爆发了多起反抗行动，并进一步引发了一系列罢工。德国人坚持镇压这些行动，但丹麦政府拒绝配合。因此，8月29日，德国夺取了丹麦政权。

德国驻丹麦全权代表维尔纳·贝斯特博士（Dr Werner Best），此刻面临着一种两难处境，不知该如何处置丹麦的犹太人。从贝斯特的背景来看，很难认为他会采取同情的态度。他早年是一名律师，1930年加入纳粹党，第二年加入党卫队，此后一直担任盖世太保的法律顾问，并直接为莱因哈德·海德里希工作。在帝国安全办公室工作期间，他参与了对波兰知识分子的迫害，随后他到法国任职，直接参与对法国犹太人的镇压。而现在，这个忠诚的纳粹分子却做了一件与他一贯风格完全相悖的事：他通过中间人向丹麦犹太人透露了将要展开的抓捕。

按计划，抓捕行动将于1943年10月1日夜间至2日凌晨进行。

就在预定日期的前几天，贝斯特与德国海军武官格奥尔格·杜克维茨（Georg Duckwitz）开了一个会，将突袭的安排告诉了他。大家都知道杜克维茨很同情丹麦人，因此贝斯特几乎可以确定，杜克维茨一定会把这个消息透露给丹麦政治家，而他们一定会提醒犹太人社区的领导人。事实也确实如此。

"那是一个星期二（9月28日）的晚上，"本特·梅尔希奥说，"一个女人来到我们家，说要跟我父亲谈一下，还说这周五晚上会有抓捕行动。"第二天是个犹太教节日，因此一大早来到教堂的人比往常都多。本特的父亲起身发言："我父亲中止了礼拜活动，告诉大家这件事非常重要，然后转述了他听到的消息。'周五晚上不要待在家里。'他还说第二天教堂的礼拜活动也取消。但这样还不够，在场的每个人走出教堂后都需要再转告他们的亲朋好友，并告诉那些落单的人，总之想办法通知尽可能多的人。"

大出逃发生在当天、也就是9月29日那天晚些时候。鲁迪·比尔[30]和他的家人也在逃亡的队伍中。他们走出哥本哈根大概10英里远，住在鲁迪父亲的生意伙伴家中。"他们是非常好的一家人，有三个女儿，比我们稍大一点。他们住在一栋别墅里，有个花园，我们没有花园，因为我们住在公寓里。他们把我们照顾得非常好。"

就在比尔一家在哥本哈根外的新住所安顿下来的同时，丹麦警方也得知了犹太人马上要被驱逐的消息。"听到这个消息时我正在警察局，"克努兹·迪比说，"我的一个同事说，他的犹太邻居，一个叫雅各布森的商人找到了他。他和他们全家都特别紧张，希望我同事能帮帮他们。"迪比和他的同事们马上决定为丹麦犹太人提供帮助。与纳粹占领的其他国家（如法国和斯洛伐克）的警察所采取的行动相比，这些丹麦警察的做法更显可贵。迪比自告奋勇帮雅各布森一家安排了出逃方案，即从丹麦和中立的瑞典之间的海峡逃走。"我们让他们乘有轨电车或当地的火车去哥本哈根东部的港口车站，从那里搭出租车到港口。出租车司机知道是怎么回事，但还是帮了很大忙，甚至有人都没要车费。到了港口，我们藏在德国人用来放渔网和工具的棚子里。"

等犹太人都藏好了，克努兹·迪比出去找渔民，看有没有人愿意冒险在夜里带他们穿过海峡。"我告诉渔民我们有几个人，得求他们，还要借钱付给他们，要尽可能多借些钱，好让所有人都能上船。"这是一段异常艰辛的旅程："有一次我带着三个犹太男人，结果一艘德国巡逻舰突然朝我们开过来。我们跳进一条深沟里藏了起来，直到听见德国人离开才出来。那一次我已经做好了开枪的准备，我肯定会保护我们四个人……我不想被抓起来送进集中营。"

帮助犹太人逃跑的不光有丹麦警察，还有其他许多机构的工作人员，比如丹麦的海岸警备队队员，当数不清的小船在深夜离开港口时，他们掉头假装没看见；再比如支持犹太人逃亡的神职人员：10 月 3 日，丹麦各个教堂都宣读了哥本哈根大主教的声明，这一声明直截了当地明确了教会的立场："无论犹太人在何处因种族或宗教原因遭到迫害，基督教教堂都有责任反抗这种迫害……虽然我们有着不同的宗教观念，但我们应该为犹太兄弟姐妹的自由抗争到底，因为我们自己也把自由视为比生命还可贵的东西。"[31]

与此同时，鲁迪·比尔一家觉得继续住在国内的朋友家已经不再安全，他们也前往瑞典："我们需要穿过哥本哈根市中心，在那里我们有一些不愉快的经历。一个司机拐错了弯，恰巧就在德国总部大楼前停了下来。一时之间我们有点害怕，不过他掉了头，找对了路，我们就开走了。"比尔一家坐着车出了哥本哈根，又向南开了 25 英里，终于到达瑞典与丹麦距离最远的一个地点，因为他们的保护人认为要穿越边境，这里是最安全的。两艘大船停在离海岸线不远的地方，每艘船都可以容纳 200 人。比尔一家划着小船靠近其中一艘大船。当天晚上大约 11 点，他们的船启程了。"我们站在甲板上，"鲁迪回忆道，"我最小的弟弟妹妹们被喂了少量安眠药，好让他们不要哭闹，他们一路都在睡觉。"几个小时过去，什么也没有发生，他们顺利到达瑞典："我们踏上瑞典的海岸线，发现这里非常不一样。在丹麦晚上有灯火管制，但在瑞典大街小巷都亮着灯。当地人非常友好地接纳了我们。人们唱起了歌——瑞典和丹麦的国歌，大家特别高兴，眼下终于没有什么危险了。"瑞典人倾尽全力地为这些犹太人提供帮助，他们派出亮着灯的小船，确保逃亡者可以安全上岸，并于 10 月 2 日在广播中宣布，他们欢迎所有来瑞典的丹麦犹太人。

　　与鲁迪·比尔有着类似经历的人不在少数。绝大多数丹麦犹太人都成功逃到了瑞典。在 10 月 1 日晚的围捕行动中，德国人只抓到 284 名犹太人，在之后的几周里，他们又逮捕了不到 200 名在逃往瑞典途中的犹太人。丹麦总共有 8000 名犹太人，只有不到 500 人被抓捕并被驱逐，重要的是，这些人也没有被送去奥斯维辛，而是送到了捷克斯洛伐克的特莱西恩施塔特。那里的生活虽然窘迫，但至少没有筛选，也没有系统化的屠杀。在被驱逐的丹麦犹太人当中，超过五分之四的人在战后回到了家园。[32]

　　讲到被驱逐的经历，我们已经听过太多关于背叛和报复的故事，因此丹麦犹太人获救的经过无疑令人格外欣慰。然而，德国人在抓捕和驱逐丹麦犹太人时模棱两可的态度也意味着，这个故事在为人称道的同时，并不像表面看起来那么简单。其中很重要的一点，在于维尔纳·贝斯特令人琢磨不透的态度——他不仅通过中间人间接提醒了丹麦犹太人，在组织抓捕行动时也明显没有尽力。德国安全部门有一小部分人确实在卖力地工作，其中最臭名昭著的便是汉斯·尤内尔（Hans Junl,"盖世太保尤内尔"）在埃尔西诺（Elsinore）抓捕犹太人的行动，但大多数德国人似乎没有这么认真。鲁迪·比尔说："我一直都认为，如果德国人想阻止我们，他们可以轻而易举地做到，因为丹麦和瑞典之间的水域不宽，也不太长，如果他们派出四五艘鱼雷艇，那整个逃亡行动就泡汤了。"但德军的海上巡逻舰没有拦下一艘逃亡的小船。

从维尔纳·贝斯特10月5日交给柏林的一份报告中，我们可以找到一些线索来解释。"丹麦'犹太行动'（Judenaktion）的目的是让这个国家中不再有犹太人，而不是要成功杀死多少犹太人，因此可以论定，'犹太行动'已经实现了它的目的。"[33] 在这里贝斯特强调了自己的功劳，因为他在最大限度地维护纳粹统治的同时，让丹麦成了"没有犹太人"的国家。犹太人逃到了一个安全的地方，而不是被抓起来，对他有个很实际的好处：丹麦政府未来将更容易合作。

近期有学者提出了另一个问题，质疑与丹麦犹太人有关的传统历史观，那就是拯救行动中的"利他主义"。举例来说，第一批逃亡的犹太人很多都给了渔民大量的钱。"很遗憾，一些逃亡的人不得不花点钱以便尽快上船，"克努兹·迪比说，"渔民实际上是很穷的一群人，他们挣的钱很少。我敢肯定有的人希望赚些额外收入。"但丹麦渔民的做法难道是毫无道理的吗？他们冒着丢掉饭碗（在他们看来甚至可能是丢掉性命）的巨大风险帮助犹太人逃脱。他们在可以收费的时候收了，这样做是错的吗？特别是在前几次的行动中，谁也不知道德国巡逻舰是不是正在对岸等着拦截他们。从这个角度来看，如果无论逃难者出多高的价钱丹麦渔民都拒绝冒险，那才是最该受到谴责的做法。而且重要的是，没有一个丹麦犹太人因为交不出钱而被扔下不管。

当然，丹麦人拯救行动的成功也受益于一些不受他们控制的外在因素，地理位置便是其中之一，因为丹麦附近有一个中立国，而荷兰或比利时则没有。其次，截至1943年夏天，德国人对丹麦的统治都相对宽松，这意味着警察、海岸警卫队等关键组织受纳粹控制的程度相对较小。再者是纳粹迫害丹麦犹太人的时间点。前面已经说过，到了1943年秋天，明显可以看出德国人快要输掉战争，因此丹麦人知道，帮助犹太人是将要获胜的一方所希望的。最后，相当重要的一点是，纳粹对丹麦的统治从来没有过于严酷，完全不同于波兰等国家，如果纳粹对丹麦犹太人以及帮助他们的人的迫害像在波兰那样残忍，不知道丹麦人还会不会伸出援手。一方面，我们不该通过这个故事就认定丹麦人比别的民族都更有同情心，因为至少在20世纪30年代，丹麦人并不愿意接收从德国逃过来的大批犹太人，但另一方面，一些人认为丹麦人的高尚只是相对的，可他们经常忘了，即使是在1940年和1941年，德国人看似会赢得战争的时候，丹麦人也坚守住了道德原则，没有为了取悦纳粹统治者而迫害犹太人。

我们也不该因为知道贝斯特让大量丹麦犹太人逃跑的背后有他自己的政治考量，就否认其他丹麦人的救援行动所具有的道德价值。重要的是，丹麦人团结在一起反对驱逐行动时，没人知道贝斯特是怎么想的。每个为犹太人提供帮助的人在那时都认为他们的做法违背了德国人的意愿，并且可能会给自己惹上很大麻烦。因此克努兹·迪比才会说："丹麦人所做的一切都是发自内心的，是出于真正的友爱。那单纯是一种博爱的情怀，是善良和尊重。全欧洲的人本来都应该和他们一样。"这个观点让人难以反驳。1944年的春夏，欧洲另一个国家与丹麦人的英勇行为形成了极其鲜明的对比。奥斯维辛历史上最大规模的屠杀，就发生在这一年。

第五章

疯狂的杀戮

277 　　1944 年的一系列事件，让奥斯维辛成为历史上最大规模屠杀的发生地。截至 1944 年春，奥斯维辛的总死亡人数比特雷布林卡少几十万，但这一年的春天和夏初，奥斯维辛一直在满负荷甚至超负荷地运转，迎来了建成以来最恐怖、最疯狂的杀戮。在这段恐怖的时期饱受折磨、最终死去的大部分犹太人都来自同一个国家——匈牙利。

　　如此多的匈牙利犹太人在战争接近尾声时被迫登上开往奥斯维辛的列车，原因错综复杂。匈牙利一直试图与纳粹进行政治博弈，在两种强烈而又矛盾的情感中来回摇摆。一方面，他们一向惧怕德国势力，另一方面，他们也想与赢面较大的一方合作，特别是如果合作能让他们获得东部邻国罗马尼亚的领土的话。直到 1940 年 10 月，匈牙利人才终于下定决心加入《三国同盟条约》，彻底与轴心国结为盟友。因为在此之前，纳粹德国外交部部长里宾特洛甫作为中间人促成了一项协议，将罗马尼亚特兰西瓦尼亚（Transylvania）
278 地区北部划给匈牙利。匈牙利人对这片土地垂涎已久，在这个协议的诱惑下，再加上认为纳粹最终会赢得战争（在 1940 年夏天和秋初，这是一个"明智"的立场），匈牙利人在政治上和战略上都开始向他们强大的邻居靠拢。

　　1941 年春，匈牙利人参与了希特勒入侵南斯拉夫的行动，6 月，匈牙利军队又加入了纳粹向苏联发动的战争。然而，纳粹的闪电战并没有如预期的那样击败斯大林，反倒被拖成了持久战，此时，匈牙利人意识到他们站错了队。1943 年 1 月，红军突破了匈牙利人在东部的防线，造成 15 万匈牙利人被杀、负伤或被捕的惨重损失。匈牙利政府认为此时的"明智"立场是疏远纳粹，于是在 1943 年与西方盟军进行了秘密会谈，并与他们协定，一旦盟军兵临城下，匈牙利便会转而支持盟军。

1944 年春，希特勒决定向他这个只能同富贵不能共患难的盟友发动进攻。在传统史学研究中，这个决定被视为意识形态驱动下的个人行为，而不是一个务实的策略。但近期有学者的研究得出了相反的结论，认为希特勒这样做并不仅仅是想惩罚他摇摆不定的盟友那么简单，相反，希特勒和纳粹的行动相当理性。匈牙利是东欧少数几个尚未遭到纳粹劫掠的国家之一。希特勒认为，现在正是纳粹在这片富饶的沃土上进行搜刮的大好时机。[1]

犹太人自然成了纳粹强取豪夺的对象。匈牙利有超过 76 万犹太人，占全国总人口近 5%。虽然这些人在此之前忍受着种种反犹主义规定的约束，但大多数人生活的社区（以及他们的大部分财产）大体上未受到破坏。处在服役年龄的匈牙利犹太人被送去了东部前线做苦力，已有几千人丧生，但剩下的犹太人仍抱有希望，以为他们可以逃脱残酷的迫害。1944 年 3 月 19 日，德军长驱直入，占领了匈牙利。就在第二天，党卫队上级突击队大队领袖阿道夫·艾希曼也到达此地，奉命把匈牙利犹太人的财物尽可能搜刮干净之后驱逐他们。按照纳粹的一贯作风，艾希曼从第一批巧取豪夺的物品中给自己挑了件礼物，即位于布达佩斯整洁的玫瑰山区（Rose Mount）的一栋豪华别墅——"阿希纳别墅"（Achner Villa）。

然而，"最终解决"此时已发展到一个新的阶段。与 1942 年纳粹负责人在总督辖区面临的任务不同，艾希曼要做的不再是组织简单的灭绝行动。考虑到眼前紧迫的军事形势以及对劳动力日益增长的需求，纳粹需要更加努力地把有劳动能力、可以为德国的战事出力的犹太人与那些对第三帝国毫无用处、须马上被送走杀死的犹太人区分开来。在纳粹看来，奥斯维辛成为匈牙利犹太人的理想去处，因为此时门格勒博士和他的同事们已经积攒了足够丰富的经验进行这种筛选。奥斯维辛仿若一个巨大的筛子，筛出的匈牙利人将被输往第三帝国各地的苦役犯工厂。

280 艾希曼最开始在匈牙利采取的行动，与我们已经非常熟悉的、纳粹惯常采用的反犹主义举措完全一致。在驱逐行动中，他成功地得到了匈牙利警方的配合，并把剩下的犹太人都驱赶到布达佩斯以外的隔离区。德国人一开始要求匈牙利"向帝国"交出10万名犹太人，但在犹太人都搬进隔离区后，匈牙利政府主动提出交出国内剩下的犹太人。与之前的其他国家、特别是斯洛伐克一样，匈牙利也发现，当犹太人原有生活被打乱、家中男人被带走以后，最"省心"的处理方法就是让纳粹带走所有人。而这个提议正中艾希曼下怀。

然而，除了这些可以想象得到的工作，艾希曼还做了另一件事。1944年4月25日，一个名叫约埃尔·布兰德（Joel Brand）的犹太人来到布达佩斯大华酒店与艾希曼会面。此人是"救援委员会"（Relief and Rescue Committee）的领导人，该组织致力于帮助犹太人逃离纳粹的控制。布兰德此前已经与艾希曼和其他党卫队军官开过多次会议，试图通过贿赂他们让一部分犹太人离开匈牙利。这一次，艾希曼对他说："你知道我是谁吗？帝国、波兰和捷克斯洛伐克的'行动'都是我负责的。现在轮到匈牙利了。我叫你来是想跟你做个交易，我打算卖给你100万个犹太人。你想救谁？能生孩子的男人女人，老人，还是婴儿？坐下来，告诉我。"不难想象，布兰德对艾希曼的提议大吃一惊。他抗议道，这不该由他来决定，但艾希曼回答道："我没法把全欧洲的犹太人都卖给你，只能放走100万个。我们感兴趣的是物品，不是钱。出国跟你们其他国家的负责人和盟军直接联络一下，商量出一个具体方案后再回来。"[2]

281 在纳粹"最终解决"的历史上，这是很反常的一件事。艾希曼多年来一直以灭绝犹太人为己任，是什么让他在这个时候突然提出了一个看似反常的建议？我们可以从艾希曼当时所处的混乱政治局面中找到一丝线索：到达布达佩斯以后，艾希曼发现他不是唯一一个在匈牙利身担特别任务的党卫队军官，另外两个人——格哈德·克拉格斯中校和库尔特·贝歇尔中校也在这里。克拉格斯进行着各种"情报"工作，而贝歇尔则忙着敲诈匈牙利最大的工业集团所有者——魏斯家族。他以让他们安全离开匈牙利为条件，要求他们把自己在集团的股份交给党卫队。在艾希曼看来，这两位军衔与他不相上下的同事显然越了界，插手他原本以为会由自己全权负责的工作。富足的匈牙利就像一块肥美的肉摆在一群豺狼面前，艾希曼意识到，他必须主动出击才能在这场争夺中赢得上风。

在与布兰德会面前艾希曼得知，他的竞争对手贝歇尔已成功地将曼弗雷德–魏斯工厂的股份转到纳粹名下，作为回报，魏斯家族中约有 50 人获准离开匈牙利，前往中立国。贝歇尔的职业前景看起来一片大好，还搬进了比艾希曼的寓所更大的别墅，这栋别墅曾属于魏斯家族的某人。1961 年艾希曼因战争中犯下的罪行遭到审讯时，曾在法庭上声称，自己真心希望布兰德与盟军的谈判能获得成功，但这显然是自我辩护，他在 1944 年 4 月 25 日之所以开出这样的条件，背后的动机似乎更直接也更自私：他在伺机从贝歇尔那里夺回主动权。如果他的上司希姆莱认可了对犹太人政策上的这一新变化，那么他，艾希曼，就不该落在后面，哪怕这种做法有悖于他的本性。艾希曼肯定知道这桩交易做成的机会不大，他知道盟军把物资交给纳粹、让他们拿去对付东线红军的可能性绝不会太高。但通过推进这件事，他想让希姆莱看到他是个愿意顺应形势而变通的人，一方面他不输贝歇尔，另一方面几乎可以肯定他仍能像过去一样，出色完成筛选和灭绝任务。

艾希曼与布兰德又进行了两次会面之后，交易的内容基本敲定：布兰德将前往伊斯坦布尔，在那里设法说服盟军将 1 万辆卡车交给纳粹，让他们用在对付苏军的冬季作战中。作为交换，纳粹将释

282

放 100 万名犹太人。布兰德要求艾希曼先释放一部分犹太人来展现
"诚意"，并提到"救援委员会"先前颁发的 600 张通行证，这些通
行证的持有者应允许迁入巴勒斯坦，至少理论上是这样。然而，艾
希曼不但拒绝了布兰德的提议，还坚持要把他的妻子汉茜关到大华
酒店当作人质。

在大华酒店召开的最后一次会议上，克拉格斯、贝歇尔和其
他几位纳粹人士也在场。镇上每个德国代表似乎都想从这次行动中
分一杯羹。克拉格斯执意要一个名叫班迪·格罗斯（Bandi Grosz）
的神秘人物跟随布兰德一起前往伊斯坦布尔。格罗斯是阿勃维尔
（Abwehr，德国谍报组织）的一名特工，不久前这个机构在匈牙利
的工作被叫停，由克拉格斯组织进行的情报工作取代。格罗斯此行
的真正目的直到好几个月后才为人们所知晓。1944 年 5 月 17 日傍晚，
这两个人驱车穿越边界来到奥地利，并从那里登上了飞往伊斯坦布
尔的飞机。布兰德记得他身旁的格罗斯衣冠不整，胡子拉碴，偷偷
地背着打印出来的指示，指示印满了一页半纸。[3] 就是这样一个不
祥的、神秘的开端，开启了一项不祥的、神秘的行动。

无论有没有"用犹太人换卡车"的交易，艾希曼立即驱逐匈牙
利犹太人的计划都不会改变，奥斯维辛为接收这些人而做的特别安
排也不会受到影响。在为迎接大批即将到来的犯人进行准备工作的
同时，营地的纳粹领导层也发生了若干变化。1943 年 11 月就任集
中营指挥官的阿图尔·利伯亨舍尔（Arthur Liebehenschel）被解职，
调至稍次的岗位，即卢布林地区马伊达内克集中营指挥官。新的命
令为整个奥斯维辛的纳粹驻军设置了一名总指挥官，此人不是别人，
正是鲁道夫·霍斯。奥斯维辛 1 号营地和奥斯维辛-比克瑙的指挥
官现在都听命于他。霍斯的归来带着一雪前耻的意味，面对眼前极
其艰巨的任务，他过去所谓的过失都统统被纳粹领导层遗忘了。

5 月 9 日，也就是霍斯回到营地的第二天，他便提出迎接匈牙
利犹太人的准备工作需要加快速度。按照奥斯维辛流传的说法，利

伯亨舍尔管理时期集中营效率低下，并且缺乏真正的纳粹党人应有的"冷酷"。霍斯决心改变这一切。直到这时，从一英里外的主轨道分岔驶向奥斯维辛的铁轨才最终建好，犯人已可以被送到位于比克瑙中心的一个新坡道，这个坡道距 2 号和 3 号焚尸场仅 100 米远。霍斯还下令立即修复 5 号焚尸场的焚化炉，并在附近挖五个坑，以便焚烧尸体。[4]1942 年的经验让他知道，屠杀犹太人对他和他的同事来说不是难事，最棘手的任务是如何同时处理成百上千具尸体。

　　不能不提的是，霍斯处处表现出他想要回到奥斯维辛的迫切愿望。1943 年底离开营地的时候，他拒绝切断与集中营的所有联系，在柏林工作期间，他的家人继续住在位于奥斯维辛外围的指挥官寓所里（或许他们意识到，一个德国家庭住在波兰南部要比住在纳粹德国的首都安全得多，因为那里很可能成为盟军空袭的目标）。此时，霍斯把满腔的热情投入到这个比原来更高一级的新岗位上。在人们的想象中，管理奥斯维辛大概是世界上最差的工作，但霍斯证明这种想法是完全错误的。他不仅在 1943 年 11 月即将被解职时努力地想要保住工作，并且为 6 个月后能重操旧业由衷振奋。霍斯的回忆录里并没有提到他回奥斯维辛后的真实感受，但我们不难列出种种理由来断定，重获奥斯维辛的管控大权一定让霍斯非常高兴：首先，他对奥斯维辛想必有一种强烈的主人心态，毕竟自集中营建造之初以来，他就一直担任这里的指挥官；其次，他肯定知道匈牙利的犹太人相对来说有多么富裕，而且明白他们死去后，自己很有可能从中获得好处；但比上述原因都重要的是，作为"最终解决"的坚定支持者，霍斯一定对执行眼前这项如此重要的任务充满期待。

　　对于匈牙利的大多数犹太人来说，这只是噩梦的开始。从相对安全富足的生活到绝望的阶下囚，转变来得太突然，比其他任何一个被纳粹"最终解决"影响到的国家都要猝不及防。截至 1944 年 3 月初，艾丽斯·洛克·卡哈纳[5]一直与她的家人幸福地生活在靠近奥地利边境的小镇萨瓦尔（Sarvar）。她觉得他们过得无忧无虑。她

的祖父拥有一家大型地毯织造厂，因此家境相对富裕。但纳粹到了
没几个星期，他们的工厂和住所就以一美元的价格被卖给一个姓克
鲁格的人。没过多久，他们与成千上万的匈牙利犹太人一起被迫登
上了开往奥斯维辛的列车。在士兵的监督下，当时15岁的艾丽斯、
年长她两岁的姐姐埃迪特以及其他家庭成员朝火车站走去。她们恰
好从自己原来的家门前经过，看见克鲁格先生坐在窗边。"我觉得
特别耻辱，"艾丽斯说，"我脑海中出现了出埃及记的场景。克鲁格
先生看着我们走过去，脸上没有同情，只有喜悦——他现在成了我
们工厂的主人、我们房子的主人。就在这个时候，我们的狗跳了起来，
它认出了我们，哀号起来。"

等他们接近火车站，艾丽斯更加真切地感觉到自己的生活发
生了巨大的变化："对我来说，火车站总是跟美好的记忆联系在一
起，因为父亲在布达佩斯有个办公室，我们经常在周一陪他去火车
站，然后周四接他回来。他总会给我们带回点什么。"但这个曾让
她如此快乐的地方，现在却完全变了个模样："我们看见了运牲畜
的火车！我对我姐姐说：'肯定搞错了，这里停的都是载畜火车。
他们不会让我们上这些车的。爷爷不可能坐在装牲畜的车厢的地板
上！'"但这显然不是什么误会。他们登上列车，车门"砰"地关上，
唯一的光亮，是从车身木栅栏之间狭窄缝隙中透进来的光。在黑影
中，她们能看见祖父坐在行李上，她们的母亲站在祖父身旁。里面
非常热，很快空气中就充满令人作呕的汗臭味，车厢角落那个被当
作马桶的铁桶也散发出阵阵粪便味。四天后，他们终于到达奥斯维辛。

"到了以后，我对埃迪特说，没有什么比这辆运牲畜的车更可
怕的了。我确信他们会让我们工作，而且会给孩子更好的食物。"
艾丽斯说。等大家下了车，聚在比克瑙的坡道附近，艾丽斯的姐姐
让她站在儿童的队伍中，她们都以为儿童的待遇会比大人好，她
们觉得纳粹毕竟来自一个文明的国家。因此，艾丽斯虽然个头很
高，但还是站在了儿童及她们的母亲那一队。当然，按照集中营里

285

286

扭曲的逻辑，这群人恰恰是纳粹最先要杀死的。那天在坡道负责筛选的是门格勒博士，他见艾丽斯等在那里，对她很是好奇：她是个头特别高的孩子，还是年轻的母亲？"您有孩子吗（Haben Sie Kinder）？"他问。艾丽斯在学校里学过德语，回答说她只有 15 岁，于是门格勒让她站到另一队去，那队是不会马上被杀死的成年人和青少年。没过多久，她被带进了比克瑙的"桑拿室"，在那里冲了澡，剃了头，领到一套尺码大出三倍的破烂衣服。

艾丽斯发现自己被分到了比克瑙的女囚营，此时，她跟自己的父母、祖父、姐姐——也就是全家人——都失去了联系。她迫切想要知道他们的消息，于是开始向其他女犯打听。她执着于家人的去处，特别是姐姐埃迪特。结果卡波走过来给了她一巴掌。"在这儿不许问问题！"她吼道，"从现在起给我安静！"

但艾丽斯决意不"安静"，她一定要找到姐姐，无论付出什么代价。等到又有机会时，她询问了更多问题，那是第二天凌晨四点，分区里所有人都被叫醒，被要求全体去厕所。在一片幽暗中，在充满污秽物和下水道气味的环境里，艾丽斯挨个问，有没有人知道刚到的那批匈牙利犹太人被带去了哪里。终于，一个女犯对她说，她觉得他们就在紧邻的隔壁营地，但艾丽斯仍然不知道如何联络上她的姐姐。在奥斯维辛-比克瑙，围墙隔开了一个个子营地，很难从其中一个去到另外一个。然而，另一位女犯告诉艾丽斯，每天早上都会由同一个人给两个营地送变质的替代咖啡，要是艾丽斯写个字条，或许能说服送咖啡的女人帮她捎去。而如果她能找到埃迪特，或许埃迪特可以获准转来这个营地。

艾丽斯很快了解到，在奥斯维辛，求人帮忙需要支付费用。她用自己的那份面包换来了一小片纸和一支笔，给埃迪特写了字条："我在 C 营地 12 楼"，然后又成功地贿赂了送咖啡的女人带走字条。接着，按照艾丽斯的说法，"奇迹"出现了：几天后她的字条被送了回来，上面潦草地写着"我来了，埃迪特"。一天早上，埃迪特

287

出现在送咖啡的女犯队伍中，她负责带回空咖啡杯。"我握着她的手，"艾丽斯说，"我们又在一起了。我们对彼此发誓，再也不分开。"

艾丽斯·洛克·卡哈纳和她的姐姐埃迪特，只是 40 多万被送到奥斯维辛的匈牙利犹太人中的一例。每批犯人被选中进行强制劳动的人数比例不定，有时只有 10%，有时可达 30%。但无论是哪一列火车，里面的绝大多数犯人都直接被送进毒气室。奥斯维辛之前从未有过类似的屠杀狂潮：在不到八周的时间里，超过 32 万人被害。事实上，在纳粹德国，唯一可以与此相提并论的持续杀戮发生在早期的特雷布林卡，而那导致埃贝尔博士被开除。

为了赶上犯人运到的速度，纳粹扩大了在奥斯维辛四个焚尸场工作的特遣队（Sonderkommando）队伍，特遣队成员从原来的200 人增至近 900 人。这些犯人所从事的是集中营里最可怕的工作，他们需要引导刚到的人走进毒气室，在此过程中安抚他们，最后在杀戮结束后清理尸体。

达里奥·加巴伊 [6] 和莫里斯·韦内齐亚 [7] 是一对表兄弟，来自希腊的萨洛尼卡。纳粹招募特遣队成员时，他们在不知情的情况下加入。两人于 1944 年 4 月到达奥斯维辛，当德国人询问谁当过理发师时，他们主动举起了手。莫里斯的父亲开了家理发店，虽然达里奥对这门手艺一窍不通，但莫里斯让他也举手。与奥斯维辛其他很多人一样，和自己的亲人在一起让他们感到宽慰，因为不管接下来会发生什么，他们都可以共同面对。

莫里斯和达里奥被带到比克瑙的一个焚尸场内，每人领到一把巨大的剪刀，他们都觉得用它剪羊毛比给人理发更合适。接着他们被带进一间房间，里头堆满没穿衣服的尸体。"我们简直不敢相信自己的眼睛，"莫里斯说，"那些人看起来就跟罐头里的沙丁鱼一样！"带他们进来的卡波踩在尸体上，以惊人的速度剪下女人的头发，示意莫里斯和达里奥该怎么做。但他们都尽量不踩在尸体上，而是小心翼翼地绕着尸体走动，这让卡波大为光火，用手杖狠狠抽打他们，于是他们只好踩着尸体，努力加快速度。当达里奥站到一个死去的女人肚子上时，她腹中的气体受到挤压从嘴里排出，这使得尸体发出类似呻吟的声响。莫里斯说："达里奥吓得从尸体堆上跳了下来。"之前无论是卡波还是德国人，都没有解释过他们要做的是什么工作，因此他们毫无心理准备，直接进入了一个恐怖的世界。"简直难以置信！"莫里斯说，"我能有什么感受呢？没人能想象出到底发生了什么，德国人到底是怎样对待我们犹太人的。"那时他们还不知道，1942 年 8 月，纳粹经济部门向奥斯维辛和其他集中营的管理者下令，一定长度以上的头发统统需要收集，以便把它们编起来做成"潜水艇上船员的袜子和包裹铁轨用的纺织物"。[8]

达里奥和莫里斯明白，要想活命他们必须适应这一切，而且必须迅速适应。随着一批又一批犯人被带进焚尸场的地下室，他们很快熟悉了工作流程：新到的犯人被迫走进地下一层一间长长的更衣室，之后德国人会大喊"Schnell！ Schnell！"，让犯人脱去衣服并记住自己把衣服放在了什么位置，因为德国人告诉他们淋浴结束后需要穿回衣服。许多女人在被迫赤身裸体地朝外面的毒气室跑过去时，都会喊："丢人！丢人！""有些人开始察觉到事情不太对劲，"达里奥·加巴伊说，"但没人能做什么。这个过程必须继续，你知道的。一切都按德国人的想法进行。他们组织这种事已经很多很多年，所以一切都很顺畅。"

2 号和 3 号焚尸场的毒气室在地下，因此等毒气室里挤满了人，门也被关严之后，齐克隆 B 的投放方式是相对比较直接的。党卫队士兵站在毒气室的屋顶上，打开盖子，可以看到特制的铁丝笼。随后，他们把罐装齐克隆 B 放进铁丝笼内，让铁丝笼下降进入毒气室，等降到底部再把屋顶上的盖子重新盖严。站在紧锁的门外，达里奥·加巴伊和莫里斯·韦内齐亚能够听见儿童和他们的母亲哭喊着抓挠墙壁的声音。莫里斯还记得毒气室里塞满约一千人时，他听见里面传出"上帝啊！上帝啊！"的叫声，那声音仿佛是从地下墓穴中传出来的一样。等到喊叫声平息，大功率电扇被打开吹散毒气，这时就轮到莫里斯、达里奥和其他特遣队成员开工了。"等他们打开门，"达里奥说，"我看见这些人，这些半小时以前还走路（进入毒气室）的人，现在都立着，一些人被毒气熏得浑身青黑，他们没地方逃，全都死了。我闭上眼睛，脑海里浮现出来的全都是那些立着的人，那些牵着孩子的女人。"特遣队需要把尸体搬出毒气室，通过一个小电梯运到位于一层的焚化炉内。接着他们需要再次进入毒气室，用水流强劲的水管把墙壁上、地板上的血迹和排泄物冲洗干净。

这一整套恐怖的工作在党卫队士兵的监督下完成，但负责监督的通常只有两个人，甚至在屠杀规模达到最高峰时，现场党卫队士兵也屈指可数。这是为了尽可能减少因屠杀而承受心理创伤的德国人，这种心理负担曾折磨着东部前线特别行动队的成员。然而，对一些监督毒杀过程的党卫队看守来说，实际情况是他们的工作不但没有给他们造成心理伤害，还带来了施虐的快感。达里奥·加巴伊记得，有一个党卫队看守不时到焚尸场选出七八个漂亮女孩，让她们在特遣队成员面前脱光衣服，接着他掏出枪，把子弹打在她们的胸部或私处，让她们死在这些人眼前。"那个时候我们没什么感觉，"达里奥说，"我们知道自己的日子也不多了，在这样的环境下我们肯定活不到最后。但我们渐渐习惯了一切。"

让莫里斯·韦内齐亚记忆深刻的，是对匈牙利人的屠杀达到最高潮的一个晚上，三个年轻女人——其中两人是姐妹，另一个是她们的朋友——走到一名党卫队士兵面前，要求他把她们三人一起杀死。这个党卫队士兵"非常乐意"满足她们的要求。他让她们站成一列，掏出左轮手枪，用一颗子弹杀了三个人。"我们立刻把这三个人抬走，"莫里斯说，"把她们扔进了火堆。接着我们听见有人发出尖叫声，原来第一个人并没有中弹，只是一时失去意识倒了下去……那个德国军官还是特别得意，觉得自己只用一枪就打死了两个人。那些畜生……正常人是无法相信和理解这一切的。难以置信，但确实是我们亲眼所见。"

　　幸存者的证言有时与当代文献记录惊人地吻合，达里奥和莫里斯的经历便是绝佳的例证，他们的叙述与其他特遣队成员信中所写到的内容完全相符，这些信件被装在各种容器里，埋在了焚尸场四周。战后被发掘出来的残破信笺，成了奥斯维辛历史上最令人动容的资料，其中一个重要原因是，这些记录下自己经历的人后来无一例外，全部被杀害了。1952 年从 3 号焚尸场遗址附近挖掘出来的一封信，其中写到的性虐待场景与达里奥和莫里斯的描述十分接近："……或者是党卫队三级小队长福斯特。有犯人到达时，他经常站在更衣室的大门口，用手去摸每个光着身体跑进毒气室的年轻女孩的性器官。还有一些时候，党卫队队员把手指伸进漂亮女孩的私处，这些德国人从高到低什么级别的都有。"[9] 这位特遣队成员还记下了其他犹太人对他们帮助德国人的行为提出的抗议，其中有个七八岁的小男孩说："为什么啊，你也是犹太人，你把这么可爱的孩子送去毒死，就为了自己能活着？活在一帮杀人犯中间，对你来说真的比那么多犹太人的命更重要吗？"[10]

　　哈伊姆·赫尔曼写给他妻子和女儿的信，或许是所有特遣队成员信件中最令人心酸的一封。这封信是 1945 年 2 月在一个焚尸场附近发现的，当时它被埋在一堆骨灰下面。哈伊姆·赫尔曼写信时无法确知他的家人是否还活着，但他仍祈求得到妻子的原谅："我们的生活中曾发生过一些微不足道的小误会，它们让我现在体会到无法挽回时间是一种什么样的感受。"[11] 他这样描述自己在奥斯维辛的生活："一个完全不同的世界，这个世界可以说就是个地狱。但丁所描述的地狱与这个真正的地狱相比根本不值一提。我们见证了这个地狱里发生的一切，而且也无法活着离开这里……"[12] 他还以极其凄婉的笔调安慰妻子，让她不必为他的心理状态担心。"我还想借这个机会让你安心，我走的时候将十分平静，可能还会十分英勇（将视实际情况而定）。"[13] 可惜没有一个目击者能活下来告诉

292

我们，哈伊姆·赫尔曼在 1944 年 11 月，也就是在这封信写就不久后走向生命的终点时，到底有没有守住对妻子的承诺。

包括达里奥和莫里斯在内的许多特遣队成员都知道，他们的亲人已经死在了焚尸场，也知道自己正在协助纳粹组织对数千人的杀戮。每个人不得不找出自己的一套方法来面对这一切。达里奥的方法很简单，那就是"不去想"周围发生的事，变得像个"机器人"一样"无感"。"过不了多长时间，你就什么也不想了。没有什么事让你烦心。这就是为什么你的良知也藏了起来，一直藏到今天。发生了什么？我们为什么会做出这种事？"但在他内心深处，他很清楚自己为什么会继续留在特遣队工作，因为求生的欲望是如此"强烈"，无论情况变得多糟，"你总能找到活到第二天的力量"。莫里斯·韦内齐亚更加强烈地感到应为自己的行为负责。他说："我们也变成了动物……每天都要焚烧尸体。每天，每天，每天。你渐渐就习惯了。"当他听到毒气室里传出来的喊叫声时，"我们觉得应该自行了断，再不给德国人工作，可就连自杀都没那么容易"。

幸存者的证言和掩埋起来的信件都表明，特遣队几乎参与了屠杀过程的每一个环节。然而，被送进焚尸场的人越少，他们要做的反而越多，因为这个时候用巨大的毒气室进行屠杀"不够经济"，因此更传统的方式会被采用。"有时一列火车只送来 50 个人，"达里奥说，"我们得揪着他们的耳朵一个一个押送他们，然后党卫队士兵会在后面开枪把他们打死。"他记得每到这时总会"有很多血"。

尽管特遣队成员在工作时被迫目睹如此可怕的场景，但他们的住处与奥斯维辛其他犯人相比要好很多。莫里斯和达里奥睡在焚尸场顶层，他们的床铺比普通营房里的更干净，虱子也更少。到了晚上，他们常坐在床上聊他们的过去，甚至有时还会唱希腊歌曲。他们的食物也比集中营其他地方强，偶尔还能喝到伏特加。与在"加拿大"工作的犯人类似，特遣队成员能够用同样的方式获得一些珍贵的物品，这让他们有了坚持下去的可能：在屠杀过程中，他们有多次为

1. 在工厂工作的奥斯维辛犯人，这样的工厂在奥斯维辛利益区有很多。

2. 奥斯维辛犯人在比克瑙挖排水沟，这是集中营里最耗损生命的劳动项目之一。

3．"加拿大"，比克瑙的收集区，犯人在这里分拣从新到犯
人那里掠来的物品。

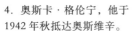
4．奥斯卡·格伦宁，他于
1942年秋抵达奥斯维辛。

5．卡齐米日·皮耶霍夫斯基，波兰政治犯，曾参与奥斯维
辛最大胆的一次越狱行动。

6. 特蕾泽·施泰纳（左起第三），一名来自奥地利的犹太难民，后被驱逐出根西岛，先到了法国，之后抵达奥斯维辛。

7. 海伦娜·斯特洛诺娃，斯洛伐克犹太人，在"加拿大"工作的第一天便受到党卫队士兵弗朗茨·温施的照顾。

8. 1944 年春夏之交，一车匈牙利犹太人抵达奥斯维辛−比克瑙。背景处可以看到火车左右两侧 2 号和 3 号焚尸场的两个烟囱。

9. 匈牙利犹太人到达后首先按性别分开，女人站在一侧，男人站在另外一侧。

10. 按性别分队后，接下来将进行臭名昭著的筛选。

11. 这列犹太男人正接受一位纳粹医生的检查。他在很短的时间内决定谁可以活命，谁要被处死。

12. 一个匈牙利犹太人家庭将被送进毒气室，他们在 4 号和 5 号焚尸场旁的树林中等待。

13. 奥斯维辛焚尸场中的焚化炉，每个可同时容纳数具尸体。

14. 4号焚尸场。毒气室位于地上，齐克隆B从墙上的洞口倒进毒气室。

15. 3号焚尸场，位于比克瑙坡道附近。毒气室位于这栋建筑的地下。

16．被捕的鲁道夫·霍斯。对一百多万条人命负有责任的他，在生命的最后一刻仍然认为灭绝犹太人的理由是"正当的"。

自己"顺手牵羊"的机会。他们负责整理犯人在更衣室里脱下来的衣服，常常能从中发现藏起来的食物或贵重物品，而鞋子是人们最喜欢藏珠宝和金子的地方。除此之外，他们还要检查所有被毒死的人的五官七窍，在此过程中也会发现珠宝，虽然这个过程令人感到羞耻。

　　他们本该把找到的贵重物品全部交给卡波，再由卡波交给党卫队。但与"加拿大"的其他犯人一样，特遣队成员可以藏起一部分偷来的物品，并用它们在奥斯维辛繁荣的黑市进行交易。交易的对象有时是出于各种原因进入焚尸场工作的犯人，比如奥斯维辛的消防员，有时则是党卫队士兵。通过这种方式，特遣队成员得以在他们有限的配给之外，获得意大利香肠、香烟或酒水等珍贵物品。米克洛斯·尼斯利当时是奥斯维辛里的犯人，也是一名医生，他回忆起见到食物时的场景，说道："桌上堆满了各种物品和美食，基本上一个被驱逐的人能带上的所有东西都在这里了。有各种罐头食品、果冻，有好几种香肠、蛋糕和巧克力。"[14] 他还记得"我们面前的桌子上铺着一块厚重的丝绸缎面桌布，上面摆着刻有姓名首字母的精美瓷盘，成套的银质餐具，还有其他各种曾经属于它们被驱逐的主人的物品"。

　　当然，这些美食并不能真的弥补特遣队成员生活中恐怖的那一面带给他们的痛苦。听过达里奥·加巴伊描述他是如何不思不想、像个"机器人"一样做事之后，我们不难想象特遣队成员是如何被他们恐怖的日常工作扼杀了全部情感。但莫里斯和达里奥的生活中发生了一件具有特别意义的事，它表明，总有一丝人性的光辉是纳粹无法抹除的。1944 年的一个夏日，一群病恹恹的犯人来到焚尸场等待枪决，莫里斯和达里奥发现其中有一位是他们的表亲。他们知道自己没有办法救他的命，因为焚尸场四周都是高高的围墙，但莫里斯仍希望能做些什么，让他生命的最后一刻好过一些。"我跑到他面前，问他：'你饿吗？'当然，每个人都饿得要命，都非常渴望食物。他对我说：'我特别特别饿。'"莫里斯望着面前这位饿得虚弱无力的表亲，决定冒一次险。他趁卡波不注意，跑上了楼，从自己的房间里拿出一个肉罐头打开，然后冲下楼送到他表亲手上。"他只用了一分钟就把整罐肉吞下肚，他真的饿坏了。然后他就被杀了。"急匆匆地给自己的亲戚送来最后一餐，在今天听起来并不是多么英勇的行为，但对这些承受着巨大情感压力、忍受着人类历史上绝无仅有的恐怖生活的特遣队成员来说，这种行为确实可以称得上英勇。

与此同时，截至1944年7月第一周，已有44万匈牙利犹太人被送到奥斯维辛，其中绝大多数刚一到达便被杀害。虽然艾希曼在战后声称他满心希望布兰德的谈判能够成功，但这个可怕的数字足以拆穿他的谎言。布兰德还未离开布达佩斯，一辆辆列车就已经发往奥斯维辛，而在他努力说服盟军接受纳粹的方案时，犯人的输送也从来没有停止。

布兰德的飞机于5月19日降落在土耳其，他落地后立即动身前往伊斯坦布尔的佩拉宫酒店（Pera Palace Hotel），与犹太人事务局（Jewish Agency）在当地分支机构取得联系，与巴勒斯坦犹太人领导层的代表们见了面。他匆匆向他们解释了艾希曼的提议，并表示在他看来，英国人不太可能把卡车送给德国人。但布兰德认为，只要盟军能提出一些不同意见与纳粹保持谈判，这些就都不是问题。然而，布兰德失望地发现，犹太人代表中没有任何一个资深人士，向耶路撒冷发电报也是无法实现的，只能让信使把这个消息带到巴勒斯坦。在此之后的很长一段时间里，约埃尔·布兰德还将经历更多的打击，直到希望彻底破灭。

直到5月26日，位于巴勒斯坦的犹太人事务局负责人才把纳粹的方案告知一位英国外交官，哈罗德·麦克迈克尔（Harold MacMichael）爵士。但这位英国人当即拒绝了布兰德的提议，认为此举是想破坏西方盟军与苏联的关系。5月30日，英国战时内阁委员会难民接收与住所提供部门的成员达成共识：艾希曼的提议是赤裸裸的敲诈，他们拒绝接受这样的方案。美国人也迅速得出了同样的结论，并在 6 月 9 日将纳粹的提议转达给莫斯科方面，迫切希望斯大林第一时间知会此事。苏联外交部副部长于 6 月 19 日回应，他的政府"不允许"与德国人就此话题继续展开讨论。[15]

与此同时，布兰德和他的同行者班迪·格罗斯被英国人扣留，格罗斯这个原本不起眼的人物此时引起了人们极大的关注。6 月中旬，英国情报人员在开罗对他进行审讯时，他宣布了一个令人震惊的消息。他声称布兰德的行动只是为了掩人耳目，他本人的任务才是此行的真正目的。他说自己直接受命于希姆莱，要在一个中立国促成英美高官及帝国保安部高层之间的会面，以便与西方盟军商谈能否单独签订一个和约，共同对抗苏联。

我们无从确切知晓，深不可测如格罗斯，在开罗向英国人提出此种方案究竟是出于什么动机——后来人们才发现，格罗斯至少是"三料"间谍，为任何付报酬给他的人工作，同时也背叛所有这些人。然而，这个提议确实来自希姆莱本人。[16]这位党卫队全国领袖显然认为，走这一步棋对他个人有利。如果这个提议被公之于众，他完全可以拿克拉格斯和其他人当作挡箭牌，否认是他给格罗斯下达的旨意；但凡西方盟军表现出任何愿意接受的意向，希姆莱届时将有两个选择：他可以自己把这个消息泄露出去，在英、美、苏三方之间制造裂痕，也可以真的促成这一方案。

当然，英国人和美国人从没认真考虑过格罗斯的提议，在今天看来，纳粹会提出这样的方案非常不可思议。然而，它确实反映出当战争进入到这一关键时期，某些纳粹领导人、特别是希姆莱的想法。希姆莱显然知道战争形势对德国不利，他提出这个方案很大程度上是出于对时局的考虑，然而，一个强烈的意识形态观念也发挥了重要作用。简单来说，希姆莱同几乎所有纳粹党员一样，从未理解英国人和美国人为什么要把自己跟斯大林绑在一起。纳粹的愿望

297

298　是与英国结盟对抗苏联，而希特勒的理想是让德国成为欧洲大陆的
统治者，让大英帝国成为全世界海域的统治者。但1940年，温斯
顿·丘吉尔粉碎了任何让英国与纳粹结盟的可能。这样一种外交政
策给纳粹造成的挫败感和愤怒感是如此强烈，以至于他们在战争结
束后仍难以释怀。几年前，我拜访一位前纳粹党员，我刚一到，他
就对我说："怎么会发生这种事？"我以为他指的是对犹太人的屠杀，
于是回答说，他对自己犯下的罪行感到如此难过，这让我很欣慰。"我
指的不是那个，"他说，"我指的是英国人和德国人最后怎么会打起
来呢？真是个悲剧。你的帝国也没了，我的国家也毁了，结果斯大
林占领了东欧。"

　　1944年晚春，希姆莱无疑有着同样的感受。他在某种程度上仍
认为西方盟军会"理性地"行动，与纳粹联手抗击斯大林。纳粹领
导人一直坚持这样的想法，直到战争的最后一刻，德国将领还是只
愿意向西方盟军投降，拒绝向红军缴械。甚至在希特勒自杀后，这
种想法依然没有改变。然而，并没有迹象表明，希特勒在1944年
春与希姆莱一样，希望同盟军单独签订和约，也没有证据表明他知
悉班迪·格罗斯的行动。希特勒是个相当务实的政客，他深知处于
极大的劣势时签订的任何和平条约都是站不住脚的。因此，布兰德
行动标志着希特勒和他"忠实的"海因里希之间开始出现分歧，而
随着战争走向终点，这一分歧还将进一步加深。

　　盟军虽然拒绝了布兰德-格罗斯的提议，但他们很谨慎地一直
没有把这个决定直接告诉纳粹，以便在匈牙利国内进行的谈判能够
299　继续下去。由于没有得到任何来自英国人和美国人的消息，布兰德
的妻子在"救援委员会"另一成员鲁道夫·卡斯特纳的协助下，再
一次试图说服艾希曼展现他对"犹太人换卡车"方案的诚意，即便
盟军那边还没有消息。也先释放一部分匈牙利犹太人。但就在汉茜·
布兰德和鲁道夫·卡斯特纳试图与艾希曼谈判时，他们两人却双双
被匈牙利当局抓捕，并被监禁起来拷打，因为匈牙利政府迫切地想

要知道事情进展。最后德国人进行了干预，他们才被释放。他们什么也没透露，仍然力图说服艾希曼向盟军示好。

艾希曼和他的党卫队同僚最后终于同意，让少数匈牙利犹太人登上一列火车，这列火车按约定会把他们送出帝国。党卫队的主要动机再直白不过：贪婪。列车上一个席位最初售价 200 美元（艾希曼定的价格），后来涨到 2000 美元（贝歇尔的要求），最终定在1000 美元。谁有权上车由一个委员会决定，卡斯特纳也是这个委员会的成员。埃娃·斯佩特 [17] 是与卡斯特纳相识的匈牙利犹太人，按照她的说法，这本应是个"诺亚方舟，应该由各行各业、各色人等的代表组成，包括青年组织、非法移民、东正教信徒、科学家、犹太复国主义者等"。但从很多方面来看，这都是一艘奇怪的"诺亚方舟"，在决定谁能获得"船票"的过程中，私人关系发挥了至关重要的作用。登上列车的人里，有几百人都是卡斯特纳的朋友和亲人，他们都来自卡斯特纳的故乡克鲁日。埃娃·斯佩特的父亲也是委员会成员，他决定把埃娃、她的丈夫、叔叔和祖父都列入可以登车者的名单中。

由于许多被准许上车的人付不起纳粹所要求的高昂费用，因此有些座位被卖给富有的匈牙利犹太人，以贴补其他人，这就造成不同家庭成员被区别对待，而且这种区分看起来毫无根据。举例来说，埃娃·斯佩特及她的丈夫和儿子不需要付钱，但她的叔叔和祖父则需要。让这个决定显得更没有逻辑的是，埃娃的丈夫才是实际上为其他人凑钱的那个人（但他却不用给自己买票）："我丈夫那个时候很有钱，他把钱给了我的叔叔和祖父，还把他所有剩下的钱都给了卡斯特纳。"拉斯洛·德韦切里 [18] 是另一个拿到了车票的匈牙利犹太人，他曾帮忙在布达佩斯的哥伦布大街建造了一处集合营地，让所有有资格登车的人在这里等待出发，这份差事让他自己也获得了上车资格。"每个人都听说了（有这么一列火车），大家自然都希望自己能在名单上，但很多人都不能，你想想，一共有 60 万犹太人，

300

而火车只能装下 1600 人。那些被迫留下的人把卡斯特纳当成了替罪羊。"

卡斯特纳在战后确实因他的所作所为受到了严厉的谴责,不光是因为他让自己的家人上了车,还因为他没有提醒其他匈牙利犹太人他们接下来将会面临的命运。1954 年,卡斯特纳在以色列起诉一个名叫马尔基尔·格林瓦尔德的人犯有诽谤罪,他说卡斯特纳是犹太人的"叛徒",然而,这起诉讼反倒迅速导致了对卡斯特纳行为的调查,最终法官宣判他犯有"将灵魂出卖给撒旦"罪。考虑到1944 年春夏卡斯特纳所承受的压力,这一判决似乎过于严厉了,而且在那之前卡斯特纳曾非常热心地救助过犹太人,帮很多人逃出了斯洛伐克。至于对卡斯特纳没有警告其他匈牙利犹太人的指责,事实上如果他真的这样做了,那么他们之后很可能无法再与艾希曼进行任何谈判,而且正如一位专门研究这段历史的顶尖学者所说,卡斯特纳"没有立场警告任何人"。[19] 但不管怎么说,卡斯特纳绝非完人,他傲慢无礼的性格在法庭辩护中对他毫无帮助,而他在汉茜·布兰德的丈夫出国期间与她私通一事显然也没起到什么积极作用。他成了一部分以色列右翼民族主义者仇恨的对象。1957 年,就在以色列最高法院即将推翻原诽谤控诉中对他的大部分有罪裁定前夕,他被人暗杀。

1944 年 6 月 30 日,满载着难民的列车终于驶离布达佩斯。在此之前,大量的钱财和其他贵重物品被装进行李箱中交给了党卫队,而贝歇尔、克拉格斯和艾希曼全都参与了这次敲诈行动。当然,即便如此,1684 名乘客仍不能确定火车会不会沿着那条已经严重磨损的铁轨开往奥斯维辛。"我们总是处在担惊受怕中,"埃娃·斯佩特说,"在火车上当然也很害怕。我们从不知道自己的未来会怎样,不过你本来也无法预知未来,不知道五分钟后会不会有地震发生。这很好。"列车向西而不是向北开去,穿越边境进入奥地利,最终到达林茨(Linz)。列车停了下来,纳粹说匈牙利犹太人可以在这里体检和"消毒"，这个消息让火车上所有人都陷入了极大的恐慌，他们怀疑这是纳粹在耍诡计，担心自己将被送进毒气室。"我记得我赤身裸体地站在医生面前，"埃娃·斯佩特说，"但我看起来仍然非常自豪。我直直地看着他的眼睛，想让他看看一个临死之前仍充满自豪的犹太女人是什么样的。"她走进淋浴室，却发现从水龙头里流出来的是"舒适的热水"。"我们本来都准备好死在里面了，那一刻觉得，自己捡回了一条命。"

虽然卡斯特纳安排的列车并没有开往灭绝营，但它也没有像纳粹承诺的那样离开帝国，而是朝德国下萨克森州的贝尔根-贝尔森集中营驶去。盟军于 1945 年 4 月解放这个集中营时，其幸存者令人震惊的样貌被拍成照片在全世界流传，贝尔根-贝尔森也因此臭名远扬。然而，匈牙利犹太人到达时的贝尔根-贝尔森是个完全不同的地方，因为这个营地于 1943 年 4 月投入使用时有一个特殊的用途，那就是关押一些纳粹可能想在一段时间后驱逐出帝国的犯人。

贝尔根-贝尔森集中营有好几个子营地，并且各个子营地的条件相差很多，这让这个集中营的情况更加复杂。在所谓的"囚犯营"，500 名曾参与建造营地的"普通"犯人被关在这里，这个子营地的条件非常艰苦，而在关押用来交换的犹太人（Austauschjuden）的"星星营"，生活虽然也很困乏，但条件相对要好一些。这里的犯人可以与自己的家人住在一起，还可以穿自己的衣服。什穆埃尔·胡珀特 [20] 与他的母亲一起被送到贝尔根-贝尔森时还是个小男孩，他们都属于 Austauschjuden，因为他们是为数不多持有巴勒斯坦颁发的入境准许证的犹太人，纳粹认为可以用他们来交换人质。"从某种程度来说，生活还算过得去，"什穆埃尔说，"过得去的意思是，我们有三条毛毯，不至于冻着，有一些吃的，虽然不是特别多，但够我们活下来。我们不用工作。我在贝尔根-贝尔森学会了下棋，到今天我还爱下。最重要的是，我们一直待在一起，我从没有与我的母亲分开过。"

302

乍看起来，纳粹释放犹太人、把他们送到西方国家的做法与灭绝政策完全格格不入，但我们不该忘记，在纳粹制定出"最终解决"方案之前，他们处理所谓的"犹太问题"时更愿意采用的方式，就是对犹太人洗劫一番后将他们驱逐。1938年德奥合并以来，阿道夫·艾希曼一直积极地执行这一政策，它实际上与希特勒"摆脱"犹太人、勒索富人以获得外币的政策是一脉相承的。虽然此前从没有过"100万犹太人换1万辆卡车"这种规模的交易，但早在1942年12月，希特勒就在原则上批准希姆莱可以为获得钱财将个别犹太人驱逐出帝国。

1944年7月，卡斯特纳列车上的1684名匈牙利犹太人发现，贝尔根-贝尔森集中营并没有他们一开始担心的那么可怕。埃娃·斯佩特记得集中营甚至能提供某些"文化生活"，因为犯人有时会组织一些讲座和演奏会。不过，对纳粹不能遵守承诺的担忧一直困扰着这些匈牙利人，随着日子一天天过去，贝尔根-贝尔森的条件越来越糟，这种恐惧也变得愈加强烈。好在绝大多数人最后都被释放了，他们能获得自由，要感谢贝歇尔等人与瑞士犹太人代表继续进行的谈判。1944年12月，埃娃·斯佩特和她的家人从贝尔根-贝尔森登上列车，这次火车终于把他们带出了纳粹的控制区。"当我知道我们到达瑞士的那一刻，我必须说，我心里的一块大石头终于落了地。瑞士人对我们非常好，给我们土耳其毛巾、热水和香皂。简直到了天堂。"

6月30日离开布达佩斯的那辆列车会迎来什么样的命运，卡斯特纳和汉茜·布兰德无法预料，他们也不会料到一系列戏剧性转变会在几天的时间里，导致纳粹对匈牙利犹太人的驱逐被彻底终止。就在列车发车前一周，盟军收到了关于奥斯维辛恐怖暴行的确切而详细的描述。其实早在1941年，纳粹对犹太人的灭绝在西方就不是什么秘密，并且被公开宣传。丘吉尔本人就曾公开谈到过纳粹的大屠杀政策，流亡伦敦的波兰政府在1941年5月也曾告知同盟国各国政府有个关押波兰人的奥斯维辛集中营，包括他们在那里进行的处决。1942 年 7 月 [21]，伦敦出版的《波兰双周评论》列出了纳粹实施暴行的 22 个营地，其中就包括奥斯维辛。12 月 17 日，英国外交大臣安东尼·艾登向议会宣读了一份声明，谴责纳粹的暴行，包括他们对犹太人的屠杀。他的发言结束后，议员们起立默哀了一分钟。1943 年 3 月，波兰反抗组织发出的一则消息也提到了几个犹太人被屠杀的地点，奥斯维辛名列其中；同年 6 月 1 日 [22]，伦敦《泰晤士报》发表了一篇描述在奥斯维辛"纳粹对犹太人有多么残忍"的文章。

1944 年 1 月，伦敦方面收到一位代号为"万达"（Wanda）的波兰特工撰写的报告，这是让盟军对奥斯维辛有进一步认识的又一重要事件。[23] 这份报告写道："妇女儿童被塞进小汽车和卡车里，然后被送到（奥斯维辛－比克瑙）毒气室。在那里，他们要度过极其痛苦的 10 分钟到 15 分钟，最后窒息而死。"[24] 报告继续写道，"每天有 1 万人"在"三个巨大的焚尸场"被杀害，已有近 65 万犹太人死在这个集中营。由于与这个话题有关的许多文档仍属机密，因此我们只能推测万达的报告为何几乎没有什么影响。其中一部分原因或许是，奥斯维辛同时作为集中营和灭绝营有着多重功能，这种复杂性让它难以被解释清楚。另一个可能的原因，从接下来围绕是否轰炸集中营进行的一场短暂辩论我们就可以看出，盟军认为对奥斯维辛的关注会分散精力，妨碍他们完成最重要的任务——击败德国。

人们对奥斯维辛的认识，由于四名犯人的行动又上升到一个新的高度。其中，鲁道夫·弗尔巴和阿尔弗雷德·韦茨勒两人于 1944 年 4 月逃出奥斯维辛，阿尔诺斯特·罗辛和切斯瓦夫·莫尔多维奇则是在 5 月成功越狱。他们逃到不远处的斯洛伐克，在那里讲述的内容后来经过整理，成了著名的《奥斯维辛报告》（Auschwitz Protocols）。卡斯特纳于 4 月 28 日到达斯洛伐克，并拿到了基于前两位证人提供的证词所写就的初步报告，但他决定不发表报告的内

容，大概是担心那会对他与艾希曼的谈判造成不利影响。直到 6 月，
西方国家才读到《奥斯维辛报告》。6 月 18 日，英国广播电台播出
了与奥斯维辛相关的新闻，20 日，《纽约时报》刊登了关于这个集
中营的三篇系列文章中的第一篇，写到"臭名昭著的德国集中营，
比克瑙和奥斯维辛毒气室"的存在。[25]

　　可以肯定，1944 年 6 月到 7 月间公众对奥斯维辛大屠杀的了解
促成了政策上的一个变化，主要是轴心国方面。自从大批匈牙利犹
太人遭到驱逐以来，很多人向匈牙利国家领导人阿德米拉尔·霍尔
蒂（Admiral Horthy）提出抗议，就连教宗庇护十二世也向霍尔蒂
呼吁停止驱逐行动（他因没有在战争中公开谴责纳粹对犹太人的种
族灭绝而遭到广泛批评），因为 5 月份罗马教廷通过越狱者的报告
了解到奥斯维辛内的恐怖情形。罗斯福总统和瑞典国王也接连对霍
尔蒂进行游说。终于，到了 6 月 26 日，日内瓦犹太人事务局的一
位工作人员理查德·利希特海姆向英国发了一封电报，电报包含与
《奥斯维辛报告》有关的信息，并号召盟军追究部分匈牙利政府官
员对这一罪行负有的责任。这封电报被匈牙利当局截获，并在 7 月
初呈交给总理多姆·斯托尧伊（Dome Sztojay），随后霍尔蒂被告
知了电报的内容。

　　对这位 76 岁的匈牙利领导人来说，这样的结局是他无法接受
的。1940 年，他认为德国人会赢得战争，因此支持德国；1943 年，
他又觉得他们可能会输，因此尝试着逐渐向盟军靠拢；到了 1944
年 3 月，德军占领了他的国家后，他与希特勒合作，因而得以继续
留在自己的位子上；现在，面对即将对他个人展开的问责行动，这
个人再次见风使舵。他通知德国人，对匈牙利犹太人的驱逐必须终
止。在匈牙利军队的保护下，霍尔蒂于首都下达了指令，7 月 9 日，
官方的驱逐行动正式停止。

　　可以说霍尔蒂在德国人最脆弱的时候又给了他们沉重一击，因
为 1944 年 6 月对纳粹德国来说是一个灾难性的月份。6 月 6 日，盟

军在诺曼底海岸登陆，到 7 月初，局势已经明朗，盟军不会像希特勒预言的那样再退回到海上。而在这中间，苏联于 6 月 22 日发动了"巴格拉基昂行动"，重创白俄罗斯的德国中央集团军。这个行动在西方不像诺曼底登陆那样为大众所熟知，但对于霍尔蒂来说，其统治国土位于欧洲中心，巴格拉基昂行动的意义重要得多。应对诺曼底登陆德国只派出 30 个师，而他们部署了 165 个师的重兵与红军交战，但仍被红军击退。用不了几个月，苏联人就将攻入布达佩斯。与之前丹麦的维尔纳·贝斯特一样，此时的霍尔蒂意识到，是时候编造理由为自己开脱了。

揭露奥斯维辛真实面目的详细信息传到西方，还产生另一个影响，那就是引发了一场关于是否应该炸毁集中营的争论，这个问题到今天仍没有定论。1944 年 6 月，位于华盛顿的战时难民委员会接到一位名叫雅各布·罗森海姆的人发来的请求，他来自"以色列世界组织"（Agudas Israel World Organization），希望盟军炸毁通往奥斯维辛的铁轨。六天后，战时难民委员会的领导人约翰·佩勒向战争部助理秘书长约翰·麦克洛伊转达了这一请求，同时补充道，他对于这个提议的可行性有"一些疑虑"。[26] 6 月 26 日，麦克洛伊拒绝了这个建议，认为它一方面不现实，另一方面会消耗本该用在其他"决定性战役"中的炸弹。[27]

6 月 24 日，华盛顿又收到另一封电报，这次是日内瓦的世界犹太人大会（World Jewish Congress）通过瑞士的战时难民委员会发来的。这封电报也提出了一些建议，其中一条是炸毁毒气室。7 月 4 日，出于 6 月 26 日信件中列出的相同原因，麦克洛伊也拒绝了这个提议。值得注意的是，这个时期麦克洛伊的下属格哈特上校在给麦克洛伊的办公室内部备忘录中有这样一句话："我知道你对我说过，让我'断然拒绝'这样的要求……"[28] 这至少意味着，炸毁毒气室的想法没有经过进一步考虑就被否决。

伦敦也收到了轰炸奥斯维辛的请求。7 月 7 日，丘吉尔得知这一请求后，向他的外交大臣安东尼·艾登写下了那句著名的话："尽管从空军那里调用资源，如需我的支持请告知。"[29] 在空军部考量了各种可能的方案以后，空军大臣阿奇博尔德·辛克莱爵士于 7 月 15 日给出了一个大体上否定的答复。他向艾登指出，英国人擅长的是夜间轰炸，英国轰炸机指挥部无法安排轰炸机在一夜的时间内飞越如此远的距离。只有美军可以在白天轰炸，因此他建议把这个任务交给美国人来完成。他还提议道，美国人最好能在轰炸毒气室的同时空投一些武器，争取促成一次大规模越狱。不管怎样，从他的信件中可以明显看出，他把全部责任都推给了美国空军。美方将军斯帕茨不久之后访问了英国空军部，英国人就这个方案向他征求了意见，他提出接下来可以对集中营进行空中侦察，这个提议被转达给外交部，但后来再没有被提及。

就这样，关于轰炸奥斯维辛的讨论持续了整个夏天。8 月，世界犹太人大会再次请求美国采取行动，但仍遭到美国战争部官员约翰·麦克洛伊的拒绝。一位英国外交部官员在一封内部备忘录中写道，且不论现实上的困难，不进行轰炸还有"政治"原因：几乎可以肯定，大批流离失所的犹太人会在战后回到巴勒斯坦寻找他们的圣殿，而那片区域当时正由英国人统辖。[30]

就这样，位于大西洋两岸的两个国家都决定不轰炸奥斯维辛。更重要的是，他们甚至没考虑轰炸的可行性。没有人对集中营进行空中侦察，没有人进行可行性研究，没有人对不同备选方案进行过任何详细评估。可以明显感觉到，两国政府关注的焦点完全在别的地方（可能温斯顿·丘吉尔是唯一的例外，但他在写下了"尽管从空军那里调用资源"之后，也没有再提及此事）。当然，英国人和美国人在 1944 年 7 月有很多要考虑的事，其中，盟军在诺曼底的战役便牵扯了他们大量的精力。此外，红军已经兵临华沙城下，波兰的"家乡军"（Home Army）也需要支援，7 月 20 日，阿道夫·希特勒差点在他位于东普鲁士的总部被刺杀。对于盟军空中部队来说，显然有很多更重要的任务等待着他们完成。我们不难看出，无论在伦敦还是在华盛顿，占主流的都是以下观点：摧毁奥斯维辛最好的方式就是直接忽视集中营，把全部精力放在尽快取得陆地战役胜利上面。这种想法无可厚非，但其背后似乎隐藏着一个不大光彩的原因：未经认真考虑就做出的决定，一些文件里使用的不屑一顾的口吻，这一切都让人不禁产生一种感觉，那就是没人费心把轰炸奥斯维辛当成一件重要的事来对待。

那些当即拒绝轰炸请求的官员，要是知道这个问题在今天引发了多少学术讨论，一定会大吃一惊。有一种流行的观点已经深入人心：一位学者在与犹太人展开讨论时发现，"不少人坚信，轰炸集中营可以让 600 万犹太受害者中的许多人获救"[31]。轰炸问题已远远超越了事实层面的辩论，成为一种象征——它意味着盟军本可以阻止犹太人被杀害，却选择不这样做。正是出于这个原因，我们需要认真而冷静地分析这个问题，以防止越来越多的人错误地认为，"600 万人中的许多人"真的能够因轰炸而获救。

当然，在讨论盟军对奥斯维辛的轰炸时有个问题，那就是它并没有真的发生。我们要分析的是一段与事实相悖的历史，因此谁也不知道另外一种结局究竟会是什么样。虽然专家们在轰炸通向集中营的铁轨这个问题上基本达成一致，认为那样做于事无补，因为纳粹可以让列车改用其他轨道驶向奥斯维辛，并且可以迅速修好被炸毁的铁轨，但在轰炸毒气室问题上，学者们却没有取得类似共识。一篇篇充满激情的文章详细描述着空袭可能会遇到的大量困难，无论实施轰炸的是美军的 B17 或 B24 轰炸机，还是英国的轻型蚊式战斗轰炸机[32]；而另一些文章则激烈地质疑所谓的技术困难，指出轰炸完全可以摧毁焚尸场[33]。与很多历史假设一样，我们无法得到确定的答案。

幸运的是，至少还有一个方法可以让我们解开谜团，那就是盟军收到那些迫切而执着的轰炸请求的时间点。考虑到《奥斯维辛报告》送到盟军手上的时间，以及霍尔蒂决定停止向奥斯维辛遣送匈牙利犹太人的时间，我们基本可以确定，无论轰炸集中营还是轰炸铁轨都不可能阻止匈牙利犹太人被杀害，因为盟军拿到集中营详细信息时已经太晚了（对匈牙利犹太人的驱逐于 7 月 9 日正式停止，而英国空军部部长就推迟的轰炸行动向艾登提出拒绝的日期是 15 日）。

另一个基本可以确定的事实也能帮助我们分析这一复杂问题，那就是轰炸不会对集中营里的灭绝行动产生任何实质影响。《奥斯维辛报告》里详细描述了四个主要焚尸场的位置，但即便轰炸机在白天经过精确瞄准向这些焚尸场投放炸弹，即便它们被彻底摧毁，纳粹仍可以在奥斯维辛其他地方使用毒气。至关重要的一点是，《奥斯维辛报告》中并没有写明"小白房"和"小红房"的地点，而它们的屠杀能力已足够满足纳粹当时的需要。在匈牙利的驱逐行动停止后，奥斯维辛有大量屠杀设施闲置。高峰时期这里每天有一万人被杀死，此时屠杀人数下降到平均每天不到 1500 人，且这样的数字一直持续到 11 月焚尸场被关闭。[34] 由此我们可以得出结论，就算盟军响应 1944 年夏天的轰炸请求，对集中营发动空袭，他们也不能真的解救"600 万人"中的"许多人"，相反，几乎可以肯定他们一个也救不了。事实上，轰炸很可能会对一些离焚尸场仅数米远的营房造成连带性破坏，并夺去几百名犯人的性命，而这群人正是空袭本要拯救的对象。

当然，这是一个理性的结论。鉴于与这个问题有关的大量讨论都停留在感性层面，这个结论大概会令很多人感到不满，他们更愿意相信，盟军本可以做更多的事来阻止屠杀的发生。这不是完全没有可能，例如，朝集中营空投枪支或许能促成一场反抗运动。然而，在没有任何准备的情况下，因极度饥饿而虚弱不堪的犯人即时策划出一场反抗行动的可能性极低，更何况他们面对的是瞭望塔里荷枪实弹、被四周电网保护起来的党卫队士兵。可惜我们永远不会知道答案，这又是站在现在对过去一件没有发生的事进行假设。

　　关于轰炸奥斯维辛问题的讨论之所以如此激烈，是因为它背后隐含着一个更宏大、更宽泛的追问：拯救犹太人的努力是不是做得不够？举例来说，早在 1943 年初，英国政府就确切知道纳粹对犹太人的系统化屠杀行动，甚至知道莱因哈德行动灭绝营的具体名字和每个灭绝营的死亡人数。尽管有埃莉诺·拉思伯恩等议员请求放宽移民限制，让保加利亚、匈牙利和罗马尼亚的大批犹太人获准转移到安全的国家，但英国政府一直对这个提议坚决予以否决。1943年 2 月，安东尼·艾登在回复一位名叫威廉·布朗的议员提出的类似请求时说："要想终结犹太人的苦难，甚至我可以说要想终结欧洲其他受难之人所忍受的折磨，唯一真正有效的方法就是让盟军赢得胜利。"[35] 几周后，也就是 1943 年 3 月，艾登在华盛顿参与讨论时说道，重要的是，"在主动提出把所有犹太人运出国时要格外谨慎"，并补充道，"如果这样做，全世界的犹太人都会希望我们在波兰和德国也采取相同的做法。面对这种要求希特勒不会善罢甘休的，而且全世界的船和其他交通工具加起来都不够。"[36]（可在战争的最后三年，他们却找到了足够的船只运送 40 多万德国和意大利战俘跨越大西洋。[37]）1943 年 5 月 19 日，埃莉诺·拉思伯恩在英国下议院进行演说，严厉谴责了盟军的不作为："如果在这场战争中不该丧命的人的血汇流成河，涌进白厅街，那么血河将把街边那一栋栋灰色的楼房全部淹没，那里就住着我们的统治者。"[38] 诚然，我们无法确切知道，如果盟军不畏威胁、取消对犹太人的移民限制会发生什么，但拉思伯恩女士的观点让人不能不认同，那就是盟军本可以提供更多援助。因此，如果现有的争论不再集中在轰炸奥斯维辛，而是转到盟军战时移民政策这个无疑更加复杂的问题上，那么辩论可能会更有成效。

　　对匈牙利犹太人的驱逐被停止后，艾希曼在布达佩斯暴跳如雷，而另一端的奥斯维辛也受到了影响：由于毒气室空闲下来，纳粹决定将比克瑙一个子营地里的犯人全部处死，那就是吉卜赛营。1943

312

313

年 2 月以来，比克瑙的这一特殊区域（最多时）拥有约 2.3 万名吉卜赛人。他们不必与家人分开，可以穿自己的衣服，也不用剃头发。但没过多久，吉卜赛营就成了奥斯维辛条件最恶劣的营地之一：人口过度密集，缺乏食物和水，这些又进一步导致疾病肆虐，特别是斑疹伤寒和一种名为走马疳的皮肤病，夺走了几千人的性命。在 2.3 万名被送到奥斯维辛的吉卜赛人当中，总共有 2.1 万人死在了那里，有的是因为疾病，有的是因为饥饿，还有的是在吉卜赛营最后被清空时死在了毒气室。

在纳粹看来，吉卜赛人是危险的、"反社会的"种族，应该被清除。考虑到被迫害人数占种族总人口的比例，吉卜赛人是第三帝国内除犹太人之外受苦难最深重的民族。究竟多少吉卜赛人被纳粹杀害并没有一个确切数字，据估计应有 25 万到 50 万。然而，纳粹在不同国家实行的反吉卜赛人政策并不一致：在苏联，吉卜赛人与犹太人一样，都死在特别行动队的枪口下；在罗马尼亚，吉卜赛人的人数虽多，但他们并没有集体成为屠杀的对象（但还是有几千人死于非人的虐待）；在波兰，大部分吉卜赛人被送进了集中营；在斯洛伐克，迫害政策的执行力度不尽相同；而在德国，许多吉卜赛人先是被送到了波兰的隔离区，比如有 5000 人被送到了罗兹，后来又成为 1942 年 1 月最早死在海乌姆诺毒气货车里的受害者。

在德国，纳粹认为吉卜赛人最"危险"之处，便是通过所谓的"混血"（Mischlinge）将吉卜赛种族特征转移到"雅利安"人身上。有一个例子可以鲜活地说明，纳粹在这方面的敏感到了多么夸张的地步。故事的主人公是一个名叫埃尔泽·巴克[39]的小女孩，1944年夏天，8 岁的她突然被带到了比克瑙的吉卜赛人营地。就在年初，她还与自己的家人幸福地生活在汉堡。虽然战争也给他们带来了困扰，但生在一个普通德国人家庭中的她仍过着相对安全的生活——或者说她本以为如此。然而，1944 年初的一个夜晚，她家突然响起一阵敲门声，几个陌生人闯了进来，自称是盖世太保。他们声称要把埃尔泽带走，带到她"真正"的母亲身边。埃尔泽在父母绝望的注视下被拖走，离开了自己的家，被黑漆漆的夜色包围。她被带到港口旁的一个大仓库内，那里全是吉卜赛人，她记得很多人都披头散发，衣冠不整。埃尔泽穿着母亲给她的最好的衣服，站在那里看着那些人，陷入震惊。直到后来她才发现，她"真正的"母亲有一半吉卜赛血统。一直被她当作亲生父母的人其实是她的养父母，她十个月大时被领养，并由他们抚育长大。

　　和其他吉卜赛人一起，埃尔泽被赶上一辆载货列车，送到了奥斯维辛。她记得自己被带进比克瑙的"桑拿室"，被要求脱光衣服洗澡。后来她试图从一堆衣服中找出自己的，但怎么也找不到。作为一个教养良好的小女孩，她不想拿走任何不是自己的东西，因此她孤零零地站在那里，什么也没有穿，而她身边其他的吉卜赛人纷纷挑拣最好的衣服给自己穿上。最后，她面前的水泥地上只剩下了五六件衣服，她旁边的一个女人对她说："你随便抓一件穿吧。"结果，来时穿着自己最好的衣服、有层层冬衣御寒的埃尔泽，此时却只穿上一条短内裤和一条薄薄的夏裙。

　　在阴暗拥挤的营房里，四周全是吉卜赛人家庭，这个 8 岁的小女孩由于惊恐而陷入了沉默。她不说话，也不哭，因为没人在意她的眼泪。她淹没在乱糟糟的人群中间，而在她看来，这些人全都"只顾自己死活"。后来一份从天而降的好运可说是救了她的命：一个名叫万达的卡波可怜她，让她住在自己的小房间里，睡在旁边一张铺着毯子的桌子上。那个地方"比营房里要强一百倍"。在集中营里的大部分时间，埃尔泽都在漫无目的地闲逛。每天她都会走到吉卜赛营的边缘，那里的铁丝网紧挨着铁轨，她就在那儿看新犯人到达。她看见"大部分穿得很好"的人排着队朝一个方向走去，后来她才知道，那通往焚尸场，而他们是被筛选出来毒死的匈牙利犹太人，当然她那个时候并不了解这些。铁丝网外没有新犯人可看的时候，她就会"玩"她仅有的一个玩具——从一副眼镜上掉下来的一

315

个镜片，这是她在地上捡到的，她会找些干草堆成一堆，然后用镜片聚焦太阳光，直到把干草点着。

几周后，万达对埃尔泽说："你不能再跟我住在一起了。"她随即离去。"我特别惊慌，"埃尔泽说，"我又是一个人了。我沉浸在惊慌中，不明白周围发生着什么……我分不清白天黑夜，觉得一切都乱了套，你怎么形容都行。"埃尔泽记得她又被送回营地里一个比较大的分区，但这个分区没有以前那么拥挤，因为在这之前党卫队组织了一轮筛选，很多吉卜赛人被转移到集中营其他地方。随后，停水了，所有人被要求回到营房。那天晚上有"很大的声响，是很大声的尖叫，我以前从没听到过那种尖叫"。我们无从确定当时外面发生着什么样的暴行，可能是集中营里任何一次行动，可能是党卫队正在为接下来将要组织的吉卜赛营清空行动做准备。但有 1400 名吉卜赛人被挑选出来送往另一个集中营，从而逃过了最后的恐怖灭绝，埃尔泽便是其中之一。奥斯维辛的记录显示，编号为吉卜赛人 10540 号的埃尔泽于 1944 年 8 月 1 日离开。

即使是最有创造力的小说家也编不出埃尔泽的亲身经历。想想看，一个 8 岁的小女孩在成长过程中一直以为自己是德国人，却突然从深爱她的父母身边被夺走，并被告知自己是领养的，而且还有吉卜赛血统，随后被送到奥斯维辛，陷入完全自生自灭的境地，直到被一个卡波照顾，后来再次被抛弃，在暗无天日的营房中生活在一群陌生人中间，外面还发生着可怕的暴行，最终被送到另一个集中营。难怪埃尔泽会觉得这段曲折的经历"让你下半生再也不会对什么事感到惊讶，我绝对有发言权，真的会这样"。

埃尔泽离开奥斯维辛的第二天，也就是 8 月 2 日晚上，吉卜赛营被清空，许多人目睹了纳粹这一行动的恐怖场景，瓦迪斯瓦夫·斯米特[40]是其中一个。他本是吉卜赛人，却被纳粹误当成波兰政治犯，关在比克瑙与吉卜赛营相邻的子营地，而他的许多亲人就在隔壁。8 月 2 日晚，他看到纳粹抓起吉卜赛儿童朝卡车的一侧撞去，听见

自动机关枪开火和手枪射击的声音。他看见吉卜赛人用他们找到的
一切能当武器的东西奋力反击，比如勺子或小刀，但他们很快就败
下阵来。"我开始哭喊，"他说，"我知道他们要被送去杀死。一切
都结束了。当时的我肯定是全天下最痛苦的人。"那天晚上，2897
名吉卜赛人被赶进焚尸场毒死，其中很多人的尸体就在附近的露天
大坑里火化。

　　与此同时，埃尔泽被带到位于柏林北部的拉文斯布吕克集中营。
她在那里挨过了几个星期，饥寒交迫，几近昏迷。1944 年 9 月的一
个早晨，救赎的时刻终于到来：担任她分区卡波的波兰女犯点到她
的名字。埃尔泽被送到行政区，突然被告知："你马上就自由了。"
随后被要求去冲澡，除了刚到奥斯维辛那天，这是她后来第一次洗
澡。她赤裸着身体被领进一个房间，里面是堆得高高的衣服。她站
在那里，"非常害怕和惊慌，什么也不敢做，就光着身体，浑身湿
漉漉的，四处张望着，大概是等着因为走进这里而遭到处罚，我曾
经在什么错事都没做的情况下挨打"。由于她太久都没有从那个房
间出来，一个女人不得不进来帮她穿衣服。接着，埃尔泽在行政区
的一间办公室里等待，直到她的养父被带进来。看见养父时，埃尔
泽的感觉是"麻木"："太麻木了，什么感觉都没有。如果他们那时
对我说，'全能的上帝来看你了'，我也不会有任何触动。"被释放
之前，埃尔泽还要签一份文件，这是所有离开集中营的犯人都要做
的，以表示他们同意不泄露自己所在的地点，也不透露自己所经历
的事情。"我不需要画十字，因为我会写字，"她说，"我想那大概
是我人生中第一次签名。"

　　随后，埃尔泽与她的养父一起登上列车回到了汉堡。他们所在
的那节车厢里有位德国陆军军官，埃尔泽还记得，养父向这位军官
讲述了自己的养女被捕并被囚禁的经历，而这一切只因为小女孩的
外祖母是吉卜赛人："他掀起我的裙子，露出我的腿，我的腿上都
是溃烂的伤口。他说，'这就是你们在前线为之奋斗的东西'。"她

不记得那位军官如何回答，但她记得她一回到家，她的姐姐就用土豆泥给她做了一个蛋糕（当时糖是限量配给的），并煮了几根胡萝卜插在上面当蜡烛。离开学校 6 个月之后，埃尔泽又回到了课堂，重新假装自己是个普通的 8 岁德国小女孩。

　　没人知道埃尔泽究竟为什么获救，盖世太保在战争结束时销毁了所有可能揭开谜底的资料。或许是因为她的养父提出抗议，指出她已经完全同化于德国社会，而这一抗议最后终于被当地的纳粹官员接受。那一年埃尔泽的养父甚至加入了纳粹党，以表明自己的忠心，很可能是这个举动扭转了局面。不过，可以肯定的是，6 个月噩梦般的生活给一个人造成了极大的伤害。"人类的堕落没有底线，"埃尔泽·巴克说，"这是永远不会改变的事实。它是个特别愤世嫉俗的看法，但是根据我的亲身经历得出的。我很抱歉要这样讲。"

　　突如其来的暴力虐待，专横霸道的行为，随心所欲的残忍，埃尔泽·巴克的个人遭遇揭示出奥斯维辛生活中最可怕的地方。但或许最重要的是，她的经历表明人与人之间的关系可以起到至关重要的作用，让犯人们有更大的可能活下来，实际上也让这样的生活更值得继续。在埃尔泽的例子中，我们很难想象如果没有万达的帮助，她如何能熬过奥斯维辛的这段日子。对于这一点，与埃尔泽同时被关在奥斯维辛-比克瑙的艾丽斯·洛克·卡哈纳也有同感。之前，艾丽斯对姐姐埃迪特的爱已经让她在集中营一次次铤而走险，只为能与姐姐在一起。但那年夏天她们遇到一个问题：埃迪特染上了伤寒，被送去医护营房。对于埃迪特来说，这可能是一个生死攸关的转折点，不光因为那里的医护条件不够好，还因为纳粹会对医护营房里的病人进行频繁的筛选，把选出来的人直接送进毒气室。然而，艾丽斯坚信埃迪特一定能活下来，并且经常去探望她。为了进入医院，她省下自己的面包拿去贿赂卡波，还答应帮她把前一天晚上死去的犯人尸体搬出医院。"我只有 15 岁，"艾丽斯说，"之前从没见过死人。我想，这些人昨天还活着，能说话、能走路，可现在却被我扔在地上堆成一堆。这是件很恐怖的差事，但为了见到埃迪特我必须做这些，哪怕只能见她一分钟。"

　　作为医务室的访客，艾丽斯很受欢迎，因为所有病人都想知道外面发生了什么。每当探望姐姐的艾丽斯走在医护营房里，里面的犯人总会拉着她的衣服问："外面有什么新鲜事？"置身于这个暗无天日、疾病肆虐的医院，闻着排泄物和腐烂物质的味道，耳边是垂死之人的呻吟，艾丽斯总是努力给这里的犯人一些慰藉："我学会编故事，比如战争很快就要结束了。'坚持住！'我们很快就可以回家了。"但艾丽斯知道事实，她亲眼目睹人们从医务室"消失"的速度有多快，一些人死在他们的床铺上，另一些被挑出来送进了毒气室。因此，尽管埃迪特病得很重，艾丽斯还是决定把她带出医院。她对埃迪特说："如果你能忍受得了，你就装死，我把你运出去，然后咱们回自己的营房。"第二天，埃迪特装成死人，艾丽斯把她和其他那些在前一晚过世的人一起运出了医院。她们一到医院外，艾丽斯就搀扶着姐姐蹒跚地穿过比克瑙，回到自己原来的营房。

　　然而，在医护室外面那个全是"健康"女性的环境中，保护生病的姐姐更是难上加难。"每天都有筛选，"艾丽斯说，"（他们）特别严厉，特别可怕。"女人们常常要站在衣冠楚楚的约瑟夫·门格勒博士面前等待。"那个时候我们身上都长满虱子，那种感觉真是恐怖，太恐怖了。没有什么比你觉得你浑身长满虱子更屈辱。你的脑袋、衣服，你身体的任何地方，无论你往哪里看，都能看见有东西在爬。而且你没法洗，没有水。"

　　一天，艾丽斯和她的姐姐被选中，不过她们只是被调到比克瑙的另一个营房。就在那里，艾丽斯有了一次不可思议的与死神擦肩而过的经历。当时是 1944 年 10 月，天气已经越来越冷，分区的卡波让所有青少年出列，说他们可以额外领到一些衣服。艾丽斯决定加入到这支"孩子"的队伍，去领一些暖和的衣服给埃迪特穿，好

320

让她熬过波兰即将到来的寒冬。"于是我们就去了。我们来到一栋
漂亮的楼房前,楼房的窗台上还摆着鲜花。我们走了进去,党卫队
女兵说:'所有人都把自己的鞋子放整齐,把衣服脱了放在地板上。'
我们被带进一个房间,大家都光着身子。"艾丽斯和其他人坐在房
间里等待着,以为自己在领到说好的新衣服前要先洗个澡。"那个
房间很大,墙壁是灰色的。光线很暗,等他们关上门以后,里面几
乎全黑了。我们坐在那里等着,冻得直打战。就在那里等啊等啊等。"
突然,门被猛地推开,一个党卫队女兵大叫着:"赶快离开这儿!
赶紧出去!"并把这些大孩子的衣服扔还给他们。"快走!"她叫着,
"跑得越快越好!"艾丽斯找不到自己原来的衣服,只好随便穿上
一件,回到了营房。回去以后她向其他人抱怨:"他们跟我们说会
领到暖和的衣服,结果我自己的衣服都丢了!"其他犯人对她说:"傻
孩子!你不知道你刚才在什么地方吗?"直到这时她才意识到,她
刚才等待的地方,是五号焚尸场的毒气室。

艾丽斯的故事中最令人惊奇的地方是,即便已经在比克瑙住了
好几个月,她仍没有意识到她被送到何处。她当然听说过毒气室,
任何一个在比克瑙待过几天的人都知道毒气室的存在。然而,为了
应对集中营里的艰难生活,艾丽斯屏蔽掉了这类信息,她肯定不清
楚屠杀的具体机制。"我的注意力全在埃迪特身上,"艾丽斯说,"我
把所有精力都用来让埃迪特活下来,因此我并没有想过那些恐怖的
事。或许也因为那一切都太可怕了,已经超出了你的理解范围。一
个在正常环境下长大的 15 岁女孩,怎么能理解自己会被他们送进
毒气室?毕竟已经是 20 世纪了呀!我会去看电影,我的父亲在布
达佩斯有办公室,我从没听说过这样的事。在我们家你绝对不能说
一个脏字。你怎么可能想象如此龌龊的事情?想到他们会用这种方
式杀人?我们还一直被教育说德国是一个文明的国家。"

这是一个重要的发现:就连那些生活在焚尸场烟囱旁边的人,
都能把这些地方的存在从自己的思想中抹除。他们之所以能做到这

321

点，不仅因为屠杀工厂的实际功用太过恐怖，让人难以想象，还因为他们在集中营的每一天都过着屈辱的生活：他们穿着爬满虱子的衣服，抢着用厕所，努力寻找糊口的食物，身边的一切都肮脏污秽，所有这些都让他们只关注眼下如何生存，而抛弃了其他所有念头。但艾丽斯之所以没有认出她所置身的房间的实际用途，还有一个更重要的原因。60 年过去，她依然清楚地记得走近焚尸场时看到了红色的花，可能是天竺葵，它们种在盒子里，摆在窗台上。在奥斯维辛艾丽斯从未见过鲜花，对她来说，那些花让她想起过去安稳的生活："我看见窗边的花，它们让你想起了家，让你想起德国人攻进匈牙利时，母亲出门去了，她没有害怕、没有哭喊，也没有歇斯底里，而是到市场上买了紫罗兰回来。那让我感到非常平静。如果母亲还去买花，就说明情况不至于太糟。他们不会伤害我们。"正是这些小小的设计——比如焚尸场窗台上的花——让纳粹的屠杀过程超越了单纯的暴行，直到今天，这里头所蕴含的深刻嘲讽在所谓的"文明"世界里无出其右。

那天艾丽斯之所以能够活命，完全得益于一份不可思议的好运气：她坐在毒气室里的日期是 10 月 7 日，这是奥斯维辛历史上特殊的一天，因为这天发生了特遣队起义。早在 6 月，一些特遣队成员就在一个地下反抗组织的协助下筹划着反抗守卫的起义，该组织的领导人是一位名叫雅各布·卡明斯基的犯人。然而，这个计划后来败露。在奥斯维辛，犹太犯人很难进行秘密的反抗运动，一方面因为集中营里严密的卡波网络时刻监管着他们，另一方面当然也因为集中营里高得惊人的死亡率。卡明斯基遭到告发，但团队中其他核心成员活了下来，继续努力"顺手牵羊"他们能找到的所有武器，比如小刀、十字镐等，并透过铁丝网与比克瑙的其他犯人进行交涉，以便获得更多武器。

特遣队成员们觉得，他们无论如何也要在 10 月 7 日采取行动。因为就在几天前，党卫队宣布招募"志愿者"为奥托·莫尔工作，

323　这个党卫队军官是所有焚尸场监工中最臭名昭著的一个，最近他被派往格利维采（Gliwice）子营地担任指挥官。犯人们都知道这是个骗局，因为上一批被"选派去"马伊达内克营地的特遣队成员，实际上都被党卫队杀害了，他们的尸体当夜在 2 号焚尸场被火化。第二天早上，留下来的特遣队成员认出了同伴烧了一半的尸体。他们曾对纳粹为自己安排的最终结局抱有幻想，现在，连最后一丝希望也破灭了。

　　此外，特遣队成员很清楚，自己对纳粹的利用价值已经大打折扣。8 月和 9 月，罗兹隔离区被清空，6.5 万名犯人到达奥斯维辛。正因为如此，纳粹才没有更早就开始削减奥斯维辛特遣队的人数。此时，由于没人"自愿"站出来申请"调到"格利维采，他们听说4 号和 5 号焚尸场的卡波已接到命令，要选出 300 个特遣队成员"派往橡胶厂"。与纳粹承诺特遣队成员的所有目的地一样，这些工厂当然也是子虚乌有。

　　面对迫在眉睫的死亡威胁，10 月 7 日那个星期六的下午 1 点半，4 号焚尸场的特遣队成员发起了反抗。[41] 他们用十字镐和大石块当武器，等守卫靠近时对他们进行攻击，随后在焚尸场放了一把火。在与党卫队看守肉搏数分钟后，一些特遣队成员成功逃到附近的树丛里，跑到拉伊斯科（Rajsko）这个小村庄以外的地方，但他们仍被困在奥斯维辛隔离区范围内。与此同时，2 号焚尸场的特遣队成员也奋起反抗，把一个党卫队守卫推进了燃烧着的焚尸炉中。

324　　　约有 250 名奥斯维辛特遣队成员在后来的报复中丧命。所有逃跑的人最后都被抓了回来并被枪决，另一些被怀疑参与了起义的人也遭到杀害，共计 200 余人。特遣队那一天的行动造成三名党卫看守被杀。不过，这次起义也救了很多人的命：几乎可以肯定，正是特遣队在 4 号焚尸场造成的混乱，让党卫队放走了隔壁 5 号焚尸场毒气室里的艾丽斯·洛克·卡哈纳等人。

　　奥斯维辛特遣队暴动发生后的第九天，匈牙利的政治局势再次发生变化，在纳粹的支持下，匈牙利箭十字党（Arrow Cross）推翻了拒绝服从的霍尔蒂政权。驱逐停止后，几个月以来一直靠酒精度日的艾希曼立即召见卡斯特纳，一见面就对他说道："我回来了！"布达佩斯的犹太人本已逃过被驱逐的命运，现在却成了艾希曼的新目标。鉴于红军正在逼近，安排那么多辆列车也有困难，把这些人送去奥斯维辛是不现实的，因此艾希曼决定，让他们步行到120多英里之外的维也纳。

　　11月，成千上万名犹太人被迫离开布达佩斯，开始了向西的跋涉，在没有食物、雨雪交织的情况下朝奥地利艰难行进，其惨烈景象让心肠最硬的纳粹军官都看不下去，艾希曼被要求停止驱逐，然而他却无视命令执意继续，遭到目睹惨状的中立国代表的强烈谴责。考虑到布达佩斯还有超过10万名犹太人，眼看就要成为艾希曼残酷行军计划的受害者，库尔特·贝歇尔这个一向更为务实的纳粹分子就他同僚的做法向希姆莱提出了抗议。贝歇尔和希姆莱都很清楚，战争很快就会结束，作为战败的一方，德国人的意识形态需要向现实妥协。

　　希姆莱把贝歇尔和艾希曼叫到他位于黑森林特里堡（Triberg）的私人列车上开会。按照贝歇尔的说法，希姆莱要求艾希曼停止驱逐匈牙利犹太人，并说："到目前为止你一直都在灭绝犹太人，但我现在命令你从今天开始变成犹太人的拥护者。"[42] 对希姆莱这个纳粹"最终解决"方案的主要策划人来说，此举无疑是极具戏剧性的大逆转。随着战争进入到最后几个月，这位党卫队全国领袖还将有更多让人大跌眼镜的举动。

第六章

解放与报复

326 　　最后一刻，它来得很突然。1945 年 1 月的一个晚上，10 岁的埃娃·莫泽斯·科尔 [1] 和她的双胞胎姐妹米丽娅姆正躺在奥斯维辛－比克瑙的床铺上，突然被巨大的爆炸声震醒。窗外红色的火焰照亮了寒冬的夜空。原来，纳粹炸了焚尸场。没过多久，她们就被迫离开自己的营房，与其他双胞胎一起沿着大路朝奥斯维辛主营地走去。这些双胞胎都是门格勒博士的实验对象。四周的场景宛如噩梦，抬起头可以看到远处纷飞的炮火。在黑暗中党卫队催赶着这些孩子，不让他们有片刻的喘息。走不动路的被当场开枪打死，尸体就扔在路边。一片混乱中，有两对双胞胎分别与自己的兄弟姐妹走散，再也没能相见。

　　到了奥斯维辛主营地以后，埃娃和米丽娅姆基本处于无人看管的状态。原本由卡波和守卫组成的严密监管网络现已崩溃，犯人们全都自己照看自己。埃娃甚至穿过了外围铁丝网，走到主营地一侧的索拉河河畔找水喝。在埃娃试着敲碎冰面的间隙，她抬起头，看见一个跟她年纪相仿的小女孩站在河对岸。那个小女孩穿着漂亮的327 衣服，精心编起来的小辫子用丝带绑着，还背着书包。此时的埃娃穿着破衣烂衫、浑身长满虱子，站在对岸盯着她看。埃娃觉得眼前所见"几乎让人难以相信"。她说："这是我们到奥斯维辛以来，我第一次意识到，外面还有一个世界，那个世界里的孩子看起来就像个孩子，他们会去上学。"

　　埃娃和米丽娅姆能活下来已经非常幸运，因为纳粹的计划本来是把她们和剩下的几千名犯人一起杀死，这些人被认为太过虚弱，无法和大部队一起从奥斯维辛出逃。处决这群人的命令由党卫队全国副总指挥施毛泽在 1 月 20 日下达，他也是这个地区的指挥官。[2]在接下来的七天当中，党卫队特别分队在比克瑙和附近的子营地杀害了约 700 名犯人，但包括埃娃和米丽娅姆在内，近 8000 名犯人侥幸逃过一死，因为红军朝奥斯维辛进发的速度太快，党卫队自顾不暇，已顾不上执行命令。

没过多久枪声就平息了。1 月 27 日，乌克兰第一方面军的红军战士到达营地。在 IG 法本公司丁纳橡胶厂旁边的莫洛维茨劳工营，他们发现了 600 名幸存者，在比克瑙解救了近 6000 名犯人，而奥斯维辛主营地剩下的犯人为 1000 人出头，其中就包括埃娃和她的姐妹米丽娅姆。埃娃第一次听到有人宣布她的苦难就要结束，营房里一个女犯大声呼喊着："我们自由了！我们自由了！我们自由了！"埃娃跑到门边，外面是一片白茫茫的大雪，她什么也没看见。好几分钟之后，她才辨认出穿着白色外衣的红军战士："我们朝他们跑过去，他们拥抱我们，还给了我们饼干和巧克力。在极度孤独的环境下，一个拥抱的意义比任何人所能想象的都大得多，因为它让我们重新感受到了我们渴望已久的，人的价值。我们不光渴望食物，也渴望人的善意，而苏联红军确实在某种程度上满足了我们的需求。战争结束后，我们回到家园，我最怀念、最渴望的就是拥抱和亲吻，但没有人再给我这些。因此，我给我的学生上课时，总会告诉他们，'你们今天下午回家以后，请替我们所有这些从集中营里幸存下来的孩子多给你们的父母一个拥抱，多给他们一个吻，因为我们已经没有可以拥抱和亲吻的对象'。"

伊万·马蒂努什金是红军一个炮兵连的中尉，他与战友们一起攻进了奥斯维辛镇。他们到达比克瑙的时候，这个营地在几小时前刚刚被解放，奇怪的是，四周一片静寂。那里的犯人望着他，"眼中带着感激"，脸上带着"强挤出来的笑容"。"我们有一种感觉，

328

那就是我们做了一件好事，"他说，"一件非常好的事。我们觉得自己仿佛已经完成了使命。"很重要的一点是，他说，虽然他和战友对奥斯维辛的犯人"感到同情"，但眼前的景象并没有给他们带来特别大的触动："你要明白战争中的人是什么样的心理状态……我当时已经有超过一年直接作战的经历，在那段时期，我见过集中营，当然不是这种营地，但也是规模小一些的战俘营。我见过被摧毁的城镇，也见过被破坏的小村子。我见过我们自己人饱受痛苦。我见过伤残的孩子。随便哪个村庄全都经历过这样的恐怖、这样的惨剧和这样的苦难。"

伊万·马蒂努什金的话对我们很有帮助，它提醒我们注意许多在东部前线奋战过的人初次见到奥斯维辛时身处的时代背景。对他们来说，奥斯维辛当然是个恐怖的地方，但眼前所见也只不过是一场充斥着诸多残酷暴行的战争中又一个可怕的场景罢了。对奥斯维辛的解放在当时其实算不上什么重大新闻。它的确有在报纸上被提及：2月2日，《真理报》刊登了他们的记者鲍里斯·波列伏依撰写的报道[3]，几天后，英国的《犹太纪事报》转载了这则消息。然而，解放奥斯维辛并没有像前一年夏天，马伊达内克集中营被发现那样被广泛报道。马伊达内克是除奥斯维辛以外，唯一一个使用齐克隆B进行屠杀的纳粹集中营（但规模要比奥斯维辛小很多），因此媒体最开始很可能把奥斯维辛视为"另一个马伊达内克"。此外，1945年1月有很多更吸引眼球的新闻等待各大媒体报道，其中很重要的一条，是战争"三巨头"（丘吉尔、罗斯福和斯大林）将要在克里米亚半岛的雅尔塔进行会面。[4]不过奥斯维辛的解放没有立即在西方成为重大新闻，或许还有另一个原因：红军发现集中营后，已经有人在质问，赢得了战争的同盟国在多大程度上可以经得起这场胜利的考验。从波列伏依登在《真理报》上的文章中，我们可以明显看出他对奥斯维辛进行的一种马克思主义式解读：他认为奥斯维辛从根本上来说是一个资本主义工厂，里面的工人是谁并不重要。

这篇文章标志着东西方在对集中营的运作进行历史解读时出现了分歧，这一裂痕直到苏联解体后才终于弥合。在苏联当时以及后来对奥斯维辛进行的分析中，他们对犹太人在集中营里遭受的磨难只做了轻描淡写，却强调所有被迫害致死的人都是"法西斯主义的受害者"。这还算不上他们最过分的言论。

　　然而，回到 1945 年 1 月，埃娃·莫泽斯·科尔和她的姐妹米丽娅姆都认为她们能被红军解救是一件非常幸运的事。事实也确实如此。1 月 18 日，红军已到达离集中营仅几英里远的地方，如果她们没有被留下来，那么德国人一定会让她们加入由其他 6 万名所谓"健康"的犯人组成的队伍，这些人都是从庞大的奥斯维辛营区中各个子营地里挑选出来的，他们将一起开始向西徒步行进。据许多被迫参与了大撤退的犯人回忆，接下来的几个星期是他们阶下囚生涯中最痛苦的一段时间，甚至比集中营里频繁的筛选、匮乏的餐食、肆虐的疾病和寒冷的棚屋都更加可怕。奥斯维辛的犯人将要踏上的这段征程，后来被非常贴切地称为"死亡行军"。

　　对纳粹来说，死亡行军并不是什么新发明。1940 年 1 月，800名波兰战俘（同时全都是犹太人）被迫从卢布林步行近 60 英里到达比亚瓦-波德拉斯卡（Biała Podlaska）。[5] 只有极少数人战胜了波兰的寒冬到达终点，大部分人都冻死在路边，或被同行的党卫队杀害。在接下来的几年中，纳粹多次组织了死亡行军，比如他们曾在清空隔离区之后强迫住在里面的犹太人徒步跋涉，也曾强迫苏联战俘向西行进，前往临时战俘营。

　　但正如我们在第五章中讨论过的，战争期间最大规模的几次死亡行军发生在 1944 年秋天。其中最可怕的当数 11 月发生在匈牙利的那一次，当时艾希曼强迫包括妇女儿童在内的近 8 万名犹太人从布达佩斯向西朝奥地利行进。这次远征的可怕场景令一些纳粹分子都忍不住对其残忍程度提出批评，而那些幸存下来的犯人最后被送进了毛特豪森和达豪等集中营。也就是说，奥斯维辛的犯人在 1945

年初将要进行的死亡行军已有很多悲惨先例。

在党卫队看守的棍棒下，犯人们被赶出集中营，他们身上单薄的囚服完全无法抵御波兰冬天的漫天大雪和凛冽寒风。他们就这样上了路。也正是在这个时候，党卫队军官弗朗茨·温施向他深爱的女人——犹太犯人海伦娜·斯特洛诺娃最后一次伸出援手。当海伦娜与她的姐姐罗津卡站在营地大门口瑟瑟发抖时，温施拿来"两双暖和的靴子，是那种有毛皮衬里的靴子。其他所有人，那些可怜的人，全都穿着用报纸做内衬的木底鞋。他真的是冒着生命危险（给我们拿鞋子）。"温施对她说，他就要被派去前线了，但他的母亲在维也纳，她可以照顾海伦娜和她的姐姐，因为等到战争结束她们就该"无处可去"。他把一张写着母亲住址的小纸片塞进海伦娜手里。然而，等温施离开后，海伦娜记起父亲曾对自己说过的话："别忘了你是谁。"父亲对她强调，她必须永远记得："我是个犹太人，我要永远忠于犹太人的身份。"于是，她扔掉了写有温施母亲住址的纸片。

就这样，这两个女人在风雪交加的天气下开始向西行进。海伦娜将最初的几天形容为"艰难得不可思议"。她眼看着身边的其他犯人"倒在雪地中，筋疲力尽，就这样死掉了。大家只能自己顾全自己。一切都乱了套。谁能活就活着，谁死了也就死了。"

伊比·曼[6]当时19岁，前一年她从捷克斯洛伐克被送到奥斯维辛。死亡行军的经历也给她留下了深刻的印象："他们大半夜让我们集合，我们从来不知道时间，不知道几点几分，什么都不知道。我们与世界脱节了。"尽管能听到苏军的炮火就在不远处，但纳粹依然坚持清点犯人，让他们每五人站成一排后出发。"要是有谁敢弯下腰，或者敢停下来休息一会儿，马上就会被枪决。"与很多从死亡行军中幸存下来的犯人一样，伊比·曼并不是独自一人面对这一切，她的姐姐一直与她在一起，不断鼓励着她。"我一直在说，'我只能走到这儿了，一步也走不动了。'（但是）她会使劲拉着我继续往前走。"到了晚上，她们就睡在谷仓里，还有一次睡在猪圈，有

时就在户外席地而睡，靠光秃秃的树木和灌木丛遮风避雨。伊比和
她姐姐是最晚离开营地的一批犯人，她们一路上经过许多塞满尸体
的水沟。随着她们继续蹒跚前进，雪水变成了泥浆，浸透了她们薄
薄的鞋子。她们的脚上长出了水泡，钻心地疼。两人在行军途中都
没有感到饥饿，只觉得口渴难耐。她们知道，如果自己弯下腰吃上
一口融雪，她们一定会被党卫队开枪打死。了解犯人们承受的这些
苦难以后，我们几乎难以相信，纳粹之所以让奥斯维辛的犯人离开
营地进行远征，是因为他们认为这些犯人是有用的资源。战争进入
到这个阶段，有劳动能力的犯人对纳粹有着极其重要的意义——截
至 1944 年底，在德国工厂工作的人当中约有 50 万名犯人。

纳粹驱赶着奥斯维辛的犯人朝帝国方向行进时，主要采用两
条路线，一条是朝西北方向，途经密科鲁夫（Mikołow），到达近
30 英里以外的铁路枢纽站格利维采，另一条是一路向西，行进约
40 英里后到达沃济斯瓦夫（Wodzisław）火车站。对那些从行军中
幸存、登上列车的犯人来说，折磨却远未结束。列车将把他们带往
德国和奥地利的集中营。伊比和她的姐姐被赶进"积了半米深的雪"
的露天车厢，车厢里的犯人塞得满满的，很多人找不到地方坐下来。

莫里斯·韦内齐亚 [7] 曾是奥斯维辛的一名特遣队成员，他当时
也在这辆可怕的列车上，而他是少数几个在露天的车厢里找到地方
坐的犯人之一。他记得那天非常冷，雪一直在下，落在他和他同伴
的身上。他记得身边不断有人因承受不住如此恶劣的条件而倒下，
因此他们经常需要从车厢里向外扔尸体。他还回忆起这段路途中发
生的一件更令人惊诧的事：一桩谋杀案的实施。

与莫里斯等人同车厢的有一个德国犯人，他在积雪中站了很长
时间以后，迫切渴望能坐下来，于是他想跟莫里斯做个交易：他让
莫里斯把座位让给他，作为交换，他给莫里斯几根香烟。莫里斯站
起身，拿走了烟，在抽烟的这段时间让德国人蜷缩在车厢的角落坐
了一会儿。大概 10 分钟后，莫里斯抽完烟，让德国人站起来，却

遭到拒绝。"于是我和几个朋友坐在他身上",莫里斯说,"大概过了30分钟或一小时,他被闷死了。我们把他扔出车厢。没什么大不了的,能杀死一个德国人我们很高兴。"

直到今天,莫里斯都认为杀死这名德国犯人"没什么大不了的"。对他来说,被他杀害的人同样是一名奥斯维辛犯人这点并不重要,重要的是这个人说的是哪国语言:"我很高兴。他们(指德国人)杀了我全家,大概三四十人,可我只杀了一个德国人。唉!这不算什么。如果我能杀死一百个德国人我才高兴呢。我们彻底被他们毁了。"在这个问题上,无论怎么质问莫里斯,他都不觉得统治奥斯维辛的德国人与那个在波兰寒冷冬夜被他杀死在运牲畜列车上的德国犯人之间有什么区别。"不管怎么说,"他说,"我也想坐着,我也很累。凭什么给了我两三根烟以后他就可以活命?他不想站起来,那我们就坐在他身上,然后他就死了。就这么简单。"对于自己和同伴在西行途中杀害的这名德国犯人,莫里斯·韦内齐亚毫无关切之心,这点也提醒我们思考,集中营里的道德水准退化到了何种程度,犯人们是如何迫于形势,把自己的生死置于其他一切之上。

两万名奥斯维辛犯人最后到达的地方,是下萨克森州的贝尔根-贝尔森集中营。如第五章所说,贝尔根-贝尔森集中营在今天恶名远扬,主要是因为英国人1945年4月15日解放集中营时在那里拍下的令人痛心的照片。这些图片公之于世,那些极度消瘦、有如行走着的骷髅身形震惊了全世界。然而,图片所呈现出来的画面并没有反映出这个营地建造之初的真实用途;很多人本就分不清集中营与专门的灭绝营之间的区别,这些照片更加深了这种概念混淆。

1943年建造之初,贝尔根-贝尔森集中营本是用来关押那些被当作人质、"有特权的"犹太人,但到了1944年春,一些被认定无法从事有用工作的犯人从其他各个营地送到这里,自那之后它又多了一个用途。这些人在贝尔根-贝尔森集中营遭受到非人的折磨,特别是来自德国卡波的残酷虐待。另外三个因素的出现,促使贝尔根-贝尔森最终变成1945年春盟军解放它时见到的那个恐怖所在：第一，约瑟夫·克拉默于1944年12月被任命为集中营指挥官；第二，纳粹决定剥夺营地里"用于交换的犹太人"可能享有的任何"特权"；第三，1945年初那批死亡行军队伍中幸存的犯人，最后都涌入了贝尔根-贝尔森。一组简单的数字可以让我们了解贝尔根-贝尔森发生的巨大变化：1944年底，这个营地大约关押了1.5万名犯人，而等到英国人于1945年4月到达此地时，集中营里有6万名犯人。然而，德国人却没有为多出来的犯人安排任何住处，也没有补充食物供给。

　　当然，历史事件中的数字总是无法让我们了解当事人的具体经历，这方面信息只能通过聆听他们的故事来获得。艾丽斯·洛克·卡哈纳为我们讲述了1945年4月，她和姐姐埃迪特被囚禁在贝尔根-贝尔森集中营时的经历。她们本以为奥斯维辛的条件是人类能够忍受的极限，却没想到这里的生活更加可怕。艾丽斯和埃迪特到达时，正赶上伤寒病在营地大肆暴发。由于营房过度拥挤，她们没有床铺，甚至几乎找不到任何可以睡觉的地方。营地里没有食物，也几乎没有水。这些来自奥斯维辛的犯人仿佛被困在这个小小的空间里等死。在接下来的几周里，很多犯人精神崩溃。"没有任何语言能够形容贝尔根-贝尔森是什么样的。"艾丽斯说。每天晚上，睡在她们不远处的一位卡波都会"突然发狂"，用脚踩艾丽斯和她的姐姐。营房只造了一半，而造好的部分也逐渐开始垮塌。"当你不得不去厕所的时候，你就得踩着人过去。有些人滚进了过道的裂缝里。"无论白天还是黑夜，她们都会听见有人在喊："水！妈妈！水！妈妈！"

　　勒妮·萨尔特[8]是另一位被送到贝尔根-贝尔森的犯人。1945年她16岁。在被迫走过一条遍布尸体（这些死去的人都是以前送来的犯人）的道路，最终到达集中营后，她看见了如地狱一般恐怖的场景："我们看见瘦得像骷髅一样的人在四处走动，他们的胳膊和腿就像火柴棍一样细，透过他们的皮肤可以看到突出的骨骼。营地里弥漫着浓烈的恶臭。我们吃了这么多苦以后，却发现这里是个

335

与以前都不一样，还要更加恐怖的地方。"

集中营的管理系统已经全面瘫痪。点名早就停止了，因为犯人们根本没有力气站起来；食物的缺乏造成大量犯人饿死。才过了三周不到的时间，勒妮就知道自己快不行了。就在她马上要失去意识的时候，有人向她指了指不远处英军的坦克。接着，她昏了过去，十天都没有苏醒。等她终于醒过来时，她发现自己在一家英国人的灭虱中心，正在接受消毒清洗。虽然她仍是极度虚弱，但终于自由了。

艾丽斯·洛克·卡哈纳讲道，1945 年 4 月 15 日，有人大喊："解放了！我们解放了！"她马上跳起来，对她姐姐说："解放是什么？我得趁它不见之前找到它。"她蹒跚着走出营地，看见了坐在吉普车里的盟军士兵。然而，她的快乐是短暂的，因为此时的埃迪特病得比以往任何时候都厉害，在英军到达后不久，埃迪特就被送进了红十字医院。艾丽斯想跟她待在一起，但英国士兵坚持说她病得没有那么严重，不能和她姐姐在一起。艾丽斯提出了抗议："我说，'你不明白，我们不能分开。我可以在那里给你们帮忙，我可以端便盆'。"她努力想要端起便盆，结果发现自己几乎走不了路。在她快走到门口时，一个士兵抱起她，把她放进一辆吉普车里，送回了营房。

在奥斯维辛和贝尔根-贝尔森的艰苦环境中一路保护着姐姐，艾丽斯绝不会那么轻易地放弃。第二天，艾丽斯拖着虚弱的身体走回医院。她到的时候刚好看见埃迪特被送进一辆救护车，她迅速钻进车里，对埃迪特说："我来了。不管他们把你带到什么地方，我都跟你一起走。"但前一天开车送她回营地的那个士兵认出了她，对她说："你怎么又来了？你不能待在这里。我们得把你姐姐送去另一家医院，一家部队医院。"艾丽斯从救护车上被赶了下来，眼睁睁看着姐姐被送走。

艾丽斯就这样开始了寻找姐姐的努力，而一找就是半个世纪。她试着通过红十字会以及她能想到的所有途径追踪姐姐的去向，却什么也没找到。直到与姐姐失去联系 53 年之后，她才从贝尔根-贝

尔森集中营的记录中发现，一个名叫埃迪特·施瓦茨的人于1945
年6月2日过世。施瓦茨是艾丽斯母亲婚前的姓氏，埃迪特在集中
营里一直用这个姓，不让人知道她是艾丽斯的姐姐。她一直担心如
果纳粹发现她们两人是亲姐妹，将会不择手段地拆散她们。

艾丽斯等了53年。这53年中，每一次电话铃声响起、每一次
有信件寄到，艾丽斯都祈祷那是埃迪特的消息。然而，多年来忍受
的情感折磨换来的却是这样一个事实：她的姐姐，在与她最后一次
分开没几天以后便过世了。无论是从匈牙利被遣往奥斯维辛的路上，
在死亡行军途中，还是在饥饿与疾病横行的贝尔根-贝尔森，艾丽
斯都一直努力保护着她的姐姐。到最后，埃迪特还是死于纳粹的迫
害。"对你来说，解放来得太晚了，我亲爱的姐姐，"艾丽斯得知姐
姐死讯后不久，在自己作的一首诗中这样写道，"他们怎么能这样
做？怎么做得出来？到底为什么？"

对埃迪特的死负有最大责任的人之一，便是海因里希·希姆莱。
如果在"最终解决"实施初期让他来回答艾丽斯·洛克·卡哈纳提
出的问题，他一定会毫不犹豫地以最残忍和最简洁的方式给出答案：
犹太人之所以必须死去，是因为他和他的元首认为犹太人的存在是
一种威胁。然而，在战争的最后几个月，希姆莱的所作所为显示他
的立场远没有以前那么坚定和清晰。前面已经提到，1944年他批准
了匈牙利"犹太人换卡车"计划，并通过班迪·格罗斯试探与英美
签订协约的可能。虽然这些行动最后都没有什么结果，但它们可以
反映出希姆莱当时的想法：这位党卫队全国领袖此时所奉行的，已
经从坚定的意识形态变成务实主义。

1945年2月，希姆莱多变的态度再次得到充分体现：他同意
让特莱西恩施塔特集中营里的1200名犹太犯人前往瑞士，这个结
果经过多个中间人的协调，最终由美国正统派拉比联盟（American
Union of Orthodox Rabbis）与希姆莱共同商定。这一次，犹太人
换来的不再是卡车，而是实实在在的硬货币。丽塔·雷[9]是从特莱

338　西恩施塔特登上前往瑞士列车的犹太犯人之一。"我们上了车以后，
纳粹走过来，让我们化妆梳头，打扮一番，好让我们到的时候看起
来不会太糟。他们想让我们给瑞士人一个好印象。"

　　阿道夫·希特勒是从瑞士一家报纸上，才知道特莱西恩施塔特
集中营犹太犯人被释放的消息。他暴跳如雷。虽然早在1942年12月，
希姆莱确实获得了希特勒的批准，原则上允许某些犹太人用硬货币
给自己赎身，而且把犹太人中的一些"大人物"当作"人质"的做
法也与纳粹已有的理念相符，然而，释放特莱西恩施塔特集中营犹
太人一事是在希特勒完全不知情也没有批准的情况下进行的。考虑
到这个时候战争显然已经进入尾声，这种举动对纳粹领导人来说无
疑带有一种失败主义的意味。希特勒下令禁止再进行任何类似的
交易。

　　然而，到了这一年4月，希姆莱又一次违背希特勒的指示，任
由盟军占领了贝尔根-贝尔森。希特勒曾要求所有集中营在盟军到
达前必须被摧毁，但希姆莱显然没有服从。他可能想通过让贝尔根-
贝尔森完整地落入盟军手中来展示他对盟军的"让步"，也可能，
他对集中营里的真实情况并不了解。不管怎样，希姆莱的举动造成
了完全出乎意料的结果，揭露营地惨状的图片开始在全世界疯狂流
传。"那个集中营里发生的一切都是无法用语言描述的，"一名英国
士兵在录制一段新闻影片时说道，"当你亲眼见到这些人时，你终
于明白你一直为了什么而战。报纸上的图片不能展示出全部。他们
做的那些事——唉，你根本不觉得他们还算是人。"

　　虽然希姆莱巴结盟军的做法带来了严重后果，但他继续违背希
特勒的意愿行事。4月20日，他与世界犹太人大会的一名密使，诺
贝特·马苏尔（Norbert Masur）会面，同意释放拉文斯布吕克集
339　中营里的1000名犹太女犯。希姆莱提出的唯一要求，就是把这些
犯人说成"波兰人"，而不是犹太人，以期他的所作所为不会传到
希特勒那里。当天晚上，在马苏尔离开后，希姆莱向他的按摩师费

利克斯·克斯滕吐露了心声："如果可以从头开始，很多事我都会换一种做法。但作为一名忠诚的军人，我不得不服从，因为如果没有服从和纪律，那就什么事都做不成。"[10]

在战争的最后几个月，违抗元首的并不只有希姆莱一个人，其实整个党卫队都不再听令于他。4月21日，元首在他位于柏林的秘密地堡内被炮火声震醒。他一定想不到会有这样一天——红军竟然攻进了柏林。希特勒曾命令党卫队全国副总指挥菲利克斯·施坦因纳（Felix Steiner）向朱可夫元帅领导的白俄罗斯第一方面军发起反击，当时这个军团正朝柏林北部郊区逼近，但施坦因纳拒绝执行命令。"接到这一命令时，"施坦因纳的副手弗朗茨·里德维克[11]说，"他说：'我不会再对苏联大军发起进攻了，这等于是让战士们白白送死。我不要再为没有意义的命令牺牲我的士兵。'"希特勒得知自己的命令遭到施坦因纳拒绝后大发雷霆，地堡里所有人都没见他如此咆哮过。党卫队抛弃了他。他曾公开表示，眼下唯一留给他的事，就是结束自己的生命。

4月23日，希特勒勃然大怒的消息传到希姆莱那里。这一天他正与红十字会的代表福尔克·贝纳多特伯爵会面。希姆莱认为，既然希特勒已经宣布他将自行了断（说不定此时已经死了），那么他自己就成了帝国的代言人。因此，他对贝纳多特说，德国愿意向英国和美国无条件投降，但不向苏联投降，并让贝纳多特把这个意愿转达给西方盟军。

希姆莱向部分同盟国投降的方案遭到了盟军的拒绝，但他有意结束西方国家间战争的消息通过BBC广播电台传播开来。希特勒也听到了这则新闻。这位德国领导人还没有变成毫无知觉的死人，恰恰相反，此时的他正处在一种最为强烈而真切的情感带来的冲击中，那就是背叛感。"希特勒当然气炸了，"贝恩德·弗赖塔格·冯·洛林霍芬[12]说道，他是德军总参谋部的一名工作人员，当时也在地堡里，"从军事形势来看已经没什么希望，现在一个他或许最信任的人又做出这样的举动。那个人抛弃了他，投奔了盟军。希特勒只好认命，他交代了他的政治遗愿和个人遗愿。两天之内他就死了。"

1945年4月30日下午3点半，红军来到德国国会大厦门口，在此之前希特勒已经自杀身亡。他留下了一份前一晚写就的政治声明，在这份声明里，他将战争的爆发归咎于犹太人。希特勒至死都没有变，他一直对整个犹太民族怀有深深的恨意，对他们没有一丝同情。我们已经看到，纳粹的"最终解决"方案在发展和执行过程中经过了多次修改和变化，希特勒提出的某些具体要求促成了其中一些变化，而另一些变化的发生则与他没有那么直接的关系。但从希特勒最后对希姆莱一事的反应可以看出，自始至终没有改变对犹太人的狂热仇恨的，是元首本人。

比起自己所效忠的元首，希姆莱更愿意顺应形势而变。他不但同意交出犹太人来换取钱财，还试图促成秘密和解协议的签订。与希特勒不同的是，希姆莱在战争的最后阶段似乎认为还有别的出路。他的做法在他的党卫队随从之间造成了恐慌。5月5日，在海军元帅邓尼茨的大本营，也就是德国北部弗伦斯堡的穆威克（Muerwick）海军学校，希姆莱与几位党卫队高官召开了最后一次会议，与会者包括鲁道夫·霍斯。"命运给我安排了一项新的重要任务，"希姆莱宣布，"我将独自完成它。因此，我现在再给你们下达最后一道命令：混进国防军吧！"霍斯大吃一惊。显然他所期待的是具有象征意义的最后一击，而不是这种让他们逃跑和藏匿起来的屈辱指令。"这就是一个我一直无比崇敬的人留给我们的道别，"霍斯写道，"我曾经对这个人怀有无比坚定的信仰，他下达的每一道命令、他说的每一个字都被我视为真理。"尽管如此，霍斯还是听从了希姆莱的建议，"混进"了国防军。他找到一件海军制服给自己穿上，伪装成德国海军队伍中的一名普通士兵。

虽然希姆莱信心满满地认为，"命运"给他安排了新的重要任务，但与他的许多想法一样，这不过又是一个幻想。5月23日，希姆莱自杀身亡，这一天距他与霍斯等人召开会议才过去了两周多，但此时的希姆莱终于认识到，盟军绝无可能与一个对几百万人的死负有责任的人做交易。他之前竟会抱有这样的想法，也很好地说明他是一个什么样的人：充满不切实际的幻想，自我感觉膨胀，过度乐观。而最重要的是，这种念头反映出希姆莱的机会主义：在忠心耿耿地追随了希特勒这么多年以后，当形势发生改变，他却可以摇身一变，成为另外一个人。

希特勒和希姆莱已死，底下的行凶者纷纷作鸟兽散。照理来说，战争一结束，所有在集中营里吃尽苦头的人应该可以回归正常生活，让身心得到恢复，但事实并非如此。

1945 年 5 月和 6 月，海伦娜·斯特洛诺娃和她的姐姐迷茫地游荡在刚获得解放的德国，与想要逃往西方的德国难民一起走在拥挤的道路上。她们睡在谷仓或被炸毁的房子里，四处寻找能吃的东西。没过多久，她们就碰到了苏联红军。在海伦娜和她姐姐看来，这些士兵与其说像解放者，不如说更像是征服者。有那么几次，无论难民躲在何处过夜，苏联士兵总能找到他们。"他们都喝醉了，彻底醉了，"海伦娜说，"他们就是一帮畜生。"这些士兵走进他们睡觉的地方，"找可爱的女孩强奸"。在此过程中，海伦娜藏在姐姐身体底下。由于姐姐比她大十岁，常被误认为是她的母亲，她们希望士兵见到她姐姐乞求的目光后能把目标移向别处。这个方法奏效了。然而，红军是怎样对待其他女人的，海伦娜听得一清二楚："我听见她们一开始一直在尖叫，到后来没了力气，安静下来。有几个人在被强暴的过程中死掉了。他们掐死了这些女人。我转过头去，不想看她们，因为我帮不了她们。我害怕他们也会强奸姐姐和我。他们都是畜生。不管我们藏在哪儿，他们总能找到我们，然后强奸我的一些女伴。他们会对这些女孩干些特别龌龊的事情。直到最后一刻，我都不敢相信我们能活下来。我们以为就算自己没死在德国人手中，也会死在俄国人手上。"

342

有一次海伦娜差点就惨遭毒手。那天早晨，她骑着自行车出门，"骑得特别带劲。我从小就特别喜欢骑自行车，我喜欢那种自由和安静的感觉"。她在那个明媚的春日骑车来到郊区，之后在一间废弃的仓库旁停下来休息。"一个俄国人骑着一辆摩托车跟了上来。他看见了一个年轻女人，是不是犹太人对他来说并不重要。他把摩托车一扔，我们开始撕扯起来。我也不知道自己是怎么摆脱这个残忍的俄国士兵的，这个凶徒。他有很长时间没做爱了，没办法强奸我。我又踢又咬，大喊大叫，他一直问我是不是德国人。我说：'不是，我是关在集中营里的犹太人。'我给他看我胳膊上的编号。就在那一刻，他放过了我。也许他自己也是个犹太人。我不知道他是什么人。他翻身站了起来，然后跑掉了。"

我们无法确知，在苏联士兵刚刚踏上德国本土，以及之后那段战争刚结束的时期，到底发生了多少起由苏联士兵实施的性侵事件。但这个数字肯定有几十万。近几年，很多人在关注柏林等城市的德国妇女遭受的摧残，然而，奥斯维辛女犯更加悲惨的经历——她们先是在集中营里忍受种种虐待，后来又被解放她们的人强奸——让这段历史的面目比之前更加可憎。

苏联红军强奸集中营犯人的做法无疑已经非常恶劣，而他们"解放"集中营时给自己的同胞带去的，则是另一种特殊性质的折磨。斯大林曾说过，被德国人扣押的没有苏联战俘，只有"祖国的叛徒"。当红军部队到达波兰南部的集中营时，这种态度得到了最为明显的体现。一个名叫塔季扬娜·纳尼耶娃[13]的犯人就关在这里。1942年，她在一家医院做护士，这家医院被德国人包围后，她落入德国人之手，开始了两年半的囚禁生涯。在此期间，她亲眼目睹很多苏联女犯被德国人强奸。1945年1月，她听到苏联红军"声势浩大"地抵达集中营，这些士兵高昂着头，齐唱着爱国主义歌曲。"我们感到非常开心，非常振奋。我们都以为胜利就在眼前，我们马上就可以过上正常的生活了。我特别思念我的祖国，思念我的家人。"在获救的那一刻，巨大的幸福感涌上她的心头，就在这时，两个红军军官朝她走来。其中一个人喝醉了，大喊着："你们在这里是怎么逍遥快活的？你们这群婊子！"望着这个军官摇摇晃晃地站在她面前，寻摸自己的手枪，塔季扬娜感到整个世界崩塌了。她赶紧跑开，找地方躲了起来，直到这些解放了集中营的前线战士清醒过来。然而，无论他们是醉是醒，她遭到的指控都明白无误：他们称她为"祖国的叛徒"。因任由德国人将自己抓捕这一"罪名"，她被判处在古拉格关押 6 年，并终身流放西伯利亚。

帕维尔·斯滕金[14]好不容易侥幸在奥斯维辛活了下来，此时却要遭受来自同胞的类似折磨。1941 年 10 月他来到达奥斯维辛，是被送去建造比克瑙的 1 万名苏联囚犯之一。第二年春天，这一批犯人只剩下几百个。他成功逃到树林中，并与行进中的红军队伍会合。然而，他们非但没有像他所期待的那样欢迎他的回归，让他继续参与对抗德国人的战斗，反而对他进行了数个星期的审问。苏联反间谍组织（SMERSH）经常问的一个问题是："你是什么时候加入德国军队的？"他被送回国内，囚禁在禁闭流放者的城市彼尔姆和乌拉尔，在那里，审讯仍在继续。"每隔一天，我都会在夜里被叫醒，'承认这个，同意那个，我们什么都知道——你是个间谍'。他们一遍遍地折磨我。"斯滕金白天工作，晚上被审问，这样的日子持续了几个月后，他最终因一项被捏造出来的罪名被判处了数年的监禁。法官草草结束了对他的审判，只因那天晚上他们要去剧院看演出，这充分体现出苏联司法系统草菅人命的态度。直到 1953 年斯大林去世，斯滕金才被释放，而有超过 100 万名苏联士兵像他这样被囚禁了两次——一次被德国人，一次被自己国家的同胞。

帕维尔·斯滕金和塔季扬娜·纳尼耶娃的经历至关重要，因为它们明显缺少许多西方人眼中的"二战"史应具备的救赎意味。对好几代英国人和美国人来说，这场战争被描述为"正义"对抗"邪恶"之战，具有了近乎神话般的色彩。当然，纳粹主义确实被击垮，这一罪恶之源的消除也确实给世界带来了无可估量的益处，但战争结束后的那段历史并不像主流宣传所描绘的那样简单。实际上，被红军解救出来的苏联战俘很少有人有"幸福的结局"，东部的很多人亦是如此。

在战争走向尾声时，斯大林犯下的罪行至少在某种程度上让人想起纳粹的"最终解决"。与希特勒一样，斯大林也对不同族群进行了集体迫害。近10万名来自斯大林格勒南部草原的卡尔梅克人因苏联领导人眼中的"罪行"被集体驱逐到西伯利亚，而所谓的集体"罪行"只是没有尽力抗击德国人。在战争的最后阶段和刚刚结束的那段时期，克里米亚鞑靼人、车臣人和苏联其他许多少数民族都有着相同的遭遇。没人确切知道有多少苏联公民遭到驱逐，但这个数字肯定超过100万。与犹太人不同的是，大多数犹太人在落入纳粹之手后遭到杀害，而被斯大林迫害的少数民族，大部分在他死后得以从西伯利亚回到他们的祖国。尽管如此，我们仍可以肯定，斯大林以个别人的过错处罚整个族群的做法，给车臣人、鞑靼人、卡尔梅克人和其他许多人带来了巨大的苦难。

346　　1945年5月，大多数东欧国家都在送走了一个残暴的专制者后迎来了一个新的暴君，这一严峻的现实对许多想要返乡的奥斯维辛幸存者产生了深远影响。一开始，苏联人的占领给琳达·布雷德[15]的感受还是很好的，这些人毕竟打败了纳粹，解放了集中营，阻止了他们对犹太人的灭绝。5月5日，她终于在柏林北部的集中营被解救（她在奥斯维辛关押了两年半以后被送到那里），红军对她和其他犯人都"非常友好"。他们为这些犯人找来新衣服，好让他们把自己极其痛恨的、已经穿了太长时间的条纹囚服彻底丢掉。而获得新衣服的方法很简单：红军把犯人们带到附近德国人的住处，让他们想拿什么就拿什么。住在里面的女人吓得大叫："没有党卫队！没有党卫队！"与此同时，琳达和其他几个斯洛伐克犯人一把推开她，开始搜寻衣服。她们打开衣柜，发现了几件党卫队制服，显然，这个女人是一名党卫队队员的妻子。于是,她们"洗劫"了整个地方,把鸭绒被和其他物品扔出窗外,把她们能用上的所有衣服都拿走了。琳达·布雷德声称她们几乎没怎么碰那个女人,但又承认有个"特别壮的女孩"确实有"抓着她朝她大吼"。

琳达满脑子想的都是回斯洛伐克。其他一些人梦想在美国或以色列开始新的生活,但她唯一的愿望就是回家。于是,她与其他几个斯洛伐克人一起踏上了漫长的归家之路。她们穿行在遭到战争严重破坏的欧洲,到处都是损毁的铁路和公路。在柏林,她们看见德国战俘正在平整道路,修补巨大的坑洞。曾经的"统治者种族"被迫从事体力劳动的场景让琳达和其他女人兴奋不已,她们甚至询问看守战俘营的红军士兵,她们能否对这些人说几句话。这名士兵同意了,于是她们开始奚落德国人,大喊:"赶快!赶快!动起来!动起来!"接着她们"真的推搡起那些人来"。这件事比"洗劫"德国人的家更让琳达·布雷德确信,她再也不用惧怕德国人,再也不用在筛选过程中从心底感到恐惧,迫切渴望自己是那个被选中活命的人。

出了柏林以后,她们一直步行,因为没有别的交通工具可以选。1945 年一个炎热的夏日,她们正走在德国中部一条尘土飞扬的公路上,几个红军士兵开着车赶了上来,提出可以载她们一程。琳达和其他女人"真的特别害怕,因为他们经常强奸女孩"。但她们已经走了太远的路,特别渴望休息一下,于是,她们带着恐惧上了苏联士兵的卡车。结果,才开了几英里,苏联士兵就突然停下车,把她们身上几乎所有东西都抢走了。"他们连我们从德国人那里偷来的东西都拿走了,"琳达·布雷德说,"但至少我们保住了性命。"

这些女人被扔在路边,身无分文,只得重新开始徒步前进。只有很少的几次她们搭上了短途火车,得以在火车上歇歇脚。最后她们终于走到了布拉格。琳达和其他几个女人在市区找到了住处,但仍一心想要回到自己位于斯洛伐克的家中,片刻都不想耽搁。每天有一班列车往返于布拉格和斯洛伐克首都布拉迪斯拉发之间，坐上这趟车，琳达就可以回到斯洛伐克东部的小镇斯特罗普科夫（Stropkov），回到她的家人身边。在离家三年多之后，在被塞进货运卡车里驱逐出境，历经奥斯维辛里种种困窘和磨难，最后从德国北部朝着家的方向一路漫长的跋涉之后，琳达终于实现了她长久以来的梦想，那就是站在自己家的大门口。但此时她却发现，里面住的似乎是别的人。她敲了敲门，很快一个俄国或乌克兰男人打开门。"你要什么？"他问。"我要回我的家。"琳达回答道。"从哪儿来的就滚回哪儿去！"他边说边在她面前重重地关上了门。

琳达陷入震惊。走在自己家乡的大街上，她突然意识到，所有原本属于她亲朋好友的房子里现在都住着苏联人："我透过那些房子的窗户往里看，觉得所有的眼睛都在注视着我。"镇上还能见到的熟面孔只剩下非犹太人，其中很多人曾对琳达一家很友善，因此琳达以为至少他们会欢迎她回来。然而，她错了。"我认出其中一个人，"琳达说，"但她并没有走过来对我说：'见到你很高兴。'大家都和我保持距离，仿佛我是某种毒药一样。第二天我就离开了，再也没回去过。回家是我最痛苦的经历，真是一场灾难。"

许多大屠杀幸存者与琳达·布雷德一样，有着非常痛苦的返乡经历，这些幸存者不仅来自奥斯维辛，也来自其他一些集中营。被囚禁期间，他们一直用回家的信念支撑着自己，以为战争结束后，他们可以再次回到原来的生活。然而，这是不可能实现的。琳达·布雷德最终离了斯洛伐克，在加利福尼亚开始了新生活。

瓦尔特·弗里德[16]是另一个在1945年夏天回到家园的斯洛伐克犹太人。此前，17岁的他与家人一起被关在国内的劳动营里。迫于政府内部一小派人施加的压力，对斯洛伐克犹太人的驱逐于1942年10月停止，因此，一部分犹太人没有被送交纳粹，而是留在斯洛伐克进行强制劳动。瓦尔特的家境相对富裕，他的父亲在托朴卡尼（Topolcany）镇拥有一家餐厅和一部出租车。1939年以前，他们的生活一直很快乐，邻里之间也很和睦。法西斯主义被打败后，他们回到家园，期待着可以恢复以前的生活。

他们是少数成功回到家乡的犹太人，战前居住在这个镇上的3200名犹太人，最后只有大约10%回到了这里。然而，他们发现等待自己的竟然是仇恨，这大大出乎他们的意料。他们的家中住着别的人，他们试着要回房子，但现在的住户拒绝搬出。他们的餐厅也遇到相同的情况，新老板告诉他们，在苏联人占领期间，这家餐厅已经"国有化"，由于他是付租金的人，因此由他来经营餐厅是天经地义。

弗里德一家本以为还有最后一根救命稻草：在被驱逐之前，瓦尔特的父亲曾拜托他们的好友，信奉基督教的一家人帮忙藏起一些金银财宝。此时，他们信心满满地想要取回这些财物。他们邀请这家人共进午餐，大家一开始都有些拘谨，最后瓦尔特的父亲终于提到这个他们一直惦记着的话题："我们留给你们一个小包裹，你们都知道里面装的是什么——有金子，钻石和钱。"他们的朋友却不这么认为，他们说，弗里德一家确实留了一些东西在他们这里，但只是几件衣服，现在他们很乐意把衣服奉还。"我们留给你们的是金子和钻石！"瓦尔特的父亲绝望地喊道。但是没有用，他们最终也没能拿回自己的财产。

让弗里德一家心灰意冷的，不光是朋友明目张胆地抢劫他们钱财的行为，还有朋友的背叛。"我们最后一线希望也破灭了，"瓦尔特·弗里德说，"那个曾与犹太人做朋友的虔诚基督徒，那个一直接受犹太人救济的人，到头来却不愿回应我们的要求。他当年身无分文地来到我们餐厅，我们免费给他吃的，结果现在他却根本不想让我们回来，这样他们就不用再翻出那笔旧账，不用看着我们的眼睛说：'我们什么也不欠你们的。'战前最好的朋友现在变成了我们最大的敌人。1945年我们遭到的威胁比1942年我们离开时还要严重。仇恨就是这么深。"

1945年夏天的一个夜晚，仇恨变成了实实在在的袭击：瓦尔特和他父亲走在托朴卡尼镇一条大街上时，突然遇到一群 30 岁左右的年轻人，其中一个人战前是瓦尔特的校友，名叫约绍，而现在的约绍变得极不友好。这群人冲到瓦尔特和他父亲身边，开始殴打他们。"犹太人！你这个犹太人！"约绍边打边喊。瓦尔特受了伤，倒在地上，这时他想起战前他与约绍分吃面包的事。他对约绍说："你吃我的面包吃得还不够是吗？现在竟然跑来打我！为什么？"但约绍只回答道："犹太人！你这个犹太人！"

这群恶棍中的其他人喊道："犹太人！是你们害死了基督。"他们不光挥动拳头，还棍棒齐下，直到瓦尔特父子奄奄一息。这场袭击就发生在小镇的主街上，瓦尔特发现，虽然有几个经过的人与他们相识，但没有一个人停下来帮他们。"我曾以为我认识很多人，"瓦尔特说，"但突然之间没有人还认得我们。"接着，这群年轻人把他们拖去了当地警察局，把他们扔在台阶上。"警察也没好到哪里去，他们没有追捕那群人，而是任由后者一走了之。然后他们又打了我们一顿。"瓦尔特知道他再也没法继续在斯洛伐克住下去了，就抓住机会移民到以色列，直到今天仍生活在那里。

据称，战后波兰的犹太人还遭到过有组织的集体屠杀。没人知道在整个东欧还有多少犹太人从集中营回到家乡后面临着类似的处境，也没人详细统计和调查过未归还犹太人的财物究竟有多少。但瓦尔特·弗里德和琳达·布雷德的遭遇绝非个例，而是非常普遍的现象。在战争刚结束的那几年，一片混乱之中，人们都忙着适应新统治者领导下的新生活，就算有人打算为那些从反犹迫害中幸存下来的犹太人伸张正义，这件事的重要性也远远排在其他事情之后。

1943 年 10 月逃离索比堡的托伊·布拉特更加深切地体会到，犹太人再也回不到战前相对平静的生活了。在抵抗运动后，他逃出集中营，在波兰东躲西藏地回避德国人，希望能从当地人那里寻得帮助。然而他发现，很多波兰人拒绝伸出援手，不仅因为他们害怕纳粹，还因为他们自己也带有明显的反犹主义倾向。最后终于有一

个农民同意把他藏在农场外一个小屋的地下室里，但这纯粹是本着
赚钱的目的——藏他是要收费的。由于战争并没有如预想的那样迅
速结束，这名农民的一个亲戚有一天走进托伊的藏身之处，打算杀
了他。托伊最后通过装死才奇迹般地逃过一劫。

　　战争结束后，托伊·布拉特回到了位于伊兹比卡的家。与琳达·布
雷德和瓦尔特·弗里德一样，他发现镇上原来的犹太人社区已经遭
到彻底破坏。后来他离开伊兹比卡，想在波兰其他地方开始新的生
活，却也过得不开心："我人生的大部分时光是在波兰度过的，"他
说，"（但）我仍然觉得自己不属于这里。我想要结婚，但有一个问题，
我的女友知道我是犹太人会有什么反应呢？多半是厌恶的，我不得
不说。"由于在自己出生和成长的这片土地上感到格格不入，1957年，
托伊移民到以色列，后来又去了美国。他说自己可以感受到波兰共
产党的反犹主义倾向，因为他觉得波兰共产党将犹太人视为"第五
纵队"*。

　　托伊·布拉特最后在美国打拼出一片天地，但他总觉得自己有
一部分是属于波兰的，于是，他在20世纪90年代初重访伊兹比卡。
那个曾住着近4000名犹太人的小村庄，现在里面一个犹太人也没
有了。村里有一个波兰天主教徒是托伊的朋友，他常说如果托伊回
来就住他那里。然而，等到托伊真的回到村庄，这位朋友却把他拒
之门外，没有给任何理由。当然，托伊很清楚原因："他不想让邻
居知道有个犹太人睡在他家里。"

　　就连那些曾在战争期间帮助托伊·布拉特藏身的波兰人，也
不愿承认他们是朋友，甚至不愿承认他们互相认识。托伊指出，在
他从索比堡回到波兰的漫长路途中，一些勇敢的波兰人曾为他提供
过食物和住处（近期关于华沙的研究表明，这样勇敢的波兰人有数

352

---

* 第五纵队（Fifth column），指在内部进行破坏，与敌方里应外合，不择手段意图颠覆、
　破坏国家团结的团体。现泛称隐藏在对方内部、尚未曝光的敌方间谍。

千名之多 [17]），但到了今天，他们中的一些人对自己的行为不但不
引以为傲，反而感到羞耻。当托伊与一名天主教神父一起走在附近
的一个小村庄里时，他指了指一栋房子，说住在里面的人曾在战争
中帮助过他，边说边朝大门走去。结果，那个人躲在窗帘后面，不
愿为他开门。对托伊来说这背后的原因也不难猜测："很多曾经藏
匿过犹太人的人不愿意让邻居们知道，因为邻居马上就会说，'哦，
他藏过犹太人，肯定挣了不少钱'。"

353　　　而令托伊深受打击的一件事，发生在他去拜访自己伊兹比卡旧
居的时候，它生动地表明，反犹主义观念和思想到现在依然阴魂不
散。托伊敲了敲门，问住在里面的人能不能让他进去，说他想看看
这个他从小到大生活的地方，这个他躲避德国人的"行动"时的安
身之地，这个他最深爱的父母在被带去索比堡之前，度过生命最后
一段时光的住所。一开始新住户不愿意，但在托伊把三美元塞进他
手里之后，这个人同意了。托伊走进屋，马上注意到客厅里的一把
椅子，他说这是他父亲的椅子。"哦，不，"新住户说，"这不可能。"
于是托伊拿过椅子，把它翻转过来，可以看到椅子底部刻着他家的
姓氏。见到这一幕，那个男人说："布拉特先生，你何必拿这把椅
子来演戏？我知道你为什么来这里。"托伊不解地望着他。"我知道
你是回来找你藏起来的钱，"那个男人继续说道，"咱们可以分了它，
你一半，我一半。"托伊·布拉特愤怒地离开了，一次也没有回头。

　　这个故事还没有结束，后来发生的事更具讽刺意味：托伊再次
回到伊兹比卡，他经过原来的家，发现那里变成了一片废墟。他跑
去问隔壁的人发生了什么。他们说："哦，布拉特先生，你走了以后，
我们根本没法睡觉，那个人没日没夜地找你藏起来的财宝。他把地
板拆了，把墙推了，把所有东西都拆了，结果发现没法复原，因为
那得花好多钱。所以那里就成了一片废墟。"

　　虽然托伊、琳达和瓦尔特在战后的遭遇反映出人性中令人失望
的阴暗面，但来自欧洲另一个国家的故事多少令人欣慰。在战争结

束前，丹麦犹太人大部分漂泊在瑞典，少数关在纳粹的特莱西恩施 354
塔特集中营，他们在战后回到家乡，受到当地人的热烈欢迎。"我
们这里不一样，没人霸占犹太人的财产，"本特·梅尔希奥[18]说，"这
里的人没有动我们任何东西。"梅尔希奥一家人刚回去，他们的房
东就通知了当时住在他家的房客。在不到三个月的时间里，他们又
过上了和被驱逐前完全一样的生活。他们的房东甚至帮他们把家具
仔细地打包和存放起来，好让他们回来以后继续使用。

　　回到丹麦的住处，鲁迪·比尔[19]和他的家人发现家中"一尘
不染"。他们不在的这几年，朋友一直在帮忙支付房租。"那种感觉
真是太好了，"他说，"就是那种大家都觉得我们还会回来的感觉。"
他记忆中最可怕的一件事发生在他妻子家：他们被带走时家里有一
只未煮熟的鸭子，结果18个月后他们回到家时，发现鸭子还在，
但已严重腐烂，从那以后他的岳母再也不吃鸭子了。

　　大体上来说，丹麦的犹太人回到家乡后的待遇要好于波兰和斯
洛伐克的犹太人，造成这种差别主要是外部环境因素。那些想在苏
联统治下的新国家建设新生活的犹太人，面对的是一个全新的政治
体制，这个体制宣扬的是一切财产国有化，禁止个人拥有住房或工
厂，在这种情况下，犹太人想要回自己在战前拥有的财产几乎是不
可能实现的。一些非犹太人在犹太人遭到驱逐期间搬进了他们的房
子或公寓，而这些人现在只需要说，房子是国有的，他们不过是租
住，就可以不必归还（这也正是弗里德一家在斯洛伐克试图要回自
己的餐厅时遇到的情况）。此外，对这些国家的许多非犹太人来说，
他们最不愿听到的，就是别人讨论纳粹占领他们的国家并迫害犹太
人期间他们自己都做了些什么。当然，考虑到屠杀的规模，能成功 355
回到家乡发起这样一场讨论的犹太人少之又少。苏联力图淡化纳粹
灭绝行动中的种族要素，强调受害者都是"反法西斯主义者"的做法，
也完全符合东部一些非犹太人的愿望，这样一来，纳粹残忍的"最
终解决"将与他们的国家毫无干系，否则实在有太多令人难堪的问

题需要回答。

在这段历史上，一个又一个事例表明，对大多数人来说，违背社会的主流文化观念行事是极其困难的。瓦尔特·弗里德的老朋友约绍之所以与他反目，并不是他独自一人的决定，而是由于他所处的文化环境发生了改变，而造成这一变化的，一方面是苏联人的占领，另一方面是少数犹太人在战后的回归，让很多人被迫面对一段自己努力想要遗忘的过去。选择永远存在，但随大流总是更容易一些。如果大家都持有反犹主义观点，都想要迫害犹太人，那么跟大家一样就可以了。

但在丹麦人那里则不存在这样的困境。他们觉得1943年秋天纳粹想要驱逐犹太人时，自己做出了英勇的反抗，因此丹麦犹太人在战后回到家乡是一件值得庆贺的事，不必视而不见。在战争刚结束的那段时期，无论从经济、政治，甚至是道德上来看，做个丹麦人都比做波兰人或斯洛伐克人更容易。但这并不是说所有西欧国家的犹太人在回到家园以后都过上了舒适的生活，事实上生活一点也不轻松。尽管有联合救济委员会（Joint Distribution Committee）的资助，尽管有德意志联邦共和国在20世纪50年代依照《卢森堡条约》支付给以色列的赔偿金，但许多犹太人始终没能得到他们应得的补偿。直到今天，争取合理赔付的努力仍在继续。

356　　相较于那些在战争结束后命运迥然的受害者，迫害的实施者则在德国投降的那一刻都清楚地知道，等待他们所有人的将是拘捕和起诉。与努力隐瞒自己真实过去的鲁道夫·霍斯一样，奥斯卡·格伦宁，这个奥斯维辛大机器上的小齿轮也采取了相同的做法。[20] 1944年，他要求调往前线的申请终于获得批准，于是他加入了在阿登高地作战的武装党卫队。后来因负伤被送去一家战地医院，伤愈后他重新回到部队，直到1945年6月10日向英国投降。他们被俘后，英国人给所有人发了一张问卷，格伦宁这时意识到，"提及在奥斯维辛集中营的工作经历一定会带来不好的结果"，于是他"决定尽量隐瞒这件事"。他在表格中写道，自己曾在柏林的党卫队总部工作。当然，他这样做并不是因为突然对奥斯维辛里发生的一切产生了羞耻之心，而是因为"胜利的一方永远是对的，我们知道那里（指奥斯维辛）发生的事也有侵犯人权的地方"。但格伦宁依然觉得，"我之所以会成为战俘，是因为我的武装党卫队员身份，我加入组织在先，它被定义为一个犯罪组织在后，我就这样不明不白地成了罪犯。"

格伦宁与其他党卫队成员一起被关在一个昔日的纳粹集中营里，这段经历"令人不太愉快，这是对有罪之人的报复"。1946 年，他被转到英格兰，从此生活条件得到了极大的改善。虽然需要进行强制劳动，但总的来说他在那里"过着相当舒适的生活"。监狱里的伙食不错，还能挣到零花钱。他甚至加入了基督教青年会（YMCA）唱诗班，在四个月的时间里辗转于英格兰中部地区和苏格兰各地举办演唱会。他会唱德国赞美诗，也会唱传统的英国民谣，如《一个情人和他的姑娘》（*A Lover and His Lass*），演出深得英国观众喜爱，他们争相邀请唱诗班里的德国人到自己家中过夜，睡个好觉，并为之准备早餐。

357

1947 年，格伦宁获释回到德国。由于他过去的党卫队身份，他原来工作的银行拒绝接受他。他在一家玻璃制造厂找到一份新的工作，开始了一步步向上爬的漫长职业生涯。关于他在奥斯维辛的经历，格伦宁依然践行不去引起"不必要关注"的原则，甚至要求他最亲近的家人也抹除相关的记忆。他回到德国没多久，有一次与自己的父亲及岳父母共进晚餐，"他们对奥斯维辛发表了一句特别愚蠢的评论"，暗示他是"潜在的甚或是真正的凶手"。"我气炸了！"格伦宁说，"我一拳重重砸在桌子上，说：'以后但凡有我在，谁都不许再提这个词，不许把它跟我联系起来，否则我就搬出去！'我的声音特别大，他们后来都照我说的去做，再也没有提起过。"就这样，格伦宁一家在战后的德国安顿下来，努力为自己创造新的未来，并成为德国"经济奇迹"的受益者。

战后发生的另一件大事是以色列建国，它也催生了一个资金充裕、组织有序的情报机构，其成员齐心协力地追查纳粹行凶者的踪迹。他们最著名的成就便是在阿根廷抓获了阿道夫·艾希曼，将他秘密转移至以色列，并于 1961 年在特拉维夫市对他进行了审判。摩西·塔沃尔[21]是抓获艾希曼的成员之一，他固然对这次广为人知的行动感到自豪，但更有成就感的，是他在战争刚结束的数个月里秘密进行的"报复行动"。

358   1941 年，20 岁的摩西·塔沃尔加入英国陆军，随后效力于"犹太旅"，这是一个由 5000 名犹太士兵组成的队伍，负责指挥的是一位在加拿大出生的犹太人，布里格迪尔·欧内斯特·本杰明。他们把大卫之星当作自己的徽章，而这个标志现在出现在以色列的国旗上。巴勒斯坦犹太人最早于 1940 年被征入英国军队，1942 年，巴勒斯坦军团参与了北非战场的作战。英国政府内部多年来一直有人反对单独成立一支全部是犹太人的部队，反对者就包括内维尔·张伯伦，但温斯顿·丘吉尔对这种做法持更开放的态度，因而"犹太旅"在 1944 年得以组建完成。

犹太旅在意大利北部一路挺进到战争结束，在这个过程中，摩西·塔沃尔和他的战友们越来越多地了解到纳粹如何对待他们的犹太同胞。"我们很生气，"他简洁地说，"我们当中有很多人觉得仅仅参与作战还不够。"于是，摩西·塔沃尔和他的战友们讨论出"报复"德国人的方法。他们首先动用各种资源，联络上部队情报部门以及其他犹太组织的人，从他们那里要来一些德国人的名字，这些德国人据称全都参与了对犹太人的屠杀。接着，他们对自己的车进行伪装，盖住大卫之星标志，换成某个非犹太人部队的标志，并在自己的手臂上套上英国宪兵的袖章。等全部准备工作就绪，他们就驱车来到某个涉嫌杀害过犹太人的德国人家中，把他带出来接受"审问"。"他们没有怀疑，"塔沃尔说，"他们没认出我们是犹太旅的，还以为我们是英国士兵。我们把那个人带走的时候他也没有反抗。但从那一刻起，他再也见不到他的家。"

摩西·塔沃尔和犹太旅其他成员开着车，把他们的德国俘虏带 359
到一个四下无人的地方，在那里"对他进行审讯"。他们会把自己
听到的有关他的指控说给他听，然后，"也许我们会给他个机会说
点什么"。在这之后，他们无一例外地"把他解决"。他们十分小心，
没有留下任何杀人的痕迹，没有血也没有尸体。"具体方法是让我
们当中的一个人勒死他。"后来他承认他亲手勒死过一个有嫌疑的
德国人。"我并不是说我有多乐意做这件事，但我确实做了。我不
需要靠酒精让自己兴奋起来，我总是有足够的热情。我不是说自己
很冷漠，只是我在做自己的工作时很冷静。甚至你都可以拿我跟那
些做相同事情的德国人相比较，他们也是在做自己的工作。"在杀
死有嫌疑的德国人后，他们处理掉尸体。"接着我们会把车开到一
个我们提前选好的地点。我们把一些重物绑在他的脚上，比如发动
机的某个零件，然后我们就把他拖进河里。"

摩西·塔沃尔一点也不后悔以这种方式亲手杀死德国人："我
做这件事的时候感觉很好。我的意思是，我不是在杀人的那一刻感
觉很好，而是在那（整个）时期。我不能说我现在对这件事感到抱歉。
你可以说我杀了人，但我知道我杀的是什么人。我既不自豪，也不
歉疚。我不会在半夜突然从噩梦中惊醒或怎么样。我睡得好，吃得好，
日子照常过。"

摩西·塔沃尔承认，他所伸张的"正义"与法官和陪审团判定
的"正义"有很大差距，他也承认，"在那之前，我一生中也做过
不少不那么体面的事"。此外，他和同伙们得到的"证据"有些是
禁不起推敲的，这些指控是否合理，永远都没有机会在法庭上得到
公正的裁决。因此，塔沃尔杀害的有可能是无辜的人，而且这种可 360
能性还不小。然而，强烈的愤怒让塔沃尔和他的同伙觉得值得冒这
个险。他甚至曾亲眼目睹犹太旅成员在没有任何证据的情况下杀死
德国人："有的人做起这些事来没什么理由，他们的兄弟或母亲被（纳

粹）杀死了。记得在德国还是奥地利，他们看见一个骑着车的德国人，
司机直接把他撞倒，从他身上碾了过去。"

摩西·塔沃尔说他自己参与了"大约五起"报复性谋杀，并
称犹太旅的同伴们加起来"大约进行了20次处决行动"。由于他和
同伴们的行为是违法的，因此我们很难确定塔沃尔所描述的细节是
否属实。他谨慎地略去了被害者的名字，也没有提及实施谋杀的具
体地点。也有可能塔沃尔夸大了杀戮行动的戏剧性，现实情况或许
是他们只在偶然间杀死过某个被他们怀疑为纳粹分子的人（虽然他
声称对处决对象的选择都基于可靠的"情报"，但我们不可全然相
信）。不过，其他一些证据也证实了犹太旅成员确实进行过"报复性"
杀戮，其中就包括以色列前陆军参谋长哈伊姆·拉斯科夫的目击
证词。[22]另一个已经得到证实的事件是，一些犹太"复仇者"曾试
图给一个集中营的供水系统投毒（但最后没有成功），那里面关押
的都是党卫队队员。[23]

摩西·塔沃尔和其他犹太旅成员所采取的这些行动背后似乎有
着单纯而明确的动机，那就是报复纳粹对犹太人（其中包括他们自
己的亲人）的屠杀。然而，实际情况没有这么简单。他们的内心深
处还藏着另一个挥之不去的念头，是这个念头让他们变得如此残酷
无情：他们认为那些被德国人折磨的犹太人没有进行足够的抵抗。
361 "我不明白，"塔沃尔说，"6个或8个德国士兵怎么能把150个犹太
人赶上车然后把他们送走呢？我想我应该会攻击某个德国人，让他
们杀了我，一切就都了结了。但我跟那些住在波兰小镇子里的犹太
人不一样，我们小的时候就会假装自己是古代犹太英雄，假装我们
在打仗。我特别认同两千年前在这个地方（指以色列）战斗的人，
但对那些像待宰羔羊一样的犹太人就没那么认同了，我没法理解
他们。"

摩西·塔沃尔的态度并非个案。一些战后在以色列定居的集中
营幸存者称，他们隐隐可以感到周围的人对他们的批评，认为他们

没有做出足够的努力反抗纳粹。这些人没有意识到，让那些妇女儿童做出更多反抗几乎是不可能的。他们失去了家园，住在东欧的社区里，那些社区直到今天仍对他们缺乏同情心。尽管如此，仍有不少人嘴上不说，心里却认为集中营里的犹太人不该像摩西·塔沃尔描述的那样，做个"等待被宰杀的羔羊"。如果说塔沃尔们从纳粹的"最终解决"那里只得到一个教训，它就是：犹太人再也不能不加反抗地屈服于敌人，而在塔沃尔们看来，这也是新成立的以色列应当具备的民族精神。

在摩西·塔沃尔对德国人展开非法报复行动的同时，盟军的其他成员则努力在法律范围内抓捕行凶者。起初他们没什么进展，大部分曾在奥斯维辛工作的党卫队成员，在战争刚结束的那段时间都人间蒸发。门格勒博士和鲁道夫·霍斯这样的大人物一开始被盟军拘留，但后来也都被释放。门格勒的腋下并没有党卫队的血型文身，这就意味着他从来没有被纳入党卫队，而霍斯伪装成德国海军的做法使得从来没有人检查他的文身。

但到了1945年秋，鲁道夫·霍斯已经成了第21集团军战争罪行调查部以及英国情报队（British Intelligence Corps）的审讯对象。[24] 英国人能详细了解霍斯的工作主要得益于贝尔根-贝尔森的解放。在对幸存者进行系统询问后，他们发现了一个值得关注的现象：许多人充满恐惧地讲到他们在上西里西亚地区另一个营地的遭遇，那个地方就是奥斯维辛。英国人这才决定抓捕这个屠杀机器的指挥官。情报队已经找到了寻找行凶者最有效的方式，那是通过他们的家人，因为纳粹分子可以改头换面，甚至逃到国外，但他们通常难以割舍对妻儿的感情，而家人几乎永远更容易找到。海德薇格·霍斯夫人和她的孩子们也不例外。英国情报队查到他们住在距贝尔森6英里远的一个小村庄里，马上对他们进行监视。霍斯夫人于1945年3月8日被拘捕。在几天的时间里，英国人反复逼问她丈夫在哪里，但她每次都回答："他已经死了。"最后，情报队官员通过一个计策诱使她说出实话：这个监狱的后部临近一条铁轨，一辆列车呼啸着开到霍斯夫人牢房的正后方，停了下来。第92战地安全营指挥官威廉·克罗斯（"维克托"）上校说："我们对霍斯夫人说，火车已经到了，她的三个儿子马上就要被送去西伯利亚，除非她告诉我们她丈夫在哪儿以及他用的别名是什么。如果她不配合，那么她只有两分钟时间跟儿子们道别……我们给了她十分钟左右的时间，还给她留了纸和笔，好让她写下我们需要的信息。幸运的是，我们成功唬住了她，她写下信息，然后我们把她和她的儿子们送回了家。"[25]

363   据霍斯夫人透露，她的丈夫住在弗伦斯堡附近的一家农场里。情报队立即动身前往德国北部。与当地第93战地安全营取得联系后，他们于3月11日那个周一的晚上11点到达农场，在一个既是马厩同时也是屠宰棚的房子里找到霍斯时，他正穿着睡衣躺在床上。一位英国军医迅速撬开霍斯的嘴，检查有没有毒胶囊——他们都知道希姆莱在一年前就是用这种毒胶囊成功自杀。脸上挨了一位英国中士四拳之后，霍斯才终于承认自己是谁，随后他被按到屠宰棚的一张桌子上，据在场的一位英国士兵说："殴打和喊叫声没完没了。"直到军医对克罗斯上校喊道："快让他们住手！否则你们带回去的就是一具尸体了！"霍斯被裹在毛毯中塞进车里，汽车载着他驶向位于海德的安保总部。

第二天凌晨他们到达时，天上正飘着雪，但霍斯被迫赤身裸体地穿过营房的院子，走到自己的牢房中。在接下来的三天里，英国人始终没让他合眼，每当他打瞌睡，士兵就用斧柄戳他。按照霍斯的说法，他们还用他自己的马鞭抽打他。3月14日，他在一份8页的供认书上签了字。

一些大屠杀否认者总爱提及霍斯刚被逮捕时在英国士兵手底下遭受的虐待，并称他的供认书是屈打成招的结果。诚然，霍斯最初的声明是否有效确实存在争论的空间，但在其后的囚禁和审讯中（他先是被送到了代号为"番茄"的二号战犯拘留中心，随后出席了纽伦堡审判和在波兰进行的对他本人的审判），没有证据显示霍斯又遭受过任何虐待。正是在后来的这段时期，他写就了自己的回忆录。事实上，他在回忆录里写道，他非常感激抓捕他的人能给他一个机会让他写下个人的历史。他始终没有推翻他最初的供认，无论是在撰写回忆录期间，还是在证人席上，而当时他是有机会公开反悔的。正如他后来没有顾虑地写下了自己最开始被英国士兵殴打的经历。

1947 年 4 月，鲁道夫·霍斯回到奥斯维辛，回到了他当年工作的那栋大楼，但这一次，他没有坐在他位于一层的办公室书桌前，而是被关押在党卫队行政大楼的地下牢房。大家认为，让这个背负着奥斯维辛一百多万条人命的凶手在他的罪孽之地被处决，是他最好的下场。然而，在原定实施处决的那天，现场却出现了一个问题：当天有数千人前来围观，其中很多是原来的犯人。结果，气氛变得非常紧张，激动的人群向前推挤着挡在他们身前的围栏。曾被关在奥斯维辛的斯坦尼斯瓦夫·汉茨[26] 当时在场，他说他真的觉得"他们会当场用私刑处死霍斯"。他听见人群中一阵阵骚动。如果一大群人突然向前冲，站在一旁的士兵该怎么做？他们要开枪吗？鉴于形势太过危险，霍斯并没有按原计划从他的牢房里被带出来。有人想出一个办法：他让士兵们全部离场，并派出一个车队护送一辆小轿车离去，于是大家自然认为霍斯在车里。但实际上，霍斯并没有出来，那天晚上他仍留在自己的牢房中，直到第二天早上才被带出来。这一次，鲁道夫·霍斯面对的只有寥寥数人，而不是前一天怒吼着的群众。霍斯已经做好被处死的准备。目睹处决过程的人为数不多，当中就有斯坦尼斯瓦夫·汉茨。他说："我以为他爬上绞架后会说点什么，因为我知道他是纳粹主义的坚定拥护者。我以为他会高声赞美纳粹的理念，毕竟他愿意为这些信条奉献自己的生命。但没有，他一句话也没说。"

霍斯死得很"痛快"，这完全不是曾在集中营里饱受折磨的汉

茨希望看到的。"我认为应该把霍斯关在一个笼子里，然后拉着这
个笼子在全欧洲跑，让大家都能看到他，让大家都能朝他吐口水，
这样他才能明白他都干了些什么。"但一个值得深思的问题是：霍
斯真的能"明白"他都干了什么吗？在他被处决前刚刚写就的自传
中，所有的线索都指向同一个结论，那就是无论霍斯遭到什么样的
羞辱和虐待，他都不会发自内心地认为他所做的一切从根本上是错
误的。当然，他确实在自传里写道，他"此时此刻"认为灭绝犹太
人是一个错误，但这只是一个策略上的失误，因为它让德国成为全
世界仇视的对象。

　　根据我与一些前纳粹分子接触的经验，我认为霍斯的回忆录中
有一段话可以明白无误地揭示出霍斯最后一刻的真实想法。他提了
一个问题，而这个问题他在纽伦堡审判中也提过，那就是：如果一
名飞行员拒绝朝一个小镇投下炸弹，因为他知道这个镇里住的主要
是妇女儿童，那结果会怎么样呢？霍斯说，这个飞行员肯定会被送
上军事法庭。"人们都说，这两件事没有可比性，"霍斯写道，"但
在我看来，它们就是一回事。"[27]

　　霍斯想用这个简单的类比来证明他的行为是合理的，也就是说，
盟军用炸弹炸死妇女儿童，与纳粹用毒气毒死妇女儿童是一样的。
直到今天，许多当年的行凶者（以及为纳粹辩护的人）依然支持这
种观点。曾有一位拒绝接受正式采访的前党卫队成员在一次闲谈中
对我说："比起你们轰炸德国城市时炸死的孩子，那些死在我们毒
气室里的孩子受的苦要少多了。"奥斯卡·格伦宁也曾更坦率、更
认真地解释道："我们看到炸弹落在德国的土地上，妇女和儿童在
爆炸声中死去。我们看到这些，就会觉得，这场战争之所以变成后
来那个样子，双方都有责任。我们之所以要进行大屠杀，一方面是
为了打压挑衅的人，另一方面也是为我们的自由而战。"在格伦宁
看来，盟军"不考虑军事上是否必要，就用磷弹炸死妇女和儿童"，
这种做法在战争结束后却没有被追究责任，这让他觉得，把关注的

366

焦点全部放在党卫队犯下的"战争罪行"上是非常虚伪的。

　　当然，这种比较让我们从直觉上就感到厌恶，而关于盟军轰炸德国城市与纳粹灭绝犹太人之间区别的讨论也不在少数。举例来说，只要德国领导人投降，轰炸就会立即停止，而对犹太人的灭绝则是由意识形态决定的一项政策；盟军轰炸的对象不是德国某个特定的人群，而纳粹迫害的对象则是帝国内部一个特定群体；盟军想要摧毁的是城镇里的设施和建筑，而不是德国人；纳粹对犹太人的迫害（比如艾希曼残忍的尼斯科计划）在时间上先于盟军对德国城市的轰炸，因此用盟军的轰炸来为纳粹对犹太人犯下的罪行辩护根本不成立；最后，把讲求实效的盟军战略规划者与希特勒、海德里希和艾希曼这些狂热的反犹主义者相提并论，无疑十分荒唐。除了以上这些区别，还有一个非专业人士最爱使用的论点："是德国人先挑起来的，是他们先炸了英国的城市，然后英国人才轰炸了柏林。"但其实它是所有论点里最无力的一个，我们很难单纯因为敌人先做出某个举动，就证明后来采取相同行动的一方是合理的。

　　尽管二者有如此多的区别，霍斯和其他纳粹分子进行的对比依然让我们感到不安。其中一个原因很容易想到：众所周知，盟军领导层内部对是否轰炸德国城市存在分歧，不说别人，丘吉尔本人在战争接近尾声时就对轰炸方案提出过异议。此外，近几年被披露出来的一则内幕消息，更加深了人们的不安：在 1945 年春天，盟军决定轰炸德国哪些城镇时使用的标准之一，是它们的"易燃程度"，这一标准导致乌兹堡（Würzburg）这样的中世纪古城成为轰炸的目标。给我们造成困扰的还有一个不那么容易想到的原因：轰炸机的发明使得从高空投掷炸弹的飞行员对他的杀戮行为产生了"距离感"。"那跟我走到外面一刀捅在一个人的肚子上是不一样的。明白吗？"保罗·蒙哥马利[28]这样说道，他是美国 B29 轰炸机飞行员，在战争期间参与了对日本多个城市的轰炸。"你确实杀了他们，但你是远距离杀死他们的，所以你不会像在一场搏斗中把刺刀插进一个人的肚子里那样有什么负罪感。那是不一样的。那种感觉有点像在电子游戏里打仗。"

蒙哥马利的证词令人联想到，纳粹也是通过建造毒气室，在行凶者与他们的杀戮行为之间制造距离感。这种联想让人感到不适。用炸弹炸死一个人比用刺刀捅死一个人要来得容易，同样的道理，对纳粹来说，用毒气毒死犹太人也比开枪杀死他们更简单。20世纪的技术手段不仅使被战争夺去性命的人比以往任何时候都多，也让实施杀戮的凶手承受的心理负担和伤害比以往任何时候都小。

然而，这并不意味着纳粹对奥斯维辛一百多万名犯人的杀戮可以与盟军对德国的轰炸相提并论。出于前文提到的原因，我们可以看出这两个行动在概念上是完全不同的。但在霍斯和其他许多纳粹分子看来，二者有着相同的性质，轰炸和毒杀只不过是杀死敌人的两种不同方式。这也就意味着，无论用什么样的方式处置霍斯，无论他是否如斯坦尼斯瓦夫·汉茨希望的那样，被"关在笼子里"游街示众，他都不会真的对他的所作所为感到后悔。事实上，霍斯在登上绞架的过程中很可能在想："我并不是因为自己有罪才死的，而是因为我们输掉了战争。我是作为一个被误解的人而死的。"说到底，这也是为什么霍斯这个看起来如此普通的人，实际上却非常可怕。

霍斯于1947年被处死后，他一手建造起来的奥斯维辛营区也迅速土崩瓦解。比克瑙的部分营房被住在附近的波兰人拆毁，因为他们需要木材修复自己的房屋，但与他们相比，另一些人对集中营进行的洗劫则让人心里更不是滋味。一名波兰年轻人约瑟芬·杰林斯卡与她的家人在战后回到奥斯维辛，却发现他们没有地方可以住，因为纳粹对这个地区进行大规模重建时拆了他们的房子。于是，他们只好住进过去养鸡用的屋棚中。为了赚钱，约瑟芬和朋友们会到比克瑙的焚尸场附近"淘金"。他们翻动土地，挖出埋在地下的人骨碎片，把这些碎片放在一个碗里，装上水以后从中找金子。"大家都觉得很不舒服"，约瑟芬说，"无论自己有没有亲人死在集中营里，大家都觉得不自在，因为这些毕竟是人的骨头。没人乐意干这种事，可是贫穷逼着我们不得不这么做。"从比克瑙地下挖出来的金子，最后让约瑟芬·杰林斯卡一家买到了一头牛。

波兰人扬·皮夫奇克当时也被迫住在比克瑙附近的一个鸡棚里，他承认他也曾在焚尸场附近搜寻贵重物品。"我记得我找到一颗金牙，一枚犹太硬币，还有一个金手镯。我现在肯定不会这么干了，对不对？我不会再从人骨堆里刨东西，因为我知道干这种事的都该遭天谴。但那个时候我们没别的办法，只能这么做。"除了搜寻贵重物品，扬和他的朋友们还会贿赂那些偶尔在附近巡视的苏联士兵，以便从比克瑙的营房偷些木料回去造房子。"你知道吗，战后的生活很艰苦，一切都得从零开始。"

战争刚结束的时候，曾目睹鲁道夫·霍斯处决过程的波兰政治犯斯坦尼斯瓦夫·汉茨得到了一份工作，即在比克瑙做守卫。他的职责是看守营地，一旦当地人想从焚尸场偷东西，他就朝他们上空开枪警示。"我们管那群人叫'墓地土狼'，"他说，"我们不明白这些人怎么会愿意从墓地里找东西。"他有一个简单的方法可以从远处就觉察到这群人的靠近："你可以通过气味认出他们，他们离得很远的时候你就可以闻到一股味道，那是一种腐烂的尸体特有的恶臭。这种人走在街上你一下就能知道。"

直到很多年以后，奥斯维辛这个大屠杀发生地才得到应有的保护和关注，而直到苏联解体，博物馆的标示牌才终于被替换，从而以一种更恰当的方式体现犹太人遭受的苦难。

在此过程中，曾在奥斯维辛工作过几年的前党卫队成员奥斯卡·格伦宁则在玻璃制造厂步步高升，当上了人事部主管。最终他被任命为劳资仲裁委员会荣誉委员。奥斯卡·格伦宁表示，在党卫队和希特勒青年团的经历帮助他成为一名更称职的人事主管，因为"从 12 岁起我就开始学习什么是纪律了"，而他在说这番话的时候，没有表现出任何讽刺的意味或不自然的感觉。

尽管格伦宁曾在奥斯维辛负责清点和处理从到达营地的犯人身上搜刮来的各国钱币，从而间接为灭绝过程出了力，但他从不认为自己"有罪"："我们对直接参与屠杀的人和没有直接参与的人是分得很清楚的。"此外，他也用到了纳粹分子在战后最爱使用的辩解之词，那就是他只不过是在执行命令。他用这样一个类比为自己开脱："一群士兵不会在第一次见到枪林弹雨以后就都表示，'我们不认同这件事，我们要回家'。"

令人颇感意外的是，德国检察官在战后决定谁犯有战争罪、谁没有的时候，采用的也是类似的准则。如果一名党卫队成员既没有身居要职，也没有直接参与屠杀，那么他基本就不会遭到起诉。因此，当奥斯卡·格伦宁做过的事情最终败露——这也是在所难免的，因为他从没打算改名换姓或是躲起来——德国检察官却并没有对他提起诉讼。*他的经历也表明，即使一个人加入了党卫队，被派到奥斯维辛工作，见证了灭绝过程，并以某种具体的方式为"最终解决"的实施做出贡献，比如负责整理从犯人那里掠夺来的钱财，在战后的西德，他仍有可能被判为"无罪"。事实上，据估计，1940—1945年在奥斯维辛工作过的党卫队成员，大约有6500人活到了战后，但只有大约750人受到过任何一种形式的处罚。[29]最有名的一次审判当属1963年12月至1965年8月在法兰克福进行的"奥斯维辛审判"，22名被告中17人被判有罪，但只有6人被判处无期徒刑这一最重刑罚。

大量在奥斯维辛工作过的党卫队成员没有遭到起诉，这情况不仅发生在德国，全世界都有类似的问题（或许只有波兰除外，在789名奥斯维辛工作人员当中，多达673人被送上法庭接受审判[30]）。

---

* 2014年9月，他被德国的检察官指控，在集中营的期间涉嫌帮助谋杀。2015年7月15日，他被判协助杀害至少三万名犹太人的大规模谋杀罪，处有期徒刑四年。

起诉这些奥斯维辛工作人员之所以很困难，首先是因为不同国家缺乏统一的标准来界定什么样的行为构成"犯罪"，其次是因为冷战造成了两个阵营的对立，最后我们不得不说，还因为人们缺乏足够强烈的意愿。在纽伦堡审判中，党卫队作为一个整体已经被定义为一个"犯罪组织"，但没有人进一步强调，每个在奥斯维辛工作过的党卫队成员都犯有战争罪，而这样的判决无疑将会得到大众的支持。如果能够给他们每个人都定罪，那么无论判罚有多轻，它都是向后人表达的一个明确态度。然而，没有定罪，也没有判罚。曾在奥斯维辛工作并活到战后的党卫队成员约有85%没有遭到任何处罚。当希姆莱在火车上想出建造毒气室的方案，以减轻他的手下因残忍射杀犹太人而承受的心理"负担"时，他一定不会想到这个意外的收获：这种屠杀方法帮助大部分党卫队成员在战后逃过处罚，只因他们宣称自己没有直接参与灭绝过程。

我们已经看到，许多犯人在离开奥斯维辛以后陷入了更艰难的处境，与此同时，奥斯卡·格伦宁却享受着（并且后来一直享受着）舒适的生活。这种反差并没有给格伦宁造成片刻的困扰。"这个世界上的事就是这样的，"他说，"每个人都有权利尽最大努力去改善生活。我所做的也是每个正常人都会做的，那就是为自己和自己所爱的人，比如自己的家人，创造最好的生活。只不过我成功了，有些人没成功。这跟过去发生的事没有关系。"

令人惊讶的是，对自己的过去满不在乎的奥斯卡·格伦宁，却在生命快要走向终点时，突然决定公开谈论自己在奥斯维辛的经历。促使他改变心意的原因很耐人寻味。战后，格伦宁迷上了集邮，并加入了当地的集邮爱好者俱乐部。在一次俱乐部聚会上，在距离战争结束已过去40多年之后，格伦宁跟站在他旁边的一个人谈论起政治。那个男人说："简直太差劲了，这届政府竟然规定，任何怀疑几百万犹太人死在奥斯维辛的言论都是违法的。"他继续向格伦宁解释道，焚烧这么多尸体是多么"匪夷所思"的事，他还坚持认为，

372

要想毒死那个数量的犯人，纳粹需要使用的毒气剂量足够杀死附近
"所有活物"了。

格伦宁当时并没有反驳这些说法，但他后来经一位票友推荐，
买到了这位大屠杀否认者的一本集邮册，在上面写下了充满讽刺的
评论之后，又把集邮册寄给了他。结果，他突然开始接到陌生人打
来的奇怪电话，这些人对他提出质疑，不相信在奥斯维辛，纳粹真
的用毒气进行大屠杀。原来，他对大屠杀否认者的谴责在一本新纳
粹主义杂志上登了出来。此时，他接到的电话和收到的匿名信有
"90% 来自那些质疑我的人。他们想向我证明我自己在奥斯维辛亲
眼所见、亲身经历的都大错特错，都是我自己的想象，说那些事从
373 来没有发生过"。

于是，为了反驳那些对他亲眼所见的事实提出质疑的人，格伦
宁为他的家人写下了他个人的历史，并最终同意接受 BBC 的采访。
现已年过八十的格伦宁对大屠杀否认者只有下面这几句简单的话要
说："我希望你们相信我。我亲眼见过毒气室，亲眼见过焚尸场。
我见过熊熊燃烧的火焰。我曾站在坡道上，筛选就在那里进行。我
希望你们相信，这些暴行真的发生过，因为我就在现场。"

这个悲惨的故事进行到最后，留给我们的是什么样的结局呢？
可以肯定的是，在奥斯维辛工作过的大多数人没有遭到任何处罚，
而集中营里的大多数犯人在经历了如此深重的苦难之后，也始终没
有得到足够的补偿，非但如此，很多人在战争结束后还遭受到更多
的偏见和伤害。这样的结论自然会让人感到不快。人类从内心深处
需要这个世界有公道存在，需要无辜的人最终得到补偿，有罪的人
最终受到惩罚。但奥斯维辛的历史没有给我们这样的慰藉。而这段
历史最亏欠的，就是比克瑙那些得不到救赎也无法安息的冤魂。作
为人类历史上最大的墓地，比克瑙的土地在战后被寻觅贵重物品的
当地居民一遍遍翻动。这个墓地以及附近的维斯瓦河就是一百多万
人的最终归宿——许多犯人的骨灰被倾倒在这条河里。这一百多万

人的证词我们已永远无从聆听。

　　大多数曾在奥斯维辛遭受折磨的人，似乎再也无法找到精神层面上的慰藉或救赎。虽然有埃尔泽·阿布特这样的耶和华见证人，感到上帝始终在集中营里陪伴着她，但绝大多数是像琳达·布雷德这样的人，他们认为"奥斯维辛没有上帝。那里的条件太可怕了，上帝决定不去那里。我们根本不会祈祷，因为我们知道根本无济于事。很多幸存者都成了无神论者，他们无法再相信上帝"。琳达·布雷德这样的幸存者得出的结论是，她能活命很大程度上靠的是运气，而当一个人认为主宰命运的是完全不受个人控制的偶然因素时，他很难再有任何宗教信仰。

374

　　据估计，被送到奥斯维辛的 130 万人中，有 110 万人死在了那里。死者中大约有 100 万是犹太人。对那些依然沿用苏共思路，把所有死在奥斯维辛的人都说成"法西斯主义受害者"的人来说，这是个重要的数字。我们必须记得，超过 90% 的受害者之所以在奥斯维辛被夺去生命，只因他们在纳粹眼中犯有一种"罪"，那就是生为犹太人。

　　以国家为单位来看，向奥斯维辛输送犹太人人数最多的国家是匈牙利——在 1944 年夏初的高峰时期，共有 43.8 万名匈牙利犹太人被送到那里。其次是波兰（30 万），接下来依次是：法国（69 114）、荷兰（60 085）、希腊（55 000）、捷克斯洛伐克和摩拉维亚（46 099）、斯洛伐克（26 661）、比利时（24 906）、德国和奥地利（23 000）、南斯拉夫（10 000）、意大利（7422）。[31] 当然，我们也不该忘记死在集中营里的非犹太人，他们是 7 万名波兰政治犯、2 万多名吉卜赛人、1 万名苏联战俘、几百名耶和华见证者、数十名同性恋者，以及其他出于种种荒谬的原因（或者根本没有任何原因）而被送进集中营的人。

　　用不了多久，最后一批奥斯维辛幸存者和最后一批奥斯维辛行凶者都将追随那些集中营受害者而去。届时，世界上将不再有任何活着的奥斯维辛亲历者。等那一天到来，这段历史将有可能变成又

一段遥远的过去，变成许许多多可怕的历史事件中的一个。在奥斯
维辛之前也发生过许多可怕的暴行，比如狮心王理查在十字军东征
过程中对阿克（Acre）穆斯林的大屠杀，再比如成吉思汗在波斯进
行的屠戮。或许我们的子孙后代将用同样的眼光看待奥斯维辛，认
为它不过是发生在过去的一件可怕的事，只存在于人们的记忆中。
但我们不应该让这样的事发生。我们必须在特定的时代语境下评判
某种行为。而在 20 世纪中叶的语境下，在欧洲文明高度发达的背
景下，奥斯维辛和纳粹的"最终解决"代表的是人类历史上最卑劣
的行为。纳粹犯下的罪行让世人认识到，只要足够冷血，一群受过
高等教育、拥有先进技术的人也可以做出如此龌龊之事。他们的所
作所为既然已为世人知晓，我们必须从中吸取教训。丑恶的事实就
摆在眼前，等待每一代人重新发现它的价值。这段历史对我们、对
后人将永远是一个警示。

注 释

序言

1. BBC 在 2004 年做了一个受众调查，考查人们对奥斯维辛了解多少、如何评价。调查结果显示，绝大多数听说过集中营的人认为，集中营是为了灭绝犹太人而建的。

2. 我有幸与我的制作团队一起完成了过去的这些项目，我对他们感激不尽。特别要感谢 Tilman Remm、Detlef Siebert、Martina Balazova 和 Sally Ann Kleibal 非常出色的研究。

3. 特别值得一看的是：Robert Galletely, *The Gestapo and German Society* (Clarendon Press 1990).

4. 令我欣喜万分的是，阅读 Jonathan Glover, *Humanity: A Moral History of the Twentieth Century* (Pimlico 2000) 时我发现，在这个问题上，这位杰出的哲学家曾在进行文本研究后得到大体相同的结论。

5. 见 Laurence Rees, *Selling Politics* (BBC Books 1992)，该书详细剖析了戈培尔的做法。

6. Rees, *Selling Politics*；尤其应注意对威尔弗雷德·冯·奥芬的访谈。

7. 这个概念最早由德国历史学家 Martin Broszart 提出。

8. 见本书第 57 页。

9. 引自 Goetz Aly, *Final Solution: Nazi Population and the Murder of the European Jews* (Hodder Arnold 1999), p. 3.

10. 见本书第 201 页。

11. 前纳粹囚犯 Wanda Szaynok 和 Edward Blotnicki 的证词，引自 Andrzej Strzelecki in 'Plundering the Victims' Property', in *Auschwitz 1940–1945, Central Issues in the History of the Camp*, Vol. II (Auschwitz–Birkenau State Museum 2000), p. 164.

第一章　意想不到的开端

1. BBC 访谈。

2. 我们当然有权质疑这种用宽泛心理学原因解释纳粹分子行为的做法，但 Alice Miller 在其书中 *For Your Own Good: the Roots of Violence in Child-rearing* (Virago Press 1987) 指出，所有纳粹领导人都有着与霍斯和希特勒相似的严厉教养过程。然而，即便如此，还是有很多有着类似童年经历的人没有成为纳粹。

3. 引自 *Concentration Camp Dachau 1933–1945* (Comité International de Dachau, Brussels Lipp GmbH, Munich 1978), p. 20.

4. Rudolf Hoess, *Commandant of Auschwitz* (Phoenix Press 2000), p. 131.

5. Hoess, *Commandant*, p. 131（为便于参阅，我在这里给出了成书页码，但所引用的文字大部分翻译自奥斯维辛—比克瑙国立博物馆［Auschwitz–Birkenau State Museum］保存的手稿原文）。

6. 在此前一年，也就是 1933 年，霍斯曾在波美拉尼亚的扎伦廷（Sallentin estate）组建了一支党卫队骑兵队，当时还是农民的他就已经积极地参与到"后备力量"当中了。

7. Hoess, *Commandant*, p. 64.

8. BBC 访谈。

9. 当然，一部分政治家是犹太人，但犹太人身份并不是他们被捕的原因。

10. Hoess, *Commandant*, p. 81.

11. 同上 , pp. 70–1.

12. BBC 访谈。

13. 引自 Danuta Czech, 'The Auschwitz Prisoner Administration', in Yisreal Gutman and Michael Berenbaum (eds), *The Anatomy of the Auschwitz Death Camp* (Indiana University Press 1998).

14. Laurence Rees, *The Nazis: A Warning from History* (BBC Books 1997), p. 36.

15. 引自 Franciszek Piper, 'The Methods of Mass Murder', in *Auschwitz 1940–1945*, Vol. III, p. 71.

16. 引自 Jonathan Glover, *Humanity: A Moral History of the Twentieth Century* (Pimlico 2000), p. 344.

17. 引自 Glover, *Humanity*, pp. 361–2.

18. Hoess, *Commandant*, p. 77.

19. 引自 Aly, *Final Solution*, p. 19.

20. BBC 访谈。

21. Aly, *Final Solution*, p. 17.

22. BBC 访谈。

23. 戈培尔日记，1940 年 1 月 24 日。

24. 引自 Raul Hilberg, *The Destruction of the European Jews* (Holmes and Meier 1986), p. 50.

25. 引自 Aly, *Final Solution*, p. 70.

26. BBC 访谈。

27. 同上。

28. 引自 J. Noakes and G. Pridham (eds), *Nazism 1919–1945*, Vol. 3 (Exeter University Press 1988), p. 933.

29. 引自 Aly, *Final Solution*, p. 3.

30. German Foreign Office memorandum, 3 July 1940.

31. BBC 访谈。

32. 同上。

33. Hoess, *Commandant*, p. 116.

34. BBC 访谈。

35. 阿尔伯特·施佩尔的原话，转述自他的兄弟赫尔曼 (Hermann)，引自 Michael Thad Allen, *The Business of Genocide: The SS, Slave Labor, and the Concentration Camps* (University of North Carolina Press 2002), p. 59.

36. Allen, *Business*, particularly Ch.2, 'A Political Economy of Misery'.

37. Hoess, *Commandant*, p. 283.

38. BBC 访谈。

39. 引自 Irena Strzelecka, 'Punishments and Torture', in *Auschwitz 1940–1945*, Vol. II, p. 389.

40. *KL Auschwitz as Seen by the SS* (Auschwitz–Birkenau State Museum 1998), p. 117.

41. BBC 访谈。

42. Peter Hayes, *Industry and Ideology – I.G. Farben in the Nazi Era* (Cambridge University Press 1987), pp. 347–64.

43. 安布罗斯的档案，引自 Hayes, *Industry*, p. 349.

44. Franciszek Piper, 'The Exploitation of Prison Labour', in *Auschwitz 1940–1945*, Vol. II, p. 104.

45. Hoess, *Commandant*, p. 390；另见扬·塞恩（Jan Sehn）于 1946 年 11 月 7—8 日在克拉科夫对霍斯的审讯，Instytut Pamięci Narodowej, Warsaw NTN 103.

46. "IG 法本—奥斯维辛创立大会"会议纪要，1941 年 4 月 7 日。引自 Deborah Dwork and Robert Jan van Pelt, *Auschwitz 1270 to the Present* (Norton 1996), p. 211.

47. IG 法本公司的"与集中营指挥官的会议报告，奥斯维辛附近，1941 年 3 月 27 日下午 3 点"，Nuremberg Trial Files Document 15148。另见纳粹党卫队对同一会议的记录。

48. 1941 年 5 月 2 日会议纪要, Nuremberg Trial Files, Vol. 31, p. 84, Document 2718-PS.

49. "政治经济指导方针"（Political-economic Guidelines），Nuremberg Trial Files, Vol. 36, pp. 135–7.

50. Goetz Aly and Susanne Heim, *Architects of Annihilation* (Weidenfeld and Nicolson 2002), pp. 63–4.

51. 引自 Aly and Heim, *Annihilation*, p. 237.

52. 引自 Ian Kershaw, *Hitler*, Vol. 2 (Penguin Press 2000), p. 127.

53. 引自 Ernst Klee, Willi Dressen and Volker Riess, *Those Were the Days* (Hamish Hamilton 1991),

p. 179.

54. 引自 Henryk Świebocki, 'Escapes from the Camp', *Auschwitz 1940–1945*, Vol. IV, p. 233.

55. 引自 Robert Jay Lifton, *The Nazi Doctors* (Basic Books 1986), p. 63.

56. BBC 访谈。

57. 若想了解关于 Pavel Sudoplatov 这次拜访的最新证据，可见：Laurence Rees, *War of the Century* (BBC Books 1999), pp. 53–5.

58. 引自 Ulrich Herbert (ed.), *National Socialist Extermination Policies* (Berghahn Books 2000), p. 257.

59. BBC 访谈。

60. 20 世纪 60 年代，警察对弗里德里希进行了调查，了解他在战争时的所作所为，但没有对他进行起诉。在我们的访谈中，尽管他承认参与了射杀犹太人的行动，但没有说出他所犯下这些罪行的确切地点。在过了这么长时间以后，且在没有目击者亲自辨认的前提下，要想"排除合理怀疑"，对他的罪行提起刑事诉讼似乎不太可能成功。

61. BBC 访谈。

62. 同上。

63. 引自 Goetz Aly, 'Jewish Resettlement', in Herbert (ed.), *Extermination Policies*, p. 71.

64. BBC 访谈。

65. 引自 Glover, *Humanity*, p. 345.

66. 在阿尔伯特·威德曼审判过程中威廉·雅施克的证词，见 Schwurgericht Stuttgart 1967, pp. 62–3, Staatsarchiv Ludwigsburg EL 317 III, Bu 53.

67. 威廉·雅施克的证词，Vilsbiburg, 5 April 1960, Bundesarchiv Ludwigsburg 202 AR-Z 152/159.

68. 古斯塔夫·吉尔伯特证人陈述书，见 Dwork and van Pelt, *Auschwitz 1270*, p. 278.

第二章　服从命令与自主行动

1. 引自 Gustave Gilbert, *Nuremberg Diary* (Farrar 1947).

2. 引自 Christopher Browning, *The Origins of the Final Solution: The Evolution of Nazi Jewish Policy September 1939 – March 1942* (William Heinemann 2004), p. 318.

3. BBC 访谈。

4. 同上。

5. 引自 Ian Kershaw, 'The Persecution of the Jews and German Public Opinion in the Third Reich', in *Yearbook of the Leo Baeck Institute*, 1981, Vol. 26, p. 284.

6. Russian State Military Archive 502K/1/218.

7. Peter Witte et al (eds), *Himmler's Dienstkalender 1941/2* (Hamburg 1999), p. 123, footnote 2, and Sybille Steinbacher, *Musterstadt Auschwitz* (Munich 2000), pp. 238–9.

8. BBC 访谈。

9. 同上。

10. Irena Strzelecka and Piotr Setkiewicz, 'The Construction, Expansion and Development of the Camp and Its Branches', in *Auschwitz 1940–1945, Central Issues in the History of the Camp*, Vol. 1 (Auschwitz–Birkenau State Museum 2000), p. 78.

11. Rudolf Hoess, *Commandant of Auschwitz* (Phoenix Press 2000), p. 123.

12. Michael Thad Allen, 'The Devil in the Details: the Gas Chambers of Birkenau, October 1941', *Holocaust and Genocide Studies* 16/2 (autumn 2002).

13. *Encyclopedia of the Holocaust*, Vol. 2 (Macmillan, New York), p. 902.

14. BBC 访谈。

15. 同上。

16. Christopher Browning, *Path to Genocide* (Cambridge University Press 1992), pp. 28–56.

17. From Burmeister's testimony of 24 January 1961, Bundesarchiv Ludwigsburg, 303 AR-Z 69/59, p. 3.

18. *Hitler's Table Talk 1941–1944* (Phoenix Press 2000).

19. 引自 Peter Longerich, *The Unwritten Order* (Tempus 2001), p. 78.

20. Gerhard Weinberg, 'The Allies and the Holocaust', in Michael J. Neufeld and Michael Berenbaum (eds), *Allies and the Holocaust in the Bombing of Auschwitz* (St Martin's Press, New York 2000), p. 20.

21. J. Noakes and G. Pridham (eds), *Nazism 1919–1945*, Vol. 3, p. 1126.

22. 引自 Longerich, *Unwritten*, p. 92.

23. BBC 访谈。

24. 1961 年 11 月 8 日，pp. 5–6 2 StL 203 AR-2 69/59 Bd3.

25. 引自 Ernst Klee, Willi Dressen and Volker Riess, *Those Were the Days* (Free Press, New York 1988), p. 255.

26. BBC 访谈。

27. NB: Perry Broad arrived at Auschwitz in April 1942.

28. *KL Auschwitz as Seen by the SS* (Auschwitz–Birkenau State Museum 1998), p. 129.

29. 同上，p. 130.

30. 马伊达内克（Majdanek）集中营于 1941 年 10 月建于卢布尔附近，建造之初拟用于关押苏联战俘，后来关押的大多为犹太人和波兰人。该集中营内也建造了一个使用齐克隆 B 的小型毒气室。但无论屠杀能力还是规模，它都不能与奥斯维辛相提并论，且最初也不具有集中营的功能。

31. BBC 访谈。

32. 同上。

33. 同上。

34. 依据威斯里舍尼的战后证词，该证词分别于 1946 年 5 月 6 日和 7 日 (Statny oblastny archive v Bratislave, Fond Ludovy sud, 10/48) 和 1946 年 8 月 12 日 (Statny oblastny archive v Bratislave, Fond Ludovy sud, 13/48) 在斯洛伐克收录。另见 Koso 于 1947 年 4 月 11 日提供的证词 (Statny oblastny archive v Bratislave, Fond Ludovy sud, 13/48)。

35. BBC 访谈。

36. Deborah Dwork and Robert Jan van Pelt, *Auschwitz 1270 to the Present* (Norton 1996), p. 302.

37. *KL Auschwitz as Seen by the SS*, p. 105.

38. Hoess, *Commandant*, p. 150.

39. BBC 访谈。

第三章　死亡工厂

1. 引自 Ulrich Herbert, 'The German Military Command in Paris and the Deportation of the French Jews', in *National Socialist Extermination Policies* (Berghahn Books 2000), p. 139. 可通过阅读此篇文章中的开拓性研究，了解对这一问题的全面讨论和分析。

2. Wolodymyr Kosyk, *The Third Reich and Ukraine* (Peter Lang 1993), p. 621.

3. Timothy Patrick Mulligan, *The Politics of Illusion and Empire* (Preager 1988), p. 139.

4. 引自 Herbert, 'The German Military Command', p. 140.

5. 同上 , p. 142.

6. 数字引自 Susan Zuccotti, *The Holocaust, the French and the Jews* (Basic Books 1993), p. 89.

7. 引自 Herbert, 'The German Military Command', p. 152. 司法部部长 Balz 对会议的回忆。

8. 引自 Serge Klarsfeld, *French Children of the Holocaust* (New York University Press 1996), p. 34.

9. 引自 Zuccotti, *Holocaust*, p. 99.

10. Zuccotti, *Holocaust*, p. 99.

11. Klarsfeld, *French Children*, p. 35.

12. BBC 访谈。

13. 同上。

14. 引自 Klarsfeld, *French Children*, p. 45.

15. 同上。

16. Klarsfeld, *French Children*, p. 45.

17. BBC 访谈。

18. 同上。

19. 同上。

20. Aleksander Lasik, 'Historical-sociological Profile of the SS', in Yisreal Gutman and Michael Berenbaum (eds), *The Anatomy of the Auschwitz Death Camp* (Indiana University Press 1994), p. 278.

21. 这些数字引自 LasLasik, 'Historical-sociological Profile'.

22. 引自 Frederick Cohen, *The Jews in the Channel Islands during the German Occupation 1940–1945* (Jersey Heritage Trust 2000), p. 26.

23. 引自 Cohen, *Jews in the Channel Islands*, p. 34.

24. BBC 访谈。

25. 引自 Cohen, *Jews in the Channel Islands*, p. 52.

26. 完整名单见 Cohen, *Jews in the Channel Islands*, p. 59.

27. 同上。

28. 同上, p. 92.

29. BBC 访谈。

30. 同上。

31. "Muselmann" 是 "Muslim" 的德语拼法, 指那些因饥饿而虚弱不堪、将不久于世的犯人。有人认为之所以有这种称呼, 是因为这些犯人弓着身体的样子很像穆斯林在做祷告。

32. 欲了解围绕雅斯特尔的去世展开的争论, 参见 Henryk Świebocki, 'Escapes from the Camp', in *Auschwitz 1940–1945, Central Issues in the History of the Camp*, Vol. IV (Auschwitz–Birkenau State Museum 2000), p. 199, footnote 532.

33. 引自 Yitzhak Arad, *Belzec, Sobibor, Treblinka – the Operation Reinhard Death Camps* (Indiana University Press 1987), p. 87.

34. 引自 Arad, *Belzec, Sobibor*, p. 84.

35. BBC 访谈。

36. 数字引自 Arad, *Belzec, Sobibor*, p. 87.

37. 后文的日期基于 Samuel Igiel 的报告, 见 *I Remember Every Day … The Fates of the Jews of Przemysl* (Remembrance and Reconciliation Inc., Ann Arbor 2002), pp. 237–40.

38. BBC 访谈。

39. Rudolf Hoess, *Commandant of Auschwitz* (Phoenix Press 2000), p. 91.   382

40. Hoess, *Commandant*, p. 136.

41. Public Record Office file ref. HW 16/10.

第四章　腐败

1. See Yitzhak Arad, *Belzec, Sobibor, Treblinka – the Operation Reinhard Death Camps* (Indiana University Press 1987), p. 165.

2. 值得注意的是, 对纳粹来说, 由于波兰已经不复存在, 华沙也不再是首都了。

3. BBC 访谈。

4. *Auschwitz 1940–1945, Central Issues in the History of the Camp*, Vol. I (Auschwitz State Musuem 2000), p. 103.

5. Strzelecka and Setkiewicz, 'The Construction, Expansion and Development of the Camp and Its Branches', in *Auschwitz 1940–1945*, Vol. I, p. 104.

6. Franciszek Piper, 'The Exploitation of Prisoner Labour', in *Auschwitz 1940–45*, Vol. II, p. 136.

7. BBC 访谈。

8. 同上。

9. Rudolf Hoess, *Commandant of Auschwitz* (Phoenix Press 2000), p. *96*.

10. 引自 Robert Jay Lifton, *The Nazi Doctors* (Basic Books 1986), p. 16；这是他在被一位幸存者、后来成为医生的 Ella Lingens-Reiner 博士提问时给出的回答。

11. BBC 访谈。

12. 引自 Irena Strzelecka, 'Experiments', in *Auschwitz 1940–1945*, Vol. II, p. 363.

13. BBC 访谈。

14. 同上。

15. Miklos Nyiszli, *Auschwitz, a Doctor's Eyewtiness Account* (Mayflower Books 1973), p. 53.

16. Aleksander Lasik, 'The Organizational Structure of Auschwitz Camp', in *Auschwitz 1940–1945*, Vol. I, p. 203.

17. BBC 访谈。

18. 同上。

19. 见康拉德·摩根于 1962 年 3 月 8 日在法克福提供的证词，以及在法兰克福的奥斯维辛审讯，载于 Hermann Langbein, *Der Auschwitz-Prozess: eine Dokumentation* (Neue Kritik, Frankfurt 1995), pp. 143–5.

20. 见康拉德·摩根于 1944 年秋与 Eleonore Hodyy 谈话的记录，Institut für Zeitgeschichte ZS 599.

21. 欲详细了解 Morgen 的调查、霍斯的解职与被指控的外遇，见 Jerzy Rawicz, *The Everyday Life of a Mass Murderer* (Dzie7 Powszedni Ludobójcy) (Czytelnik, Warsaw 1973).

22. 信息来源于 Robert Sommer 的博士论文（待完成）中对这个话题进行的开创性研究。

23. BBC 访谈。

24. 同上。

25. 同上。另见 Thomas Toivi Blatt, *From the Ashes of Sobibor* (Northwestern University Press 1997).

383   26. BBC 访谈。

27. 1943 年 7 月，墨索里尼被意大利国王解除最高统帅一职。9 月，德国人将他从监狱中救出，并推选他出任傀儡政权的领导人。意大利的犹太人均是在德国占领期间（而不是在墨索里尼直接统治期间）被送往纳粹的灭绝营。大约有 20% 的意大利犹太人在战争中丧生。

28. BBC 访谈。

29. 同上。

30. 同上。

31. 引自 Michael Mogensen, 'The Rescue of the Danish Jews', in Mette Bastholm Jensen and Steven L.B. Jensen (eds), *Denmark and the Holocaust* (Department for Holocaust and Genocide Studies, Copenhagen 2003), p. 45.

32. 引自 Mogensen, 'Rescue', p. 33. See also Leni Yahil, *The Rescue of Danish Jewry: Test of a Democracy* (The Jewish Publication Society of America 1969).

33. 引自 Mogensen, 'Rescue', p. 58.

第五章　疯狂的杀戮

1. Christian Gerlach and Goetz Aly, *Das letzte Kapitel* (The Last Chapter) (Fischer 2004).

2. 原话引自约埃尔·布兰德的审讯记录，1944 年 6 月 16—30 日，File no. SIME/P 7769, FO 371/42811；另见 1961 年 6 月 29 日在对艾希曼的审讯中布兰德提供的证词，审讯场次号为 56。

3. 见班迪·格罗斯的审讯记录，1944 年 6 月 6—22 日，File no. SIME/P 7755, TNA 371/42811 pp. 42–3.

4. *Auschwitz 1940–1945, Central Issues in the History of the Camp*, Vol. V (Auschwitz–Birkenau State Museum 2000), p. 198.

5. BBC 访谈。

6. 同上。

7. 同上。

8. 引自 Andrzej Strzelecki, 'Utilization of the Victims' Corpses', in *Auschwitz 1940–1945*, Vol. II, p. 407.

9. *Amidst a Nightmare of Crime: Manuscripts of Members of Sonderkommando* (Publications of State Museum at Oświęcim 1973), p. 119.

10. 同上，p. 119.

11. 同上，p. 182.

12. 同上，p. 185.

13. 同上，p. 181.

14. Miklos Nyiszli, *Auschwitz, a Doctor's Eyewitness Account* (Arcade 1993), p. 4.

15. Yehuda Bauer, *Jews for Sale?* (Yale University Press *1994*), p. 180.

16. Bauer, *Jews*, p. 167.

17. BBC 访谈。

18. 同上。

19. Yehuda Bauer 的评论，见 *Encyclopedia of the Holocaust*, Vol. 1 (Macmillan, New York), p. 790.

20. BBC 访谈（见 2000 年 1 月 19 日播出的节目 *Timewatch: Himmler, Hitler and the End of the Reich*；制作人 Detlef Siebert，执行制作人 Laurence Rees）。

21. 'Gathering and Disseminating Evidence of the Crime', in *Auschwitz 1940–1945*, Vol. IV, pp. 307–15. 384

22. 'Gathering and Disseminating Evidence', p. 315.

23. 特别值得一读的是：Richard Breitman, *What the British and Americans Knew* (Allen Lane The Penguin Press 1998), Ch. 7 'Auschwitz Practically Decoded in Official Secrets – What the Nazis Planned'.

24. 引自 *What the British and Americans Knew*, p. 120.

25. 引自 Robert Jan van Pelt, *The Case for Auschwitz* (Indiana University Press 2002), p. 154.

26. 引自 Martin Gilbert 的文章 'The Contemporary Case for the Feasibility of Bombing Auschwitz', in Michael J. Neufeld and Michael Berenbaum (eds), *Allies and the Holocaust in the Bombing of Auschwitz* (St Martin's Press, New York 2000), p. 66.

27. 引自 Neufeld and Berenbaum (eds), *The Bombing of Auschwitz*, p. 67.

28. 同上, p. 68.

29. 同上, p. 70.

30. 同上, p. 73 (and for a detailed analysis of the documents see Gilbert's full essay pp. 65–75).

31. Deborah E. Lipstadt, 'The Failure to Rescue and Contemporary American Jewish Historiography of the Holocaust: Judging from a Distance', in Neufeld and Berenbaum (eds), *The Bombing of Auschwitz*, p. 229.

32. James H. Kitchens III, 'The Bombing of Auschwitz Re-examined', in Neufeld and Berenbaum (eds), *The Bombing of Auschwitz*, pp. 80–100.

33. Stuart G. Erdheim, 'Could the Allies Have Bombed Auschwitz–Birkenau?', in Neufeld and Berenbaum (eds), *The Bombing of Auschwitz*, pp. 127–56.

34. Richard Levy, 'The Bombing of Auschwitz Revisited: A Critical Analysis', in Neufeld and Berenbaum (eds), *The Bombing of Auschwitz*, p. 114.

35. 引自 Martin Gilbert, *Auschwitz and the Allies* (Pimlico 2001, originally published 1981), p. 121.

36. 同上, p. 127.

37. 同上, p. 127.

38. 同上, p. 139.

39. BBC 访谈。

40. BBC 访谈。

41. *Auschwitz 1940–1945*, Vol. V, p. 217.

42. 见库尔特·贝歇尔 1947 年 7 月 10 日的证词，引自艾希曼审讯记录，TAE Vol. VIII, pp. 2895–6.

第六章　解放与报复

1. BBC 访谈。

2. Andrzej Strzelecki, 'The Liquidation of the Camp', in *Auschwitz 1940–1945, Central Issues in the History of the Camp*, Vol. V (Auschwitz–Birkenau State Museum 2000), p. 45.

3. 引自 Robert Jan van Pelt, *The Case for Auschwitz* (Indiana University Press 2000), p. 159. 另见 pp. 158–65 对奥斯维辛解放后媒体相关报道的讨论。

4. Van Pelt, *The Case for Auschwitz*, p. 164.

5. *Encyclopedia of the Holocaust*, Vol. 1 (Macmillan, New York), p. 350, and Yehuda Bauer,

'The Death Marches, January–May 1945', in *Modern Judaism* (February 1983), pp. 1–21.

6. BBC 访谈。

7. 同上。

8. 同上。

9. BBC 访谈（见 2000 年 1 月 19 日播出的节目 *Timewatch*）。

10. 同上。

11. 同上。

12. 同上。

13. BBC 访谈。

14. 同上。

15. 同上。

16. 同上。

17. Gunnar S. Paulsson, *Secret Garden: the Hidden Jews of Warsaw* (Yale University Press 2002). 在 28,000 名成功逃离（或从未进入）华沙隔离区的犹太人当中，11,000 名活到了战后，这在很大程度上要归功于非犹太裔波兰居民的协助。

18. BBC 访谈。

19. 同上。

20. 同上。

21. 同上。

22. Tom Segev, *The Seventh Million* (Hill and Wang 1994), pp. 147–9.

23. Segev, *The Seventh Million*, pp. 140–6.

24. 相关开创性研究是由 BBC 历史组的 David List 进行的。

25. Rupert Butler, *Legions of Death* (Hamlyn paperback 1983)，另见 Cross 上尉写给 Felix Robson 上校的一封信，这封信现存放在英国奇克桑兹的军事情报博物馆（Museum of Military Intelligence, Chicksands）。

26. BBC 访谈。

27. Rudolf Hoess, *Commandant of Auschwitz* (Phoenix Press 2000), p. 166.

28. BBC 访谈，引自 Laurence Rees, *Horror in the East* (BBC Books 2001), p. 119.

29. Lasik, 'The Apprehension and Punishment of the Auschwitz Concentration Camp Staff', in: *Auschwitz 1940–1945*, Vol. V, pp. 99–119.

30. Lasik, 'Apprehension and Punishment', p. 116.

31. 这些数字由奥斯维辛—比克瑙国立博物馆的 Piper 教授提供。

致 谢

　　本书基于由我编写和制作的一部电视系列片。我要感谢的人有很多。这部电视系列片（以及这本书）之所以能够面世，首先要感谢时任 BBC 总裁的马克·汤普森（Mark Thompson）先生给予的热心支持和大力帮助。这个系列节目自取得马克的准许，到终于在 BBC 电台播出，整个经过可以很好地说明资助、筹备和完成这样一个项目需要花费多少时间（在此期间，马克离开了 BBC，担任第四频道总监，随后又回到 BBC，担任电台总裁）。BBC 电视台的其他很多人也为这部电视系列片提供了大力支持，特别是时任 BBC 第二频道总监的 Jane Root，事实类节目委托制作部总监 Glenwyn Benson，以及事实类节目专家组专员 Emma Swain。我要特别感谢我的直属主管、事实类节目专家组总监 Keith Scholey 先生，谢谢他给予的理解与提出的大量宝贵建议。

　　许多杰出的学者对这个项目做出了重要贡献。例如，本系列片的历史及脚本顾问伊恩·克肖（Ian Kershaw）教授为这个节目提供了大量深刻的洞见。他同时也是一位备受尊敬的学者。对于他给予的专业指导和深厚友情我无以为报。David Cesarani 教授和

Christopher Browning 教授是另外两位对我个人以及这部电视系列
节目产生深刻影响的专家。在纳粹"最终解决"这个课题上，很难
找到比这两位更出色的研究者。Robert Jan van Pelt 为我们提供了
大量指导，帮我们了解集中营的建筑。此外，波兰奥斯维辛-比克
瑙国立博物馆的专家学者和工作人员也提供了鼎力支持，其中特别
要感谢的是 Igor Bartosik、Edyta Chowaniec、Adam Cyra、Jadwiga
Dabrowska、Dorota Grela、Wanda Hutny、Helena Kubica、
Miroslaw Obstarczyk、Krystyna Oleksy、Jozef Orlicki、Franciszek
Piper 博士、Wojciech Plosa、Piotr Setkiewicz 博士、Kazimierz Smolen、
Andrzej Strzelecki 博士、Henryk Swiebocki 博士、Jerzy Wroblewski
以及 Roman Zbrzeski。为我们在波兰的调研提供大力帮助的还
有 Kazimierz Albin、Halina Elczewska、Abraham Frischer 和 Ester
Frischer、Jozef Geresz 博 士、Bernadetta Gronek、John Hartman、
Jozef Koch、Edward Kopowka、Alicja Koscian、Aleksander
Lasik 博 士、Anna Machcewicz、Mariusz Jerzy Olbromski、Lucja
Pawlicka-Nowak、Hubert Rogozinski、Robert Rydzon、Jacek
Szwic、Marian Turski 博士和 Michalina Wysocka。

在海峡群岛，我们从 Frederick Cohen 那里学到了宝贵的历史
知识。在法国，Serge Klarsfeld 和 Adeline Suard 给了我们很多帮助。
特别值得一提的是，以色列犹太人大屠杀纪念馆（Yad Vashem）的
Gideon Greif 博士为我们提供了大力协助。此外，在以色列，Nava
Mizrachi 的帮助也使我们获益颇多。在斯洛伐克，我们得到了 Ivan
Kamenec 和 Eduard Niznansky 博士的帮助。在德国，我们得到了
下列人士的帮助：Andrej Angrick 博士、Martin Cueppers、Wolf
Gebhardt、Niels Gutschow、Peter Klein、Michaela Lichtenstein、
Bogdan Musial 博士、Dieter Pohl 博士、Volker Reiss 博士、Robert
Sommer、Frank Stucke 博 士 和 Peter Witte。在 俄 罗 斯，Sergey
Sluch 博士为这个项目提供了大力支持。在匈牙利，Krisztina Fenyo

博士的配合对我们非常有帮助。在乌克兰，我们要感谢 Taras Shumeiko。在美国，Adam Levy 帮了我们很多。

这部电视系列节目的制作团队也给了我莫大的帮助。我要特别感谢 Detlef Siebert，他不仅出色地完成了对整部节目的画面指导，还对内容提供了许多敏锐而深刻的批评建议。他是个有大智慧的人。两名纪录片导演 Martina Balazova 和 Dominic Sutherland 交上了一份令人非常满意的答卷，与他们密切配合的是我们尽职尽责的摄影师 Martin Patmore 和 Brian Biffin。才智过人、眼光独到的 Dominic 指导了后期制作过程，并在 Moving Picture Company 和 John Kennedy 的帮助下完成了对图像内容的审定。电视界最优秀的剪接师 Alan Lygo 在剪接室里为本片做出了巨大贡献。我们的助理制片人 Tanya Batchelor 和波兰研究专家 Anna Taborska 也都表现得十分出色。Declan Smith 负责档案收集工作，Rebecca Maidens 和 Cara Goold 是本系列片的制片协调人，他们都做出了重要贡献。制片人 Emily Brownridge 的工作做得让人无可挑剔，Anna Mishcon 和 Laura Davey 两位监制也给予了大力支持。我的个人助理——先是 Sarah Hall，后来是 Michel le Gribbon 也帮了我很多。

我还要特别感谢我们的联合制片方——美国 KCET 电视台，他们的指导让我们获益匪浅。Karen Hunte，Al Jerome，Mary Mazur，特别是 Megan Callaway 都为本片做出了贡献，提供帮助的还有美国 PBS 电视台的 Coby Atlas。BBC Books 的 Sally Potter 和 Martin Redfern 这两位模范出版人对我们的工作非常支持，纽约公共事务出版社的 Peter Osnos，Clive Priddle 和 Kate Darnton 也是如此。Andrew Nurnberg 照例给了我们很多很好的建议。

我无法用只言片语来表达我对家人的感激，他们是我的孩子 Benedict、Camilla 和 Oliver，以及我的妻子 Helena。跟一个满脑子都是奥斯维辛和纳粹的人生活在一起并不总是一件令人愉快的事，但他们包容了这一点，也包容了其他许多。

　　然而，我最想感谢的还是近百名同意接受采访的当事人。他们
的回忆是无价之宝。希望他们能原谅我在此处的笼统谢意，因为他
们每个人的名字连同各自独到的见解，早已贯穿于全书的每个篇章。

图片出处说明

BBC Books 感谢以下个人及机构提供照片，并授权我们使用这些作品。我们已竭尽全力查找出处并标明版权所有者，如有错误或遗漏，在此深表歉意。

第一部分

1. 以色列犹太人大屠杀纪念馆；2. Walter Frentz（纳粹帝国摄影师）档案；3. 普鲁士文化遗产图片档案馆（Bildarchiv Preussischer Kulturbesitz）；4. 汉斯·弗里德里希；5. 乌尔斯泰因图片（Ullstein Bild）；6—10. 法兰克福犹太人博物馆（Jewish Museum, Frankfurt）；11—12. 以色列犹太人大屠杀纪念馆。

第二部分

1—2. 奥斯维辛博物馆；3. 以色列犹太人大屠杀纪念馆；4. 奥斯卡·格伦宁；5. 卡齐米日·皮耶霍夫斯基；6. 温蒂·达文波特（Wendy Davenport）；7. 海伦娜·斯特洛诺娃；8—12. 以色列犹太人大屠杀纪念馆；13—15. 奥斯维辛博物馆；16. 以色列犹太人大屠杀纪念馆。

索 引

（按汉语拼音顺序排列，页码见本书边码）

理想国译丛

imaginist [MIRROR]